Gut aufgehoben

Museumsdepots planen und betreiben

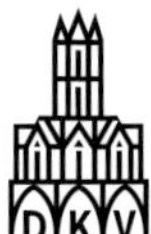

Gut aufgehoben

Museumsdepots planen und betreiben

Herausgegeben von
Wolfgang Stäbler und Alexander Wießmann

DEUTSCHER KUNSTVERLAG

MUSEUMSBAUSTEINE

herausgegeben von der
Landesstelle für die nichtstaatlichen Museen in Bayern
beim Bayerischen Landesamt für Denkmalpflege

Band 16

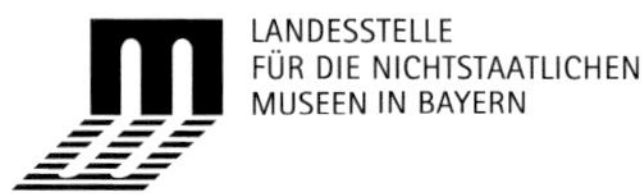

Redaktion:
Wolfgang Stäbler und Ricarda Schmidt

Hinweis im Sinne des Gleichbehandlungsgesetzes:
Aus Gründen der leichteren Lesbarkeit wird auf eine geschlechtsspezifische Differenzierung verzichtet.
Entsprechende Begriffe gelten im Sinne der Gleichbehandlung für beide Geschlechter.

Bibliografische Information der Deutschen Bibliothek
Die Deutsche Bibliothek verzeichnet diese Publikation in der Deutschen Nationalbibliografie;
detaillierte bibliografische Daten sind im Internet über <http://dnb.d-nb.de> abrufbar.

Projektleitung im Verlag: Rudolf Winterstein
Mitarbeit: Marlene Kleiner
Gestaltung des Umschlags: arthleten visual design, München,
unter Verwendung der Abb. 4 aus dem Beitrag »Von der Kaserne zum Depot…«
Satz, Layout und Repro: Deutscher Kunstverlag
Druck und Bindung: DZA Druckerei zu Altenburg GmbH, Altenburg

ISBN 978-3-422-07296-1

Inhalt

Schädlings- und Schimmelproblematik

Vorbereitung auf den Schadensfall

Beispiele

Auswahl von der Landesstelle geförderter Depots

Anhang

Das Museumsdepot – die zweite Herzkammer

Astrid Pellengahr

Sechzehn Jahre nach der ersten umfassenden Publikation zum Thema Museumsdepot im deutschsprachigen Raum legt die Landesstelle für die nichtstaatlichen Museen in Bayern nun erneut einen Band zur Depotthematik in der Reihe »MuseumsBausteine« vor. Damit können wir nicht nur den Museumskolleginnen und -kollegen in Bayern endlich wieder ein einfach zugängliches Standardwerk zur Verfügung stellen, das sowohl grundlegende Themen wie den Zusammenhang von Sammlungserhalt und Depotsituation aufzeigt, als auch neue Fragen aufgreift, die in den letzten Jahren vor allem unter dem Eindruck mehrerer Katastrophenfälle wie Hochwasser zunehmend wichtig wurden und die Notfallplanung auch für Museen zu einem zentralen Anliegen werden ließen.

1998 bezeichnete der damalige Leiter der Landesstelle, Dr. York Langenstein, in der Einführung zur o. g. Publikation das Depot als »Prüfstein verantwortungsvoller Museumsarbeit«. Diese Prämisse gilt bis heute und die Probleme, die damals von ihm beschrieben wurden, sind nach wie vor vergleichbar. Das Depot gehört zu jenen Bereichen, die dem öffentlichen Blick entzogen sind. Selbst wenn die haupt- wie die ehrenamtlichen Museumsleitungen dieser wichtigen Arbeit hinter den Kulissen das entsprechende Augenmerk zukommen lassen und damit zum Sammlungserhalt beitragen, ist das Thema sowohl der Öffentlichkeit wie auch den Museumsträgern und deren Entscheidungsgremien oftmals nur mühsam zu vermitteln. Umso wichtiger ist es, dass die Landesstelle fortfährt mit ihrer intensiven Beratungstätigkeit zu allen Themen rund ums Depot und dessen Einrichtung, sowie alle Maßnahmen zur Präventiven Konservierung wie beispielsweise die Verbesserung des Raumklimas oder die Schädlingsbekämpfung auch projektbezogen finanziell nach wie vor fördert.

Diese Publikation will eine praxisorientierte Hilfestellung sein. Dies spiegelt sich in den Themen und ihrer Darstellung wider. Es liegt in der Natur der Themen, dass es zwischen den einzelnen Beiträgen zu Überschneidungen kommt. Daher soll der nun folgende kurze Überblick als Entscheidungshilfe dienen, mit welchem Artikel Sie in die komplexe Welt des Museumsdepots und ihrer Spezialthemen eintauchen. Einen guten Überblick über die Gesamtthematik vermittelt der Beitrag von Dr. Alexander Wießmann und Dr. Isabel Reindl, die beide aufgrund ihrer Erfahrung in der Museumsberatung das Depot in den Gesamthorizont Museum rücken. Georg Waldemer widmet sich einem besonderen Typ des Museumsdepots, der nach wie vor quantitativ marginal, in der öffentlichen Wahrnehmung aber präsent ist: dem Schaudepot. Die besonderen Probleme der archäologischen Museumsdepots, aber auch ihre Chancen werden von Dr. Christof Flügel dargelegt, während Dipl.-Rest. Stephanie Gasteiger und Marianne Landvoigt Rest. B. A. in ihrem Beitrag die Ergebnisse einer neueren Forschungsarbeit zum Zusammenhang von Depotsituation und Funderhalt in archäologischen Depots darlegen. Auf die zentrale Wechselbeziehung von Sammlungskonzept und Depotsituation weist Dr. Joachim Huber in seinem Beitrag hin. Wer gerade mit dem Museumsträger ein Depotprojekt plant, ist gut beraten, die Ausführungen von Lars Klemm zur »Ermittlung der

Grundlagen und des Nutzerbedarfs für ein Depotprojekt« sowie von Joachim Kreutner über »Planung, Mengengerüst als Grundlage der Lagertechnikplanung, Massenschätzung und Funktionsbereiche« zu studieren. Beide eignen sich als knappe Information zur Weitergabe an Nicht-Museumsfachleute im Planungsteam wie beispielsweise Mitarbeiterinnen und Mitarbeiter von Hochbauämtern.

Seit vielen Jahrzehnten kämpft die Landesstelle für akzeptable Klimabedingungen in Ausstellungs- und Depoträumen. Es ist erfreulich, dass wir dabei zunehmend Unterstützung von Fachplanern und Bauphysikern, Architekten und Denkmalpflegern sowie Mitarbeitern in Bauverwaltungen erfahren. Letzterer gehört Dipl.-Ing. Thilo Angermann an, der sich mit dem Schutz von Kulturgut durch Klimastabilisierung befasst und in einige grundlegende raumklimatische Zusammenhänge einführt. Dem Thema der Temperieranlagen, deren Einsatz als günstige und technisch einfache Möglichkeit der Beheizung bei gleichzeitiger Raumklimastabilisierung von der Landesstelle seit Jahren favorisiert wird, widmen sich auch Henning Großeschmidt und Michael Kotterer M. A., die den Fokus auf den laufenden Betrieb einer solchen Anlage richten. Wie eng ein adäquates Raumklima im Depot mit dem Sammlungserhalt und der Vermeidung von Schädlingsbefall zusammenhängt, zeigen auch die Artikel von David Pinniger und Prof. Dr. Robert Fuchs auf. War der fast gleichlautende Beitrag von Pinniger über Integrated Pest Management (IPM), also das strukturierte präventive Schädlingsbekämpfungsmanagement, 1998 noch ein Novum, so sollte dieses Verfahren heute zum Standard sowohl in Depots wie in Ausstellungsräumen geworden sein. Das Motto »Vorbeugen ist besser als Heilen« gilt gleichermaßen für die Ausführungen von Fuchs, der sich mit dem Befall durch Mikroorganismen auf Kulturgut aus Papier und Pergament befasst.

Der Beitrag zum Thema »Fotografien handhaben und archivieren« der Restauratorin Dipl.-Ing. Marjen Schmidt zeigt in aller Kürze die besonderen Erfordernisse bei der Archivierung von Fotonegativen und -positiven auf. Da der entsprechende, 1994 erschienene MuseumsBaustein bereits seit Langem vergriffen ist, kommen wir mit der Veröffentlichung dieses Beitrags einem vielfach an uns herangetragenen Wunsch nach.

Die fortschreitende Professionalisierung der Museumsarbeit macht auch vor dem Depot nicht Halt. Genauso wie für die in Ausstellungen präsentierten Exponate sollte für das in Depoträumen aufbewahrte Sammlungsgut eine Planung vorliegen, welche Objekte im Brandfall möglichst gerettet werden sollten. Was bei einer solchen Planung zu beachten ist, führt Dipl.-Ing. Peter Bachmeier aus der Sicht der Feuerwehr aus. Mit der Katastrophenprävention befasst sich auch Christoph Wenzel, der die einzelnen Schritte von der Organisation des Planungsprozesses bis zur Einführung der Notfallpläne beschreibt und Tipps mit auf den Weg gibt, wie sie auch erfolgreich umgesetzt werden können.

Den theoretischen Ausführungen im ersten Teil der Publikation folgen Fallbeispiele für Museumsdepots aus ganz Bayern. Dabei war uns wichtig, sowohl Museumsleitungen und -mitarbeiter aus großen Museen wie auch aus kleinen Häusern zu Wort kommen zu lassen. Nicht jedes Depotprojekt muss in einem Neubau enden. Oft lassen sich mit Beratung der Landesstelle auch Dachböden und bislang ungenutzte Nebenflächen zu Depoträumen ertüchtigen. Welche Hürden es zu überwinden galt, wie lange der Planungsprozess, die Objektumlagerung und der Bezug des fertigen Depots gedauert haben, das können Sie aus erster Hand von Kolleginnen und Kollegen erfahren. Besonders hinweisen möchte ich hier auf die Beiträge von Dr. Thomas Richter sowie von Julia Hasenstab M. A., die das strategische Vorgehen der Museumsverwaltung der Stadt Aschaffenburg darstellen. Im Anschluss daran finden Sie exemplarisch mehrere steckbriefartig dargestellte Beispiele von Depotprojekten, die in den letzten Jahren von der Landesstelle gefördert wurden.

Mein herzlicher Dank gilt den zahlreichen Autorinnen und Autoren für die wissenschaftlichen Beiträge sowie die Berichte aus der Praxis. Dank gebührt auch den beteiligten Mitarbeiterinnen und Mitarbeitern der Landesstelle, insbesondere unserem leitenden Restaurator Dr. Alexander Wießmann für die Konzeption der Publikation, unserem Referenten für Presse- und Öffentlichkeitsarbeit, Dr. Wolfgang Stäbler, für die Redaktion, meinem Stellvertreter Georg Waldemer für die Betreuung der Auswahlbibliografie mit weiterführender Literatur, bei der uns zudem die Restauratorin Maruchi Yoshida unterstützt hat, sowie unserer ehemaligen Volontärin Dr. Ricarda Schmidt für die Organisation der Arbeiten. Das Lektorat, die Gestaltung und gesamte verlegerische Betreuung oblag Rudolf Winterstein und seinem Team vom Deutschen Kunstverlag, dem ebenfalls herzlich gedankt sei.

In der bayerischen Museumsdepotlandschaft ist in den letzten zwei Jahrzehnten viel geschehen. Auch in diesem Band können wir wieder neu realisierte Depots vorstellen und aktuelle Projekte beschreiben. Gleichzeitig muss uns allen klar sein, dass es nach wie vor viel zu tun gibt und die Mitarbeiterinnen und Mitarbeiter in den Museen nachhaltig bei der Depotthematik gefordert sind. Gerade in Zeiten, in denen sich Museen mit ihren oftmals mehr als knappen Personalressourcen mit wachsenden Qualitätserwartungen ihrer Kunden konfrontiert sehen, besteht die Gefahr, dass das Bemühen um ein funktionierendes Depot wieder in den Hintergrund rückt, entsprechend dem Sprichwort »Aus den Augen, aus dem Sinn!«. Daher möchte ich alle Museumsverantwortlichen ermuntern, mit der zweiten Herzkammer unserer Museumsarbeit, dem Depot, genauso gewissenhaft umzugehen wie mit den Objekten in der Ausstellung. Dabei berät und unterstützt das Team von der Landesstelle für die nichtstaatlichen Museen in Bayern Sie gerne.

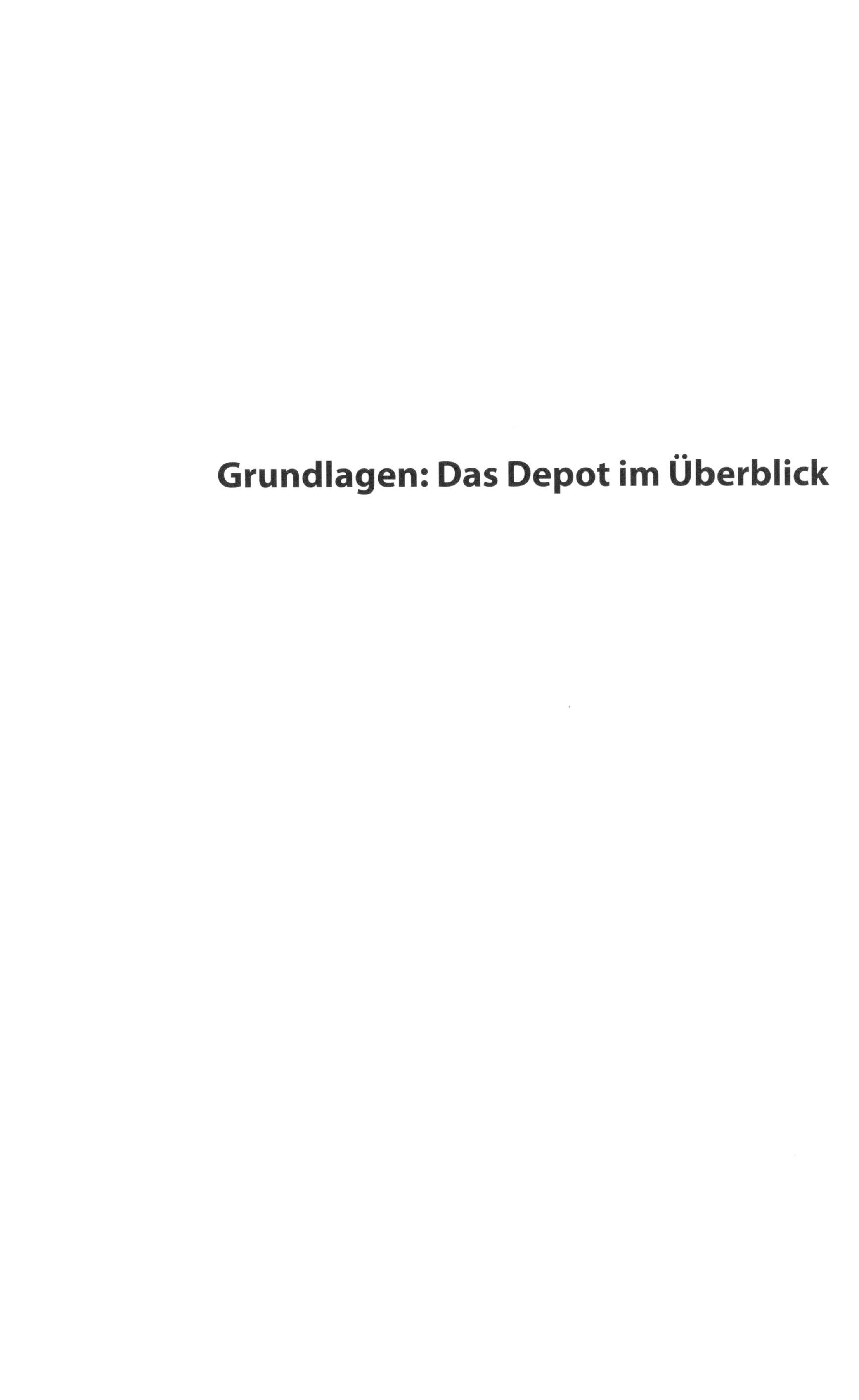

Grundlagen: Das Depot im Überblick

Und wohin damit?

Das Museumsdepot – eine zu wenig beachtete Notwendigkeit innerhalb des funktionierenden Museumsbetriebs

Isabel Reindl, Alexander Wießmann

Nachhaltige und verantwortungsvolle Museumsarbeit lebt von der kontinuierlichen Auseinandersetzung mit Originalen. Diese spiegeln historische Ereignisse, wissenschaftliche und künstlerische Entwicklungen oder auch den mehr oder weniger banalen menschlichen Alltag vergangener Zeiten wider. Am Museumsobjekt – sei es ein einfacher Gebrauchsgegenstand, ein Kunstwerk oder eine Archivalie – kann universell Geschichte ablesbar gemacht werden; freilich nur unter der Voraussetzung, dass es möglichst unverfälscht über die Zeiten gerettet wurde. Um die Objekte in ihrem überlieferten Zustand bewahren, ihren (Informations-)Wert erhalten sowie sie letztlich auch in einer Ausstellung präsentieren zu können, ist neben ihrer Inventarisierung und Einbindung in ein sammlungspolitisches und inhaltliches Gesamtkonzept der konservatorisch einwandfreie Umgang mit ihnen von grundlegender Bedeutung. Ein nach museumsfachlichen Standards langfristig funktionierender Betrieb ist demzufolge auch nicht einzig und allein über besucherfrequentierte Ausstellungs-, Veranstaltungs- und Museumspädagogikräume zu gewährleisten, sondern auch durch die nicht für den Publikumsverkehr zugänglichen Nebenräume. Zu diesen wenig im öffentlichen Bewusstsein verankerten Bereichen gehört neben Büro-, Werkstatt- und allgemeinen Lagerflächen insbesondere ein Kernstück musealer Grundlagenarbeit in Gestalt eines sachgerecht geführten Depots.

Aufgabe eines Museumsdepots ist es, derzeit nicht für die Präsentation genutztes, aber potenziell dafür vorgesehenes Sammlungsgut[1] so unterzubringen, dass nicht nur aktuell damit Befasste, sondern auch zukünftige Generationen noch etwas damit anfangen können. Um dies zu gewährleisten, müssen die Objekte zum einen vor Schäden (mechanischer Art sowie durch Verschmutzung, Licht, mikrobiellen Befall, Insekten, Wasserschaden, Feuer, Vandalismus etc.) geschützt und zum anderen systematisch geordnet werden. Wie man hier professionelle Standards erreichen und durch kontinuierliche Depotarbeit langfristig sichern kann, soll der folgende Beitrag vermitteln.

Von der Nichtexistenz zur Notwendigkeit: Die Entwicklung des museumsfachlichen Standards »Depot«

Die Regional- und Ortsmuseen in Bayern standen bis in die 1950er Jahre in der Tradition des 19. Jahrhunderts. Man sammelte und präsentierte auf höchst engagierte Weise alles, was aus damaliger Sicht von Relevanz für die jeweilige Institution und Ortsgeschichte war. Der Fokus der meist einer höheren Bildungsschicht entstammenden Museumsverantwortlichen lag auf der Präsentation vollständiger, meist (kunst-)historisch und (kunst-)handwerklich ausgerichteter Sammlungen.

Vereinzelt seit Gründung von ICOM Deutschland im Jahr 1953, in Bayern aber vor allem unter dem Einfluss der 1908 begründeten, seit den 1980er Jahren personell erstarkten Landesstelle für die nichtstaatlichen Museen erfolgte eine wichtige und wegweisende Verschiebung in der Museumspräsentation. Exponate wurden auf ihren tatsächlichen inhaltlichen und / oder historischen Wert hin geprüft und der Bestand in den Schauräumen strukturiert und ausgedünnt.

Während dringend notwendige Investitionen in die Präsentation und Didaktik flossen und Ausstellungsflächen klimastabilisiert wurden, verräumte man die nicht ausgestellten Objekte und überließ sie oftmals – frei nach dem Motto »aus den Augen, aus dem Sinn« – ihrem Schicksal. Gleichzeitig schlug man verstärkt den Weg einer Sammlungspolitik ein, welche das Augenmerk auf Zeugnisse der vergangenen und jüngeren Alltagskultur richtet.[2] Obsolet gewordene Bestände, gepaart mit einem enormen Zuwachs an Exponaten, begründeten ein dauerhaft virulentes Problem in Gestalt konservatorisch unzureichender und schlecht geführter Depots in kulturhistorischen Museen. Die seit den späten 1970er Jahren grassierende Nostalgiewelle und der damit einhergehende Gründungsboom der Heimatmuseen[3] verleiteten zum bisweilen wahrhaft exzessivem Sammeln aller greifbaren Zeugnisse der Alltagskultur, oft ohne wirklichen Orts- oder Themenbezug.[4] Den fehlenden inhaltlichen Richtlinien und dem mangelhaften konservatorischen Umgang sind Zustände in Sammlungen und Lagern geschuldet, welche die heutzutage Verantwortlichen vor immense Schwierigkeiten stellen.[5]

Zu Beginn der 1990er Jahre wurde man sich dieser Problematik mehr und mehr bewusst. Vor allem in den Freilichtmuseen, wo besonders schnell anwachsende, typbedingt großvolumige Bestände zu extremen räumlichen Engpässen führten, packte man das Thema »Depot« entschlossen an. Als bayerische Projekte mit Vorzeigecharakter wären etwa die Depots in Massing (1989), Fladungen (2011)[6] oder Neusath/Perschen (2013)[7] zu nennen. Letzteres hat in Bezug auf Größe, Lage und bauliche Ausstattung ein Niveau nahezu angloamerikanischen Zuschnitts erreicht. Die Reinigung des Sammlungsgutes, seine Pflege, die Inventarisierung und Schädlingsbekämpfung sind hier nun erstmals mit vertretbarem logistischem Aufwand möglich.

Die aktuelle Situation in Bayern

Im Jahr 1998 begann der entsprechende Beitrag in der Erstauflage dieser Publikation mit dem Satz: »Viele Depots der nichtstaatlichen bayerischen Museen sind in einem – man muss es so bezeichnen – verheerenden Zustand.«[8]. Leider führte die damalige Publikation nicht wie erhofft zu einer wirklich flächendeckenden Verbesserung der Situation. Wenn auch einige sachgerechte Depots zu Vorzeigeprojekten für die jeweiligen Häuser und die fachlich einbezogene Landesstelle avancierten, so hat sich – gemessen an der stattlichen, weiterhin anwachsenden Anzahl nichtstaatlicher Museen – noch immer viel zu wenig an der Wahrnehmung und Wertschätzung der deponierten Bestände und der Arbeit hinter den Kulissen geändert. Zum einen liegt das an der fehlenden ideellen wie finanziellen Unterstützung durch die über der Museumsleitung stehenden Verantwortlichen, zum anderen aber auch an der weit verbreiteten Unterschätzung der Anforderungen an einen Museumsbetrieb (»Museum kann jeder«).[9] Gerade letztere Grundhaltung führte dazu, dass sowohl die Zahl der Museen als auch deren Bestände im Lauf der Zeit buchstäblich explodierten. Eine Entspannung der Lage ist bis heute nicht wirklich zu verzeichnen. Im Gegenteil: Angesichts zunehmender personeller Engpässe sowie einer geforderten Anpassung der Museumspräsentation an moderne Seh- und Wahrnehmungsgewohnheiten und der damit einhergehenden Tendenz zur weiteren Ausdünnung der ausgestellten Bestände zu Gunsten des Erlebniswerts wird sich die Situation wohl immer weiter verschärfen.

Ein weiteres Problem besteht in dem Umstand, dass nach wie vor zwar zum Teil horrende Summen in öffentlichkeitswirksame Museumsneu-, -an- und -umbauten investiert, weniger publikumswirksame, aber nicht minder notwendige (Bau-)Maßnahmen jedoch hintangestellt werden. Für die in der Museumsarbeit unabdingbaren, als ICOM-Standards seit jeher neben Ausstellen und Vermitteln postulierten Bereichsfelder Sammeln, Bewahren und Forschen[10] (Sammlungskonzeption und -erschließung, Pflege von Beständen und Räumlichkeiten, Konservierung und Restaurierung sowie Klima- und Schädlingsprävention, Inventarisieren etc.) sind dann keine personellen und finanziellen Kapazitäten mehr frei.

Als Folge dieser kurzsichtigen Politik lagern viele Museumsbestände – oft zum Entsetzen heutzutage erstmals organisatorisch oder politisch damit Befasster – in wahren Rumpelkammern ohne Klimastabilisierung, befallen von Schädlingen und Schimmel.[11] Das Beheben solcher Zustände sollte am Beginn jeder musealen Neuinitiative stehen, denn erst, wenn Museumsobjekte in konservatorischer und sammlungsspezifischer Hinsicht einwandfrei gelagert und wirklich dauerhaft untergebracht sind,[12] ist eine nachhaltige Museumsarbeit überhaupt gewährleistet.

Einige Museumsträger in Bayern haben inzwischen erkannt, dass es verantwortungsvoller und auf Dauer auch wesentlich kostensparender ist, das Problem der Deponierung einmal richtig anzugehen, anstatt es permanent über nicht durchdachte und objektfeindliche Notlösungen vor sich herzuschieben. Die Folgekosten – etwa für wiederholte Umzüge, notwendig gewordene konservatorische Maßnahmen und Restaurierungen sowie Neueinrichtungen und Nachinventarisierungen – sind zum Teil erheblich und können in ihren Ausmaßen die Akzeptanz für den Fortbestand der Sammlung sowie für das Museum an sich gefährden. Aus museumsfachlicher Sicht bedeutet die Investition in eine von vornherein durchdachte, sauber geplante Depotlösung eine maßgebliche Investition in die Zukunft eines jeden Museums und damit auch in die kulturgeschichtliche Identität eines Ortes oder gar einer ganzen Region. Statt sich ausschließlich auf die Steigerung der Besucherzahlen und der touristischen Anziehungskraft der Museen zu fixieren, ist Besinnung auf den Kern der Museumsarbeit, die langfristig überlebenswichtige Bestands- und Wissenspflege gefragt. Im Folgenden sollen Argumentationshilfen und eine Anleitung für die erfolgreiche Umsetzung eines Depots gegeben werden.

Öffentliche und politische Akzeptanz der »Notwendigkeit Depot«

Wenn man sich heutzutage mit einer Dauerausstellung auseinandersetzt, die ihre Halbwertszeit von 15 bis 20 Jahren überschritten hat, und sich für den Fortbestand eines Museums mit möglichen baulichen Veränderungen oder Erweiterungen, eine Sanierung, eine Neuaufstellung, die Realisierung didaktischer Maßnahmen und nicht zuletzt größere Restaurierungsarbeiten entscheidet, sollte die Bemühung um den gesamten Sammlungsbestand Priorität haben. Das heißt, dass idealerweise neben der Durchführung einer umfassenden (Nach-)Inventarisierung[13] ein geeignetes Depot mit allen im Folgenden geschilderten Standards als Ausgangspunkt für die Museumsplanung zu schaffen ist.[14] Gleiches gilt auch für Museumsneugründungen. An erster Stelle steht neben dem inhaltlichen wie betrieblichen Museumskonzept der konzeptionell gesteuerte Sammlungsaufbau mit sorgfältiger Bestanderfassung (inklusive Provenienz!) und adäquater Deponierungsmöglichkeit, erst an zweiter Stelle die Umsetzung des Museums und seiner Dauerausstellung.[15]

Das Argument der Nachhaltigkeit

Wie bereits erläutert ist es höchst problematisch, dass das Depot als Teil einer erfolgreichen Museumsführung politisch nur sehr schwer vermittelbar ist, obwohl seine museologisch bedeutende Rolle in der Fachwelt inzwischen unumstritten ist. Finanzielle Aufwendungen werden lieber in öffentlichkeits- und damit wahlwirksame Projekte gesteckt. Das ist zwar durchaus verständlich, denn zweifelsohne sind die Besucherfreundlichkeit und die Vermittlung der Inhalte ebenso Kernstücke erfolgreicher Museumsarbeit wie die Sammlungspflege. Letztere darf darüber jedoch keinesfalls vernachlässigt werden. So sollte in der Diskussion mit politischen Verantwortungsträgern unbedingt der gesellschaftlich mehr denn je relevante, politisch seitens aller großen Volksparteien postulierte Aspekt der Nachhaltigkeit ins Feld geführt werden. Schließlich ist die Halbwertszeit von Ausstellungen zeitlich begrenzt, wohingegen die

Standzeit von Depots langfristig angelegt ist – sie garantiert die dauerhafte Relevanz und Wertschätzung der Sammlungen.[16]

Das Argument des Objektwerts

Man sollte sich immer vor Augen führen, dass die Wahrnehmung eines Objekts durch das Museumspublikum und die politischen Verantwortungsträger stark von seinem »Wert« beeinflusst wird. Mit »Wert« kann zum einen der materielle, also der derzeitige Handels- oder Versicherungswert gemeint sein, welcher sich in erster Linie über die historische bzw. kunsthistorische Bedeutung eines Objektes definiert. Weiterhin ist der sogenannte immaterielle Wert zu nennen:[17] So kann ein zunächst banal erscheinender Gegenstand zum Beispiel eine ganz spezielle Bedeutung für einen Ort oder ein Thema (Alleinstellungsmerkmal) aufweisen, oder aber es haften ihm persönliche Geschichten, Schicksale oder Ereignisse an.[18] Bisweilen besitzt ein Objekt auch besonderen musealen Wert, weil es die Zeiten unverfälscht und ohne jegliche Verschönerungsmaßnahmen überstanden hat.[19]

Welcher Wert auch immer einem Museumsstück innewohnt – aus der Dokumentation und Vermittlung seiner Eigenschaften leitet sich der museale und konservatorisch-restauratorische Umgang mit ihm ab. Ist der Wert einer Sammlung erst einmal erfasst, wird es zweifelsohne einfacher sein, in der Politik und der Öffentlichkeit konservatorisch notwendige Maßnahmen durchzusetzen, zu denen vor allem die Schaffung eines geeigneten Depots zählt. Andererseits ist im Alltagsgeschäft der beratenden Landesstelle immer wieder zu beobachten, dass erst die Einrichtung eines gut geordneten und gepflegten Depots eine Bestandserfassung überhaupt möglich macht. Ganz gleich, in welcher Reihenfolge die beiden notwendigen musealen Grundlagenarbeiten Inventarisierung und Depotplanung erfolgen – die politisch-gesellschaftliche Wahrnehmung einer Sammlung und damit eines ganzen Museums wird durch diese vermeintlich unwichtigen Maßnahmen erfahrungsgemäß sehr positiv verändert. Insbesondere, wenn öffentliche Fördermittel fließen können, eben weil diese museumsfachlichen »Basics« geleistet werden, nimmt die Akzeptanz und Wertschätzung vorher hinterfragter Sammlungen und Museen außerordentlich zu: Plötzlich ist man stolz auf das, was man hat, in erster Linie auch auf den nun vorzeigbaren Depotbestand.

Depotplanung konkret

Sei es, dass mit einer musealen Neuplanung auch Sanierungsmaßnahmen einhergehen, eine Sanierung in der Folge eine Neuaufstellung notwendig macht oder das ganze Museum umziehen soll – im Ergebnis müssen die Bestände vorübergehend ausgelagert werden. Falls das Museum nicht über ein bereits bestehendes Depot verfügt oder jenes zu klein ist, wird oft ein Zwischendepot gesucht.[20] Während der laufenden Baumaßnahmen sollten die Bestände in der Regel keineswegs im Museum bleiben oder in einem unfertigen, neuen Domizil unterkommen. Grundsätzlich ist es natürlich möglich, solche Zwischenlösungen zu nutzen, vor allem dann, wenn die Bestände danach in einem dauerhaften Depot nach museumsfachlichen Standards untergebracht werden. Wichtig ist bei einer solchen Zwischenlösung aber, dass klimatisch und sicherheitstechnisch ausreichende Bedingungen gewährleistet sind.[21] Durchaus von Vorteil kann es sein, dass in bzw. während einer Zwischenlagerung wichtige Vorarbeiten zur dauerhaften Einlagerung des Museumsgutes erledigt werden können. Neben der sachgerechten Verpackung und Säuberung der Bestände ist in erster Linie die Bekämpfung von Schädlingen (Inert-Begasung, Schlupfwespen etc.) und / oder Schimmelbefall (Behandlung durch oder unter Anleitung eines Restaurators) denkbar.

Selbst wenn eine Zwischenlösung positiv genutzt werden kann, sollte beim grundsätzlichen Fehlen eines Depots oder entsprechenden Platzproblemen möglichst gleich eine dauerhafte Lagerungsmöglichkeit für das Museumsgut mitgedacht und -geplant werden. Ansonsten besteht die Gefahr, dass die zumeist nur unzureichend geeignete und ausgestattete Notlösung zum Dauerzustand mit allen bereits oben skizzierten Nachteilen wird.

Um einem Missverständnis vorzubeugen: Es soll an dieser Stelle keineswegs das Ziel propagiert werden, alle Museen mit hochtechnisierten Depots auszustatten. Die Landesstelle wird in den meisten Fällen zur Beratung kleiner oder mittlerer, oftmals ehrenamtlich geführter Häuser hinzugezogen, für die schon mit einfachen Mitteln eine wesentliche Verbesserung ihrer Depotsituation herbeigeführt werden kann und muss.[22] Die Beiträge dieser Publikation zeigen eine Vielfalt von Depotprojekten sowie den entsprechenden Fragestellungen und Lösungswegen auf, welche in der Verschiedenartigkeit und spezifischen Einzelsituation der jeweiligen Institutionen begründet liegt. Im Bestfall wäre der im Folgenden beschriebene Weg zum professionellen Depot einzuschlagen. Je nach Museumstyp, Objektanforderungen und den vor Ort zur Verfügung stehenden personellen und finanziellen Mitteln kann die hier skizzierte Vorgehensweise variiert und entsprechend angepasst werden.

Nutzerbedarf

Bevor es an die tatsächliche Umsetzung eines Depots geht, sind grundlegende Fragen zu klären, welche den Nutzerbedarf und damit die erforderliche Raum- bzw. Gebäudegröße sowie die bauliche Beschaffenheit betreffen:

- Quantitative Ermittlung des zukünftigen Depotguts und der dafür benötigten Fläche inklusive Zuwachsfläche von ca. 20 %
- Bedarfsschätzung von Lagerfläche für Vitrinen, Stellwände, Publikationen etc.
- Überlegungen zur Einrichtung, speziell zur Art der Lagertechnik
- Ermittlung der nötigen Qualität des Fußbodens: Statik / Belastbarkeit, Art des Belags[23]
- Klärung der brandschutz- sowie (ver-)sicherungsrechtlichen Fragen und der damit einhergehenden baulichen Erfordernisse
- Ermittlung des Personal- und damit verbundenen Flächenaufwands (Büro für Inventarisierung und ggf. auch Ausstellungsplanung, Fotoraum, Werkstatt, Sanitärräume etc.)

Ebenfalls vorab und als Teil eines allgemein erforderlichen Betriebskonzeptes sind die personellen Fragen bezüglich der dauerhaft notwendigen Depotpflege zu klären:

- Grundreinigung der Räumlichkeiten
- bauliche und technische Instandsetzungsmaßnahmen
- Objektpflege (konservatorische Betreuung)

Raumprogramm

Jedes Museum weist mit seiner Sammlung sowie hinsichtlich seiner wirtschaftlichen und personellen Ressourcen individuelle Züge auf, und deshalb richtet sich auch die Beschaffenheit des Depots nach der Situation vor Ort. Um die Größe und das Raumprogramm des Depots festzulegen, sind die Museumsbestände quantitativ sowie von ihrer Beschaffenheit (Maße, Gewicht, konservatorische Anforderungen etc.) her zu erfassen, wobei die professionelle Erstellung eines Mengengerüsts vor allem bei größeren und / oder sehr inhomogenen Sammlungsbeständen hilfreich sein kann.[24]

Das Erstellen eines Raumprogramms setzt zudem die Berücksichtigung und das Abwägen der Notwendigkeit folgender Erfordernisse voraus:

- Eingangsbereich
- Büro(s) und Fotobereich (Inventarisierung und Ausstellungsvorbereitung)
- Werkstatt für Reinigungs- und Konservierungsmaßnahmen sowie handwerkliche Arbeiten / Ausstellungsvorbereitungen
- Chemikalienraum
- Lager für Ausstellungsausstattung, Verpackung, Publikationen etc.
- Sanitärräume
- Eigentliche Depotfläche: Haupt(-lager-)raum / -halle[25] (idealerweise ohne Fenster)
- Lastenaufzug bei Zwei- oder Mehrgeschossigkeit
- Anlieferungszone über eine Rampe und / oder Klimaschleuse
- Quarantänebereich
- Technikräume: Heizung, Einbruchmeldeanlage, Brandmeldezentrale

Standort

Sind die eben genannten Punkte befriedigend geklärt, stellt sich die Frage nach der möglichen Verortung des Depots. Generell wäre es wünschenswert, dass es seinen Platz innerhalb des Museumsgebäudes bzw. in direkter Nähe hat. Gerade bei ehrenamtlich geführten bzw. personell schlecht ausgestatteten Häusern ist eine solche Lösung sehr empfehlenswert, da lange Wege zwischen Depot und Ausstellungsbetrieb – abgesehen von konservatorischen Problemen beim Transport – einen enormen Zeit- und Arbeitsaufwand mit sich bringen. Gerade in größeren Häusern sind auf Grund fehlender räumlicher Kapazitäten innerhalb des Museumsgebäudes jedoch auch vom Ausstellungsbetrieb getrennte Lösungen möglich und üblich. Insgesamt ist von drei Optionen auszugehen:

- Depot im bestehenden Museum bzw. baulich daran angedockt (Neu- oder Altbau: Erweiterung, noch zu ertüchtigende Fläche im Museum, optionales Nebengebäude);
- Unterbringung in einem bereits bestehenden, externen Gebäude (i. d. R. Altbau);
- extern angesiedelter Neubau.

Die beiden ersten Möglichkeiten können die Folgefrage nach einem Miet- oder Kaufobjekt nach sich ziehen, wobei sorgfältig abzuwägen ist, welche Lösung die sinnvollere und kostengünstigere ist. Grundsätzlich ist eine wirklich dauerhafte Lösung vorzusehen, wobei die mittel- bis langfristigen Vorteile eines Kaufobjektes bzw. eines abfinanzierten Neubaus auf der Hand liegen.

Neubau

Bei einem Neubau können die Lage, Größe, Beschaffenheit und Wirtschaftlichkeit auf Grundlage der individuellen Bedürfnisse des Museums gestaltet werden. Die Lagertechnik kann exakt dem Bedarf angepasst werden, wodurch der Verkehrsraum so klein wie möglich gehalten wird. Je weniger Raumvolumen zu konditionieren ist, umso besser.[26] (Abb. 1, 2)

Altbau

Viele Museen sind in denkmalgeschützten Bauten untergebracht, was auf Grund der Authentizität des Ortes und den ähnlichen Tendenzen von musealer und denkmalpflegerischer Arbeit – dem Erhalt historischen Erbes – auch sinnvoll ist. Gerade diese Häuser verfügen in der Regel jedoch über keine Depotflächen, weil entweder der Platz fehlt oder die statische und / oder bauliche Ertüchtigung bestehender Räume nicht möglich bzw. nicht finanzierbar ist.

Bisweilen besteht zumindest die Option, bisher ungenutzte, nicht als Ausstellungsfläche geeignete Dachgeschossflächen ganz[27] oder mittels einer sogenannten »Klimabox / Blackbox«[28] für ein Depot zu nutzen. Letztere lässt sich in Gestalt eines rechteckigen Einbaus unter der Dach-

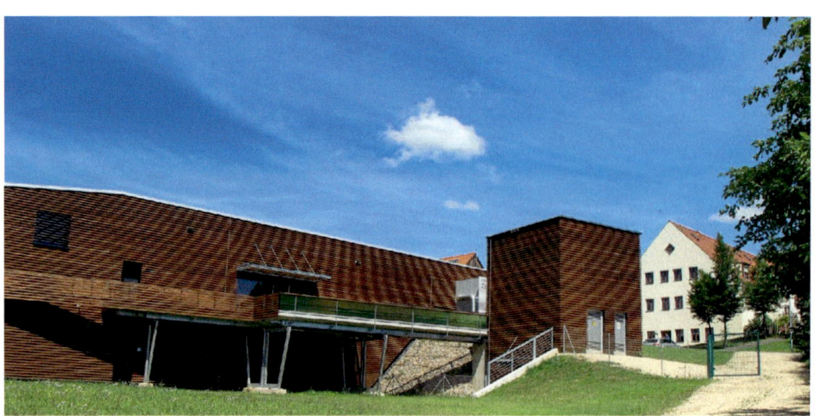

Abb. 1: Neusath-Perschen, Oberpfälzer Freilandmuseum: Das 2012 neuerrichtete Zentraldepot neben dem Verwaltungs- und Ausstellungsbereich wurde von den Größenverhältnissen her so ausgelegt, dass der gesamte nicht ausgestellte Museumsbestand untergebracht und bearbeitet werden kann.

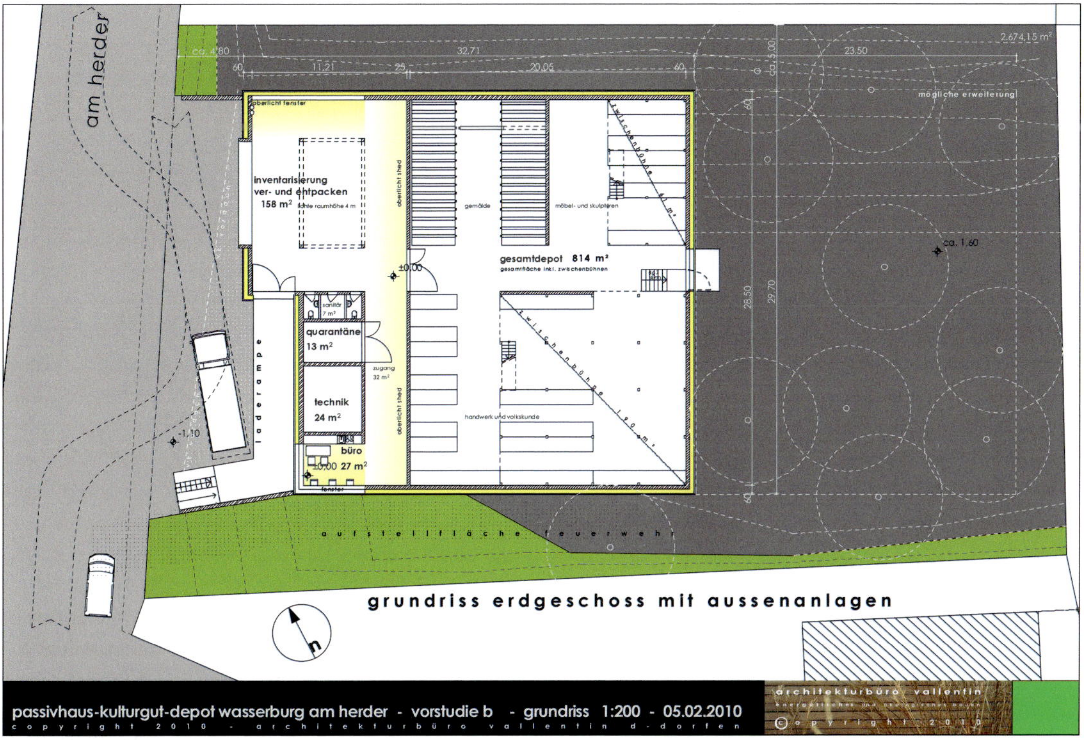

Abb. 2: Wasserburg. Stadtmuseum: Grundriss des in Planung befindlichen Niedrigenergiedepots in Wasserburg. Der Maßnahmeträger (Stadt Wasserburg am Inn) strebt mit angemessenen finanziellen Mitteln ein dauerhaftes und sachgerecht geführtes Depot an. Der qualitätvolle, energieeffiziente Bau wird mittel- bis langfristig wesentlich wirtschaftlicher sein als eine in der Anschaffung zwar günstige, jedoch in ihrer Haltbarkeit begrenzte Fertighalle, weil das Gebäude langfristig ohne allzu umfangreiche Wartungsarbeiten Bestand haben wird.

schräge realisieren. Durch einen solchen, grundsätzlich reversiblen »Raum im Raum«, der von außen gedämmt und innenliegend mit einer Sockeltemperierung ausgestattet ist, können konservatorisch vertretbare Bedingungen für die Lagerung von Museumsgut erreicht und gleichzeitig Eingriffe in das Dachwerk vermieden werden.

Im Fall extern anzusiedelnder Depotflächen werden immer wieder Bauten in Betracht gezogen, die unter Denkmalschutz stehen und für die dringend Nutzungen gesucht werden. Dass es mitunter teurer sein kann, einen Altbau zu sanieren und zu einem funktionierenden Depot umzurüsten, als einen Neubau zu planen,[29] liegt zunächst einmal auf der Hand. Trotzdem sollten solche Lösungen nicht von vornherein ausgeschlossen werden, weil sowohl inhaltlich, baulich

Abb. 3: Thurnau, Töpfermuseum: Das Dachgeschoss im Museumsgebäude (Altbau, Bauzeit 16. Jahrhundert) war bisher ungenutzt und musste entsprechend ertüchtigt werden. Im Museum selbst ergab sich keine andere Raumlösung, auch konnte das Depot nicht ausgelagert werden.

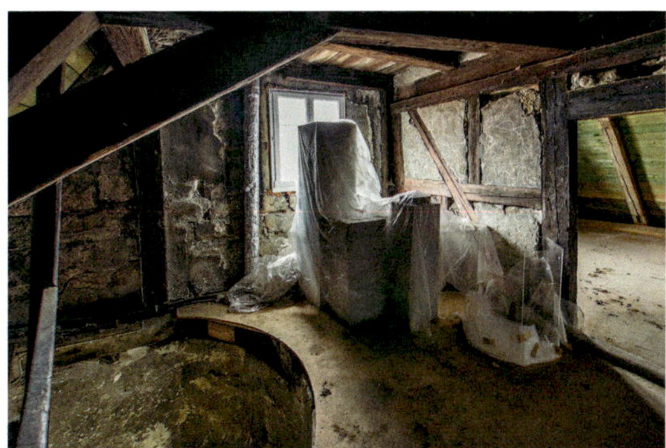

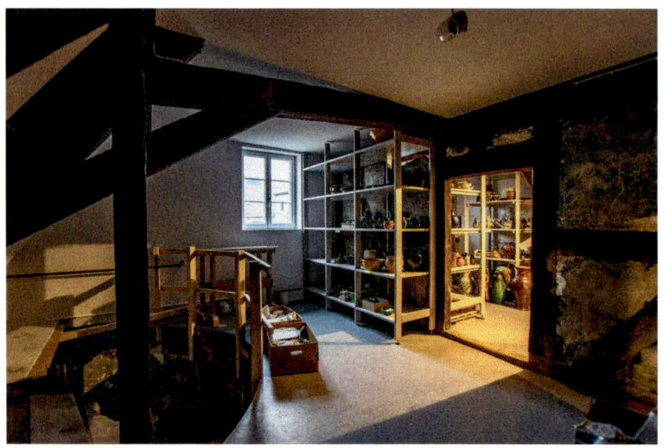

Abb. 4: Thurnau, Töpfermuseum: Es wurde eine rechteckige Box in Leichtbauweise aus Gipskartonplatten unter die Dachschräge eingebaut. Auf der dem Dach zugewandten Seite wurde dieser Einbau außen gedämmt, innen mit Gipskarton verschalt sowie mit zwei Temperierrohren ausgestattet. Der Fußbodenbereich wurde statisch ertüchtigt (500 kp / m²). Als Fußbodenbelag wurde Linoleum eingebracht. Die Temperierung wirkt im Winter klimastabilisierend(+ 8 °C Raumtemperatur), zu hohe Sommertemperaturen (über 24 °C) werden durch die Dämmung verhindert. Die Holzregale wurden so platzsparend wie möglichaufgestellt. Die Dauerausstellung erfuhr eine am neuen Ausstellungskonzept orientierte Reduzierung an Exponaten.

als auch finanziell durchaus positive Synergieeffekte von museal und denkmalpflegerisch nachhaltigen Maßnahmen erreicht und genutzt werden können.[30] Insgesamt ist die relativ einfache und nichtöffentliche Nutzung eines Altbaus durch ein Depot sicherlich substanzschonender als ein Leerstand zu bewerten.[31] (Abb. 3, 4)

Mietobjekt

Bei Depotgebäuden auf Mietbasis ist ein langfristiger Mietvertrag von mindestens 30 Jahren ohne kurzfristige Kündigungsfristen abzuschließen, damit die aufwändigen museumsspezifischen Investitionen – etwa für Dämmung und Fugenabdichtung, Temperierung, Einbringung von Bodenbelägen, Lagertechnik und Sicherheit etc. – überhaupt vertretbar sind. Keinesfalls darf der Aufwand für ein sachgerecht eingerichtetes und geführtes Depot unterschätzt werden, denn es ist eben nicht damit getan, das Museumsgut einfach an einen neuen Platz zu verräumen. Vor, während oder suboptimalerweise auch nach der Verbringung des Bestandes an einen neuen Lagerort sind Maßnahmen wie Inventarisierung, Schädlingsmonitoring und -bekämpfung, Verpackung etc. notwendig, sodass ein Depotumzug bzw. -neubezug sich nicht innerhalb kürzester Zeit erledigt hat. Der finanzielle wie logistische Aufwand sollte also von vornherein realistisch eingeschätzt und eine Kosten-Nutzen-Analyse durchgeführt werden, bevor man einen möglicherweise zu kurzfristigen Mietvertrag abschließt und sich damit nach ein paar Jahren in der gleichen misslichen Situation befindet, welche man eben noch

Abb. 5–6: Bad Tölz, Stadtmuseum: Das Dachgeschoss einer Schule in Bad Tölz (Bauzeit 1980er Jahre) wurde vor bzw. während der Neukonzeption der Dauerausstellung mit Hilfe eines Mengengerüstes zum Depot ausgebaut. Maßgeblich war dabei eine Klimastabilisierung mittels Temperierung. Lager-, Quarantäne- und Büro- sowie Fotoraum kamen ebenfalls dort unter.

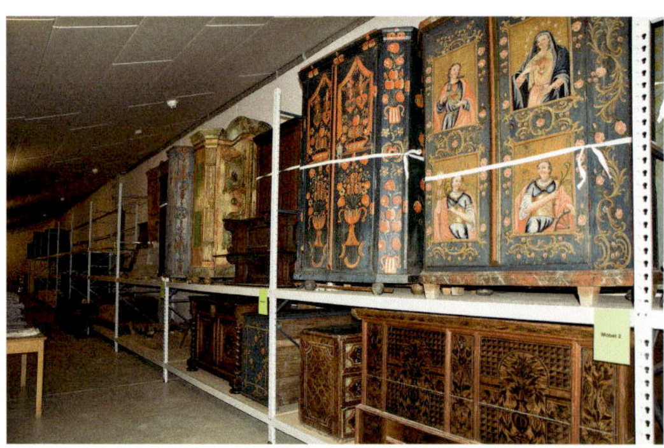

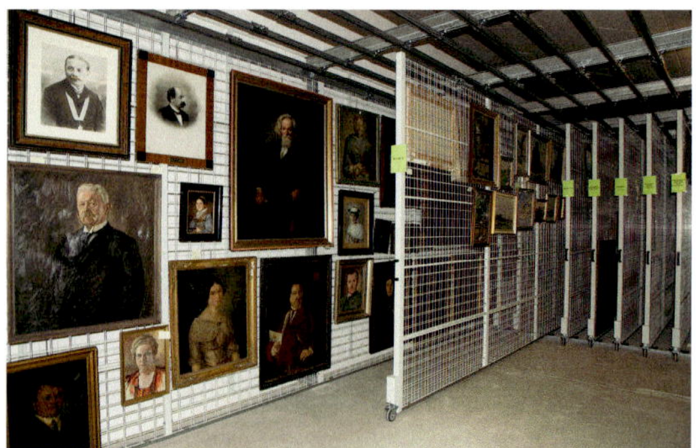

zu beheben suchte. Wenn möglich sollte auch ein künftiges Vorkaufsrecht mit dem Vermieter verhandelt werden. (Abb. 5, 6)

Vorabmaßnahmen der Sammlungspflege

Vor der Bestückung eines Depots ist nicht nur die Immobilie, sondern auch der Sammlungsbestand selbst auf Schimmel- und Schädlingsbefall sowie Sauberkeit zu überprüfen. Außerdem ist abzuwägen, ob sich möglicherweise Objektschäden durch einen Umzug verschärfen werden. Bei entsprechend positiven Befunden ist der jeweilige Handlungsrahmen abzustecken. Die wirksamste Prophylaxe gegen Schädlingsbefall und absolute Grundlage der Präventiven Konservierung ist langfristig ein hygienisch und klimatisch einwandfreies Umfeld für die Objekte. Ohne diese Voraussetzung ergibt eine Schädlings- oder Schimmelbekämpfung keinerlei Sinn, denn Staub und Verschmutzungen werden bei etwas erhöhter relativer Raumluftfeuchte neuerlich zum Nährboden für Mikroorganismen, und auch Schadinsekten, wie z. B. Anobien, gedeihen bestens in klimatisch unzureichenden, weil zu feuchten Verhältnissen.[32]

Konservatorischer bzw. restauratorischer Bedarf

Je nach Größe der Sammlung wird es in der Regel nicht möglich sein, allen Objekten eine umfassende konservatorische bzw. restauratorische Behandlung zukommen zu lassen. Falls es nicht absehbar ist, dass Exponate kurz- bis mittelfristig ausgestellt werden, kann man sich auf präventive, also rein die Substanz erhaltende und den Verfall stoppende Maßnahmen und / oder Oberflächenreinigung beschränken.

Schädlingsbekämpfung und -vorbeugung

Anders als bei mechanischen oder durch das Klima verursachten Objektschäden besteht unmittelbarer Handlungsbedarf, wenn Schädlingsbefall in der Sammlung bzw. auch nur an vereinzelten Stücken festzustellen ist. Betroffene Objekte dürfen niemals mit schädlingsfreien zusammengebracht bzw. -gelassen werden, denn es besteht die Gefahr von Übertragung. In der Regel dient der Quarantäneraum, dessen Türe sich nicht zum Hauptlagerraum oder zur Sammlung öffnen lassen sollte, dem Schädlingsmonitoring. Vor bzw. während eines Depotumzugs bzw. -bezugs kann der Bestand aber auch an seinem bisherigen Standort beobachtet und durch Pheromonfallen auf die Intensität des Befalls hin überprüft werden. Der direkt betroffene, aber auch der bis dato mit diesem zusammen gelagerte und augenscheinlich nicht befallene Bestand ist dann vor Ort, im evtl. bereits zur Verfügung stehenden Quarantäneraum oder einem eigens aufgestellten Zelt, auch »Bubble« genannt, zu behandeln. Dafür hat sich in bayerischen Museen das Sauerstoffreduktionsverfahren (Stickstoff- bzw. Inert-Begasung) bewährt und gesundheitsgefährdende Maßnahmen wie den Einsatz von Pestiziden abgelöst.

Klimatisierung

In der älteren Fachliteratur findet sich immer wieder der Hinweis, dass verschiedene Materialien auch in unterschiedlichen Klimazonen zu deponieren seien. Aus museumsberaterischer Sicht ist dies keineswegs ein Muss, lassen sich unterschiedliche Klimawerte bauphysikalisch doch oftmals nur mit großem energetischem Aufwand herstellen. Insgesamt haben sich eher (Großraum-)Depots durchgesetzt, in denen verschiedene Materialgruppen wie Gemälde, Skulpturen, Möbel usw. in einheitlichen Klimaverhältnissen lagern.[33] Eine solche Lösung ist aus organisatorischen, raum- und energieökonomischen sowie finanziellen Gründen auch sinnvoll. Sofern in einem solchen Fall die hygienischen und klimatischen Bedingungen beobachtet und eingehalten werden, ist die Abtrennung von kleineren Räumen für bestimmte Objektgruppen nicht unbedingt notwendig.[34]

Depotausstattung

Grundsätzlich sollten als Depotmöblierung Metallregale und -schränke zum Einsatz kommen, wenn möglich mit Pulverbeschichtung. Um Schädlinge und Verstaubung leichter erkennen zu kön-

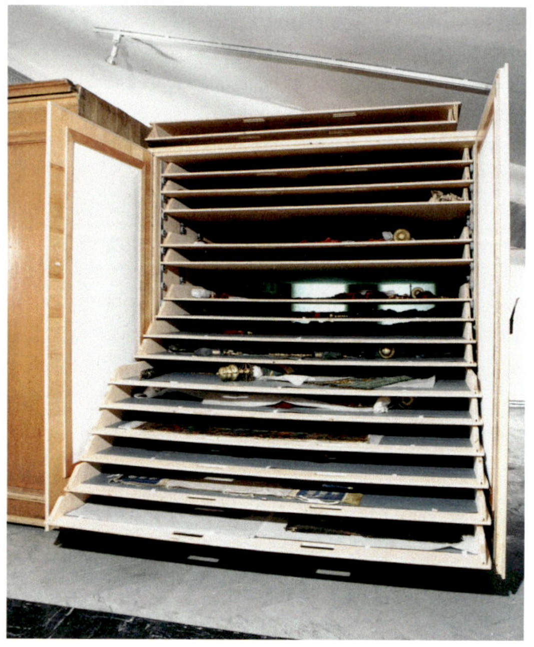

Abb. 7: Passau, Oberhausmuseum: Ursprünglich in einer Ausstellung der Landesstelle über Restaurierung und Konservierung gezeigt, kam der maßgefertigte Fahnenschrank anschließend ins Depot.

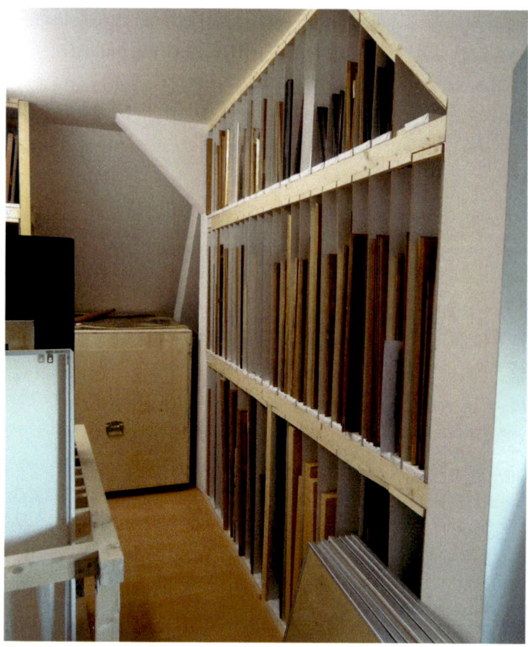

Abb. 8: Schrobenhausen, Museum im Pflegschloss: Eine unumgängliche Zwischenlösung vor einer Depotneuplanung. Vorläufig wurden Gemälde in einem eigens dafür geschaffenen, später anderweitig zu nutzenden Regal im Verwaltungsbereich untergebracht.

nen, ist für diese sowie für den Fußbodenbelag die Farbe Lichtgrau zu empfehlen. Materialien wie behandelte Holz- oder MdF-Platten, evtl. gar mit Kunststoff- oder Gummibeschichtung, sollten aus Gründen der Emission von Säure, Lösungsmitteln, Bindemitteln, Weichmachern und anderen objektschädigenden Substanzen nicht zum Einsatz kommen.[35] Unbehandelte Holzregale können in Ausnahmefällen für entsprechend unempfindliches Depotgut verwendet werden. Es muss jedoch immer bedacht werden, dass Holz von Natur aus säurehaltig ist und eventuell sogar noch zusätzlich Holzschutzmittelrückstände enthalten kann. Eine Pufferung durch in die Regalböden eingelegte, säurefreie Kartons kann hier Schutz bieten. Grundsätzlich ist die Depoteinrichtung so zu planen, dass im Betrieb die gute Zugänglichkeit und Überschaubarkeit der Exponate gewährleistet ist. (Abb. 7)

Regale

Das Regal ist in der Regel das grundlegende Ausstattungsstück eines Depots. In verschiedenen Höhen, Breiten und Belastbarkeitsstufen erhältlich, kann es mit Ausnahme von Gemälden (siehe »Gemälderegale«) alle Objektgruppen aufnehmen. Zum Schutz vor Staub empfiehlt es sich, das darin gelagerte Museumsgut einzeln oder in Konvoluten in säurefreie Kartons einzupacken oder z. B. durch Seidenpapier abzudecken. (Abb. 8, 9)

Kragarmregale

Das so genannte Kragarmregal hat auf der Vorderseite keine Stützen und eignet sich gut für sperrige, besonders breite bzw. lange Museumsobjekte wie z. B. (Trag-)Stangen und Schulland-

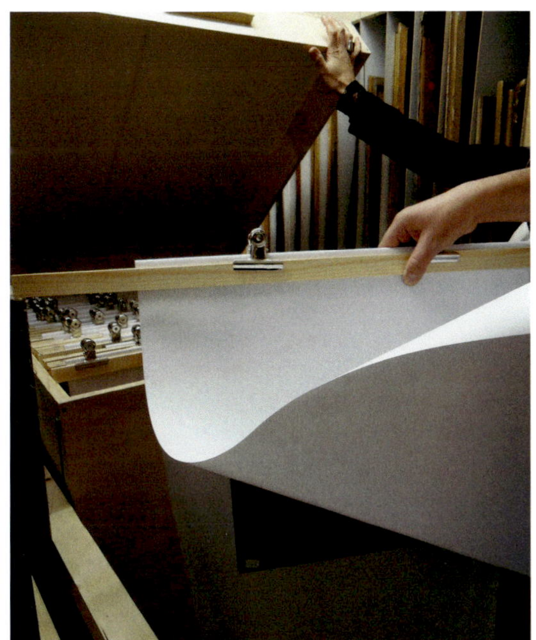

Abb. 9: Schrobenhausen, Museum im Pflegschloss: Für Grafik wurde eine zukünftig mobile Lagerungslösung gefunden: Die Papierobjekte hängen zwischen säurefreiem Papier in einer eigens dafür angefertigten Box. Die Papierobjekte werden mit einfachem Klammersystem fixiert.

karten. Bei auf Papprollen verpackten Fahnen oder Gobelins etc. ist der Regalboden obsolet, weil diese zwischen die Kragarme gehängt werden.

Flügeltürenschränke

Der Flügeltürenschrank hat gegenüber dem offenen Regal den Vorteil, dass die Museumsobjekte nicht verstauben. Vorteilhaft, jedoch teurer als einfachere Varianten sind solche mit verglaster Front, bei denen der Inhalt des Schrankes auch ohne Öffnen der Türen sichtbar ist. Aber auch der unverglaste Flügeltürenschrank besitzt gegenüber dem Regal einen entscheidenden Vorzug: Der Inhalt liegt einzeln und übersichtlich aus, wohingegen die Objekte in Regalen zum Schutz vor Staub in Kartons lagern sollten, so dass sie ein- und – bei Bedarf – wieder ausgepackt werden müssen.

Planschränke

Der Planschrank ist je nach Schubladenhöhe optimal zur Unterbringung von Papierobjekten, Textilien oder kleinteiligen Exponaten wie Brillen, Orden, Besteck etc. geeignet. Zum Schutz vor Staubeintrag sollte an der Schubladenfront umlaufend ein Moosgummi angebracht sein.

Paletten

Evtl. mit aufgeschraubten Platten versehene und mit säurefreiem Karton gepufferte Paletten empfehlen sich zur Aufstellung von großformatigen Stücken wie Möbeln, Skulpturen, Tierpräparaten etc. Die Palette dient als Abstandshalter zum Boden, was zum einen mechanische Schäden durch den Nutzerverkehr (Tritte, Anstoßen mit Rollwägen etc.) vermeiden hilft, zum anderen einen ersten Schutz bei einem potentiellen Wasserschaden bietet. Auch das Bewegen von ausladenden und schweren Exponaten ist dann per Hubwagen möglich.

Kompaktanlagen

Aus statischen und finanziellen Gründen ist die Notwendigkeit und der Standort einer Kompaktanlage bereits in einem frühen Stadium der Depotplanung abzuwägen und zu berücksichtigen. Wenn auch deutlich schwerer und teurer als andere Depoteinrichtungsmöbel, liegt der Vorteil einer solchen Lösung für den laufenden Betrieb auf der Hand: Statt platzintensiver Bedienungsgänge zwischen Festregalen (oder vieler Wände für Gemälde, siehe »Zugregale«), benötigt eine Kompaktanlage deutlich weniger Platz und trägt dank der Raumersparnis auch zur energetischen Effizienzsteigerung bei. Auf die Schlitten einer Kompaktanlage können direkt größere Objekte oder aber Regale bzw. Planschränke zur Unterbringung mittelgroßer und kleinerer Gegenstände sowie Flachware gestellt werden. Zu beachten ist jedoch die Möglichkeit des »Wanderns« vor allem zerbrechlicher, verhältnismäßig leichter Objekte (Porzellan, Glas etc.) beim Bewegen der Regalkompartimente. Auch wenn der Regalboden mit stoß-

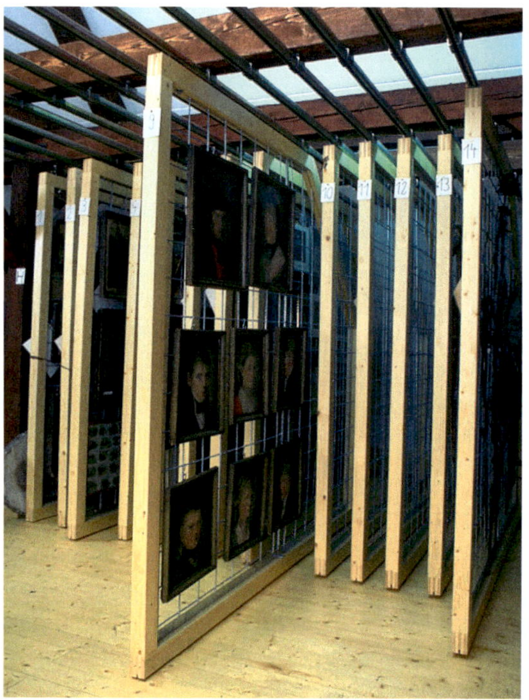

Abb. 10: Mainburg, Hallertauer Heimat- und Hopfenmuseum: 1997 fertiggestellt hat sich das entsprechend ausgebaute und temperierte Dachgeschoss im Museumsgebäude (Bauzeit 19. Jahrhundert) gut bewährt. Bereits die dritte ehrenamtliche Leitung sorgt sich penibel um Ordnung und Sauberkeit, sodass kein erneuter Schädlingsbefall mehr aufgetreten ist. Eine Sammlungskonsolidierung sowie die geordneten Verhältnisse im Depot verhinderten seitdem auch ein unkontrolliertes Anwachsen der Museumsbestände. Die einfache, in Holzrahmen mit Gitterwänden ausgeführte Zuganlage hat dafür gesorgt, dass es zu keiner weiteren Beschädigung der Gemälde kam.

pufferndem, säurefreiem Karton ausgelegt ist, kann dies eine Gefahr bedeuten. Deshalb sollten solche Materialien immer gut verpackt – gegebenenfalls auch zu mehreren in Kartons – untergebracht werden.

Zugregale

Für gerahmte Bilder ist eine hochwertige, weitgehend erschütterungsfrei laufende Zugregalanlage die optimale Aufbewahrungsart. Damit kann viel Depotfläche eingespart werden und die Gemälde sind am besten vor Beschädigungen durch den Depotverkehr geschützt. Hierfür ist eine fachgerecht eingebaute Konstruktion an Wand und Decke erforderlich, welche die Mindestbelastbarkeit von 500 kp/m² gewährleistet. Der Nachteil von solchen Zugregalanlagen ist der verhältnismäßig hohe Preis. (Abb. 10)

Gitter

Wenn aus finanziellen oder statischen Gründen auf eine Gemäldezuganlage verzichtet werden muss, können Bilder auch an umlaufend an den Wänden angebrachte Gitter gehängt werden.

Gemälderegale

Denkbar für die Aufbewahrung von Gemälden ist weiterhin ein vom örtlichen Schreinerbetrieb angefertigtes, senkrecht eingeteiltes Regal, in dem die Gemälde stehend, säurefrei verpackt und durch Abstandshalter voneinander getrennt aufbewahrt werden. Der Regalboden sollte dabei mit Filz gepuffert werden.

Personelle Bedingungen: Verschiedene Berufsgruppen und ihre spezifischen Aufgaben

Im Idealfall sollte sich für die Depotplanung ein interdisziplinäres Team aus verschiedenen Berufssparten zusammenfinden. Viele der hier genannten Zuständigkeiten spielen auch eine wichtige Rolle bei der Einrichtung des Ausstellungsbereichs.

Museumsleitung

Der Museumsleitung obliegt die Verantwortung für die Sammlung, die Definition der Ziele sowie die Koordination der Umsetzung. Ihre Aufgaben sind neben der Erstellung des Sammlungskonzepts, der Bestandserfassung und Einrichtung eines Ordnungssystems, das an der künftigen Lagertechnik angebracht wird, auch die Erstellung eines Raumkonzepts für das Depot. Die Museumsleitung koordiniert die Tätigkeiten aller zuarbeitenden Personen (wissenschaftliche Mitarbeiter, wissenschaftliche und ehrenamtliche Hilfskräfte, Museumstechniker, Depotwart etc.) und trifft die Grundsatzentscheidungen.

Personal für Inventarisation

Bei Einhaltung museal erforderlicher Personalstandards wird eine für die Objekt(um)lagerung hilfreiche, grundsätzlich notwendige Inventarisierung seitens der Museumsleitung selbst oder entsprechenden (ehrenamtlichen) Helfern bzw. Angestellten durchgeführt. Voraussetzung ist das fundierte Know-How, um die Objekte richtig einschätzen und beschreiben zu können. Wenn dieses – etwa in rein ehrenamtlich geführten Häusern – fehlt, sollte eine externe Fachkraft für Inventarisierung mit dem für die jeweilige Sammlung nötigen Wissen hinzugezogen werden. Hier gilt es, möglichst mehrere vergleichbare Angebote einzuholen, um die beste und kostengünstigste Lösung zu finden. Grundsätzlich ist zu betonen, dass das Inventarisieren, die Sammlungspflege und -konzeption museale Kernaufgaben sind, die nicht ohne Weiteres von Laien betreut werden können oder gar vernachlässigt werden dürfen.

Depotprojektant

Bei Großprojekten kann die Hinzuziehung eines Depotprojektanten erforderlich und sinnvoll sein. Seine Aufgaben sind die Übernahme der räumlichen Planung sowie die Beratung und Umsetzung eines passenden Ordnungssystems (Raumbelegung, Mengengerüst, Objektkodierung sowie Möblierung).[36]

Hochbauarchitekt

Für einen Neubau bzw. komplexe Bauaufgaben wird ein Architekt benötigt. Bei ihm können alle im Zusammenhang mit einem Depot entstehenden Themen bis hin zur Einrichtung der Lagertechnik zusammenfließen. Bevor es jedoch an die Bauplanung geht und der Hochbauarchitekt hinzugezogen wird, ist es erforderlich, dass die Museumsleitung einen Bedarfsplan sowie das Depotkonzept zusammenstellt.

Statiker

Die Ermittlung der statischen Begebenheiten bzw. Erfordernisse eines Depots ist wegen der möglicherweise starken Gewichtsbelastung des Gebäudes / Raums durch Museumsgut und Lagertechnik erforderlich.

Feuerwehr / Brandschutzbeauftragter

Die Feuerwehr und / oder der jeweils zuständige Brandschutzbeauftragte, etwa von Stadt oder Landratsamt, schätzen Fragen zum Brandschutz und zur Feuerversicherung ein. Vor allem auch zu den Abstimmungsgesprächen für den grundlegenden Notfallplan[37] sollte eine entsprechend kundige Person hinzugezogen werden. Zusätzlich kann eine entsprechende Versicherungsgesellschaft zur Beratung konsultiert werden.[38]

HLS-Spezialist

Der Planer für Heizung, Lüftung und Sanitär (HLS) konzipiert ein geeignetes Temperiersystem und legt die Heizquelle und eventuell die Installation einfacher Lüftungssysteme fest. Bei der Auswahl seiner Person sollte darauf geachtet werden, dass spezielle Kenntnisse zur museumsspezifischen Temperierung vorhanden sind.

Elektriker und Alarmspezialist

Einbruchmeldeanlage, Brandmeldeanlage und Wassermelder sowie die Beleuchtungssysteme werden durch einen spezialisierten Elektrikbetrieb geplant und umgesetzt.[39] Es empfiehlt sich, die kostenlose Beratung durch Versicherer und Kriminalpolizei in Anspruch zu nehmen.

Fachberater für Lagertechnik

Die geeignete Lagertechnik kann bei kleineren Museen und Sammlungen durchaus anhand von Objektlisten und Grundrissplänen ohne großen

Planungsaufwand ermittelt werden. Große Firmen für Lagertechnik bieten besondere Beratung bzgl. ihrer Angebotspalette an.

Restaurator

Die Aufgaben des Restaurators sind je nach Fachgebiet (Gemälde, Skulptur, Textil, Glas, Papier, Metall etc.) unterschiedlich. Vor der Einlagerung des Museumsgutes sollten die Bestände zumindest grob gesichtet und auf möglichen Schädlingsbefall oder dringlich zu behebende Schäden überprüft werden. Der Restaurator zeigt mögliche Maßnahmen auf und setzt sie bei Bedarf auch um. Besonders gefragt ist eine konservatorische Betreuung auch bei der Verpackung und Einlagerung des Museumsgutes. Um die hinsichtlich der Kosten und der Qualität beste Lösung zu finden, sollten – wie in der öffentlichen Verwaltung üblich – mindestens drei verschiedene Angebote von gleich qualifizierten, möglichst von einander unabhängigen Restauratoren eingeholt werden.

Schädlingsbekämpfer

Falls erforderlich, muss eine Firma für Schädlingsbekämpfung hinzugezogen werden. Der Aufwand einer Schädlingsbekämpfung ist nicht zu unterschätzen. Besonders wichtig ist es, einen geeigneten Zeitpunkt und Ort für die Maßnahme festzulegen. Die entsprechende Behandlung des Museumsgutes ist im Frühjahr am sinnvollsten: Nur wenn die Schlüpf- und Flugzeit – etwa von Holzbock oder -wurm – in vollem Gange ist, kann auch wirksam begast und eine erneute Eiablage verhindert werden. Für Neuzugänge und befallene Einzelobjekte ist ein hermetisch abgeschlossener Quarantänebereich vorzusehen. Zur dauerhaften Kontrolle kann hier an Einzelobjekten und im Depot bzgl. des gesamten Bestandes ganzjährig ein Schädlingsmonitoring durchgeführt werden.

Museumsberatungsstelle

Die Museumsberatungsstellen, in Bayern die Landesstelle für die nichtstaatlichen Museen, können durch ihre langjährige Tätigkeit auf fundierte Erfahrungswerte zurückgreifen. Aufgabe der Museumsberatung ist es, die Museumsleitung und ihre Mitarbeiter bei der Umsetzung einer Depotmaßnahme argumentativ, fachlich beratend sowie praktisch und, je nach Bundesland, auch finanziell zu unterstützen.

Fazit

Mit der rein baulichen Umsetzung musealer Grundanforderungen – von denen das Depot eine der wichtigsten Bedarfsflächen darstellt – ist es leider nicht getan. Fehlen die finanziellen Mittel für ausreichendes Personal, so ist ein nachhaltig erfolgreicher Museumsbetrieb auf Basis der inhaltlichen und praktischen Bestandsarbeit nicht möglich. Das Versäumnis der Pflege, der Erfassung und der Erforschung der Sammlung führte zusammen mit personellen Desiderata in der Vermittlungs- und Öffentlichkeitsarbeit mittel- bis langfristig zum öffentlichen Desinteresse an Museen und der zwangsläufig aufkommenden Frage nach deren gesellschaftlicher Relevanz. Gerade junge Leute sehen Museen und deren Sammlungen gern als verstaubt an. Damit haben sie zum großen Teil leider im buchstäblichen Sinne recht.

Vor dem Hintergrund der hier angesprochenen Personalproblematik sei an dieser Stelle darauf hingewiesen, dass positive Impulse eines fachgerecht betriebenen Depots nicht zu der Fehleinschätzung führen sollten, jenes könne – eventuell ergänzt durch eine virtuelle Sammlungspräsenz im Internet – die Dauerausstellung und den aufwändigen Betrieb eines Museums ersetzen. Wenn auch die früher übliche, die Didaktik vernachlässigende und quantitativ überbordende Präsentation von kulturhistorischem Museumsgut vielen Häusern den Charakter von Schaudepots verlieh, so darf dieser veraltete Ansatz nicht zur Annahme führen, es sei damit getan, die Sammlung konservatorisch einwandfrei unterzubringen. Ein lebendiges und damit auch gesellschaftlich anerkanntes Museum bedarf einer ebenso lebendigen Forschungs-, Vermittlungs- und Öffentlichkeitsarbeit, deren Basis die hier postulierten, geordneten Verhältnisse sind.

Anmerkungen

1 Neben später für Sonder- und Dauerausstellungen vorgesehenen Exponaten sind damit auch solche gemeint, die sich durch eine ganz besondere konservatorische Sensibilität auszeichnen. Manche Objektgruppen, wie beispielsweise Textilien, Leder und Papier, sollten auf Grund ihrer besonderen Empfindlichkeit gegenüber Licht und Klimaschwankungen nur zeitlich begrenzt den Anforderungen einer Dauerausstellung ausgesetzt werden. In Konsequenz müssen sie anschließend wieder in einem Depot untergebracht werden, es sei denn, die Ausstellung ist von Beginn an konservatorisch so konzipiert, dass sie Depotbedingungen bietet. Gerade das kann in den heutzutage bevorzugt vom Erlebniswert geprägten Ausstellungen aber nicht immer gewährleistet werden.

2 Bisweilen sammelt man inzwischen schon Zeugnisse der aktuellen Alltagskultur, was sicherlich seine Berechtigung hat. Auf diese Weise werden auch vermeintlich banale Dinge, die üblicherweise der Vernichtung anheimfallen und später Seltenheitswert besitzen, erhalten. Allerdings birgt diese Sammlungspolitik die Gefahr des unkoordinierten Anwachsens der Bestände.

3 Das Jahresmotto der Hanns-Seidel-Stiftung »Heimat heute« gab den Anlass für die Museumstagung »HeimatMuseum – Vergangenheit und Zukunft« (23.–25.9.2013) in Kloster Banz. Die seit der Untersuchung von Martin Roth aus dem Jahr 1990 im Raum stehenden Aspekte heimatlicher Identität und Identitätsfindung in Bezug auf diesen Museumstyp wurden dort ausgiebig diskutiert: B. Christoph / G. Dippold (Hrsg.), HeimatMuseum – Vergangenheit und Zukunft. Vorträge einer Tagung der Hanns-Seidel-Stiftung vom 23. bis 25. September 2013 in Kloster Banz, Banzer Museumsgespräche 5 (Bayreuth 2014).

4 Diesem deutschlandweit verbreiteten Hortungsdrang dürften zwei Aspekte der gesellschaftlichen Entwicklung zugrunde liegen: 1. Ein nach dem Schock des 2. Weltkriegs in der Kriegsgeneration erstarkendes, lange vermisstes »sicheres« Heimatgefühl. Im Falle der Vertriebenenmuseen etwa bildeten Heimatsehnsucht und -erinnerung die Grundlage für das Sammeln, wobei den Exponaten vor allem ein immenser immaterieller (Erinnerungs-)Wert durch damit verbundene Erlebnisse und Geschichten innewohnt. 2. Die in den 1970er und 80er Jahren auf das Land ausgreifende wirtschaftliche Entwicklung mit ihren Folgen, der Eingemeindung von Dörfern, den boomenden Gewerbegebieten, der Schließung alteingesessener Handwerksbetriebe und »Tante-Emma-Läden« sowie der Umstrukturierung und Rationalisierung der Landwirtschaft. Mit dem Wegfall der ländlichen Infrastruktur ging ein gutes Stück der örtlichen Identität verloren, welche die Heimatvereine in ihren Museen zu erhalten und zu vermitteln suchten. Gerade letzterer Aspekt erklärt die Existenz einer Vielzahl ähnlich gearteter Heimatsammlungen mit gleichgearteten, oft ortsunspezifischen Objekten aus der »guten alten Zeit«.

5 Der Umgang mit weder inhaltlich noch materiell hochwertigen Depotbeständen, aber auch solchen, die keinerlei thematischen oder örtlichen Bezug besitzen, beschäftigt die Museumsfachwelt seit geraumer Zeit. Zum Thema »Sammeln und Entsammeln« siehe u. a. A. Gribl, Abgeben – Aussondern – Veräußern? Die Kehrseite des Sammelns oder Notizen zu einem Tabu, in: Landesstelle für die nichtstaatlichen Museen in Bayern (Hrsg.), Das Museumsdepot. Grundlagen – Erfahrungen – Beispiele. MuseumsBausteine 4 (München 1998) 141–152; Deutscher Museumsbund (Hrsg.), Positionspapier zur Problematik der Abgabe von Sammlungsgut, Museumskunde 69, 2004, 88–91; D. Heisig (Hrsg.), Ent-Sammeln – Neue Wege in der Sammlungspolitik von Museen (Aurich 2007); Deutscher Museumsbund (Hrsg.), Nachhaltiges Sammeln. Ein Leitfaden zum Sammeln und Abgeben von Museumsgut (Berlin/ Leipzig 2011); Ders., Sammellust und Sammellast. Chancen und Herausforderungen von Museumssammlungen (Berlin / Leipzig 2013). Ausführliche Literaturliste zum Thema unter www. mvnb.de/ fileadmin/data/public/verband/dokumente/AG_Volontariat/Literatur_Sammeln_und_Abgeben2011.pdf.

6 Zu Fladungen vgl. Kurzcharakteristik S. 260f. in diesem Band.

7 Zu Neusath-Perschen siehe Abb. 1 und Kurzcharakteristik S. 268f. in diesem Band. Jene maßgeblichen Projekte initiierte der damals für Freilicht-, Industrie- und Agrarmuseen zuständige Kollege Kilian Kreilinger. Zum Teil wurden sie erst nach seiner Pensionierung fertiggestellt.

8 A. Wießmann, Präventive Konservierung durch Museumsdepots, in: Landesstelle für die nichtstaatlichen Museen in Bayern (Hrsg.), Das Museumsdepot. Grundlagen – Erfahrungen – Beispiele. MuseumsBausteine 4 (München 1998) 30.

9 Den Begriff »Museum« definiert der Code of Ethics des Internationalen Museumsrates (ICOM). Seit Jahren fordern Museumsverantwortliche in Deutschland den Schutz des Begriffs sowie die Festsetzung allgemein verbindlicher Standards, vgl. Deutscher Museumsbund – ICOM Deutschland (Hrsg.), Standards für Museen (Kassel/Berlin 2006).

10 a. a. O. 6.

11 In besonders heiklen Fällen wurden solche Bestände einstmals für viel Geld angekauft, sei es aus thematisch vertretbaren Gründen oder aber – worst case – aufgrund einer persönlichen oder politischen Verpflichtung gegenüber dem ehemaligen Eigentümer.

12 Aus der Not heraus kurzfristig Depoträume mit Kündigungsfristen von zwei bis drei Jahren anzumieten, ist

nicht empfehlenswert. Dies führte in vielen Fällen erst zur oben beschriebenen Misere. Für Außenstehende ist nur schwer nachvollziehbar, wieviel zeitlicher und personeller Einsatz für eine Umlagerung von Museumsgut erforderlich ist.

13 Zur Notwendigkeit und Praxis der Inventarisierung vgl. V. Pröstler, Inventarisation als Voraussetzung für ein zeitgemäßes Museum, in: Landesstelle für die nichtstaatlichen Museen in Bayern (Hrsg.), Inventarisation als Grundlage der Museumsarbeit. Museums-Bausteine 13 (München 2013) 11–26.

14 Die Stadtmuseen in Bad Tölz (vgl. Abb. 5–6) und Landsberg am Lech (siehe Beitrag S. Fischer und P. Huber in diesem Band, S. 207 ff.) sind gute Beispiele für eine vorbildliche Vorgehensweise: Vor einer Neuaufstellung schuf man in bester Zusammenarbeit mit den jeweiligen Bauämtern und der Verwaltung Depots nach modernen Standards. Die dort einzubringenden Museumsbestände wurden (nach-)inventarisiert, werden derzeit und zukünftig von dort aus verwaltet und letztlich für die neu zu planende Dauerausstellung akquiriert. Leider ist es aber immer noch verbreiteter Usus, die Errichtung von Depots aus finanziellen Gründen auf die Zeit nach Eröffnung der Schausammlung zu verschieben mit dem Ergebnis, dass sie letztlich nicht umgesetzt werden.

15 Vgl. Prüfsteine für die Planung und Förderung von Museumsprojekten, in: Landesstelle für die nichtstaatlichen Museen in Bayern (Hrsg.), Museen in Bayern – Planung, Betreuung, Förderung (München 2013) 15. Der Beitrag ist online verfügbar unter www.museen-in-bayern.de/die-landesstelle/foerderung.html.

16 Eine Depot-»Lebenszeit« sollte idealerweise mit mindestens 50 Jahren beziffert werden, Skala nach oben hin offen.

17 Seit 2003 (Convention for the Safeguarding of the Intangible Cultural Heritage) wird durch die UNESCO neben dem materiellen Weltkulturerbe auch solches unter Schutz gestellt, welches nicht anfassbar (engl. intangible), also immateriell ist. Zum Sammeln von immateriellem Kulturerbe in Museen vgl. U. Stottrop, Sammeln, was nicht greifbar ist. Intangible Hertitage, in: Deutscher Museumsbund (Hrsg.), Sammellust und Sammellast. Chancen und Herausforderungen von Museumssammlungen (Berlin / Leipzig 2013).

18 In diesem Zusammenhang sei an die dringend notwendige Dokumentation von objektgebundenen Zeitzeugenberichten erinnert. Gerät die Geschichte eines Gegenstandes in Vergessenheit, so verliert er letztlich auch seinen (Informations-)Wert und wird sammlungspolitisch, oftmals aber auch ganz allgemein bedeutungslos.

19 Oftmals ist der museale Wert inhaltlich gleichzusetzen mit dem Sammlerwert. Letzterer bestimmt wiederum den materiellen Wert: So hat z. B. ein gut erhaltener, unrestaurierter Motorradoldtimer mit all seinen Nutzungsspuren oftmals einen höheren Sammlerwert als ein auf Hochglanz restauriertes Exemplar. Damit erhöht sich bisweilen auch sein Preis derart, dass ein Laie die finanzielle Wertsteigerung kaum mehr nachvollziehen kann. Freilich ist der Sammlerwert stark von persönlichen Vorlieben und dem derzeitigen Bedarf (Sammelmode) abhängig, wohingegen der museale Wert dauerhafter Natur ist.

20 In solchen Fällen führen nach Erfahrung der Landesstelle alle bisherigen Desiderata der laufenden Museumsarbeit und Sammlungspflege zur Verschärfung der ohnehin schon zeitlich wie finanziell angespannten Situation. Hier wirkt sich nicht nur eine fehlende oder unvollständige Bestandserfassung negativ aus, sondern es rächt sich auch die u. U. konservatorisch unzureichende Behandlung der Exponate in der Vergangenheit. So besteht zum Beispiel die Gefahr, dass bereits in ihrer Substanz beeinträchtigte Exponate beim Bewegen erheblichen Schaden nehmen oder dass bestehender Schädlingsbefall verschleppt wird. Das Fehlen sachgerechter Verpackungen für Textilien, Grafik, Archivalien oder Fotografien erweist sich ebenfalls als nachteilig. Kurzum: Es stehen Arbeiten an, die eigentlich im Rahmen des laufenden Betriebs zu erledigen gewesen wären und bei kontinuierlicher Verfolgung viele Probleme gar nicht erst hätten entstehen lassen.

21 Denkbar wäre auch, die Bestände zwischenzeitlich im Depot eines anderen Museums einzulagern. Diese Möglichkeit bietet sich jedoch in den wenigsten Fällen, weil nahezu jedes Museum mit Platzproblemen zu kämpfen hat. Außerdem riskieren die Museumsleiter in der Regel nicht gern eine Kontaminierung ihres Museumsgutes durch eingeschleppte Schädlinge.

22 Als gutes Beispiel kann hier das neu im Dachgeschoss des Töpfermuseums Thurnau eingerichtete Depot dienen, siehe Abb. 4 in diesem Beitrag.

23 Zur Vermeidung von Staub und Abrieb sind Bodenbeläge wie Epoxidharz, Linoleum oder Stäbchenparkett zu empfehlen.

24 Vgl. dazu auch den Beitrag von J. Kreutner in diesem Band, S. 69 ff.

25 Was für Ausstellungsräumlichkeiten gilt, trifft auch auf Depots zu, selbst wenn ein Sammlungskonzept entwickelt wird oder bereits vorliegt. Steigender Raumbedarf liegt im Wesen der langfristig auf Wissens- und Objektzuwachs angelegten Museumsarbeit. Deshalb sollten von vornherein Erweiterungsflächen mitgeplant werden.

26 Zu den unbestreitbaren Vorteilen eines Depotneubaus siehe Beitrag von L. Klemm in diesem Band, S. 61 ff.

27 Vgl. z. B. das Hopfen- und Heimatmuseum Mainburg, Abb. 10.

28 Vgl. z. B. das Töpfermuseum Thurnau, Abb. 3–4.

29 Vgl. dazu auch den Beitrag von J. Benini in diesem Band, S. 191 ff.

30 So ist es beispielsweise von Vorteil, dass das meist massive Mauerwerk von Altbauten eine hohe Speicherfähigkeit besitzt und deshalb gut für den Einbau einer Temperieranlage nach Großeschmidt geeignet ist. Neben der Schaffung von geeignetem Lagerklima ist es dann zugleich möglich, ein oftmals in Altbauten virulentes, substanzgefährdendes Feuchtigkeitsproblem in den Griff zu bekommen und den Verfall zu stoppen.

31 Ein gelungenes Beispiel ist etwa das Zentraldepot der Museumslandschaft Hessen Kassel, welches in einem ehemaligen Lagerhaus aus den 1920er Jahren untergebracht wurde.

32 Zum Thema Integrated Pestmanagement an Museen vgl. die Beiträge von D. Pinniger und R. Fuchs in diesem Band, S. 101 ff. bzw. 115 ff. Die einzelnen Maßnahmen der integrierten Schädlingsbekämpfung wie Monitoring, Reinigung, Gebäude- und Klimaanpassung sowie der konventionellen Vorgehensweise entgegenstehende Eliminierungsmaßnahmen erfordern ein enges Zusammenspiel von Museumsleitung, Restauratoren, Reinigungskräften, Gebäudemanagement und museumsfachlich erfahrenen Kammerjägern. Zum Thema an sich, aber auch dem organisatorischen und personellen Bedarf vgl. ferner P. Querner / M. Morelli, Integrierte Schädlingsbekämpfung in Museen. Erfahrungen einer Umstellung, Restauro 11.4, 2010, 234–242.

33 Gleitendes Klima zwischen etwa 10 und 25° C und relativer Luftfeuchte zwischen ca. 45 und 60 %, vgl. dazu auch den Beitrag von H. Großeschmidt und M. Kotterer in diesem Band, S. 87 ff.

34 Zu den unterschiedlichen Verpackungs- und Lagerungsanforderungen von Papier und Textilien siehe die Beiträge von M. Sutor, S. 219 ff. und M. Bianchi-Königstein et al. in diesem Band, S. 227 ff.

35 Auch der gesundheitsschädigende Einfluss vieler in der Möbelverarbeitung verwendeter Stoffe – wie etwa Formaldehyd als Bindemittel bei Span- und MdF-Platten – ist ein zu beachtender Aspekt. Die weithin verbreitete Meinung, dass solche Stoffe nach ein paar Jahren verdampft seien, ist falsch. In der Beratungspraxis ist man immer wieder mit erheblichen Schadstoffausdünstungen bei über 40 Jahre alten Vitrinen, Regalen, Schränken etc. konfrontiert. Vgl. dazu auch: www.schadstoffberatung.de/holz.htm.

36 Grundlegend für die Auswahl eines Depotprojektanten sollte seine kulturhistorische und / oder restauratorische Ausbildung sein, denn der Begriff »Depotplaner« bzw. »Depotprojektant« ist nicht geschützt. Bestrebungen, die Berufsbezeichnung – ähnlich wie beim Begriff »Museum« – schützen zu lassen, deuten sich bereits an, siehe Beitrag J. Huber in diesem Band, S. 57 ff.

37 Aufgabe der Museumsleitung dafür ist es, eine Prioritätenliste bzgl. der Bergung des Museumsgutes zu erstellen. Grundlegend dafür sind wieder Sammlungskonzept und Inventar. Vgl dazu auch die Beiträge von P. Bachmeier und Ch. Wenzel in diesem Band, S. 135 ff. bzw. S. 141 ff.

38 Vgl. dazu auch Versicherungskammer Bayern (Hrsg.), Sicherungen und Schadensverhütung in Museen und Ausstellungen (München 2012).

39 Bzgl. der sicherheitstechnischen Belange kann auch die jeweilige kriminalpolizeiliche Beratungsstelle und / oder die Beratung einer Versicherungsgesellschaft hinzugezogen werden.

Zwischen Lager und Ausstellung: das Schaudepot

Zu Geschichte und Varianten eines Hybrids

Georg Waldemer

Nicht nur hat die Idee des »Schaudepots« in den letzten Jahren eine gewisse Popularität gewonnen, es ist mittlerweile auch das Bündel von Namen und Begriffen, die einzelne Varianten davon näher benennen sollen, beachtlich angewachsen. Alleine im Deutschen finden sich neben »Schaudepot« bzw. »Schaumagazin« »begehbares Depot / Magazin«, »offenes Depot / Magazin« und »Schaulager«. Das Englische hält »visible« und »visitable«, »accessible«, aber auch »open«, »study« und »live storage« bereit, das Französische in Analogie »réserves visibles«, »visitables« und »ouvertes«.

Den von Andrea Funck in ihrem Beitrag von 2010[1] beim Versuch einer Systematisierung differenzierten vier Varianten wird an dieser Stelle die von Martina Griesser-Stermscheg getroffene Unterscheidung in »Schaudepot« und »begehbares Depot«[2] vorgezogen, der für unsere knappe Skizze insbesondere in historischer Perspektive die »Studiensammlung« (Griesser-Stermscheg: »Studiendepot«) hinzuzufügen ist. Dabei meint »Schaudepot« eine Präsentation der Bestände oder von Teilen daraus mit »Distanzhaltern«[3] (Vitrine, Podest etc.), »begehbares Depot« hingegen eine ungeschützte Aufstellung, die Besuchern freien Zugang zu den Dingen erlaubt.

Vorbilder (und Hintergründe)

Vorläufer von Schaudepots entstehen zu dem Zeitpunkt, als man beginnt, neben einer didaktisch aufbereiteten Dauerausstellung und dem für die Öffentlichkeit unzugänglichen Depot oder Magazin eine Möglichkeit für eine vertiefte Auseinandersetzung mit Beständen des Museums zu schaffen und auch Voraussetzungen für Forschungsarbeiten herzustellen. Dies wurde bereits im 19. Jahrhundert mit der Einrichtung von Studiensammlungen erreicht, wohl eine Erfindung des aus der Schweiz stammenden Naturforschers Louis Agassiz, der 1859 das »Museum of Comparative Zoology« an der Harvard University in Cambridge / Mass. gründete. Diesem Institut fügte er die erste Studiensammlung in der Geschichte der Museologie an – die Nähe zur universitären Forschung und Lehre hatte hierzu angeregt.[4]

Eine gewisse Verbreitung von Studiensammlungen gegen Ende des Jahrhunderts ist dann aus folgender Bemerkung in einem »Handbuch der Architektur« von 1893 zu schließen: »Für manche Sammlungen, namentlich für alle (!) naturwissenschaftlichen, hat der Gedanke des Zerlegens in eine Schau- und in eine Studiensammlung, die beide räumlich getrennt sind, bei Fachmännern und Laien Beifall gefunden (...).«[5] Bezeichnenderweise handelt es sich dabei oft um große, mit Universitäten in enger Verbindung stehende Museen.

Einen starken Impuls zur Schaffung des »visible storage« gab dann wiederum der Direktor eines ethnographisch ausgerichteten Hauses, des Museums für Anthropologie an der Universität von British Columbia zu Beginn der 1970er Jahre: Michael M. Ames. Bei Gelegenheit des Museumsneubaus schuf man dort als »Experiment« ein Schaudepot, das Ames als »radical departure from the traditional concept of storing museum collections«[6] bezeichnete.

Hier trat dann im Übrigen neben dem Bedarf einer solchen Einrichtung für die universitäre Arbeit noch ein weiterer Aspekt hinzu, der verschiedentlich als allgemein »demokratisch« inspirierte Initiative zur Öffnung der Museen interpretiert wurde.[7] Tatsächlich scheint es Ames besonders darum gegangen zu sein, die großen ethnographischen Bestände der »First Nations People«, also der indianischen Urbevölkerung, als ihr eigenes Kulturgut ohne Schranken zugänglich zu machen,[8] ein Sachverhalt, wie er sich damals in Europa so nicht stellte.

In Europa erhielt die Idee, Depots von Museen unterschiedlichster Art für eine interessierte Öffentlichkeit zu öffnen, erst dann stärkeren Auftrieb, als die Politik begann, den Museen vermehrt Beweise für ihre Legitimität abzuverlangen – ein Prozess, der in Europa in Großbritannien einsetzte, wo in der Ära Thatcher museale Einrichtungen vergleichsweise früh auf ihre gesellschaftliche Relevanz und ökonomische Effizienz geprüft wurden.[9]

Wie die einschlägigen Publikationen zeigen, ist das »Schaudepot« mittlerweile auch im deutschsprachigen Raum ein stark diskutiertes Phänomen. Dies hat besonders der Sammelband zu einer Tagung im Vorarlberger Landesmuseum Bregenz verdeutlicht.[10]

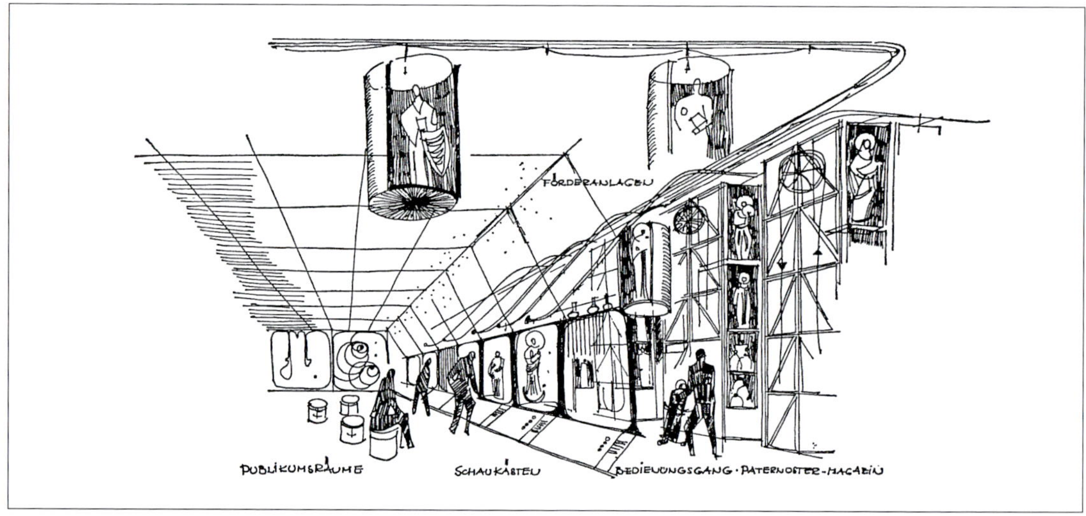

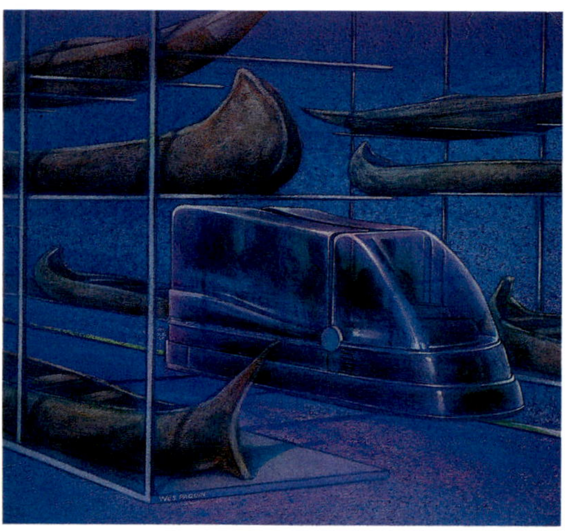

Abb. 1 (oben) und 2 (links): Zwei Visionen für die physische Erschließung musealer Sammlungen: Paulgerd Jesberg (1970) und die »People-Movers« am Canadian Museum of Civilisation in Ottawa (1980er Jahre)

Praxisuntaugliche »Visionen«

Aus heutiger Sicht mögen einige letztlich als unpraktikabel einzuschätzende Ideen der vergangenen Jahrzehnte für die physische Erschließung musealer Sammlungen Erstaunen oder gar Erheiterung auslösen: Dazu zählen die von Besuchern anwählbaren Karussells, Paternoster und Förderbänder des Architekten Paulgerd Jesberg[11] aus dem Jahr 1970 (Abb. 1), aber auch die gegen Ende der 1980er Jahre bis zu gewisser Planungsreife vorangetriebenen »People-Movers« am Canadian Museum of Civilisation in Ottawa, für die man von Freizeitparks Anleihen holte. (Abb. 2) So sollten dort auf vorgegebenen Spuren kleine Personentransporter zwischen den Lagerregalen verkehren, aus damaliger Sicht der Museumsleitung deswegen die bessere Lösung, weil – anders als bei der alternativen Bewegung von Objekten – keine Risiken für das Sachgut zu befürchten seien.[12]

Ausgewählte Beispiele von »Schaudepots«

In der vorliegenden Skizze folgen nun in alphabetischer Reihenfolge der Museumsstandorte einige wenige, mit knappen Kommentaren versehene Beispiele für Schaudepots in mitteleuropäischen Museen: eine subjektive Auswahl, die zum Ziel hatte, vor allem die Bandbreite der Museumstypen und der praktischen Lösungen vorzustellen. Die Beispiele in Bremen, Luzern und Wien wurden an anderer Stelle bereits in Übersichten – z. T. ausführlicher – vorgestellt.[13]

Arnhem / Niederländisches Freilichtmuseum: »Dingenliefde« (Abb. 3)

Das Museum besitzt seit einigen Jahren zwei konzeptuell aufeinander bezogene, benachbarte Ausstellungsgebäude, die Sammeln und Bewahren im privaten Bereich und im Museum thematisieren (»Dingenliefde« = Liebe zu den Dingen). Während in der »Spaarstation« etwa 10 private Sammlungen in eindrucksvoller Inszenierung vorgestellt werden, bietet das Nachbargebäude einen Einblick in die systematische Sammeltätigkeit des Freilichtmuseums. Ein Teil ist hinter Gittern gesichert, während andere Bestandsbereiche in Kojen unter Zuhilfenahme von Texten und audiovisuellen Medien, einer konventionellen Präsentation angenähert, in knapper Form umrissen werden.

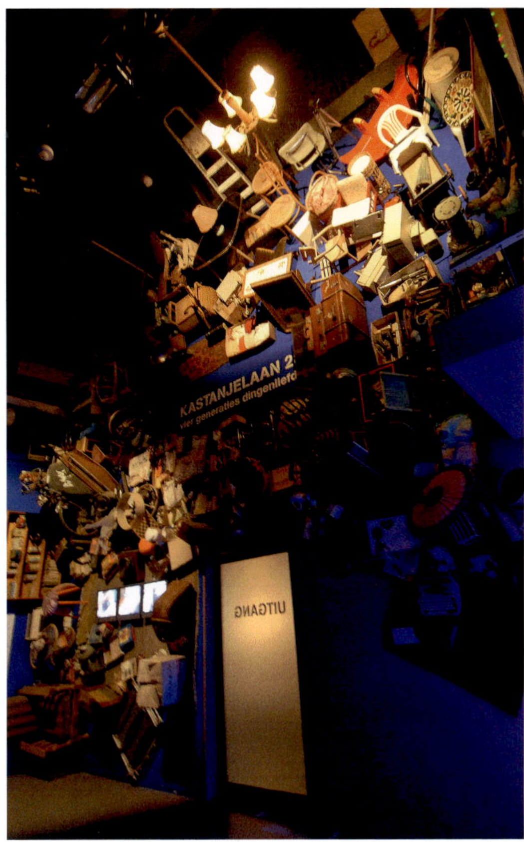

Abb. 3: Präsentation im Niederländischen Freilichtmuseum »Dingenliefde« in Arnhem

Berlin / Museum der Dinge: »Schausammlung« (Eröffnung 2007)

Die nach Umzug des Museums im Jahr 2007 geschaffene Präsentation bietet die »dialogisch bis konzertant«[14] aufgebaute Sammlung an alltagsgeschichtlichen Gegenständen in schrankartigen Vitrinen dar. Den einzelnen Einheiten sind knappe Einführungstexte zugeordnet. Ein praktischer Mangel der Präsentation: Die breiten Rahmen der Schranktüren erschweren die Betrachtung der eingestellten Objekte.

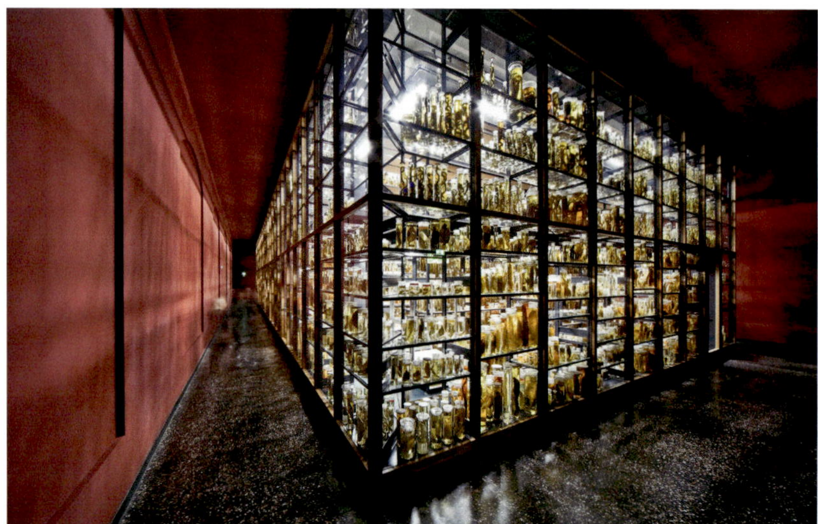

Abb. 4: »Nass-Sammlung« im Berliner Naturhistorischen Museum

Berlin / Naturhistorisches Museum: »Nass-Sammlung« (Eröffnung 2010) (Abb. 4)

Im September 2010 eröffnete das Naturhistorische Museum im wiederaufgebauten Ostflügel eine aufwändige Präsentation seiner etwa 275 000 Gläser zählenden »Nass-Sammlung«, also der in Alkohol konservierten zoologischen Präparate (etwa 1 Million). Ein großer Teil der in hohen und zum Rundgang hin verglasten Regalen eingestellten Präparate ist nun auch von Besuchern einsehbar. Eine didaktische Erschließung ist nicht vorhanden.

Abb. 5: »Schaumagazin« im Bremer Focke-Museum: Blick in die Abteilungen »Inhalieren« und »Handeln«

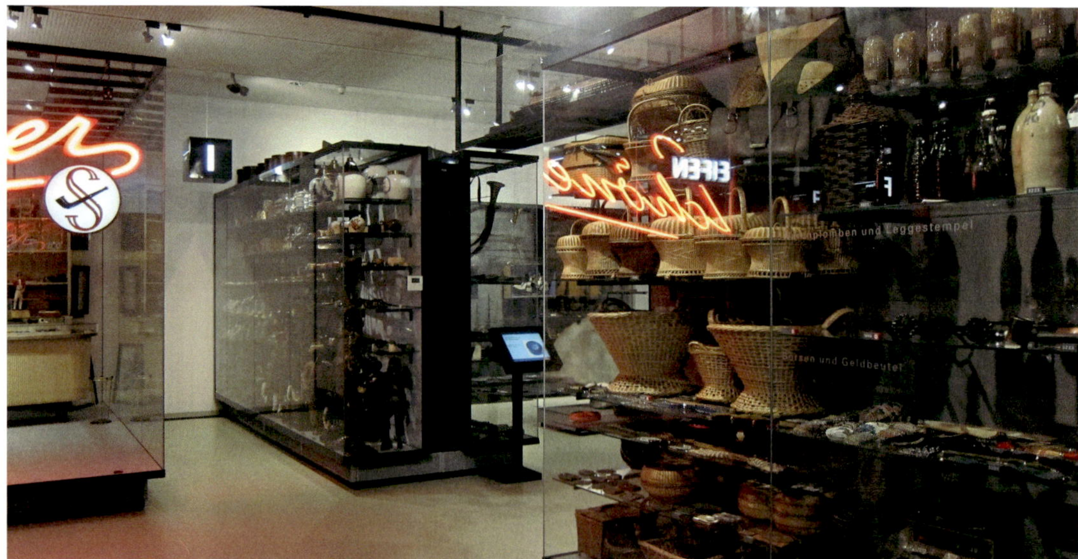

Bremen / Focke-Museum: »Schaumagazin« (Eröffnung 2003) (Abb. 5)

Das in einem viergeschossigen Neubau zwei Etagen einnehmende »Schaumagazin« (1 000 m^2) des Focke-Museums gehört sicherlich zu den aufwändigsten Präsentationen unter der Flagge »Schaudepot«, die schon an eine in konventioneller Form geschaffene permanente Ausstellung heranreichen. Die etwa 8 000 Objekte wurden inhaltlich nach alphabethisch geordneten Tätigkeiten strukturiert. Man bezog sich damit auf »eine ganz alltägliche Erfahrungs- und Verständnisebene. Es wird damit betont, dass die Dinge nicht immer schon museal waren, sondern daß sie aus dem Leben gegriffen sind.«[15] Diese subjektiv-assoziative Gliederung lautet: »Anfangen / Bewahren / Charakterisieren / Erfinden / Feiern / Gestalten / Handeln / Inhalieren / Jagen / Kämpfen / Leuchten / Messen / Navigieren / Ornamentieren / Produzieren / Quälen / Reisen / Spielen / Tönen / Überleben / Verbildlichen / Wünschen / Ein X für ein U vormachen / Zu Grabe tragen«.

An neun Terminals stehen die Basis-Daten zu den Objekten zur Verfügung, etwa die Hälfte davon besitzt auch ein Foto (zur besseren Identifizierung). Zu etwa 300 Gegenständen geben zusätzlich Audioguides Auskunft.

Luzern / Historisches Museum: »Schaudepot« (Eröffnung 2003) (Abb. 6)

Das kantonale Historische Museum besitzt breitgefächerte kulturgeschichtliche Sammlungen und als historischen Kern die ehemalige Rüstkammer des Zeughauses. Das Konzept des Wettbewerbsgewinners Steiner Sarnen basierte auf der Vorstellung, dem Gestaltungs- und Nutzungskonzept die ehemalige Funktion als Lager zugrunde zu legen. Auch das Logo folgt diesem Grundgedanken: ein Strichcode, wie er in der modernen Lagerhaltung üblich geworden ist.

Man hat das Haus in drei Zonen unterteilt: das »Schaudepot« mit Objekten hinter Metallgittern und Glas, das »Lager«, welches nur im Rahmen von Theatertouren (durchgeführt von professionellen Schauspielern) zugänglich ist und schließlich das »Zwischenlager«: Dies ist der Sonderausstellungsraum. Relativ großer Aufwand ist für die etwa ein Dutzend unterschiedlichen Theatertouren notwendig, die in regelmäßigen Abständen angeboten werden.

Bei der inhaltlichen Erschließung des »Schaudepots« ist der Besucher auf handliche Strichcode-Scanner angewiesen, die es erlauben, zu jedem Objekt Basisinformationen einzuholen. Aus eigener Erfahrung (Jahr 2008) beurteilt ist dieser Zu-

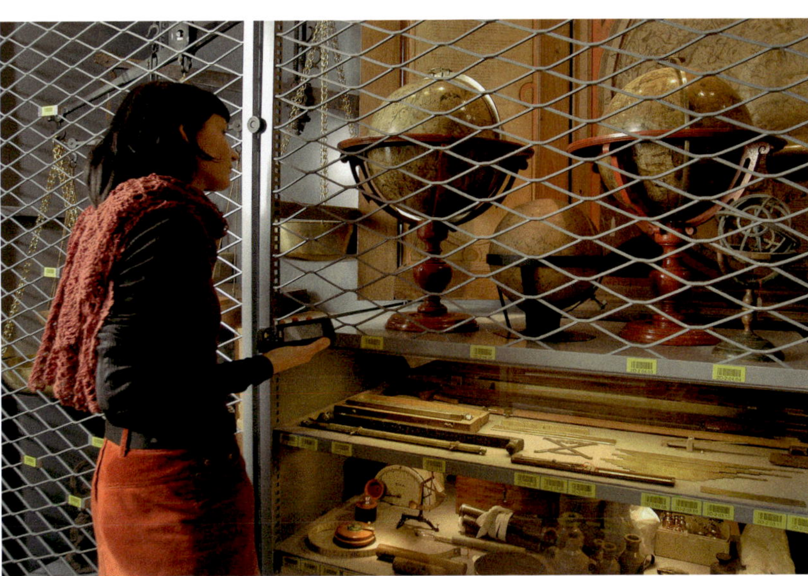

Abb. 6: Erschließung des »Schaudepots« mittels Strichcodes im Historischen Museum der Stadt Luzern

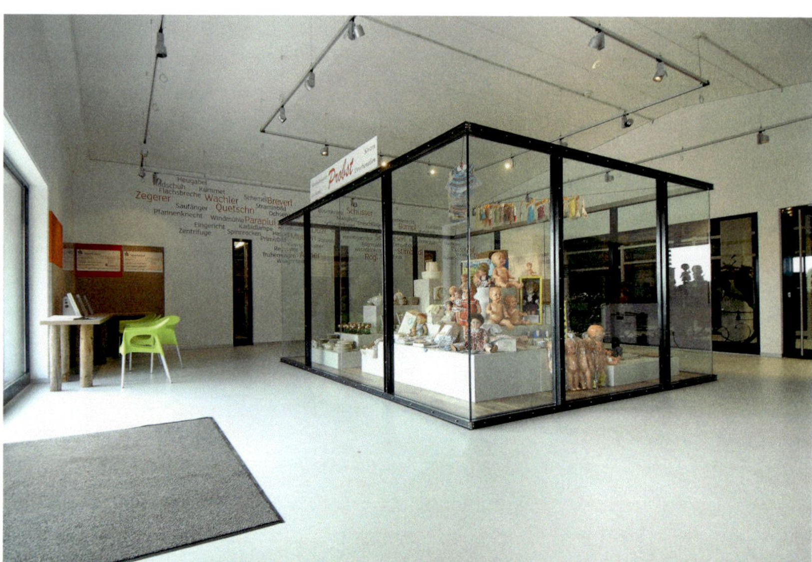

Abb. 7: Zentrale Großvitrine im Zentraldepot des Oberpfälzer Freilandmuseums in Neusath-Perschen

gang jedoch verbesserungswürdig: Die Daten sind rudimentär und nicht gut lesbar. Nicht zuletzt dadurch stellt sich rasch eine gewisse Ermüdung und Ernüchterung ein.

Neusath-Perschen / Oberpfälzer Freilandmuseum: »Zentraldepot mit Objektarium« (Eröffnung 2012) (Abb. 7)

Zu den jüngsten Projekten zählt dieses circa 2 400 m² Lagerfläche umfassende Zentraldepot, welches in nächster Nachbarschaft zum Eingangsbereich des Freilandmuseums errichtet wurde.[16] Dieser Standort hat nicht nur betriebslogistische Vorteile, sondern bietet Besuchern die Möglichkeit, auf kurzem Wege das sogenannte »Objektarium« im Inneren des Depots zu besuchen. Über einen Steg erreicht man im Obergeschoss einen Vorraum, in dem dreierlei visuell-inhaltliche Zugänge zu den Sammlungen geboten werden: Einmal über wechselnde Präsentationen in einer zentralen Großvitrine zu spezifischen Sammlungsthemen, dann über optische Einblicke in eines der beiden Lagergeschosse und schließlich mittels Terminals, auf denen mittelfristig der gesamte Bestand des Museums (etwa 35 000 Objekte) mit hochwertiger Bebilderung aufzurufen sein soll. Zusätzlich werden Führungen durch einen Teilbereich des »inneren« Depots, der entsprechende Objektsicherungen aufweist, für die interessierte Öffentlichkeit angeboten.

Nürnberg / DB-Museum: »Schaudepot« (Eröffnung 2012)

Wie bei allen anderen hier aufgeführten Beispielen ist auch das Schaudepot des DB-Museums zu den normalen Öffnungszeiten zugänglich. In einem ehemaligen Speditionslagergebäude nahe des Museums hat man auf etwa 200 m² Großobjekte und Objektgruppen – etwa 40 an der Zahl – untergebracht. Der Aufwand an Objektsicherung ist – v. a. bei den Großobjekten – im Wesentlichen auf Distanzhalter beschränkt, bei der Vermittlung dienen Objektbeschriftungen der Information, sodass man hier nach Griesser-Stermscheg eher von einem begehbaren Depot sprechen könnte.

Oettingen / Heimatmuseum: »Begehbares Depot« (Eröffnung 1998) (Abb. 8)

Einen Einblick in die Vielfalt der Sammlungen des im Jahre 1998 gegründeten Museums bietet das den größten Teil eines der drei Geschosse einneh-

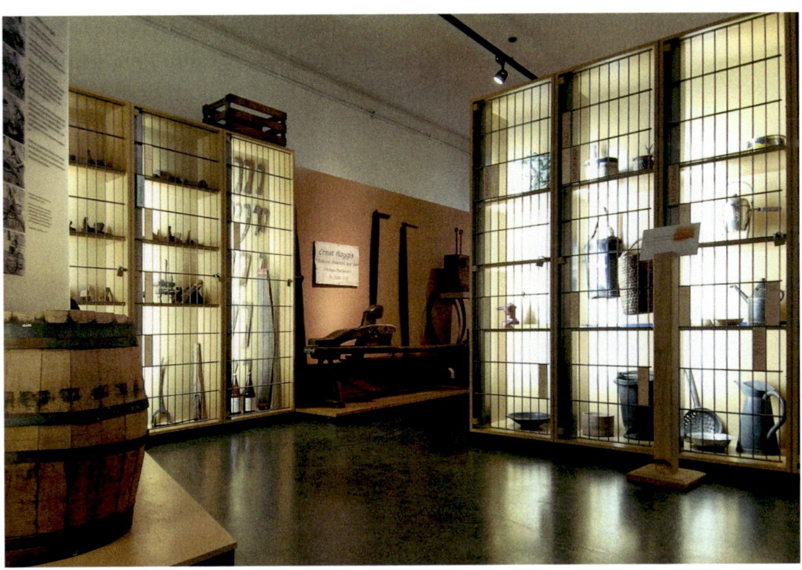

Abb. 8: »Begehbares Depot« im Heimatmuseum Oettingen

mende »begehbare Depot« in Oettingen auf einer annähernd 200 m² großen Fläche. Hier sind u. a. Haushaltsgeräte, Vorratsbehälter, Holzbearbeitungswerkzeuge und regionaltypische »Rieser Schränke« versammelt, ebenso ein breites Spektrum aus den textilen Sammlungen, insbesondere historische Kleidung. Für Letztere wurden aus konservatorischen Gründen Vitrinen geschaffen, ansonsten hat man Kleinobjekte i. d. R. hinter Metallgittern gesichert – eine Lösung, wie sie uns schon in Luzern begegnet ist, und die nach der diesem Beitrag zugrundeliegenden Begriffsverwendung eher einem »Schaudepot« entspräche (vom Grundsatz her ähnlich, aber formal etwas

Abb. 9: »Schaudepot« im Jüdischen Museum Wien

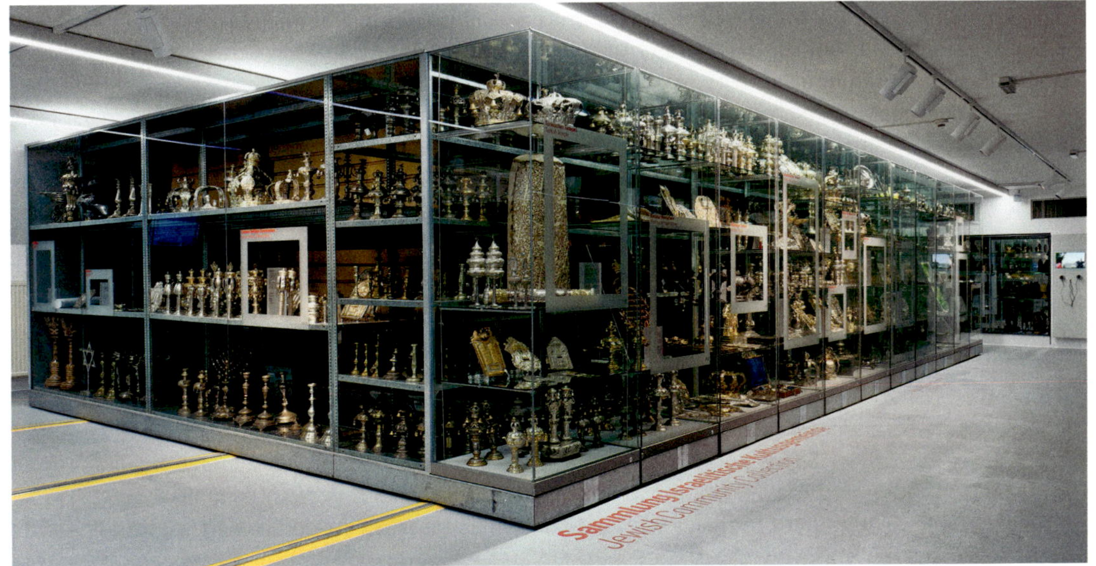

robuster ausgeformt in der ebenfalls »begehbares Depot« genannten Präsentation des 1. Oberpfälzer Kultur- und Militärmuseums Grafenwöhr[17]).

Wien / Jüdisches Museum: »Schaudepot« (Eröffnung 2011) (Abb. 9)

Im dritten Stock des Museums sind in einer voluminösen, verglasten Rollregalanlage große Bestände des Hauses aus Synagogen, Bethäusern und privaten Haushalten zusammengestellt nach ihren Herkunftsorten verwahrt. Einzelne »Fenster«, die durch Rahmen in den Verglasungen angedeutet werden sollen, fokussieren den Blick auf ausgewählte Objektensembles zu bestimmten Themen. Im zentralen Vitrinenkomplex sind v. a. Objekte aus österreichischen Bethäusern, Synagogen und anderen jüdischen Institutionen und aus dem Jüdischen Museum vor 1938 eingeordnet. Die seitlichen Vitrinen bieten einen Einblick in die nach 1945 geschaffenen Sammlungen.[18] Informationen über Sammlerpersönlichkeiten, die museale Arbeit und über die Zerstörung der Synagogen im Dritten Reich runden die ergänzenden Erschließungsangebote ab.

Wien / »Kaiserliches Hofmobiliendepot / Möbel Museum Wien« (Teileröffnung 1924, erweiterte Präsentation 1998)

1901 als kaiserliches Lager für den hofärarischen Mobilienbestand gegründet machte man bereits 1924 Teile der überaus reichen Sammlung der Öffentlichkeit in Form von Interieur-Ensembles zugänglich. Als Hybrid zwischen Museum und Schausammlung ist die überwiegend nach den Funktionen der Ausstattungsgegenstände gegliederte Unterbringung (»Möbelpawlatschen« = eigentlich: umlaufender Laubengang im Hinterhof) heute von thematischen Präsentationen durchsetzt wie beispielsweise zur Kaiserin Elisabeth (»Sisi«) oder zu Fragen der Pflege und Restaurierung. Einen wichtigen Teil der etwa 4 000 m² umfassenden Auf- bzw. Ausstellung bilden die Objektensembles in Form von Epochenzimmern und idealtypischen Funktionsräumen. Unter den hier angesprochenen Schaudepots darf das Hofmobiliendepot als frühes Beispiel gelten, das ursprünglich nicht als Variante musealer Präsentation, sondern als »begehbares Depot« im eigentlichen Sinne geschaffen wurde.

Bilanz (Kritik und Alternativen)

Auf einer gedachten Skala von solchen Lagerräumen, die alleine durch Führungen zugänglich sind, bis hin zu inhaltlich komplex strukturierten und aufwändig gesicherten und gestalteten Präsentationen finden sich unter dem Begriff »Schaudepot« firmierende Beispiele in breiter Verteilung.

Vor- und Nachteile solcher Lösungen sind nicht alleine in Beziehung auf die Besucher, sondern auch auf die Objekte und den Alltagsbetrieb der Museen zu bewerten. Eine solche kritische Beurteilung unternahm bereits 1990 Paul C. Thistle, der sich dabei auf Schaudepots in kleineren und mittelgroßen Museen in Kanada konzentrierte.[19] Die von ihm aufgeführten Aspekte haben heute unvermindert Gültigkeit:

Zu den (potentiellen) Vorteilen rechnete Thistle die Chance zur Partizipation von Besuchern bei der Nachbesserung von Objektdaten (!), die verstärkte Anregung zu eigenem, selbstbestimmtem Entdecken der Sammlung und ein wachsendes Verständnis der Öffentlichkeit für die Rolle und Aufgaben von Museen.

Diesen möglichen Errungenschaften stellte er schwerwiegende Nachteile gegenüber, wie beispielsweise das höhere konservatorische Risiko bzw. den hohen Aufwand, dieses Risiko zu minimieren, die zurückhaltende oder nicht sachgemäße Nutzung von Erschließungstechnik wie Terminals, den erschwerten Zugang für Forschungs- und Inspektionsarbeiten durch die Zugriffssicherungen und den negativen Eindruck, den ärmliche Objektdaten bei Besuchern hinterlassen und zu einer negativen Einschätzung der Wertigkeit der Sammlung führen können.

Nach Thistle empfiehlt sich ein Schaudepot vor allem bei folgenden Voraussetzungen: positive Einschätzung durch das Museumspersonal, starke lokale / regionale Verankerung, starkes Potential in der Museumspädagogik, Nähe zu Forschungsinstituten, aussagekräftige Objektlage, geeignete Objektgröße und -zustand (z.B. ist starke Fragmentierung bei archäologischen Funden wenig geeignet), Vertrautheit der Besucher mit einem Großteil der Objekte.

Verschiedene andere Autoren führen Probleme bei den intellektuellen Erschließungshilfen (Datenbögen, Terminals) ins Feld wie unkonzentriertes Navigieren (»Zappen«), doch dies stellt sicherlich nicht alleine ein Problem in Schaudepots dar – dort vermutlich weniger aufgrund der stärkeren Ausgangsmotivation für einen »investigativen« Besuch.[20]

Es dürfte als sicher gelten, dass von Spezialisten (alternativ dazu, aber mit fachlich weniger Anspruch verknüpft, von geschulten Schauspielern) geführte Besuche von Depots den größten Gewinn abwerfen. Der Verfasser hat dies selbst im Schaumagazin des Focke-Museums erlebt, das auch ansonsten sicherlich zu den gelungensten Lösungen der Präsentation zählt.

Bei allen Überlegungen zum Thema »Erschließung der Depots« sollte im Übrigen an erster Stelle die Frage stehen, ob es denn eine physische Öffnung sein muß – oder stattdessen eine virtuelle Öffnung nicht vorzuziehen wäre.[21]

Es ist eine durchaus berechtigte Forderung gegenüber Museen, welche von der öffentlichen Hand finanziert werden, die Sammlungen transparent zu machen. Dies kann auch und hinsichtlich der Breitenwirksamkeit vor allem anderen durch die Publikation im Internet auf der Grundlage einer umfassenden Bestandserfassung[22] einschließlich qualitätvoller fotografischer Dokumentation[23] gewährleistet werden. Der für den Zugang im World Wide Web notwendige technische Schritt – der freilich sorgfältig geplant werden muss – stellt dabei nicht das größte Hindernis dar. Projekte wie das oben beschriebene im Freilandmuseum Neusath-Perschen erscheinen in diesem Zusammenhang als Pionierleistungen: Dort wird in den kommenden Jahren sowohl der virtuelle wie auch der – konservatorisch wie betrieblich gleichermaßen sinnvoll abgestufte – physische Zugang zu den Sammlungen erreicht werden.

Abgekürzt zitierte Literatur

Alsford – Alsford 1989
D. B. Alsford / S. Alsford, Housing the Reserve Collections of the Canadian Museum of Civilisation: a Report (Hull / Quebec 1989).

Ames 1977
M. M. Ames, Visible Storage and Public Documentation, Curator 20, 1977, 65–79.

Ames 2009
M. M. Ames, Cannibal Tours and Glass Boxes. The Anthropology of Museums (Vancouver 2009) 89–97.

Beyer 2010
V. Beyer, Schaudepots. Zu einer ergänzenden Form der musealen Dauerausstellung, in: K. Dröge / D. Hoffmann (Hrsg.), Museum revisited. Transdisziplinäre Perspektiven auf eine Institution im Wandel (Bielefeld 2010) 153–166.

Dedekam 1905
H. Dedekam, Reisestudien, Museumskunde 1, 1905, 75–91.

Durm 1893
J. Durm (u. a.), Handbuch der Architektur, Band 4 (Stuttgart 1893).

Ferriot 1995
D. Ferriot, Museum Reserve Collections: An International Symposium, Museum International 188, 1995, 35–39.

Funck 2010
A. Funck, Schaudepots – zwischen Wunsch und Wirklichkeit, in: Natter 2010, 167–182.

Griesser-Stermscheg 2009
M. Griesser-Stermscheg, Das Schaudepot und das begehbare Depot: Sammlungen ausstellen?, in: Ch. Martinz-Turek / M. Sommer (Hrsg.), Storyline. Narrationen im Museum (Wien 2009) 229–247.

Landesstelle 2013
Landesstelle für die nichtstaatlichen Museen in Bayern (Hrsg.), Inventarisation als Grundlage der Museumsarbeit, MuseumsBausteine 13 (Berlin / München 2013).

Lohr 1998
Von der »Rumpelkammer« zum »begehbaren Depot«: Die Depots im 1. Oberpfälzer Kultur- und Militärmuseum Grafenwöhr, in: Landesstelle für die nichtstaatlichen Museen in Bayern (Hrsg.), Das Museumsdepot. Grundlagen – Erfahrungen – Beispiele, MuseumsBausteine 4 (München 1998) 247–252.

MacDonald / Alsford 1989
G. F. MacDonald / S. Alsford, A Museum for the Global Village. The Canadian Museum of Civilisation (Hull/Quebec 1989).

Meyer 1904
A. B. Meyer, Das Bestreben der amerikanischen naturwissenschaftlichen Museen, breitern Schichten des Volkes zu dienen, in: Die Museen als Volksbildungsstätten. Ergebnisse der 12. Konferenz der Centralstelle für Arbeiter= Wohlfahrtseinrichtungen (Berlin 1904) 93 ff.

Natter 2010
T. Natter (u. a.) (Hrsg.), Das Schaudepot. Zwischen offenem Magazin und Inszenierung (Bielefeld 2010).

Slater 1995
D. Slater, Visible Storage: the Glenbow experiment, Museum International 188, 1995, 13–17.

Thistle 2004
P. C. Thistle, Visible Storage for the Small Museum, in: S. Knell (Hrsg.), Care of Collections (London 52004) 187–196; Wiederabdruck eines älteren Beitrags, der in Curator 33, 1990, 49–62 erschienen war.

Waldemer 2012
G. Waldemer, Ein Zentraldepot für das Oberpfälzer Freilandmuseum Neusath-Perschen, museum heute 43, 2012, 63 f.

Waldemer 2013
G. Waldemer, Fotografische Bestandserfassung, in: Landesstelle 2013, 37–49.

Zusätzlich sei auf folgende Werke hingewiesen:

M. M. Ames, De-Schooling the Museum: A Proposal to Increase Public Access to Museums and Their Resources, Museum 145, 1985, 25–31.

G. Büchert, Schauräume der Stadtgeschichte. Städtische Heimatmuseen in Franken von ihren Anfängen bis zum Ende des Zweiten Weltkriegs, Studien zur Bayerischen Museumsgeschichte 1 (Berlin / München 2011).

W. Endres, Möbel aus dem Depot (Regensburg 1994).

D. Ferriot / B. Jacomy (Hrsg.), Les reserves dans les musées. Colloque international – The Reserve Collection in Museums. International Symposium (Paris 1995).

R. W. Force, Museum Collections – Access, Use and Control, Curator 18, 1975, 249–255.

L. Gall / A. Schulz (Hrsg.), Wissenskommunikation im 19. Jahrhundert (Stuttgart 2003), darin besonders der Beitrag von C. Kretschmann, Wissenskanonisierung und -popularisierung in Museen des 19. Jahrhunderts – das Beispiel des Senckenberg-Museums in Frankfurt am Main, 171–212.

M. Griesser-Stermscheg, Die ungeschriebene Geschichte des Museumsdepots. Vom Wunderkammer-Schrank zur gezielten Depotplanung, Restauro 6.2012, 39–45.

A. Joachimides, Die Museumsreformbewegung in Deutschland und die Entstehung des modernen Museums 1880–1940 (Dresden 2001).

M. Junker, Das Agrarium. Moderne Land- und Ernährungswirtschaft im Museum, museum heute 42, 2012, 35–38.

S. Keene, Fragments of the World. Uses of Museum Collections (London 2005).

G. Korff, Museumsdinge deponieren – exponieren (Köln u. a. 2002).

A. Kuntz, Das Museum als Volksbildungsstätte. Museumskonzeptionen in der deutschen Volksbildungsbewegung von 1871 bis 1918 (Marburg 1980) 64–67.

C. E. Mayer / A. Shelton (Hrsg.), The Museum of Anthropology at the University of British Columbia (Seattle 2009), darin besonders der Beitrag von A. Shelton, A Brief History of the Museum, 9–13.

R. Mertens, Blick in die Schatzkammer. Das neue Schaudepot des DB Museums öffnet seine Pforten, Museumszeitung 41, 2012, 5.

M. Roth, Heimatmuseum. Zur Geschichte einer deutschen Institution (Berlin 1990) 210–213.

H. Wagner, Gebäude für öffentliche Sammlungen, Museen, in: Durm 1893, 865–934.

G. Waldemer, Kommentierte Auswahlbibliographie, in: Landesstelle für die nichtstaatlichen Museen in Bayern (Hrsg.), Das Museumsdepot. Grundlagen – Erfahrungen – Beispiele, MuseumsBausteine 4 (München 1998) 275–284.

O. Zinke, Zeitgemäß sammeln. Die zoologische Sammlung des Museums der Westlausitz Kamenz, in: Asociace muzeí a galerií České republiky u. a. (Hrsg.), Natur im Museum. 14. Internationale Fachtagung bayerischer, böhmischer und sächsischer Museumsfachleute. 5. bis 7. September 2005 (Prag u. a. 2011) 53–60.

Anmerkungen

1 Funck 2010.
2 Griesser-Stermscheg 2009, 229 f.
3 a. a. O.
4 Meyer 1904, 93; gleichlautend Dedekam 1905, 84.
5 Durm 1893, 191.
6 Ames 1977, 65.
7 So bei Thistle 2004, 187 und in der Folge bei mehreren Autoren.
8 Collections: A Journal for Museum and Archive Professionals 5 (2009), 273. Bemerkenswert im Übrigen, dass in Calgary, Canada am Glenbow Museum der Versuch mit »visible storage« ebenso bei ethnographischem Material unternommen wurde (Cree-Stämme), siehe Slater 1995.
9 [Hinweis des Oxfordshire County Museums]: Ferriot 1995, 59: »[...] the emphasis has shifted away from storage and preventive care of collections to public accessibility, accountability and using collections. [...]«.
10 Natter 2010.
11 Jesberg 1970, 142–145 mit 4 perspektivischen Skizzen.
12 MacDonald / Alsford 1989, 117 f. und Alsford – Alsford 1989, 35 f.
13 Natter 2010, 95–104 (Luzern). 105–116 (Bremen); Beyer 2010, 155 f. (Wien). 157 f. (Bremen). 158 f. (Luzern); Griesser-Stermscheg 2009, 230 f. (Wien). 232 f. (Bremen). 233 (Luzern). Dort jeweils auch zusätzliche Literatur zu den einzelnen Projekten.
14 www.museumderdinge.de (22.6.2013).
15 F. von der Haar, in: Natter 2010, 111.
16 Waldemer 2012.
17 Lohr 1998.
18 Vgl. ww.wikipedia.org/wiki/Jüdisches_Museum_Wien (22.6.2013).
19 Thistle 2004, 188 ff. Vgl. auch Slater 1995, Ames 2009 und Beyer 2010.
20 Beyer 2010, 160–166 streicht in ihrer Zusammenfassung vorwiegend die positiven Seiten von Schaudepots heraus und ist weniger problemorientiert als Thistle oder auch Ames.
21 Vgl. die Pionierleistung des Canadian Museum of Civilisation Mitte der 1980er Jahre, mit dem Einsatz von Laser-Discs den Besuchern an Monitoren Einblick in die Sammlungen zu gewähren. Hierzu MacDonald / Alsford 1989, 114–117.
22 Landesstelle 2013.
23 Waldemer 2013.

Archäologische Museumsdepots in Bayern

Probleme und Chancen

Christof Flügel

Grundlegend für das Verständnis der aktuellen Situation archäologischer Museumsdepots in Bayern sind die Regelungen bezüglich des Fundeigentums sowie die unterschiedlichen Zuständigkeiten der diversen archäologischen Institutionen, insbesondere des Bayerischen Landesamts für Denkmalpflege (BLfD) und der Archäologischen Staatssammlung München (ASM).[1] Weitere Akteure in diesem komplizierten Beziehungsgeflecht sind die Stadt- und Kommunalarchäologien sowie die nichtstaatlichen Museen mit archäologischen Sammlungen.

In Bayern, einem Bundesland ohne Schatzregal, ist das Eigentum an archäologischen Funden grundsätzlich durch § 984 BGB geregelt, was in der Praxis dazu führt, dass Grundeigentümer und Entdecker jeweils hälftige Eigentumsanteile erwerben. Der staatliche Eigentumsanteil an Funden wird durch die ASM wahrgenommen. Im Gegensatz zu einer landläufig weit verbreiteten Fehlmeinung erwirbt das BLfD kein Fundeigentum oder besitzt gar eigene Sammlungen, sondern hat die konservatorische Erstversorgung und fachgerechte Verwahrung des gesamten bayerischen Fundmaterials bis zur Übergabe an die ASM bzw. den Fundeigentümer zur Aufgabe.[2] Das BLfD kann deshalb auch keine Funde für Sonder- oder Dauerausstellungen zur Verfügung stellen; die entsprechenden Leihverträge sind mit den Eigentümern bzw. der ASM direkt zu schließen. Das zentrale Funddepot der ASM befindet sich in Baldham bei München in den imposanten Räumlichkeiten des ehemaligen Thorak-Ateliers.

Aufgrund der großen Anzahl von Notgrabungen entstanden besonders in den 1980er und den frühen 1990er Jahren, als Grabungen noch überwiegend durch das BLfD und nicht wie heute von Grabungsfirmen nach den fachlichen Auflagen des BLfD durchgeführt wurden, zahlreiche »halboffizielle Zwischendepots«, die dringend benötigt wurden, um den hohen Fundanfall noch bewältigen und bis zur Klärung der Eigentumsverhältnisse bzw. der Übergabe des Fundmaterials an die ASM lagern zu können. So wurde beispielsweise in Weißenburg in Bayern das umfangreiche Fundmaterial der Grabungen im römischen Lagerdorf in einer Villa des 19. Jahrhunderts gelagert, die konservatorisch nur bedingt geeignet war. Erst im Zuge der Erteilung einer Abrissgenehmigung und der Planungen eines Neubaus der Feuerwehr an dieser Stelle wurde die Villa als Standort eines »grauen Depots« aufgegeben, die Funde wurden der ASM übergeben.

Besonders in dem »Schwarzen Loch« zwischen Grabungsende und Fundübergabe bzw. Klärung des Fundverbleibs treten oft konservatorische Probleme auf, die langjährige Folgewirkungen haben können. Einzelne Kommunen wie z. B. die Gemeinde Germering (Lkr. Fürstenfeldbruck) schließen deshalb bereits vor der Ausgrabung mit dem jeweiligen Bauträger eine Vereinbarung, in der dieser sein Eigentum an Funden an die Gemeinde abtritt, die als Gegenleistung für die konservatorische Erhaltung sorgt. Dieses »Germeringer Modell« wird mittlererweile in mehreren Kommunen praktiziert. Städte mit eigener Stadt- und Kreisarchäologie betreiben oft auch eigene Funddepots, die einem lokalen Museum angeschlossen sind. Beispiele dafür sind die Kreisarchäologie Deggendorf (mit einem Funddepot im Museum

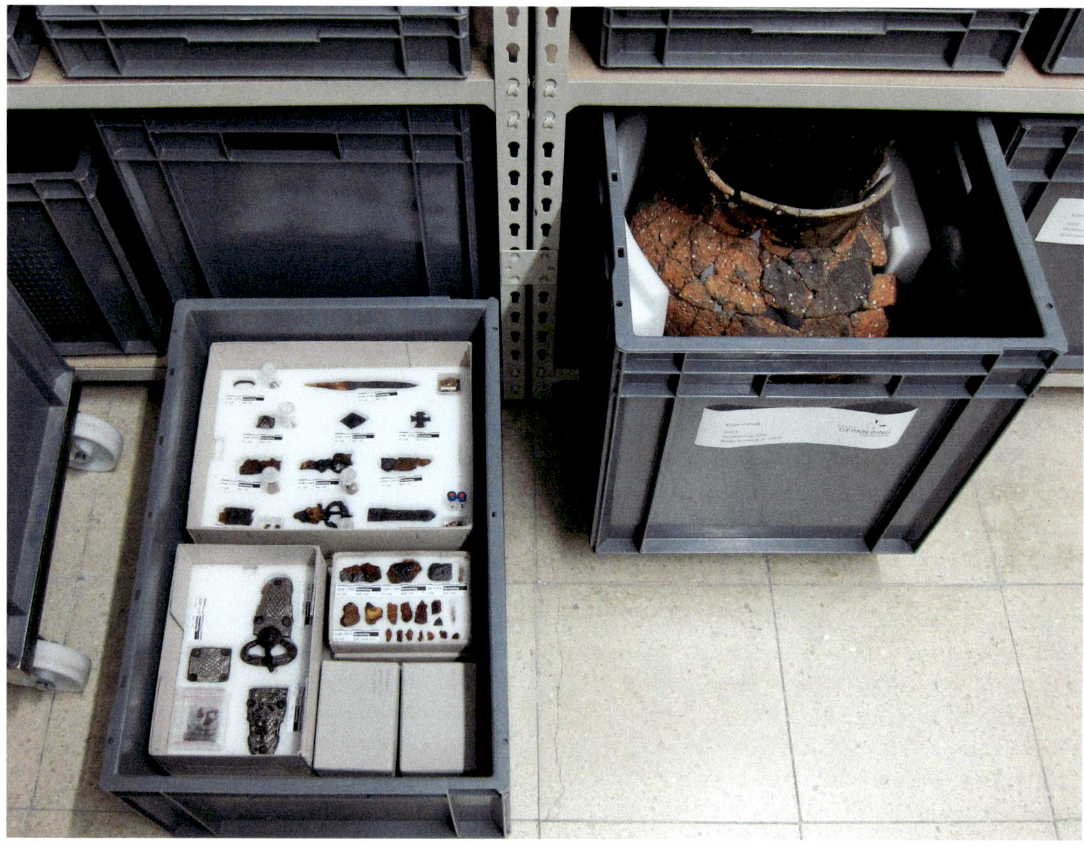

Abb. 1: Das Depot des Museums zeit+raum in Germering

Quintana, Künzing) sowie die Stadtarchäologien Augsburg und Passau oder das kleine Funddepot im Museum zeit+raum in Germering. (Abb. 1)

Für den Umgang mit archäologischen Funden gibt es klar definierte Empfehlungen,[3] die leider bislang nur in seltenen Fällen vollinhaltlich umgesetzt werden und die gleichermaßen für die Einrichtung archäologischer Depots gelten. Dazu gehören wie bei jedem Depot konservatorisch geeignete Verpackungsmaterialien, die klimatische Eignung der Gebäude sowie festgelegte logistische Arbeitsabläufe. In der Praxis wird archäologisches Fundmaterial aber häufig in ungeeigneten Räumen gelagert, auch weil viele lokal Verantwortliche keinen fachlichen oder emotionalen Zugang zur Archäologie haben bzw. die Finanzmittel oder das Bewusstsein fehlen. Nur wenige nichtstaatliche Museen mit archäologischen Sammlungen haben einen Museumsleiter mit Archäologiestudium. Oft genug beginnt deshalb die Ortsgeschichte im lokalen historischen Bewusstsein erst mit den frühesten schriftlichen Aufzeichnungen, wie das Beispiel »1250 Jahre München-Pasing« (2013) zeigt, obwohl der Münchner Westen bereits zur Zeit der Bajuwaren dicht besiedelt war.[4] Andererseits sind archäologische Funde – wie man verschiedentlich zu hören bekommt – »hochemotional belastet« als »Zeugnis unserer eigenen Ortsgeschichte«, was in der Praxis oft dazu führt, dass Funde schon aus Prinzip nicht nach München oder an andere größere Städte abgegeben werden, auch wenn hier langfristig der Erhalt durch korrekte konservatorische Rahmenbedingungen garantiert ist: Archäologische Funde, die vor dem Ersten Weltkrieg an die ASM abgegeben wurden, sind dort auch heute noch auffindbar, trotz zweier Weltkriege. Als positives Ausnahmebeispiel sei die im Jahr 2013 geschlossene Vereinbarung zwischen der Stadt Rosenheim, einem lokalen Sammler archäologischer Funde und der ASM genannt, wodurch die Funde, darunter ein römischer Münzschatz[5], in das Eigentum der ASM übergehen, ausgewählte Funde aus diesen Komplexen aber jederzeit nach Vereinbarung für die Dauerausstellung im Stadtmuseum Rosenheim zur Verfügung gestellt werden. Dieses »Rosenheimer Modell«, das in der Praxis den Kommunen Lager- und Depotkosten spart, ist leider bislang nur vereinzelt umgesetzt worden.

Einzelne Funddepots wie das bereits erwähnte Funddepot im Museum zeit+raum in Germering (Abb. 1) sind als vorbildlich zu werten. Zu dieser eher überschaubaren Qualitätskategorie archäologischer Depots in Bayern gehören auch das archäologische Depot in Aschaffenburg, das besonders wegen seiner Nutzerfreundlichkeit hervorzuheben ist,[6] oder das Depot der Stadtarchäologie in Passau, das sich im Untergeschoss eines Schulgebäudes befindet, eine Lösung die auch beim Archäologischen Depot des Stadtmuseums Ingolstadt in Ingolstadt-Zuchering zum Tragen kam. In Passau, Ingolstadt und auch im zukünftigen »Archäologischen Zentraldepot Augsburg« in den ehemaligen Produktionshallen der »Augsburger Kammgarn-Spinnerei« wird mit Kompaktusanlagen platzsparende moderne Lagertechnik eingesetzt.

Eine genaue Standortprüfung vor der Einrichtungsplanung nach gängigen konservatorischen und klimatischen Standards ist Grundvoraussetzung für ein funktionierendes archäologisches Depot. Die Verfügbarkeit von Lagerflächen allein, oft genug in historischen Gebäuden oder feuchten Kellern, kann nicht ausschlaggebendes Kriterium für eine Standortentscheidung sein. Die teilweise Überschwemmung des Passauer Depots im Jahr 2013, bei der die unterste Regalreihe überflutet und die Fundzettel in über 300 Fundkisten – Grundinformation für die spätere Inventarisierung – in Mitleidenschaft gezogen wurden, zeigte jedoch, dass Ausnahmeereignisse auch sorgfältige Standortplanungen in Frage stellen können.

Einen Sonderfall bilden menschliche und tierische Überreste aus archäologischen Grabungen.[7] Sofern hier ein staatlicher Eigentumsanteil besteht, wird dieser in Bayern durch die Staatssammlung für Anthropologie und Paläoanatomie München (SAPM) wahrgenommen. In der Praxis bedeutet das bei Skelettgräbern also eine Trennung zwischen Funden (ASM) und menschlichem Skelettmaterial (SAPM). Aufgrund von Platzproblemen nimmt aber die SAPM keine Blockbergungen mehr an; die Knochen sind nach der Grabung nach Skelettregionen sortiert abzugeben. In Aschheim, Lkr. München, sollten die aufgefundenen menschlichen Überreste der bajuwarischen Körpergräber wieder eine würdevolle Stätte erhalten. So wurde auf dem Friedhof unter der Aussegnungshalle ein wissenschaftlich geordnetes Skelettdepot geschaffen. Durch ein Sichtfenster im Boden erhält der Besucher Einblick in einen geöffneten Karton und wird so über die Zweckbestimmung dieses wissenschaftlichen und ethischen Ansprüchen genügenden unterirdischen Lagerraumes informiert. (Abb. 2)

Abb. 2: Das Sichtfenster in der Aussegnungshalle in Aschheim, in deren Untergeschoss bajuwarische Bestattungen gelagert sind

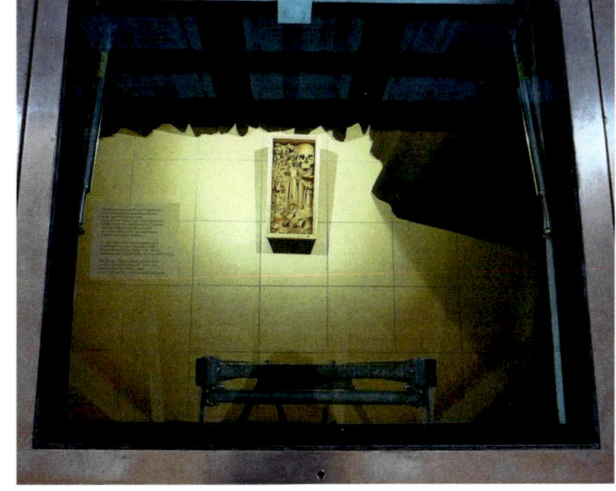

Insgesamt bieten die archäologischen Depots in Bayern ein ziemlich heterogenes Erscheinungsbild, das sich langsam, aber kontinuierlich bessert.

Anmerkungen

1 W. K. Göhner, Archäologische Funde im Museum: Ausgewählte rechtliche Aspekte, in: Landesstelle für die nichtstaatlichen Museen in Bayern (Hrsg.), Archäologische Funde im Museum. Erfassen – Restaurieren – Präsentieren. MuseumsBausteine 12 (München 2007) 17–26; Wem gehört das archäologische Fundgut?, in: Bayerisches Landesamt für Denkmalpflege (Hrsg.), Aus gutem Grund. Bodendenkmalpflege in Bayern. Standpunkte. Ziele. Strategien, Denkmalpflege-Themen 4, 2013, 86 f.

2 M. Böck (u. a.), Kein Weg zurück – Geschichte für Alle, in: Bayerisches Landesamt für Denkmalpflege (Hrsg.), Aus gutem Grund. Bodendenkmalpflege in Bayern. Standpunkte. Ziele. Strategien, Denkmalpflege-Themen 4, 2013, 52–55.

3 S. Gasteiger, Empfehlungen zum Umgang mit archäologischen Funden, in: Landesstelle für die nichtstaatlichen Museen in Bayern (Hrsg.), Archäologische Funde im Museum. Erfassen – Restaurieren – Präsentieren. MuseumsBausteine 12 (München 2007) 67–83; E. Blumenau, Bewahrung von Kunst- und Kulturgut in archäologischen Sammlungen, a. a. O. 85–94.

4 H. Dannheimer / G. Ulbert, Die bajuwarischen Reihengräber von Feldmoching und Sendling, Stadt München. Materialhefte zur bayerischen Vorgeschichte A8 (Kallmünz/Opf. 1956).

5 M. Kostial-Gürtler / W. Ager, Im Hochwasser verloren (München 2013).

6 vgl. hierzu auch den Beitrag von M. Höpfner in diesem Band, S. 213 ff.

7 Grundlegend dazu die Empfehlungen des Deutschen Museumsbunds: www.museumsbund.de/fileadmin/geschaefts/dokumente/Leitfaeden_und_anderes/2013_Empfehlungen_zum_Umgang_mit_menschl_UEberresten.pdf (7.7.2014).

Sachstandsbericht zur Depotsituation in bayerischen Archäologiemuseen

Die Perspektive der Konservierung

Stephanie Gasteiger, Marianne Landvoigt

Wie im vorausgehenden Artikel von Christof Flügel dargestellt, existieren in Bayern aufgrund der Fundeigentumsregelung zahleiche Museen und Sammlungen mit zu verwahrenden Beständen archäologischer Funde. Die seit den 1980er Jahren unvermindert große Zahl archäologischer Ausgrabungen führt jährlich zu einer außerordentlich hohen Zahl neu anfallender archäologischer Objekte.[1] Demnach haben Fundeigentümer, Sammlungen und Museen, allen voran die Archäologische Staatssammlung München (ASM) und die Staatssammlung für Anthropologie und Paläoanatomie München jährlich mit einem regelmäßigen erheblichen Sammlungszuwachs zu rechnen – ein Zuwachs, wie ihn sicherlich sonst keine andere Sammlung, kein anderer Sammlungsbereich (ohne weiteres Zutun) zu verzeichnen hat. Dieser ständige Zuwachs ist fortlaufend zu inventarisieren, zu konservieren und gegebenenfalls zu restaurieren, archivgerecht aufzubewahren, zu erforschen, zu präsentieren und zu pflegen. Der Aufwand dafür ist immens, die entsprechende Ausstattung und das Personal dafür müssen erst einmal zur Verfügung stehen bzw. die entsprechende Struktur, Arbeitsorganisation und ein Konzept vorhanden sein.

Grundlegend für das Verständnis von Sammlungen archäologischer Funde und Fundkomplexe ist weiterhin die spezielle Charakteristik dieses Sammlungsgutes. Es zeichnet sich dadurch aus, dass jede der zusammengehörenden archäologischen Einheiten viele, oftmals sogar sehr viele Einzelobjekte umfasst. Kleine Komplexe zählen bis zu 100 Funde, mittlere bis zu 500, bei großen Fundkomplexen sind über 1 000 Einzelgegenstände keine Seltenheit. Die Funde, die zu einem Fundkomplex zählen, sind höchst inhomogen: Entsprechend ihrer Größe kann man sie in Kleinfunde (z. B. Perlen, Fibeln, Schmuck) und Großfunde (z. B. Urnen, bearbeitete Bauteile, Brunnenkasten, Mosaike) einteilen, oder aber in Materialgruppen, z. B. die anorganischen (Metall, Keramik, Glas, Stein) und die organischen (Holz, Leder, Bein, Textil etc.). Diese haben jeweils unterschiedliche konservatorische Bedürfnisse, die für den Erhalt der Materialien essentiell sind. Im Vergleich zu allen anderen Sammlungsbeständen haben archäologische Funde bzw. Materialien die allerstärksten Veränderungen durch die lange Bodenlagerung (chemischer, physikalischer und biologischer Zerfall) erlitten – und dieser Zerfall schreitet nach der Ausgrabung durch aktive, teils materialimmanente Prozesse weiter fort.

Den Zerfall bestmöglich zu verhindern und zugleich den Informationsgehalt der Funde zu erfassen, darauf zielen die ab dem Zeitpunkt der Auffindung greifenden Maßnahmen zum Umgang mit archäologischen Funden sowie die vom Bayerischen Landesamt für Denkmalpflege umgesetzte Erstversorgung nach der Ausgrabung ab. Sie umfasst ein ganzes Spektrum an Maßnahmen, die zum Instrumentarium der Präventiven Konservierung zählen. Dabei verändert sich das Erscheinungsbild des Fundmaterials meist nicht; es tritt immer noch weitestgehend im originalen Fundzustand auf – wenig ansprechend, schwer lesbar und daher nicht unbedingt repräsentativ und präsentabel. Ein Blick auf große und lange bestehende Sammlungsbestände, z. B. die der ASM, zeigt, dass genau dieser Zustand und diese Unversehrtheit auf lange Sicht hin aber den Wert und die Aussagekraft der Funde ausmachen.

Der monetäre Wert der archäologischen Funde, der sich am Handelswert orientiert, ist nominell in vielen Fällen äußerst gering, insbesondere der rostiger, bröselnder, dreckiger, unlesbarer Funde in unrestauriertem – aber konserviertem – Auffindungszustand. Es verwundert also nicht, dass mit ihnen auf Grund ihrer Menge, ihres Zustandes, ihres monetären Wertes und des hohen erforderlichen Arbeitsaufkommens für ihren Erhalt allzu oft immer noch so verfahren wird, wie bereits vor 16 Jahren zu lesen war: »[...] viele Museen (haben) ihre Depoträume lange Zeit wie ein ungeliebtes Stiefkind behandelt [...]. Die Räume waren oft abgelegen, klein, niedrig und erschwert zugänglich. Mit einigen gebrauchten Regalen ausgestattet, mussten sie für die Lagerung der Objekte genügen. In den Regalen oder direkt auf dem Boden wurden die Objekte in Obstkisten oder Umzugskartons auf- und übereinander gestapelt, teilweise völlig ungeordnet. Ein schneller Zugriff auf einzelne Dinge war nicht möglich.«[2] Diese Beschreibung trifft auch heute leider noch auf zu viele Depots mit archäologischem Sammlungsgut zu. Dafür sind in vielen Fällen, insbesondere bei kleinen und nichtstaatlichen Sammlungen, sicherlich weniger Unwille als vielmehr Hilflosigkeit oder Ohnmacht und fehlende Finanz- sowie auch professionelle Personalmittel angesichts der hoffnungslos erscheinenden Situation verantwortlich.

Wie aber sollen kleine Sammlungen die archivgerechte Aufbewahrung und Sammlungspflege verwirklichen? Wo und wie ansetzten, um die sichere Bewahrung und den nachhaltigen Schutz des Sammlungsgutes, eine der Kernaufgaben von Museen, zu gewährleisten? Nur ein ganzheitlicher Ansatz vermag es, Originalsubstanz vor Verfall zu schützen. Diesem muss unbedingt eine gute Strategie zugrunde liegen.

Zentraler Dreh- und Angelpunkt ist die Präventive Konservierung. Sie stellt das Objekt und seine Bedürfnisse in den Mittelpunkt und verbindet dabei ethische und ökonomische Interessen. Primäres Ziel der weitgreifenden Prävention ist es, Schäden von vornherein möglichst zu verhindern bzw. deren Ausmaß möglichst gering zu halten und dadurch aufwändige Schadensbehebungen zu vermeiden. Sie bildet den Maßstab für jegliche Bewertung und Veränderung der Depotzustände, wobei dies gleichermaßen auf Schausammlung und Ausstellung zu übertragen ist. Zur Umsetzung der verschiedenen, dem Bereich der Präventiven Konservierung zuzuordnenden Maßnahmen ist die fachübergreifende Zusammenarbeit verschiedener Arbeitsbereiche unerlässlich, die in kleinen Häusern häufig ohnehin in einer Hand liegen, in großen Sammlungen und Museen aber verschiedenen Abteilungen zugeordnet sind.

Ausgangspunkt für die Verbesserung der Sammlungsdepots und Aufbewahrungssituation ist eine systematische Erfassung des Ist-Zustandes. (Abb. 1) Die Bestandsaufnahme erfasst wichtige Parameter der sich auf die Erhaltung des Sammlungsgutes auswirkenden Lagerbedingungen und erfolgt mit Hilfe von Depotreporten, die zahlreiche Aspekte protokollieren.[3] Dazu zählen Gebäude (z. B. Lage, Bauart, Material, Zustand), Räume (z. B. Funktion, Größe, Anordnung, Zustand), Depotinfrastruktur oder -ausstattung (z. B. Einrichtung, Behälter, Hilfsmittel), diverse Informationen zu Organisation, Ablauf, Handhabungen sowie Risiken (z. B. Gebäude und Personen, Sicherheit, Feuer, Katastrophen), Klima, Licht und Schädlingsüberwachung. Ergänzend geben Mengengerüste ein Bild der Sammlungsbestände bezüglich Lagertyp und -art, Dimension, Laufmeter Regal und Volumen pro Objektgruppe sowie der Depotauslastung. Sie ermöglichen zugleich die Formulierung des Bedarfs und Soll-Zustandes.[4]

In der Zusammenfassung zeigen diese beiden Erhebungen auf, an welchen Punkten Defizite bestehen. Aus ihnen lassen sich die Vor- und Nachteile des Gebäudes und der Räume, der Lagertechnik, der Nutzung und Risiken, also das gesamte Gefahrenpotential ablesen. Die Identifizierung der Mängel versetzt wiederum in die Lage, zu formulieren, welche Verbesserungsmöglichkeiten bestehen bzw. welche Maßnahmen Abhilfe schaffen können. Vielleicht ermöglicht be-

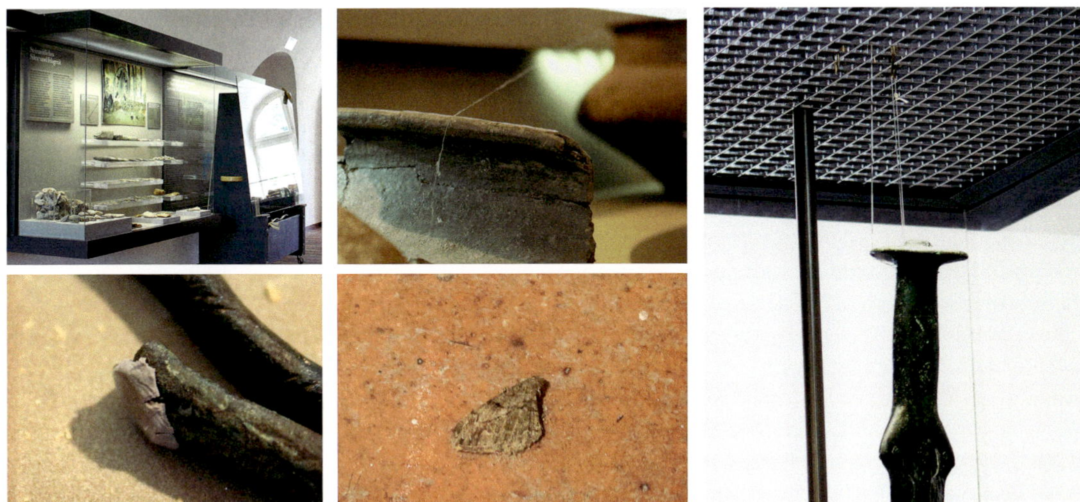

Abb. 1: Risikopotenziale im Museum – unachtsames Handling, Schädlinge, unsichere Objektbefestigung, objektschädigende Materialien

reits diese Bestandsaufnahme, einige einfache, nachhaltige Änderungen durchzuführen. Da die Mängel und Gefährdungen für das Sammlungsgut jedoch vielfältig sind, teils auch äußerst komplex und schwer zu strukturieren, helfen Bewertungssysteme, die Wichtigkeit und Reihenfolge festzulegen, um zu erkennen, welchem Gefahrenpotential man sich zuerst widmen sollte und wie die wenigen finanziellen Ressourcen am effektivsten eingesetzt werden können. In dieser Hinsicht ist die Durchführung eines Risikoassessments[5] hilfreich.

Anwendung eines Risikomanagementsystems im Stadtmuseum Ingolstadt

In den vergangenen 16 Jahren wurden in den internationalen Fachkreisen der Präventiven Konservierung verschiedene Modelle zum Umgang mit Risiken entwickelt. Diese sind speziell auf den Kulturgutschutz und die dort auftretenden Risikofaktoren ausgerichtet und helfen, die Gefährdungen in Museen, Sammlungen und Depots systematisch zu erfassen und zu bewerten. Die zwei bekanntesten Konzepte stellen das CPRAM Modell (Cultural Property Risk Analysis Model) von Robert Waller und das CCI Modell[6] dar, welches in Kooperation mit dem International Centre for the Study of Preservation and Restoration of Cultural Heritage (ICCROM) und der Cultural Agency of the Netherlands (RCE, früher ICN) ständig weiterentwickelt wird. Alle Modelle sind darauf ausgerich-

Abb. 2: Schematische Darstellung eines Risikomanagements nach AS/NZS 4360:2004 [12]

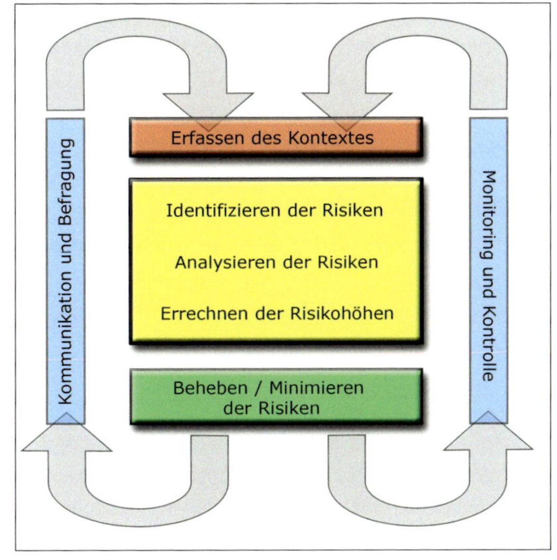

tet, in den verschiedenen Bereichen kultureller Einrichtungen angewendet zu werden (Depot, Ausstellungsbereich, Archivbereich etc.). (Abb. 2)

Die fünf allgemeinen Schritte eines Risikoassessments sind:

Erfassen des Kontexts

In diesem Schritt wird der gesamte Kontext des zu bearbeitenden Bereichs bzw. Museums erfasst. Dafür erfolgt zunächst eine exakte Festlegung, auf welche Bereiche des Gebäudes, der Ausstellung oder der Sammlung das System angewendet werden soll. Anschließend werden z. B. die Objektanzahl, Objektgruppen, Objektmaterialien, aber auch Personalstruktur, Verantwortlichkeiten und Umgangsweisen der Mitarbeiter mit den Objekten erfasst. Es wird demnach ein Gesamtbild erstellt, das einen Überblick über alle Bereiche der Ausstellung bzw. des Depots gibt.

Identifizieren der Risiken

Innerhalb dieses Arbeitsschrittes werden alle möglichen Risiken erfasst. Dazu gehören die offensichtlichen Risiken und Gefährdungen, die bereits aufgetreten sind, aber auch mögliche Risiken, die bisher nicht beachtet wurden.

Als Hilfsmittel dienen die in Schritt 1 gesammelten Informationen zum Kontext sowie verschiedene Messungen, Untersuchungen, Dokumente, Statistiken und Befragungen der Mitarbeiter der Institution. Zudem müssen die Zustände der einzelnen Objekte aufgenommen werden. Je ausführlicher die Informationsgewinnung erfolgt, desto detaillierter können bestehende und mögliche Risiken aufgedeckt und evaluiert werden.[7]

Eine hilfreiche Strukturierung bieten Fragebögen, mit denen alle Risikobereiche eines Gebäudes systematisch festgehalten werden können.[8]

Analysieren der Risiken

Nachdem die Risiken bekannt und kategorisiert sind, werden speziell auf die Einrichtung angepasste Risikoszenarien entwickelt. Diese beschreiben den Ablauf des Gefährdungsprozesses von seiner Ursache bis zu dessen Auswirkung auf die Objekte.

Errechnen der jeweiligen Risikohöhen

In diesem Arbeitsschritt werden die einzelnen Risikohöhen der zuvor erfassten und erstellten Risikofaktoren bzw. -szenarien errechnet. Die dafür verwendete Formel setzt sich aus den vier vom Bearbeiter einzuschätzenden Parametern (1) Anfälliger Sammlungsanteil, (2) Wertverlust, (3) Wahrscheinlichkeit und (4) Ausmaß zusammen.

Ziel ist es, die zuvor erfassten Risiken einander vergleichbar zu machen, um zu verdeutlichen, welche der vielfältigen Risiken die gravierendsten Ausmaße auf die Sammlung haben. Anschließend können die Szenarien relativ untereinander verglichen werden. Dies kann grafisch in Form eines Balkendiagramms geschehen. Dadurch bekommen auch fachfremde Personen sofort einen Eindruck zu den unterschiedlichen Ausmaßen der Risikoszenarien. (Abb. 4) Die errechnete Zahl liefert jedoch keine Aussage bezüglich der allgemeinen Schwere des Risikos und seines Ausmaßes gegenüber der Sammlung.

Beheben / Minimieren der Risiken

Anhand der berechneten Risikohöhen können nun die schwerwiegendsten Gefahren behoben und geringere unter Beobachtung gestellt werden. Dafür ist die Erstellung eines Maßnahmenkataloges sinnvoll, der alle nötigen Informationen zur Behebung bzw. Minimierung der ermittelten Risiken enthält. Er zeigt neben detaillierten Informationen zur Maßnahme und deren Umsetzung auch Alternativmaßnahmen einschließlich der jeweiligen Kosten bzw. die zukünftige Kostenersparnis auf.

Auch wenn diese Herangehensweise linear erscheint, stellt ein Risikoassessment keineswegs einen starren Prozess dar, der nur einmalig durchgeführt wird. Vielmehr ist hierunter ein ständig wiederkehrender Kreislauf zu verstehen, der zunehmend differenziert und tiefergehend angepasst werden kann und soll.[9]

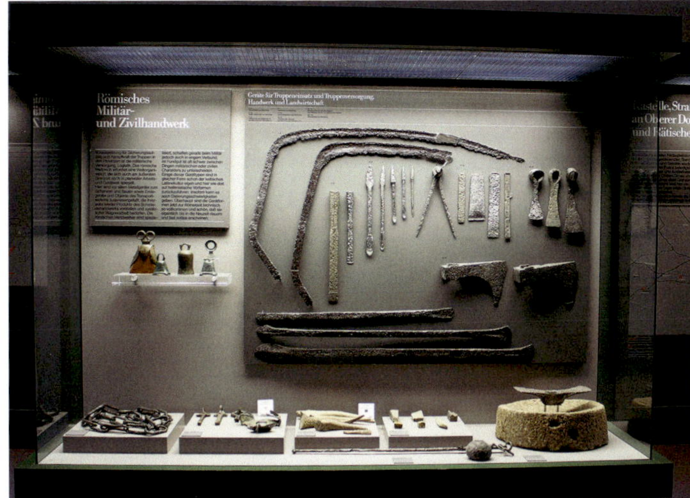

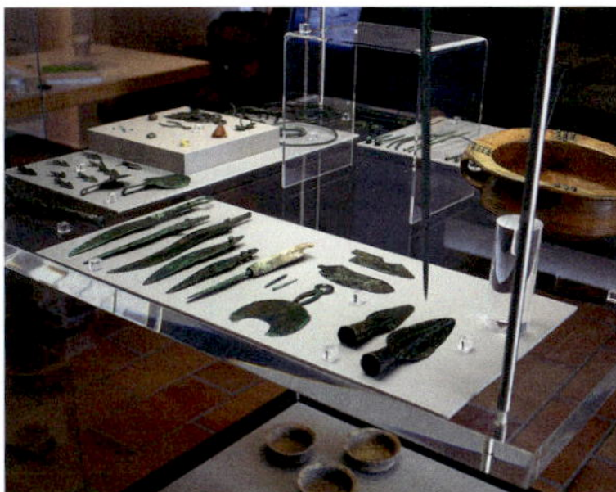

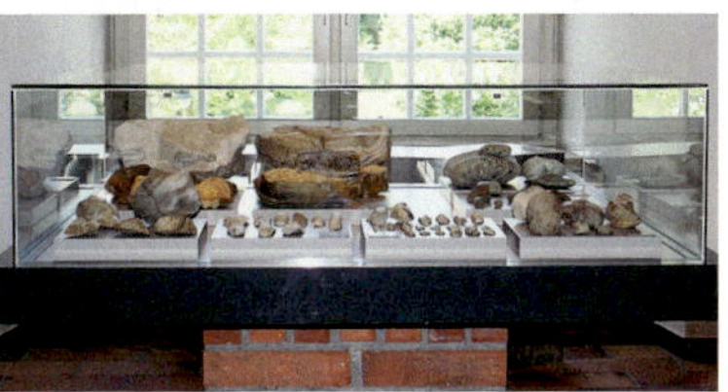

Abb. 3: Stadtmuseum Ingolstadt, Objektpräsentation in der archäologischen Dauerausstellung

Im Rahmen einer Masterarbeit[10] wurde die Durchführbarkeit des CPRAM Modells in einer musealen Einrichtung ausgelotet. Als Kooperationspartner und Anwendungsbeispiel wurde das Stadtmuseum Ingolstadt ausgewählt, auf dessen archäologische Schausammlung die Methodik angewandt wurde.[11] (Abb. 3) Ziel der Arbeit war die praktische Umsetzung des Risikoassessments und die Bewertung hinsichtlich seiner Anwendbarkeit. Im Ergebnis erhielt das Museum durchführbare Lösungsansätze zur Behebung der herausgearbeiteten Risiken.

Die Arbeit im Stadtmuseum Ingolstadt erfolgte über einen Zeitraum von eineinhalb Jahren. Dadurch konnten diverse Langzeitmessungen durchgeführt, ein genauer Überblick der Umgebungsparameter innerhalb der Jahreszeiten sowie detaillierte Informationen zum täglichen Ablauf im Museumsbetrieb gewonnen werden. Innerhalb von 42 erstellten Risikoszenarien, wie sie in diesem Bereich der Ausstellung vorkommen könnten, wurden die gravierendsten Gefährdungsmöglichkeiten berechnet. Die höchsten Gefährdungen liegen in diesem Museum bei fehlender oder mangelhafter Objektdokumentation (Szenario 40), Diebstahl (Szenario 16) und elektrischen Kurzschlüssen (Szenario 19).

Bisher haben sich nur wenige der ermittelten Risikoparameter negativ auf den Sammlungsbestand ausgewirkt. Die entsprechenden Gründe dafür finden sich in den relativ »unproblematischen« Materialgruppen der Objekte (hauptsächlich Stein, Keramik, Metall), den überwiegend »altmodischen« Restaurierungstechniken und der »schlichten« Gestaltung der Räume. Es ist jedoch zu erwarten, dass sich dieselben Risikofaktoren auf andere Bereiche der Sammlung mit anderen Objektgruppen, anderen Objektmaterialien und anderen Umgebungsbedingungen deutlich anders auswirken werden. Für einen Gesamtüberblick ist es sinnvoll, auch diese Bereiche zu erfassen.

Innerhalb des Stadtmuseums Ingolstadt hat die Durchführung des Risikoassessments in mehrfacher Hinsicht zu einem Umdenken und Anpassen der alltäglichen Abläufe geführt. Viele Mitarbeiter waren sehr interessiert an der Thematik und hoffen, dass diese Vorgehensweise auch auf andere Bereiche des Museums übertragen wird. Aus diesem Grund wird die Durchführung von Risikoassessments auch in anderen Teilen der Sammlung und den Depots angestrebt.

Dieses Bearbeitungsbeispiel hat gezeigt, dass Risikomanagementsysteme eine praxisorientierte,

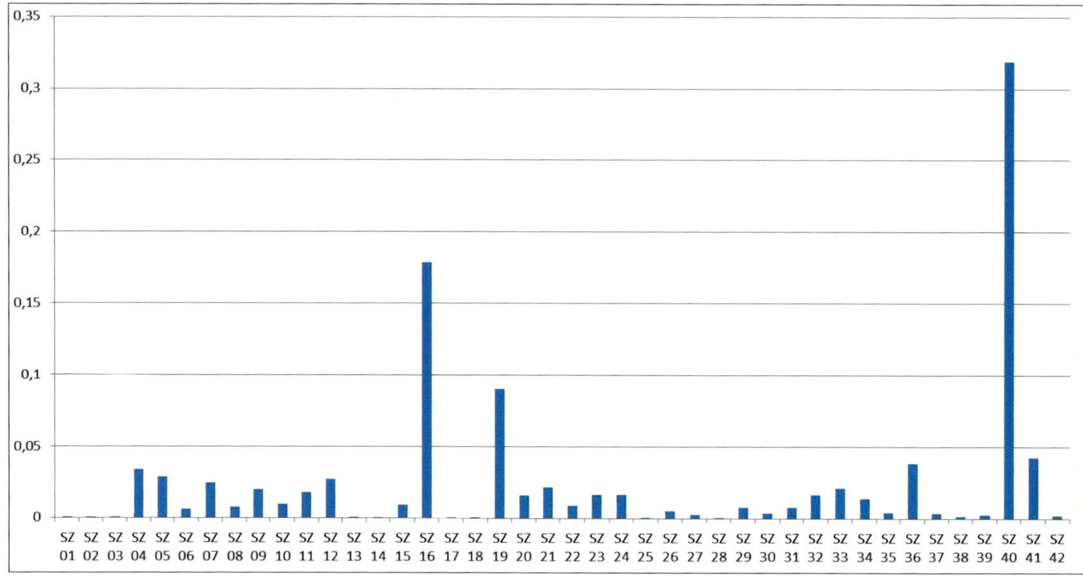

Abb. 4: Grafischer Vergleich der errechneten Risikohöhen im Stadtmuseum Ingolstadt

strukturierte Erfassung aller Tatsachen und die Ordnung auftretender Risiken darzustellen vermögen. Es ergaben sich viele positive Aspekte für das Museum, die nicht nur die Aufdeckung der Risiken betrafen. Die stärksten Vorteile liegen in der Umwandlung der Risikofaktoren in mathematische Zahlen und der Strukturierung der ermittelten Risiken. Dadurch kann auch fachfremden Personen schnell ein sachliches und belegbares Bild der vorherrschenden Bedingungen vermittelt werden. Dies ist vor allem in größeren Institutionen, in denen Entscheidungsträger kein Fachwissen oder keine Zeit für die Einarbeitung in die Museumsthematik haben, eine gute Grundlage für weitreichende Entscheidungen und ein Mittel für Überzeugungsarbeit.

Weiterhin ermöglichen die gewonnenen Daten langfristige Planungen. Demnach können, sollte es die Risikohöhe erlauben und eine sofortige Umsetzung aus finanziellen oder personellen Gründen nicht realisierbar sein, kostenintensive Maßnahmen lange vorbereitet und geplant werden. Ressourcen, die für die Behebung nicht allzu dringender, dafür jedoch günstiger zu mindernder Risiken eingesetzt worden wären, können auf das Budget für teure Maßnahmen umgeleitet werden.

Anmerkungen

1 Erhebungen der letzten Jahre zeigen, dass von den jährlich etwa 500 archäologischen Untersuchungen in Bayern mindestens 250 Fundmaterial enthalten. In den Jahren 2012 und 2013 umfassten die Neuzugänge je insgesamt mehr als 1 600 bzw. 3 000 Verpackungseinheiten (VE), z. B. PE-Beutel, Euronormbehälter oder Paletten, durchschnittlich also ca. 6–8 VE, die entsprechend Lagervolumen beanspruchen (etwa 100 m^2 ± 25%).

2 R. Köhnlein, Überblick zur Depotausstattung mit Beispielen aus der Praxis, in: Landesstelle für die nichtstaatlichen Museen in Bayern (Hrsg.), Das Museumsdepot. Grundlagen – Erfahrungen – Beispiele. MuseumsBausteine 4 (München 1998) 81.

3 Vgl. Prevart GmbH, www.prevart.ch/bauen/depot/report (11.7.2013). Siehe hierzu auch den Beitrag von L. Klemm in diesem Band, S. 61 ff.

4 Siehe hierzu den Beitrag von J. Kreutner in diesem Band, S. 69ff.

5 Definition: Anwendung eines Risikomanagementsystems; dies stellt einen übergreifenden Prozess dar, in dem Risiken systematisch identifiziert, analysiert, bewertet und gemindert oder behoben werden.

6 Michalski 2010. Gegenwärtig als CCI-ICCROM-ICN Risk Management Method bekannt.

7 R. Waller, Cultural Property Risk Analysis Model – Development and Application to Preventive Conservation at the Canadian Museum of Nature. Göteborg Studies in Conservation 13 (Ottawa 2003) 139.

8 Z. B. Disaster Prevention and Protection Checklist des National Institute for Conservation: www.heritagepreservation.org/REPP/docs/REPP_Walk-through_Checklist.pdf (28.1.2013).

9 Mündliche Mitteilung Bart Ankersmith, November 2012.

10 M. Landvoigt, Durchführbarkeit von Risikomanagementsystemen in musealen Sammlungen – Eine Masterarbeit in Kooperation mit dem Stadtmuseum Ingolstadt, HTW Berlin (Berlin 2013, unveröffentlicht) (erhältlich auf Anfrage unter marianne.landvoigt@gmx.de).

11 Aufgrund des begrenzten Zeitrahmens der Masterarbeit wurde das Risikoassessment auf die archäologische Schausammlung beschränkt. Auch bei ganzheitlicher Bearbeitung einer Einrichtung wird die Unterteilung in spezielle Bereiche bzw. Kategorien (Material, Objekte, Thematik etc.) angeraten.

12 AUSTRALIAN / NEW ZEALAND STANDARD 2004: Australian / New Zealand Standard, Risk management - AS/NZS 4360:2004, Standards Australia / Standards New Zealand, 3rd edition, Sydney / Wellington 2004: cid.bcrp.gob.pe/biblio/Papers/Documentos/AS-NZS4360SETRiskManagement.pdf

Museumsdepots sind mehr als schnöde Lager für Kulturgut

Ein Plädoyer für Klasse statt Masse

Joachim Huber

Chancen nutzen

Dem Bezug eines erweiterten, renovierten oder neugebauten Depots geht in der Regel eine längere Überlegungs-, Planungs- und Bauphase voraus. Nach deren Abschluss hat man das Ziel erreicht, Platz zu schaffen für die wachsenden Sammlungsbestände, diese angemessen unterzubringen und für deren langfristige Erhaltung zu sorgen. In den seltensten Fällen geht jedoch mit dem Planungsprozess auch eine intensive Auseinandersetzung mit Sinn und Zweck des Sammelns an sich einher. Gerade die anstehende Umschichtung von Sammlungsbeständen wäre jedoch ein geeigneter Anlass, sich mit der eigenen Sammlung und mit dem eigenen Sammlungsverhalten auseinanderzusetzen. Die Gelegenheit, die Sammlungsbestände systematisch zu sichten und einer kritischen Prüfung zu unterziehen, wird sich nach einem Umzug der Bestände an einen neuen Standort so schnell nicht wieder ergeben.

Planvolles Handeln

Die Tatsache, dass eine Veränderung der Depotsituation stets mit Investitions-, Umzugs- und nachfolgenden Betriebskosten verbunden ist, lässt es ratsam erscheinen, auch nach der Nachhaltigkeit und langfristigen Tragbarkeit unseres Handelns zu fragen. Neue und verbesserte Lagermöglichkeiten zu schaffen darf nicht heißen, nicht aufgearbeitete Altlasten in den Sammlungen an einen neuen Ort zu verbringen oder die Sammlungen unreflektiert und planlos weiter anwachsen zu lassen. Es wäre ungerecht, der nächsten Generation die Bürde der Erhaltung, Erschließung und Aufarbeitung unserer Versäumnisse zu überlassen (auch nicht jene unserer Vorgänger). Angemessene Depots (Raum, Lagertechnik, Lagergebinde, Erschließung) können erst in sinnvollem Rahmen geplant und bereitgestellt werden, wenn die eigenen Sammlungs- und Erhaltungsziele geklärt sowie in einer Sammlungsstrategie[1] und darauf aufbauend in einem schriftlichen Sammlungskonzept[2] niedergelegt sind. Dabei geht es nicht darum, Partikularinteressen von Sammlern oder Kuratoren zu rechtfertigen oder zeitgebundenen, kurzfristigen Modeströmungen nachzugehen, sondern darum, die langfristigen Ziele der Sammlungstätigkeit in einer Institution festzulegen. Depotplanung geht daher weit über die Frage des Platzbedarfs zur Unterbringung der Sammlungen, das angemessene Lagerklima und die geeignete Lagertechnik hinaus. Es ist festzulegen, welcher Stellenwert einer Sammlung zugewiesen wird und welche personellen und finanziellen Ressourcen man bereit ist, zu deren Erhaltung, Erschließung und Nutzung einzusetzen. Erst mit diesem langfristigen Bekenntnis zur Sammlung ist das Fundament für weitere Planungen gelegt.

Die langfristige Perspektive – Horizont 100[3]

Museen, Archive und Sammlungen sind in der Regel langfristig und unbefristet angedacht. In den seltensten Fällen wird ein Zeithorizont – sei er nun 10, 50, 100 oder mehr Jahre – bewusst festgelegt. Die unabwendbare Vergänglichkeit der Sammlungsobjekte ist kein Thema und die Subjektivität unserer Sammlungs- und Erhaltungsbemühungen wird heute bei Entscheidungen fast gänzlich ausgeblendet.

Um angemessene Aufbewahrungsmöglichkeiten für unsere Sammlungen planen und umsetzen zu können, ist die Frage nach Sinn und Zweck unserer Sammeltätigkeit von zentraler Bedeutung. Diese Frage ist stets auch mit der gesellschaftlichen und nicht zuletzt auch der finanziellen Tragbarkeit verbunden. Dabei steht nicht das Heute und Morgen im Zentrum der Überlegungen, sondern die langfristige Perspektive für die Überlieferung von materiellem Kulturgut. Einfach ausgedrückt lautet die Frage: »Was müssen wir heute tun bzw. einleiten, damit langfristig (z. B. in 50 oder 100 Jahren) eine repräsentative Auswahl von aussagekräftigem historischem Kulturgut vorhanden sein wird?« Ausgehend von dieser Fragestellung wird schnell klar, dass bezüglich des Sammlungsbestands immer wieder Entscheide gefällt, Prioritäten gesetzt und Risiken eigegangen werden müssen. Es steht dann nicht mehr das Erhalten von Allem und Jedem oder um jeden Preis im Vordergrund, sondern die bewusste Festlegung von (Sammlungs-)Schwerpunkten mit dem Ziel, diese ausgewählten Bestände auch zukünftigen Generationen über einen gewissen Zeitraum weiterzugeben. Die heute nach wie vor weit verbreitete Maximalforderung, Alles und Jedes aufzuheben und zu überliefern, ist weder sinnvoll noch in der Praxis mit vernünftigem Aufwand umsetzbar. Diese Haltung hemmt vielmehr durch die unkritische Überbetonung des historischen Bestandes notwendige kulturelle Veränderungen in der Gegenwart und die maßvolle Fortführung der Sammlung in die Zukunft. Im Alltag von Museen und Archiven hat es sich bewährt, vorausschauend zu denken. Dabei sind in Sammlungsstrategien und Sammlungskonzepten die Maßstäbe auf einen ausgedehnteren Horizont von 50 oder 100 Jahren anzusetzen. Dies ist ein Zeitraum von zwei bis vier Generationen, was an sich schon sehr ambitioniert ist.

Ersticken am Bestand – wo zuviel eine Gefahr ist

Das unkontrollierte Anwachsen von Sammlungen wird oft mit der Sicherstellung von Beständen gerechtfertigt, deren mögliche Bedeutung zwar heute erahnt, aber noch nicht verbindlich abgeschätzt werden kann. Dahinter verbirgt sich die verständliche Angst, ein möglicherweise für die Sammlung wichtiges Objekt zu verpassen. Tatsache ist jedoch, dass die quantitative Nichtbewältigung von Neuzugängen letztlich oft zur Vernachlässigung von Sammlungsbeständen oder gar längerfristig zu ihrem Verlust führt. Der Sammlungszuwachs darf daher die Möglichkeiten, die neu eingehenden Objekte zu bearbeiten und sachgerecht aufzubewahren, nicht übersteigen. Andernfalls droht »das Ersticken am eigenen Bestand«; statt eine überschaubare Menge Sammlungsobjekte angemessen zu erhalten, wird eine unüberschaubare, schlecht aufgearbeitete Masse vernachlässigt.

Die Festlegung einer klaren Sammlungsstrategie hilft, das Sammlungsprofil zu schärfen und sich auf die eigenen Ziele und Stärken zu konzentrieren. Die Angst, die Bedeutung eines Objekts nicht zu erkennen, darf uns nicht daran hindern, Entscheidungen zu fällen, und sie darf vor allem nicht dazu führen, sich mit der unreflektierten Annahme von Objekten letztlich zu überfordern. Besser ist es, eine Chance zur Sammlungserweiterung zu verpassen, als die Gesamtsammlung in ihrer langfristigen Erhaltung zu gefährden. Eine schlüssige, auf die eigenen Möglichkeiten abgestimmte Sammlungsstrategie erleichtert sowohl die Argumentation bei der wohlüberlegten Annahme oder Ablehnung von Objekten als auch die bewusste Bewirtschaftung der Sammlung durch Umschichtungen und gegebenenfalls auch durch Entlassungen aus dem Sammlungsbestand.

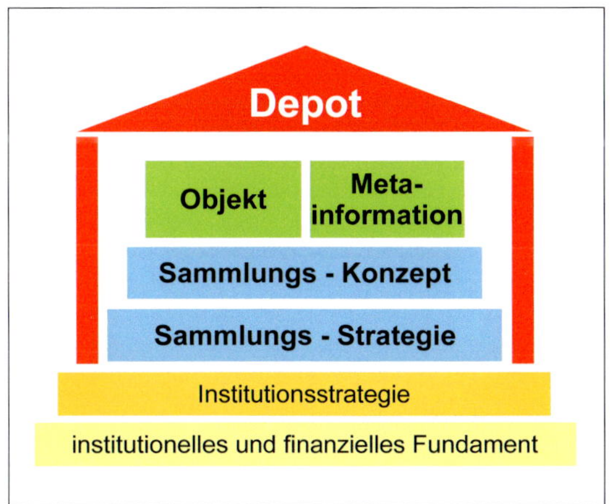

Metainformation – die unabdingbare Zusatzinformation zum Objekt

Im Gegensatz zum gewerblichen oder industriellen Lager, das Material für Produktions-, Unterhalts- oder Verteilprozesse bereitstellt, sind Museumsdepots, Archive und Bibliotheken Aufbewahrungsort von Objekten mit einem stark historischen, emotionalen oder ästhetischen Bezug. Die Geschichte eines Objekts in all ihren Facetten oder die emotionale Bedeutung eines Objekts für seine Besitzer oder Nutzer sind ebenso wichtig wie oder gar wichtiger als das eigentliche Objekt.

Zum aufbewahrten Gegenstand gehört die sogenannte Metainformation (Beiinformation).[4] Diese Information ist dem eigentlichen Objekt als gleichwertig zu betrachten, weshalb unter einer korrekten Aufbewahrung von Kulturgut stets auch die sachgemäße Aufbewahrung und Verknüpfung von Objekt und Metainformation zu verstehen ist. Fehlt das eine oder andere, ist die Aussagekraft eines Objekts mehr oder weniger vermindert. Depotplanung sollte daher nebst der Aufbewahrung und Erhaltung des eigentlichen Objekts stets auch die Erhaltung der zugehörigen Metainformation im Blickfeld haben.

Schlussfolgerung

Die Planung eines Depots beginnt damit, sich über die Grundlagen der eigenen Sammlungstätigkeit (Sammlungsstrategie und Sammlungskonzept) klar zu werden. Erst auf dieser Basis sowie bei Vorhandensein ausreichender finanzieller und personeller Ressourcen für die Investition und den zukünftigen Betrieb des Depots kann der effektive Bedarf beziehungsweise das, was an Depotfläche tragbar ist, festgelegt werden. Dabei müssen Sammlungsanspruch, Sammlungsgröße, Sammlungszustand und Infrastruktur in Einklang stehen und langfristig finanziell und personell für die Trägerschaft verkraftbar sein.

Ein neues Depot sollte nicht nur die akute Platznot lindern und die Aufbewahrungsbedingungen verbessern, sondern auch Anlass dazu sein, sich kritisch mit der eigenen Sammlungstätigkeit auseinanderzusetzen und diese auf ein langfristig tragbares Fundament zu setzen. Dabei sind Objekt und Metainformation stets als Einheit zu sehen.

Literatur

C. Hermann, Entsammeln nicht leicht gemacht – Deakzession am Beispiel des Verkehrshauses der Schweiz, in: Nike Bulletin 4/2014, S. 36–41.

J. Huber / K. von Lerber, Handhabung und Lagerung von mobilem Kulturgut: Ein Handbuch für Museen, kirchliche Institutionen, Sammler und Archive (Bielefeld 2003).

J. Huber, Sustainability means less is more, Referat gehalten auf der Tagung »From grey areas to green areas«, Austin (Texas), 2.–3.11.2007; deutsche Textfassung: Weniger ist mehr – Zur Nachhaltigkeit von Museen, Sammlungen und ihren Bauten, in: Museumsbauten, Ernst & Sohn Special 2, 2009, 8–14.

J. Huber, Nachhaltige Depotplanung – Die Verantwortung des Nutzers, Restauro 3.2011, 27–30.

J. Huber, Erhebung eines Mengengerüsts für die Lagertechnikplanung in Museumsdepots, Technologische Studien des Kunsthistorischen Museums (Wien 2013).

J. Huber, Wieviel Kulturgut tut einer Kultur gut? in: Museums.CH 09/2014, Zeitschrift des Verbands der Museen der Schweiz und ICOM Schweiz, S. 18–25.

Alle Artikel sind auch als PDF-Dokument verfügbar unter www.prevart.ch

Anmerkungen

1 Strategie: übergeordnete, langfristig angelegte Ziele.
2 Konzept: Art und Weise, wie die in der Strategie vorgegebenen Ziele umgesetzt werden.
3 Der Begriff »Horizont 100« bezeichnet die langfristig angelegte Perspektive in der Erhaltung von Kulturgut, welche das eigene Handeln an der mutmaßlichen Wirkung in einhundert Jahren bemisst.
4 Metainformation: Im Kontext von Sammlungen sind dies alle Informationen, die nicht ohne Hilfsmittel direkt aus dem Objekt herausgelesen werden können. Darunter sind Herstellungs-, Besitzer- und Nutzungsgeschichte, Herkunft, Bedeutung, Materialzusammensetzung, Alter etc. zu verstehen.

Ermittlung der Grundlagen und des Nutzerbedarfs für ein Depotprojekt: Der Idealfall

Lars Klemm

Ein wesentlicher Teil der Sammlungen deutscher Museen, Bibliotheken und Archive lagert in Depots und Magazinen. Zentrale gesellschaftliche Aufgabe jeder dieser Einrichtungen sind Sammlungstätigkeit und Bewahrung der Bestände. Dabei werden die finanziellen Ressourcen für diese Einrichtungen seit Jahren kontinuierlich beschränkt, die Sammlungen wachsen trotzdem (hier seien nur neue Stiftungen und Schenkungen erwähnt), ein Entsammeln findet kaum statt. Es liegt also auf der Hand, dass unter sinkenden wirtschaftlichen und personellen Voraussetzungen ein professionelles Sammlungsmanagement immer schwieriger wird.

Ebenso findet eine Verdrängung der Dauerausstellungsflächen zugunsten der öffentlichkeitswirksameren Wechselausstellungen statt, bei Sanierungen werden dazu auch insbesondere interne Depotflächen geopfert. Dies ist eine Folge des erhöhten Drucks auf die Häuser, durch immerhäufigere hausfüllende Ausstellungen öffentliche Wahrnehmungs und politische Anerkennung zu erzielen. Tatsächlich eine sehr ambivalent zu betrachtende Entwicklung, die in absehbarer Zukunft die Schere zwischen progressiven und regressiven Einrichtungen immer weiter öffnen wird. Sammeln, Bewahren und Präsentieren scheint als antiquierte Grundidee der Museen ausgedient zu haben; heute dominieren Spektakel, gute Netzwerke für Leihveträge und die Jagd nach Finanzmitteln aus allen Quellen. Von der Öffentlichkeit unbemerkt und deshalb von der Politik weitgehend vernachlässigt lagern somit unzählige Sammlungen unter konservatorisch kaum vertretbaren Bedingungen in Depots.

Seit einigen Jahren werden in Deutschland massiv Museen saniert. Dabei tritt nun die Tendenz, Depotflächen in den Museen in Ausstellungsflächen umzuwandeln, deutlich zu Tage. Folglich müssen oft zentrale Teile der Sammlungen in externe Depotbauten ausgelagert werden. Tritt der Fall ein, dass eine Sanierung der Museen unausweichlich ist oder die hausinternen Depots für die Lagerung nicht mehr ausreichen, wird es häufig notwendig, externe Flächen anzumieten, die nur selten konservatorischen Anforderungen genügen. Kurzum: Derzeit findet bundesweit eine Verdrängung von Kulturgut in zahllose Ausweichlager und in die Randbereiche der Städte statt, allerdings selten zum Vorteil der Depots und Archive und noch seltener des eingelagerten Kulturguts selbst.

Für jedes Depot sind ständige Zugänglichkeit, Sicherheit vor Schädlingsbefall, Brand- oder Diebstahlschutz ebenso ein Thema wie ein stabiles Raumklima, um nur einige Punkte zu nennen. Ein gutes Depot kostet bisher viel Geld, sodass die Depotplanung nicht nur unter architektonischen, technischen und konservatorischen, sondern vor allem auch unter finanziellen Gesichtspunkten betrachtet werden muss. Zumeist liegt die Baulast bei der Öffentlichen Hand, die in der Vergangenheit zwar die Investitionskosten im Auge hatte, jedoch meist die Folgekosten vernachlässigte. Gerade auf kommunaler Ebene können die notwendigen Betriebs-, Wartungs- und Instandhaltungskosten kaum noch erbracht werden, was oft einen unwiederbringlichen Verlust des kulturellen Erbes nach sich zieht.

Die aktuelle Bauweise von Depots und Archiven ist meist an konventioneller Hallenarchitektur orientiert, deren Raumklima dann über unnötig aufwändige Klimatechnik in entsprechend engen klimatischen Korridoren mit relativ hohem Energieaufwand erzeugt wird. Die Planung des Neubaus oder auch der Sanierung eines Depotgebäudes erfordert einen hohen Informationsstand bei Nutzern, Architekten und Ingenieuren. Über die Komfortbedingungen für Nutzer und Personal hinaus werden in der Regel erhöhte Anforderungen an ein außentemperaturunabhängiges, zeitlich konstantes und definiertes Raumklima gestellt. Dies führt in der Regel zu komplexer und kostenintensiver Gebäudetechnik sowie hohen Betriebs- und Energiekosten.

Durch die Zunahme und Häufung der Depotprojekte in den letzten Jahren sollen im Folgenden die wichtigsten Schritte in der Projektstruktur erläutert werden.

Jede gute Depotplanung beginnt mit einer systematischen Bedarfsermittlung. Sie stellt die Grundlage für alle folgenden Entscheidungen dar und ist die gemeinsame Basis für alle am Projekt beteiligten Personen und Prozesse. Ähnlich der Grundlagenermittlung in jedem Bauprojekt setzt sich die Bedarfsplanung für die Depotplanung aus drei Arbeitsbereichen zusammen:

1. Aufnahme eines professionellen Mengengerüstes[1]
2. Festlegung der künftigen Arbeitsprozesse für das Sammlungsmanagement
3. Definition der Nutzeranforderungen an den Depotbau.

Das Mengengerüst

Mit einem Mengengerüst werden alle Lager- und Depotflächen eines Museums, auch die aktuellen Lagersituationen, Sammlungsvolumen und Lagertechniken erfasst. Die Daten fließen in eine Datenbank, aus der die zukünftigen Depotflächen (inklusive Verkehrsflächen) abgeleitet werden. Eine Aufteilung in Sammlungsgattungen ist möglich; auf diese Weise können unterschiedliche Depoteinheiten vorgeplant werden. Die Aufnahme des Mengengerüstes dient auch der Einschätzung der aktuellen Regalierung und somit der Bewertung notwendiger Neuanschaffungen oder Wiederverwendungen für das Depotprojekt.

Im Rahmen der Depotbegehung für die Erstellung des Mengengerüsts kann mit ein wenig Mehraufwand auch ein TDD-Bericht (Technical Due Diligence) oder Depotreport erstellt werden. Der Bericht gibt in knappen Eckdaten die aktuelle Depotsituation nach konservatorischen und wirtschaftlichen Gesichtspunkten wieder. Darüberhinaus enthält er Risikofaktoren und eine Einschätzung, welchen Einfluss die derzeitige Depotsituation auf den Arbeitsprozess der Museumsmitarbeiter hat. Das Fazit kann für interne Entscheidungen wichtig sein. Ein objektiv erstellter TDD-Bericht / Depotreport kann u. U. politische Entscheidungen für ein Depotprojekt beschleunigen oder überhaupt erst einleiten, da hier sichtbar wird, dass eine Verzögerung der Depotlösung die Krise in der Bestandserhaltung weiter verschärfen wird.

Zusammenfassend lässt sich festhalten, dass der Depotreport die aktuelle Depotsituation und den Zustand der Bestandserhaltung detailliert erfasst. Das Mengengerüst hingegen ermittelt den Flächenbedarf für eine Neukonzeption des Depots. Die Flächen können nach dem aktuell benötigten Gesamtbedarf, dem Bedarf der einzelnen Sammlungen und dem erwarteten Zuwachs, idealerweise für die nächsten 10 Jahre, separiert und dargestellt werden.

Die Festlegung der Arbeitsprozesse für das Sammlungsmanagement im Depotprojekt

Freilich lässt sich die Planung eines Depotprojekts nicht nur auf die Notwendigkeit zurückführen, dass die Sammlung eine neue, konservatorisch sichere Lagerung benötigt, sondern auch auf den Umstand, dass auf den vorhandenen Depotflächen keine adäquate Versorgung der Sammlung nach präventiv-konservatorischen Maßstäben möglich ist. Dies stellt aber eine wichtige Voraussetzung für einen nachhaltigen Depotbetrieb und eine Optimierung des Sammlungsmanagements dar. Um im Vorfeld zu klären, welche Funktionen das neue Depot neben der Lagerung der Sammlung erfüllen soll, ist eine Analyse der bisherigen Betriebsabläufe zur Sammlungsversorgung notwendig. Der Nutzer sollte sich intern oder unter Zuhilfenahme der (wenigen verfügbaren) Fachplaner – idealerweise in Form eines Workshops zur Nutzungsstrategie für das neue Depot – überlegen, inwieweit die bisherigen Arbeitsabläufe (Inventarisierung, Standortverwaltung, Restaurierung, Monitoring, Transporte etc.) mit dem neuen Depotstandort und den vorhandenen Einrichtungen im Haupthaus vereinbar sind. Unabhängig davon, ob ein Neubau angestrebt wird oder eine bestehende Immobilie ertüchtigt werden soll, wird auf diese Weise die Chance wahrgenommen, die für eine moderne und zeitgemäße Sammlungsversorgung nötige Infrastruktur am Depotstandort zu realisieren. Dazu zählen in erster Linie die elementaren Funktionsbereiche im Depot wie Anlieferung, Quarantäne, Bereitstellung und Verpackung mit Materiallager, Inventarisierung und ausreichende Arbeitsflächen für die Erstversorgung insbesondere archäologischer Relikte. Nicht alle Funktionsbereiche müssen notwendigerweise als räumlich voneinander getrennte Einheiten geplant werden; es ist zunächst lediglich wichtig, zu definieren, welche Arbeitsprozesse zukünftig im Depot und welche im Haupthaus ausgeführt werden. Die Tatsache, dass ein Großteil der Sammlung nun an einem neuen Standort konzentriert wird, bietet große Vorteile für eine effektivere Verwaltung, birgt aber auch Risiken für die Gesamtheit bei unterlassener oder nicht ausreichender Versorgung. Die Durchführung eines Depotprojektes bietet die große Chance, die Sammlung eines Museums in Gänze zu erfassen und nach unterschiedlichen Kriterien neu einzulagern. Missstände in der Sammlungsversorgung, die eventuell über Jahrzehnte toleriert werden mussten, lassen sich durch das Projekt beheben, sofern eine kontinuierliche Betriebssicherheit gewährleistet wird. Das bedeutet für den Nutzer, dass ein standardisierter Konsens für den Depotbetrieb etabliert werden muss. Klimaüberwachung und Datenprotokollierung, Monitoring im Integrated Pest Management (IPM), Ein- und Ausgangsbewegungen im Depot, Standortverwaltung, Sicherheits- und Facility Management müssen im Vorfeld nach Zuständigkeiten und Schnittstellen definiert werden.

Erst durch diese Arbeitsstruktur für den Depotbetrieb lassen sich neben den Flächen für die Sammlungseinlagerung auch die Flächen für die Funktionsbereiche und damit auch die Arbeitsplätze sowie deren erforderliche Folgeflächen ableiten (Sanitäreinheiten, Sozialräume, Stellplätze etc.).

Die Erstellung dieser Struktur ist eine wichtige Voraussetzung für den sicheren und optimierten Alltagsbetrieb sowie eine zeitgemäße und moderne Ausrichtung eines Museums. Das Rückgrat eines Museums ist die Bestandserhaltung und das Arbeiten mit der eigenen Sammlung. Für die Gewährleistung dieser Aufgaben bietet ein Depotprojekt ideale Voraussetzungen. Hier besteht aber auch für den Nutzer eine große Gefahr, sollten Personalressourcen und Arbeitsprozesse nicht auf das Projekt abgestimmt werden. Übertriebene Anforderungen an das Depot, falsch bewertete Arbeitsabläufe und unterschätzte Aufwendungen für die Betriebssicherheit verursachen u. U. eine Verschlechterung des Niveaus der Sammlungsversorgung und Bestandserhaltung gegenüber dem Stand zum Projektbeginn.

Eine rechtzeitige, offene Diskussion dieser Fragestellung ist allen Projektbeteiligten daher dringend anzuraten. Die notwendigen Entscheidungen betreffen dabei ggf. auch nicht direkt mit dem alltäglichen Museumsbetrieb befasste Einrichtungen wie Personalrat, Kulturdezernat und Kämmerer – der Zeitbedarf für Beschlüsse muss hierbei beachtet werden.

Die Nutzeranforderungen für ein Depotprojekt

Die Anforderungen für den Nutzerbedarf in einem Depotprojekt resultieren aus den Ergebnissen des Mengengerüsts und den Festlegungen der strategischen Ausrichtung für das Sammlungsmanagement des Museums. In den Nutzeranforderungen werden die qualitativen Eckdaten für den Depotbau (unabhängig ob Neu- oder Umbau) festgelegt. Dabei müssen sowohl konservatorische wie auch energetische, wirtschaftliche und funktionale Forderungen berücksichtigt und sinnvoll vereint werden.

Die Nutzeranforderungen umfassen vier Punkte:
1. Festlegung der Zielsetzung für das Gesamtprojekt
2. Erstellung eines Funktions- und Flächenplans
3. Definition der Standortfaktoren
4. Anforderungen an die Bauweise und technische Ausstattung des Depots.

Zielsetzungen für das Gesamtprojekt

Zunächst sollte der Nutzerbedarf die **Aufgabenstellung und Zielsetzung** eines neuen Depots definieren. Diese Zielsetzungen geben dem gesamten Projekt seinen Rahmen. Die wesentlichen Punkte sind dabei in vielen Projekten identisch:

1. Die Sammlung soll langfristig und sicher an einem zentralen Standort bewahrt werden.
2. Der Standort soll Aufnahmereserven für Zuwächse bieten.
3. Die geltenden Sicherheits- und Brandschutzstandards sollen erreicht werden.
4. Die Sammlung soll zentral verwaltet werden (IPM, Präventive Konservierung etc.).
5. Die Berechnung der Depotfläche sollte den Zuwachs der nächsten Jahre berücksichtigen (ideal mindestens 50 Jahre).
6. Das Gebäude muss die Möglichkeit für Konservierung und Sammlungsbetreuung bieten und ausreichend Platz für die Mitarbeiter und Organisationseinheiten enthalten.

Nach der Festlegung der Projektziele kann aus den Ergebnissen aus Mengengerüst und Arbeitsprozessen ein **Funktions- und Flächenplan** erarbeitet werden. Dazu werden die benötigten Sammlungsflächen nach Depoteinheiten sowie die Flächen für Sammlungsbetreuung und Depotbetrieb nach Raumeinheiten zusammengefasst. Eine solche Gliederung umfasst dann vier verschiedene Bereiche: Depoteinheiten, Büroräume, Werkstätten und Funktionseinheiten wie Anlieferung oder Technikzentrale. Aus der Summe der Flächen wird deutlich, welches Raumvolumen für die Erfüllung der Anforderungen des Nutzerbedarfs notwendig ist.

Bei der Zusammenstellung des Funktions- und Flächenplans handelt es sich noch nicht um das Raumbuch; dieses wird erst zu einer späteren Projektphase erstellt.

Im nächsten Projektschritt erfolgt die Entscheidung hinsichtlich der **Standortfaktoren**. Der Nutzer muss hier definieren, welche Entfernung ein Standort maximal zum Haupthaus oder anderen relevanten Positionen haben darf. Die Anbindung an den öffentlichen Nahverkehr muss ebenso geklärt werden wie die infrastrukturellen Gegebenheiten für PKW- und LKW-Transporte. Ein – zumindest grober – Ausschluss von Risikofaktoren wie Flugschneisen, Hochwassergefahrengebieten etc. sollte erfolgen; die detaillierte präventiv-konservatorische Risikobetrachtung wird aber erst im Rahmen der Standortprüfung in der Machbarkeitsstudie durchgeführt. Die Auswahl des Grundstücks sollte auch auf die Fragestellung einer möglichen Erweiterung durch Anbauten getroffen werden. Die Flächenkalkulation sieht i. d. R. nur einen Zukunftshorizont von maximal 10 Jahren vor – alle darüber hinaus vorgehaltenen Flächen sind unwirtschaftlich. Die Standortsicherheit für ein Depot muss aber mindestens für einen Zeitraum von 50 Jahren oder mehr gegeben sein. Nach dem Ausschlussverfahren können jetzt nacheinander Bestandsgebäude und verfügbare Grundstücke für die Auswahl geprüft und bewertet werden. Bei mittleren oder großen Projektvolumen kann dies mit Hilfe einer externen Machbarkeitsstudie erfolgen, für kleinere Projekte reichen interne Prüfungen aus.

Die Anforderungen an die Bauweise und die technische Ausstattung eines Depots

Die Festlegung des baulichen Konzepts sowie der Strategie für die technische und betriebliche Ausstattung eines Depotgebäudes hängt maßgeblich von der Fragestellung ab, ob es sich um Neubau oder Umbau eines Bestandsgebäudes handelt. Für Neubauten können die Vorgaben einfacher und allgemeiner definiert werden. Bei der Adaption von Bestandsgebäuden ist eine individuelle Prüfung der Voraussetzungen der jeweiligen Immobile notwendig. Die im Folgenden dargestellten Ausführungen beziehen sich überwiegend auf Neubauten; nichtsdestotrotz sollten diese Anforderungen auch für Bestandsimmobilen gelten.

Nachhaltigkeit und Lebenszyklus sind für Depotprojekte sehr wichtig. Für die sichere Bewahrung der einzulagernden Kulturgüter sollten Depotgebäude auf eine langfristige Nutzungsdauer ausgelegt und geplant werden. Durch energieeffiziente Gebäude und den Einsatz kostengünstiger und robuster Technik können die Betriebskosten deutlich minimiert werden. Der Nutzungszeitraum für Depotgebäude sollte – wie dargestellt – auf mindestens 50 Jahre ausgelegt werden. Für die Betrachtung der Wirtschaftlichkeit (erhöhte Baukosten für einen hohen Energiestandard gegenüber der Einsparungen an Energie- und Betriebskosten über den Lebenszyklus) ist somit nicht ein Zeitraum von 10 Jahren maßgeblich, sondern der gesamte Lebenszyklus der Gebäude (Lebenszykluskosten, LCC); ideal wäre ein Betrachtungszeitraum von 75 Jahren und mehr. Da etwa 80 % der Lebenszykluskosten eines Gebäudes auf den Betrieb und den Unterhalt entfallen, und nur 15 bis 20 % der Lebenszykluskosten Herstellungskosten sind, verdienen insbesondere Depotgebäude eine auf Langlebigkeit angelegte Vorplanung. Da ab Januar 2019 alle neu zu errichtenden öffentlichen Gebäude den EU-Gebäudestandard für Nullenergiegebäude erreichen sollen, empfiehlt es sich, Depotgebäude bereits jetzt im Plusenergiestandard auszuführen. Alle bauphysikalischen und energetischen Gebäudestandards (PV-Anlage, Innenraumklima, Schadstofffreiheit, Sicherheitsstandards, Brandschutz etc.) sind nach höchsten konservatorischen Maßstäben und mit minimalen Betriebskosten zu planen.

Bei der Fragestellung nach Baukonzept bzw. der Bauweise für ein Depotgebäude wird schnell als erstes und wichtigstes Kriterium ein stabiles Innenraumklima auf die Agenda gesetzt. Zweifelsohne ist ein konstantes Raumklima für den Erhalt von Kulturgütern wichtig, aber die Bedeutung in der Gesamtbetrachtung wird relativiert, wenn man berücksichtigt, welche Faktoren in den letzten Jahrzehnten nachweisbar zu Schäden oder Verlusten an Kunstwerken geführt haben. Unter Beachtung dieser Tatsachen sollte dem Brandschutz, der Sicherheit und der Schädlingsprävention ebenso große Aufmerksamkeit gewidmet werden wie den Klimaparametern.

Für die Etablierung eines stabilen Raumklimas mit geringen anlagentechnischen Aufwendungen sind drei Faktoren immanent:

1. Massive, schwerspeichernde Bauweise
2. Luftdichte Ausführung des Gebäudes
3. Geringe Luftwechsel im laufenden Betrieb (Voraussetzung: weitgehend schadstofffreie Sammlungen).

Für die schwerspeichernde Bauweise müssen nicht mehr wie vor Jahrzehnten Ziegelmauerwerkwände aufwändig errichtet werden. Für eine zeitgemäße wirtschaftliche Bauweise können Betonfertigelemente Verwendung finden wie gedämmte Doppelwände oder Thermodoppelwände; Letztere haben zusätzlich den Vorteil, dass durch die Verwendung von Ortbeton in der Wandschale das Gebäude statisch verbessert und luftdichter ausgeführt wird. Die ausschließliche Verwendung von Ortbeton für die Ausbildung der Wände bedingt allerdings zusätzlich einen erhöhten Eintrag an Baufeuchte in das Gebäude, als das gegenüber allen anderen Varianten der Fall ist. Simulationen, u. a. des Fraunhofer-Instituts für Bauphysik und des Büros Müller BBM, haben gezeigt, dass der Eintrag von Baufeuchte insbesondere bei einem dichten Gebäude mit geringen Luftwechseln in den ersten Betriebsjahren zu erhöhten relativen Feuchten oberhalb der konservatorisch vertretbaren Grenzen führt. Für die Reduzierung der Baufeuchte können verschiedene Strategien Verwendung finden (maschinelle Entfeuchtung, Verwendung feuchtereduzierter Materialien auf der Innenseite der Wände wie Archivbeton etc.).

In der Bauphase sollte auf ein externes Qualitätsmanagement (Construction Monitoring) Wert gelegt werden, um die Einhaltung der Anforderungsprofile zu gewährleisten. Wichtig ist die luftdichte Ausführung des Gebäudes (Nachweis über ein Differenzdruckmessverfahren wird empfohlen). Die Luftwechselraten können n50 < 0,2 betragen; ausgenommen davon sind die Depots, in denen kontaminierte Sammlungen lagern, und die entsprechend einen höheren Luftwechsel von n50 < 1,5 benötigen.

Als Heiz- und Kühlsystem bieten sich passive Systeme an wie Betonkernaktivierung, Flächenheizung und -kühlung oder Hüllflächentemperierungen (wie erstmals am Neubau des Historischen Archivs Köln eingesetzt). Unter Berücksichtigung dieser Klimatisierungsvorgaben kann ein sehr konstantes, saisonal minimal gleitendes Universalklima mit geringen Investitionskosten für Anlagentechnik und laufende Betriebs- bzw. Wartungskosten erreicht werden. Die Lüftung muss auf die Regalierung abgestimmt sein; der Anteil der Frischluft kann auf unter 5 % gehalten werden.

Für die Abbildung des dynamischen Verhaltens (dynamische und physikalische Speichervorgänge) bieten sich thermische und Strömungssimulationen an.[2] Unter Berücksichtigung der Planungsvorgaben sollten die Simulationen zeigen, dass kurzzeitige Wärmelasten infolge der Depotnutzung, beispielsweise Frequentierung durch Mitarbeiter, alleine durch die Speichermassen ohne Einsatz unterstützender Technik in ausreichendem Maße gedämpft werden können. Bei der Dimensionierung der Lüftungsanlage sollte man daher berücksichtigen, dass die Abfuhr der Wärmelasten nicht notwendig ist.

Neubauten sollten niedrigste Folgekosten erzeugen. Der Einsatz günstiger und robuster Anlagentechnik zieht einen geringen Wartungsaufwand nach sich. Aufgrund seiner geringen Energiekosten sollte der Passivhausstandard maßgeblich sein. Regenerative und innovative Maßnahmen der Energieerzeugung (Photovoltaik, Absorptionskältemaschine, Solareisspeicherheizung etc.) sollten bevorzugt werden, sofern dies nach Bodengutachten und Verschattungsmodel möglich ist.

Das **Nutzerverhalten** hat wesentlichen Einfluss auf ein konstantes Innenraumklima ohne Kurzzeitschwankungen. Kurze Aufenthaltszeiten mit zonierter Beleuchtung im Depot minimieren den Lasteneintrag erheblich und erleichtern es den passiven Klimatisierungssystemen, Irritationen im Raumklima auszugleichen. Darüberhinaus sollte das Nutzerverhalten auch z. B. für die Bereiche Sicherheit, IPM, Brandschutz und Wartung definiert werden. Die Erstellung eines »Nutzerhandbuchs« für ein Depotprojekt ist überaus hilfreich, um Standards im Nutzungsverhalten zu definieren und allgemeine Festlegungen zu treffen. Bei der Planung sind daher auch kurze und sicherheitstechnisch unkritische Wege innerhalb des Depots bei minimaler Frequentierung der Depoteinheiten zu beachten. Eine Zonierung in öffentlichen, Funktions- und Depotbereich sollte durch die Raumfolge gegeben sein. Die Depoteinheiten sind eine Lagerstätte und kein Arbeitsort!

Ein hohes Maß an Funktionalität im Depotgebäude ist für den präventiv-konservatorischen Umgang mit der Sammlung entscheidend. Die Anlieferung zum Depot sollte ebenerdig erfolgen, eine Rampenanlieferung ergibt nur bei starken Betriebsbewegungen Sinn. Die interne Erschließung sollte möglichst einfach, mit kurzen und ausreichend breiten Verkehrswegen sein. Das Gebäude ist möglichst eingeschossig und auf jeden Fall barrierefrei zu errichten, nicht zuletzt, um ein stufenloses Handling der Sammlung durch Roll- bzw. Hubwägen zu ermöglichen. Bei mehrgeschossigen Gebäuden (ggf. niedrigere Grundstückskosten!) entstehen Mehrkosten für statische Belange, Rampen und Lastenaufzüge. Die Depoträume in neuen Gebäuden sollten weitgehend stützenfrei ausgebildet werden, um einen effektiven Einsatz der Lagertechnik zu gewährleisten. Außerdem ist die Geschosshöhe so zu wählen, dass die Nutzung der Depoträume ohne Arbeitshilfen erfolgen kann. Eine Raumhöhe von 3,50 m erscheint bei Neubauten ideal.

Die Deckenuntersicht ist einfach und wirtschaftlich auszulegen. Alle Leitungen und Zulieferungen sind wartungsarm zu konzipieren und auf Putz auszubilden.

Der Boden sollte generell stufenfrei, pflegeleicht und rutschfest ausgeführt werden. Maßgeblich sind einerseits ein einfach zu reinigendes Material und andererseits eine Farbe, die Schädlingsbefall rasch erkennen lässt (RAL-Grau o. ä.). Bezüglich der Dachform empfiehlt sich ein Flachdach mit einer ausreichenden Neigung (maximal 5°).

Das Sicherheitskonzept ist auf die Bedürfnisse des Nutzers und die Kriterien der Versicherungen zuzuschneiden. Auf die Robustheit der Fassaden, Außentüren und -fenster ist Wert zu legen, um das kriminelle Eindringen in schützenswerte Bereiche zu verhindern. Hierfür muss das Gebäude in Sicherheitszonen eingeteilt werden, wobei die Zonenübergänge die verschiedenen Zutrittsrestriktionen kennzeichnen.

Das Sicherheitskonzept sollte folgende Ziele erreichen:

1. Schutz von Mitarbeitern und anderen Personen
2. Schutz des Sammlungsguts sowie der Depoteinrichtung
3. Gewährleistung des Betriebes
4. Schutz von Informationen
5. Schadensbegrenzung im Ereignisfall
6. Bedarfsgerechte und auf die Nutzung ausgelegte Alarmanalage nach VdS / Klasse C.

Für spezielle Bereiche wie Anlieferung, Zugangstor und Personeneingang bietet sich nach Bedarf und Standort eine Videoüberwachung an. Die Daten sollten dann für einen Zeitraum von mindestens 72 Stunden gespeichert werden.

Der Brandschutz für Depotgebäude wird in erster Linie durch vorbeugende Maßnahmen sichergestellt. Möglich ist die Minimierung von Brandlasten insbesondere durch elektrisch spannungsfrei geschaltete Räume, Mittel zur raschen Brandbekämpfung (trockene Feuerlöscher) und eine zentral aufgeschaltete Brandmeldeanlage. Auch eine Unterteilung der Depot- und Funktionsmodule in separate Brandabschnitte ist anzuraten. Eine aktive Löschanlage sollte nicht vorgesehen werden.

Für die Beleuchtung im Depot können einfache und langlebige T4-Leuchtstoffröhren Verwendung finden, wobei die Anschlussleistung der Beleuchtung einen Wert von 4–6 W/m^2 nicht überschreiten sollte. Sofern die Raumhöhe nicht zu einem Einsatz flacher Leuchtkörper zwingt, ist der Einsatz von LED-Leuchten derzeit noch nicht wirtschaftlich; dies gilt allerdings ausschließlich für wenig frequentierte Depoträume, nicht jedoch die Werkstätten oder Büros.

Anmerkungen

1 Vgl. hierzu auch den Beitrag von J. Kreutner in diesem Band, S. 69 ff.

2 Die anlagentechnische Planung sollte nicht von einer klassischen Kühllastberechnung für die Erstellung des Raumklimas ausgehen (VDI 2078), da hier die Wärmespeicherung nur vereinfacht in Form von Speicherfaktoren berücksichtigt wird.

Das Mengengerüst als Planungsgrundlage

Joachim Kreutner

Neben den spezifischen Anforderungen, die an die Raumhülle eines Depots im Hinblick auf Sicherheit, Tragfähigkeit, Klimastabilität und Brandschutz gestellt werden, muss der planende Architekt natürlich auch den Raumbedarf kennen. Im folgenden Beitrag wird skizziert, wie der Raum- und Lagertechnikbedarf des deponierten Anteils einer Sammlung erhoben wird. Wie viel Platz brauchen die Objekte und wie müssen die Verkehrswege dimensioniert sein? Dabei werden die wichtigsten Lagertechniktypen vorgestellt und ihre Einsatzgebiete mit Vor- und Nachteilen beleuchtet.

Was ist ein Mengengerüst?

Am Anfang jeder Depotkonzeption steht die Erfassung des Platzbedarfs des zu deponierenden Teils der Sammlung. Hierzu wird der Ist-Zustand der Lagervolumina detailliert in einem sogenannten Mengengerüst digital festgehalten. Während der Erfassung wird außerdem die momentane Lagerung im Hinblick auf ihre konservatorische Qualität und auch auf die Nutzung des Raumes überprüft. Die im neuen Depot zu erwartenden Volumenveränderungen werden prognostiziert und im Mengengerüst dokumentiert: So kann eine geeignetere Lagertechnik zu einer deutlichen Komprimierung verschiedener Objektgruppen führen. Kleine oder flache Gegenstände, die bisher in Fachböden mit großen Freiräumen über dem Objekt abgelegt sind, finden etwa in flachen Schüben eines Grafikschrankes deutlich komprimierter ihren Platz. Umgekehrt führt die Anwendung zeitgemäßer konservatorischer Standards häufig zu einer weniger dichten Lagerung und damit größerem Platzbedarf. Beispielhaft seien hier Textilien angeführt, deren Aufbewahrung in säurefreien Spezialkartons oder Schüben deutlich mehr Raum einnimmt als bei früheren Deponierungsmethoden. Diese Änderungen werden mittels Ab- (Dekomprimierungsfaktor < 1) oder Aufschlägen (Dekomprimierungsfaktor > 1) für jede Lagertechnikeinheit separat abgeschätzt.

Ein genau und differenziert erfasstes Mengengerüst und seine Auswertung bilden also die Grundlage der weiteren Planung von Raumbedarf (Gesamtkubatur und Raumprogramm), der Lagertechnik (Typen und Menge) sowie des Depotumzuges.

Erfassung des Mengengerüstes

Bei der Erfassung des Mengengerüsts werden alle Lagervolumina in eine geeignete Datenbank eingetragen. Dabei sind auch gängige und vergleichsweise einfach zu bedienende Tabellenkalkulationsprogramme wie MS Excel grundsätzlich in der Lage, einen solchen Datenbestand aufzunehmen und auszuwerten. Einen Ausschnitt aus einer solchen Tabelle über den Depotbestand eines deutschen Stadtmuseums zeigt Abb. 1.

In jedem Datensatz werden Sammlungsbereich, aktueller Aufbewahrungsort und eine Kurzbezeichnung der Objekte aufgeführt, ferner das Volumen der aktuellen Lagertechnikeinheit (eines Fachbodens, Schubes, Kartons, einer Palette oder Vitrine) oder alternativ die Maße des Einzelobjek-

No	Ort	Raum	Objekte	Objekt-höhe	Fach-höhe	Objekt-breite	Fach-breite	Objekt-tiefe	Fach-tiefe	EINHEITSHÖHE	EINHEITSBREITE	EINHEITTIEFE	Böden/lfm	Palette	Typ Lagertechnik:	[m²] Gitterwand	[m²] Fachboden	[m³] Regalvolumen	Dekomprim.-faktor	Bemerkungen
415	Stadtgeschic	Mag 2	Siegelabdrücke			0,20		0,27		0,00	0,30	0,37	160,0		Schubfach	0,0	17,8	0,0	1,0	
416	Stadtgeschic	Mag 2	Nachkriegszeit		0,40		0,50		0,35	0,40	0,50	0,35	1,0		F	0,0	0,4	0,3	2,0	Umzugskartons
417	Stadtgeschic	Mag 2	Diapositive			0,30		0,10		0,00	0,40	0,20	50,0		Schubfach	0,0	4,0	0,0	1,0	
418	Stadtgeschic	Mag 2	Skulptur	0,70		0,60		0,40		0,80	0,70	0,50	1,0		F	0,0	0,4	0,3	1,0	
418	Stadtgeschic	Mag 1	Lampen		0,40		0,50		0,35	0,40	0,50	0,35	1,0		F	0,0	0,2	0,1	1,0	Umzugskartons
419	Stadtgeschic	Mag 1	Zinnfiguren		0,15		1,10		0,40	0,15	1,10	0,40	1,0		Schubfach	0,0	0,4	0,1	1,0	Dioramen
420	Stadtgeschic	Mag 1	Zinnfiguren				0,30		0,20	0,00	0,30	0,20	82,0		Schubfach	0,0	12,3	0,0	2,5	
421	Stadtgeschic	Mag 1	Trommel	0,40		0,35		0,35		0,50	0,45	0,45	1,0		F	0,0	0,2	0,1	1,0	
422	Stadtgeschic	Mag 1	Lampen		0,50		0,70		0,80	0,50	0,70	0,80	3,0		F	0,0	1,7	0,8	1,0	
423	Stadtgeschic	Mag 1	Lampen		0,40		0,50		0,35	0,40	0,50	0,35	19,0		F	0,0	4,0	1,9	1,2	Umzugskartons
424	Stadtgeschic	Mag 1	Buntmetall		0,40		0,70		0,80	0,40	0,70	0,80	7,0		F	0,0	3,9	1,6	1,0	
425	Stadtgeschic	Mag 1	Lampe	1,10		0,50		0,50		1,35	0,60	0,60	1,0		F	0,0	0,4	0,5	1,0	
426	Stadtgeschic	Mag 1	diverses Metall		0,30		1,10		0,40	0,30	1,10	0,40	4,0		F	0,0	1,8	0,5	1,0	
427	Stadtgeschic	Mag 1	Metallgussformen		0,30		0,40		0,30	0,30	0,40	0,30	2,0		F	0,0	0,2	0,1	1,0	
428	Stadtgeschic	Mag 1	Zinn		0,50		0,90		0,70	0,50	0,90	0,70	9,0		F	0,0	6,8	4,1	1,2	
429	Stadtgeschic	Mag 1	Zinn		0,60		0,90		0,70	0,60	0,90	0,70	3,0		F	0,0	1,9	1,1	1,0	
430	Stadtgeschic	Mag 1	Zinn		0,40		0,90		0,70	0,40	0,90	0,70	3,0		F	0,0	1,9	0,8	1,0	
431	Stadtgeschic	Mag 1	Silber		0,60		0,90		0,70	0,60	0,90	0,70	3,0		F	0,0	1,9	1,1	1,0	1 zusatz f. Dauerausst.
432	Stadtgeschic	Mag 1	Silber		0,40		0,90		0,70	0,40	0,90	0,70	2,0		F	0,0	1,3	0,5	1,0	
433	Stadtgeschic	Mag 1	Gipsabguss		0,40		0,90		0,70	0,40	0,90	0,70	1,0		F	0,0	0,6	0,3	1,0	
434	Stadtgeschic	Mag 1	diverses Metall		0,25		0,40		0,30	0,25	0,40	0,30	32,0		F	0,0	3,8	1,0	1,0	
435	Stadtgeschic	Mag 1	Lampe	0,70		0,40		0,30		0,80	0,50	0,40	1,0		F	0,0	0,2	0,2	1,0	
436	Stadtgeschic	Mag 1	Metallskultptur	1,00		0,55		0,30		1,25	0,65	0,40	1,0		F	0,0	0,3	0,3	1,0	
437	Stadtgeschic	Mag 1	Zinnwerkstatt		0,30		1,10		0,40	0,30	1,10	0,40	4,0		F	0,0	1,8	0,5	1,0	
438	Stadtgeschic	Mag 1	Silberleuchter	0,65		0,40		0,40		0,75	0,50	0,50	2,0		F	0,0	0,5	0,4	1,0	
439	Stadtgeschic	Mag 1	Gipsmedaillon	0,15		0,70		0,60		0,25	0,80	0,70	1,0		F	0,0	0,6	0,1	1,0	
440	Stadtgeschic	Mag 1	Militaria		0,40		0,50		0,35	0,40	0,50	0,35	2,0		F	0,0	0,4	0,1	1,0	Umzugskartons
441	Stadtgeschic	Mag 1	Spazierstöcke	1,20		0,05		0,05		1,45	0,15	0,15	22,0		S	0,0	0,5	0,7	1,0	
442	Stadtgeschic	Mag 1	Zinnfiguren				0,30		0,50	0,00	0,30	0,50	45,0		Schubfach	0,0	6,8	0,0	1,0	
443	Stadtgeschic	Mag 1	Zinnfiguren				0,25		0,15	0,00	0,25	0,15	9,0		Schubfach	0,0	1,4	0,0	4,0	
444	Stadtgeschic	Mag 1	Zinnfiguren				0,30		0,30	0,00	0,30	0,30	7,0		Schubfach	0,0	0,6	0,0	1,0	
445	Stadtgeschic	Mag 1	Zinnfiguren				0,30		0,15	0,00	0,30	0,15	2,0		Schubfach	0,0	0,1	0,0	1,0	
446	Stadtgeschic	Mag 1	Zinnfiguren				0,30		0,40	0,00	0,30	0,40	15,0		Schubfach	0,0	1,8	0,0	1,0	
447	Stadtgeschic	Mag 1	Zinnfiguren				0,35		0,25	0,00	0,35	0,25	2,0		Schubfach	0,0	0,2	0,0	1,0	
448	Stadtgeschic	Mag 1	Zinnfiguren				0,20		0,15	0,00	0,20	0,15	5,0		Schubfach	0,0	0,2	0,0	1,0	
449	Stadtgeschic	Mag 1	Zinnfiguren				0,35		0,25	0,00	0,35	0,25	12,0		Schubfach	0,0	1,1	0,0	1,0	
450	Stadtgeschic	Mag 1	Zinnfiguren				0,25		0,30	0,00	0,25	0,30	5,0		Schubfach	0,0	0,4	0,0	1,0	
451	Stadtgeschic	Mag 1	Zinnfiguren				1,10		0,40	0,00	1,10	0,40	10,0		Schubfach	0,0	4,4	0,0	1,0	
452	Stadtgeschic	Mag 1	Gemälde	0,70		0,55				0,80	0,65	0,00	1,0		G	0,5	0,0	0,0	1,0	
453	Stadtgeschic	Mag 1	Bücher	0,50		0,45		0,35		0,60	0,55	0,45	4,0		S	0,0	1,0	0,6	1,0	Archivkartons
454	Stadtgeschic	Mag 1	Gemälde	0,35		0,45				0,45	0,55	0,00	1,0		G	0,2	0,0	0,0	1,0	
455	Stadtgeschic	Mag 1	Silber				0,50		0,40	0,00	0,50	0,40	12,0		Schubfach	0,0	2,4	0,0	1,0	

Abb. 1: Mengengerüst (Ausschnitt) in MS-EXCEL®

tes. Zur Berücksichtigung der aus logistischen und konservatorischen Gründen unvermeidbaren Freiräume innerhalb der Regale sind Objektmaße je nach Größe und Sammlungsgattung mit einem Zuschlag versehen. So ergibt sich ein Einheitsmaß, das für die weiteren Berechnungen herangezogen wird. In jedem Datensatz erfolgt die eingangs erläuterte Abschätzung, inwieweit der aktuelle Platzbedarf sich im künftigen Depot verändert.

Vor allem wenn mehrere Personen an der Erfassung und Auswertung eines Mengengerüstes mitwirken, müssen Begriffe (Objektbezeichnungen oder -gruppen), Ortsangaben (Nutzung oder Neuvergabe von Raumnummern) und Messvorschriften einheitlich sein und zur späteren Überprüfung der Ergebnisse in geeigneter Weise dokumentiert werden. Aus eben diesem Grund wird während der Erfassung jede Lagertechnikeinheit (Schrank, Regal etc.) fotografisch festgehalten.

In der Spalte »Typ Lagertechnik« wird die Art der momentanen Lagerung dokumentiert. Grundsätzlich lässt sich der Sammlungsbestand fast aller Museen in einen horizontal gelagerten Anteil (liegend, stehend) und einen vertikal gelagerten (hängend) unterscheiden. Bei Sammlungsgut in Fachbodenregalen und -schränken, auf Paletten, in Schüben oder ganz freistehend ist die (horizontale) Standfläche und genutzte Höhe relevant. Hängende, eher als zweidimensional zu charakterisierende Objekte werden an beweglichen (Gemäldezugwände) oder fest montierten Gitterwänden aufgehängt. Hier werden i. d. R. nur Höhe und Breite des Objektes erfasst.[1] Besonders schwere oder tiefe Gegenstände (sehr große Gemälde, Spiegel und Ähnliches) werden einer eigenen Kategorie (Anbringung an festen Gitterwänden) zugeordnet.

Zusätzliche Felder nehmen Parameter des Soll-Zustandes auf: Je nach Sammlungsbestand sind dies z. B. Anforderungen an die künftige Lagertechnik (Kategorie[2], Fachtiefe, Traglasten etc.), aber auch an andere relevante Rahmenbedingungen. So können etwa besondere Klimagrenzwerte zur späteren Gruppierung von Sammlungsbeständen in klimatechnisch besonders ausgestatteten Depotzonen führen. Auch vor einer Neudeponierung eventuell notwendig werdende Konservierungs- oder temporäre Transportsicherungsmaßnahmen sowie die erforderlichen Verpackungsmaterialien werden bereits hier dokumentiert. Der erhobene Datenbestand kann so für das gesamte Depotprojekt als Planungsgrundlage dienen.

Ansatz von Reserveflächen

Eine Raumreserve für den künftigen Sammlungszuwachs wird noch nicht während der Erfassung des Mengengerüstes bestimmt. Sie muss im Anschluss an die Auswertung separat nach Sammlungsgruppen für jeden Sammlungsteil entsprechend der dort geplanten oder zu erwartenden Neuzugänge festgelegt werden. Wenn es die wirtschaftliche Lage zulässt, sollte – um nicht nach wenigen Jahren erneut planen zu müssen – großzügig kalkuliert werden: Reserveflächen dienen auch als wichtige temporäre Lagerkapazitäten während Renovierung und Umbau oder auch bei Notfällen. Als Faustregel für die Raumreserve können 25 % des errechneten Raumbedarfs angewendet werden.

Lagertechnik-Kategorien zur Deponierung der Objektgruppen

Fachboden

Eine in Hinsicht der Raumausnutzung effiziente und im Vergleich zu Schränken sehr kostengünstige Lagertechniknutzung ist mit dem Einsatz von Fachbodenregalen im Industriestandard zu erreichen. Hierbei handelt es sich um Regale mit verzinkten oder pulverbeschichteten Stützen und Fachböden aus Stahl. Die Fachbodenmaße leiten sich bei den meisten Herstellern aus den Euronormmaßen für Paletten (1,20 m × 0,80 m), ihren Brüchen oder Vielfachen ab. Der größte Standardfachboden hat eine Breite von 2,70 m und eine Tiefe von 1,10 m. Soweit aufgrund des Raumzuschnittes möglich, werden Regale mit diesen Fachböden so aufgestellt, dass sie von zwei Seiten aus zugänglich sind. Dies ermöglicht die flexible Lagerung unterschiedlich tiefer Objekte bis zur maximalen Tiefe von 1,10 m. Gleichzeitig ist ein tiefes Regal deutlich günstiger als zwei aneinander gestellte, weniger tiefe Regale. Auch kleinere Standardtiefen der Maße 0,80 m, 0,60 m und 0,40 m, etwa für Regale entlang der Wände des Depotraums, sind erhältlich.

Fachboden unten

Besonders große und / oder schwere Gegenstände werden im unteren Fach eines Regals aufbewahrt. Dort stehen sie auf einem eingesetzten Fachboden oder (etwa auf einer Palette) direkt auf dem Boden. Freilich ist bei sehr hohen Objekten eine Überbauung mit einem Regalboden nur dann sinnvoll, wenn erstens die entsprechende Raumhöhe zur Verfügung steht und zweitens diese – aufgrund der Beschränkung des zur Verfügung stehenden Raumes – auch ausgenutzt werden muss.

Die Wahl der Regalhöhe hängt von der lichten Raumhöhe und von den nutzbaren Fördergeräten ab. Grundsätzlich gilt, dass mit der Höhe der Regalböden auch der Aufwand für ihre Bewirtschaftung steigt. Zur Vermeidung von Unfällen und Schäden an den Objekten ist idealerweise auch der obere Fachboden ohne Hilfsmittel zu bestücken und zu entleeren.

Freistehend

Großformatige Objekte wie sehr große Möbel oder Fahrzeuge finden auf Freistellflächen Platz. Die Objekte können direkt auf dem Boden oder – soweit möglich – auf Paletten stehen. Eine platzsparende aber kostspieligere Variante dieser Lagerungsart ist der Einsatz von fahrbaren Plattformen

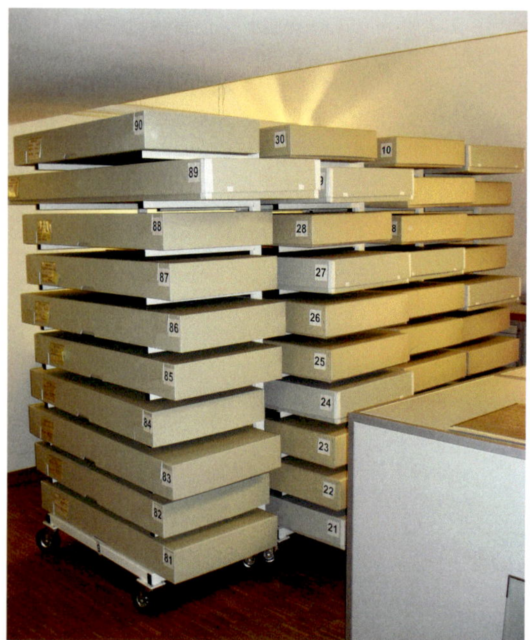

Abb. 2: Fahrbare Konstruktion zur Aufnahme von Textilkartons, Bayerisches Nationalmuseum, München

oder Sonderkonstruktionen (Abb. 2), die eine Effizienzsteigerung, vergleichbar einer Fahrregalanlage, bieten. Da bei Freistellflächen der Raum oberhalb der einzelnen Objekte nicht mehr genutzt wird, werden sie bevorzugt in Depotbereichen mit geringeren lichten Raumhöhen – etwa unter einer Zwischenbühne – eingerichtet.

Gitterboxpalette

Für voluminöse, in Einzelteile zerlegte Objekte (etwa Kacheln eines Kachelofens), aber auch robuste »Massenobjekte« (Kanonenkugeln, Mahlsteine oder archäologische Funde aus Stein) stellt die Deponierung in Gitterboxpaletten eine effiziente Lagertechnikstrategie dar. Ihr Fassungsvermögen beträgt 1 m^3, sie sind zur Aufnahme großer Lasten ausgelegt und sie passen unter den ersten Fachboden eines 1,10 m tiefen Regals. Aufgrund des meist hohen Gewichtes können sie nur mit Flurfördergeräten (etwa einem Hubwagen) bewegt werden.

Kragarm

Mit dem Begriff Kragarm sind Objekte kategorisiert, die nicht auf Fachböden liegen, sondern aufgrund ihrer »Länge« entweder vertikal in durch Kragarme aufgespannte Fächer gestellt werden oder horizontal aufliegen. So werden etwa Hellebarden, Spieße, Standarten, Rechen, Schaufeln etc. stehend, über 2 m lange Objekte dagegen liegend gelagert.

Schubfach

In Schubfächern werden flache oder kleine Gegenstände sehr raumsparend aufbewahrt. Diesem Effektivitätsgewinn stehen jedoch entsprechend höhere Kosten aufgrund der im Vergleich zu Fachbodenregalen deutlich aufwändigeren Konstruktion eines Schubladenschrankes mit beweglichen, präzise zu fertigenden Teilen gegenüber. Aber auch aus konservatorischer Sicht bietet die Deponierung in Schüben große Vorteile: Das Objekt kann deutlich einfacher, oft sogar ohne Berührung, konsultiert werden. Es wird licht- und – bei entsprechender Konstruktion – auch weitgehend staubgeschützt gelagert.

Schrank

Auch Schränke mit Flügeltüren sind – vor allem unter Berücksichtigung der einschlägigen konservatorischen Standards und entsprechend schadstoffarmer Materialien – deutlich teurer als Regale. Der Vorteil eines verglasten Schrankes ist jedoch eine Lagerung der Objekte bei gleichzeitiger Sichtbarkeit und physikalischer Abschirmung vor Staub, flüchtigen organischen Verbindungen (VOCs), Schädlingen oder mechanischer Einwirkung. Die Schränke können überdies, etwa bei besonders empfindlichen Objekten wie »krankem« Glas, individuell mit Sonderausstattungen zur Konditionierung (vom passiven Feuchtepuffer bis hin zum Luftfilter und aktiver Klimatisierung) versehen werden. Allerdings lassen wir damit den Bereich der im preiswerten Industriestandard verfügbaren Lagertechnik weit hinter uns.

Gitterwand; Gitterwand tief; Gitterwand fest; Gitterwand fest / tief

Auf Gitterwänden sind die »annähernd zweidimensionalen« Objekte untergebracht. Es handelt sich in erster Linie um Gemälde, Spiegel, Paneele, Schilder und Ähnliches. Bei modernen Gemäldezuganlagen können je nach Bedarf die Zwischenräume der Gitterwände stufenlos und individuell auf die gewünschte Breite eingestellt werden. Große und / oder schwere Objekte wie etwa ein großes Kruzifix oder ein schmiedeeisernes Fenstergitter können nicht auf einer in Deckenschienen beweglichen Gitterwand untergebracht werden. Sie benötigen ein fest montiertes Gitter. Obwohl in der Anschaffung vergleichsweise günstig, ist der Einsatz fester Gitterwände aufwändig, da sie naturgemäß nur ein ungünstiges Verhältnis von Lagerfläche zu notwendiger Erschließungsfläche bieten und viel Platz verbrauchen. Bei ausreichend breitem Verkehrsweg sind Kopfseiten von Regalreihen ein idealer Platz für feste Gitterwände.

Textillagerung; Textilkartons

Die Textillagerung kann hängend in Schränken, liegend in Schubfächern und (in säurefreien, gepufferten Archivkartons) auf Fachböden erfolgen. Eine eingehende Erörterung der Lagerungsstrategie ist aufgrund der spezifischen restauratorischen Anforderungen von Textilien und der vergleichsweise hohen Kosten sowohl für Lagertechnik als auch für Verpackungseinheiten im Vorfeld angezeigt.

Fahnenschrank

Fahnen sind in konservatorischer Hinsicht besonders empfindlich und gleichzeitig aufgrund ihrer großen Dimensionen auch lagertechnisch eine Herausforderung. Neben der Möglichkeit einer individuellen Sonderkonstruktion bieten einige auf Museen spezialisierte Lagertechnikhersteller modifizierte Lösungen aus der Industrie, mit denen Fahnen liegend gelagert werden können. Auch hier sollte im Vorfeld eine eingehende konservatorische Bewertung stattfinden.

Sonderlösungen

In vielen Sammlungen findet sich Sammlungsgut, das aufgrund konservatorischer Anforderungen oder auch einfach wegen einer speziellen Geometrie besondere Lösungen erfordert. Trotz der großen Auswahl von Lagertechnik im Industriestandard oder spezialisierter Lagertechnik für Museumsdepots können hier manchmal nur Sonderkonstruktionen eingesetzt werden. Diese Fälle werden bei der Erfassung gekennzeichnet, dann gesondert überprüft und unter Absprache mit dem jeweiligen Fachrestaurator mit einer angepassten Lagertechnik ausgestattet. Diese Konstruktionen können individuell angefertigt oder aber durch verhältnismäßig einfache Modifikationen bestehender Lagertechniken realisiert werden. Eine solche Anpassung industrieller Lagertechnik bietet sich etwa für Kronleuchter an: Statt auf geschlossenen Fachböden liegend aufbewahrt zu werden, hängen die Leuchten an den auf Regalständern eingelegten Gitterböden.

Aus den aufgezeichneten Werten können nun in der Tabellenkalkulation die Flächen und Volumina der Objektgruppen errechnet werden. Durch Sortieren und Addieren oder – wesentlich effizienter – die Auswertung in sogenannten Pivot-Tabellen lassen sich die im künftigen Depot benötigten Bruttovolumina und auch die benötigte Anzahl von Fachböden, Gitterwänden oder Schüben flexibel als Soll-Zustand des Bedarfs darstellen. In Abhängigkeit von Raumzuschnitt und Raumhöhe des neuen Depots ergibt sich so auch die Stückliste zur Kalkulation und Ausschreibung der Lagertechnik.

Der erzielbare Raumnutzungsgrad[3] (RNG) hängt von zahlreichen Faktoren ab. So lässt sich aus dem Nettovolumen nicht ohne Weiteres der endgültige Raumbedarf ableiten. Nichtsdestotrotz ist dieser Wert doch ein wertvoller Anhaltspunkt für die weitere Planung.

Der Sammlungsbestand vieler nichtstaatlicher Museen ist oft durch große Heterogenität geprägt: Allein die Bandbreite der Abmessungen reicht oft vom wenige Zentimeter großen kunsthandwerklichen Kleinobjekt bis hin zu mehrere

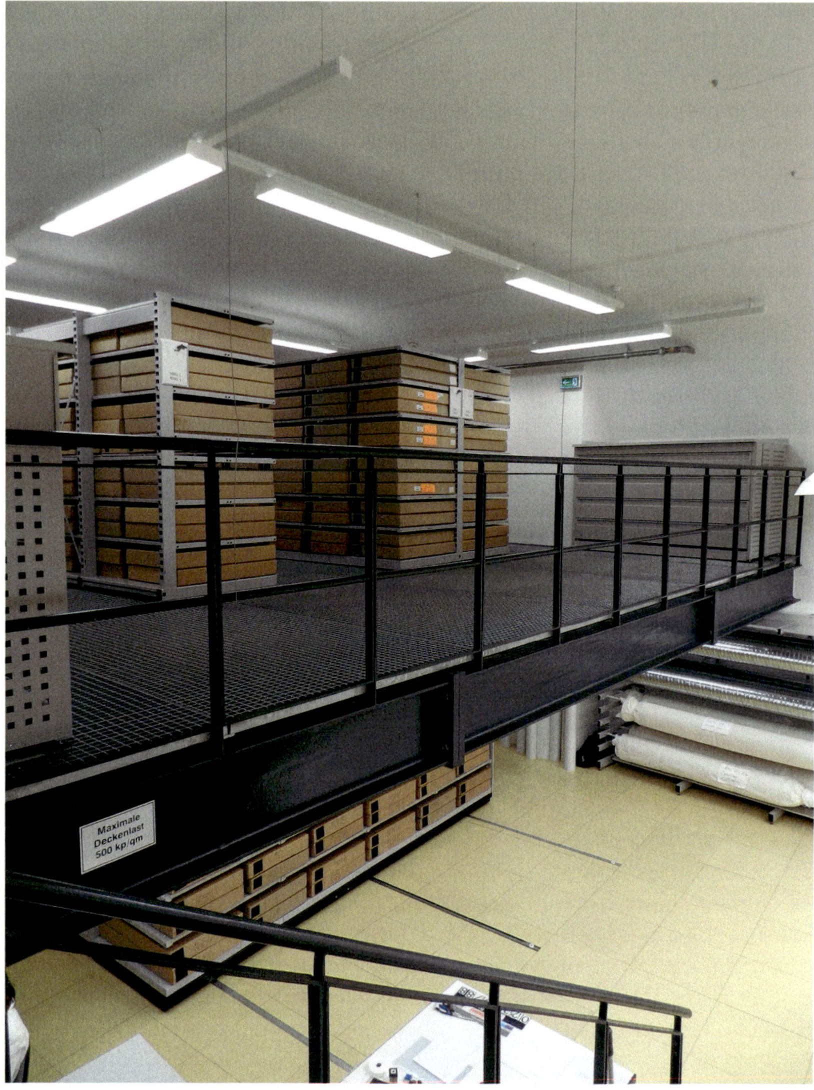

Abb. 3: Stahlbaubühne zur horizontalen Unterteilung eines hohen Lagerraums

Meter hohen Möbeln oder Geräten aus der handwerklichen Produktion sowie Fahrzeugen. Fast noch vielfältiger sind die konservatorischen Anforderungen an Lagerung, Verpackung und Handhabung: Sie bewegen sich zwischen allen physikalischen Einflüssen gegenüber extrem empfindlichen, einzeln in Spezialkartonagen verpackten Textilien bis hin zum Kachelofen, dessen Einzelteile auch in der industriell standardisierten Gitterpalette sicher aufgehoben und transportierbar sind.

Diese Heterogenität macht eine Abschätzung des erzielbaren Raumnutzungsgrades nicht einfach. Bei Minimierung der Verkehrsfläche lassen sich bei statischer Lagertechnik RNGe von 0,4 erreichen, jedoch nur unter Bedingungen, die in einem Museum nicht oder nur schwer zu erfüllen sind.

Eine einheitliche Höhe der einzulagernden Güter ist nur bei sehr wenigen Objektgruppen (etwa Stühlen) gegeben. Die Deponierung von Kulturgut auf Fachböden in einer Höhe von über zwei Metern über dem Boden – wie es bei der Forderung nach maximaler Ausnutzung der Raumhöhe der Fall wäre – ist nur bei wenigen Beständen denkbar und zu verantworten. In jedem Fall erfordert sie eine Palettierung oder den Einsatz einer Hubbühne zum Einbringen der Objekte. Beides führt aufgrund der Breite von motorgetriebenem Flurförderzeug zu breiteren Gängen und einer deutlichen Verschlechterung des RNG. Aus diesen Gründen erscheint ein RNG von maximal 0,2 für Museumsdepots realistisch. Ab einer lichten Raumhöhe von 4,50 m (besser 4,70 m) bietet sich der Einsatz von festen Stahlbaubühnen an (Abb. 3): Die Bühne teilt ein Depot horizontal in zwei Bereiche mit etwa 2,10 m Höhe und kann so eine zur Verfügung stehende lichte Höhe von 4,50 m mit nur sehr geringen Verlusten ausnutzen. Gleichzeitig wird bei einer Regal- oder Schrankhöhe von 2,10 m auch der obere Fachboden fast immer ohne Hilfsmittel zu bedienen sein. Dies ermöglicht eine schnelle und in jeder Hinsicht sichere Bewirtschaftung dieser Depotbereiche.

In der oberen Ebene der Bühne werden i. d. R. statische Regale, Flügeltür- und Schubschränke verwendet. Im Untergeschoss können jedoch – flexibel dem Sammlungsbestand angepasst – alle Typen der Lagerung eingesetzt werden: Die vergleichsweise geringe Höhe des Geschosses lässt so die Deponierung vieler Möbel nahezu ohne Lagertechnik – etwa freistehend auf Paletten – zu. Auch bewegliche Sonderkonstruktionen, z. B. in Form von Textilrollenwagen, finden hier ihren Platz. In Bodenschienen laufende Fahrregale erhöhen auf effektive aber kostenintensive Weise den RNG und schaffen so Kapazitätsreserven. (Abb. 4) Dabei fahren die Regaleinheiten auf im Boden eingelassenen Schienen und öffnen einen Bediengang nur dort, wo ein Zugang benötigt wird. Die Anzahl der in einer Reihe parallel nebeneinander angeordneten Regale ist theoretisch beliebig. Die im Vergleich zu statischen Regalen zu erzielende Raumersparnis steigt proportional zur Anzahl der Regale in einer Reihe. Fahrregalanlagen können manuell oder elektromotorisch angetrieben werden und werden sogar zweigeschossig ausgeführt.

Funktionsräume

Neben den Bereichen zur Lagerung des Sammlungsbestandes sind ausreichende Flächen für Funktionsbereiche in jedem Depot unverzichtbar. Natürlich muss der Umfang dieser Flächen in einem angemessenen Verhältnis zur Gesamtgröße des Depots stehen; fast alle der folgenden Abläufe kommen jedoch auch in kleineren Depots vor:

- Anlieferung
- Untersuchung
- Quarantäne / Stickstoffbegasung
- Inventarisierung
- Fotoaufnahme
- Konservierung / Restaurierung
- Vorbereitung der Lagerung
- Konsultierung
- Materiallager / Entsorgung (Transportkisten, Verpackungs- und Arbeitsmaterial).

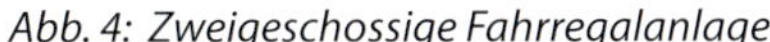

Abb. 4: Zweigeschossige Fahrregalanlage

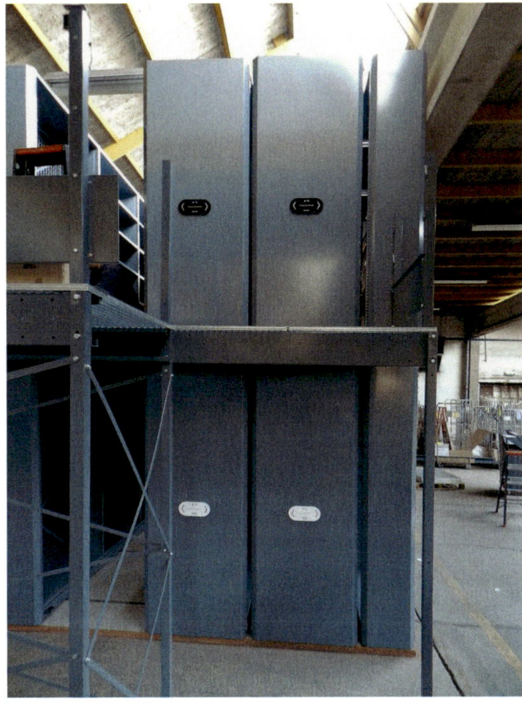

Neben einer ausreichenden Dimensionierung dieser Funktionsbereiche ist auf die räumliche Trennung vom eigentlichen Depotbereich zu achten. Die Anforderungen eines Depots in Bezug auf die Klimastabilität, die Verhinderung von Staub-, Schmutz- und Schädlingseintrag, aber auch in Hinblick auf seine Sicherheit lassen sich nur mit räumlich getrennten Funktionsbereichen umsetzen.

Unterstützung bei der Planung

Die Erfassung des Mengengerüstes setzt gute Kenntnis des Sammlungsbestandes und seiner konservatorischen Anforderungen voraus und ist grundsätzlich von einem mit dem planenden Museum vertrauten und materialübergreifend erfahrenen Diplomrestaurator gut zu bewältigen. Die Auswertung des häufig umfangreichen Datenbestandes erfordert jedoch Übung im Umgang mit Tabellenkalkulationsprogrammen, Erfahrung mit dem Einsatz und Kenntnisse der Vor- und Nachteile von unterschiedlichen Lagertechniktypen. Diese depotspezifischen Kenntnisse sowie Erfahrungen beim Aufbau von Projektstrukturen und der Umsetzung von Raumbedarf und Infrastrukturanforderungen in ein Nutzerbedarfsprogramm werden in den meisten Museen bestenfalls unvollständig zu finden sein. An dieser Stelle erscheint die Hinzuziehung externer Unterstützung unbedingt notwendig. Mehrere unabhängige Fachplaner für Depot- und Museumsprojekte im deutschen Sprachraum kennen die Anforderungen von Museen. Ihre Tätigkeit beschränkt sich nicht nur auf die Auswertung des Mengengerüsts und die Auswahl der richtigen Lagertechnik. Der gesamte Planungsprozess[4] wird durch die Nutzung bestehender Erfahrungen professionalisiert, beschleunigt und deswegen auch kostengünstiger. Durch ihre Erfahrung sind Depotplaner in der Lage, im Kräftefeld zwischen Nutzer, Bauherrn und Architekten zusammen mit diesen Lösungen zu finden, die den vielfältigen Aufgaben des Museums und dem langfristigen Erhalt des gesammelten Kulturguts dienen.

Anmerkungen

1 Der Raumbedarf errechnet sich dann durch die Größe der Zugwände und ihre Anzahl (ein typischer Wert für den Abstand der Züge untereinander beträgt 0,40 m).

2 Siehe die unten folgende Kategorisierung.

3 Der Raumnutzungsgrad gibt an, wie gut ein Lager den gesamten zur Verfügung stehenden Raum ausnutzt. Ein typisches industrielles Paletten-Hochregallager erreicht unter idealen Bedingungen einen maximalen Raumnutzungsgrad von ca. 0,4, d. h. 40% des umbauten Raumes wird von Gütern gefüllt.

4 An dieser Stelle sei auf mehrere, das Museumsdepot behandelnde Artikel in Restauro 3.2011 hingewiesen. Zu den im Vorfeld zu klärenden strategischen Fragen hier besonders der Beitrag von J. Huber, Nachhaltige Depotplanung – Die Verantwortung des Nutzers, Restauro 3.2011, 27–30.

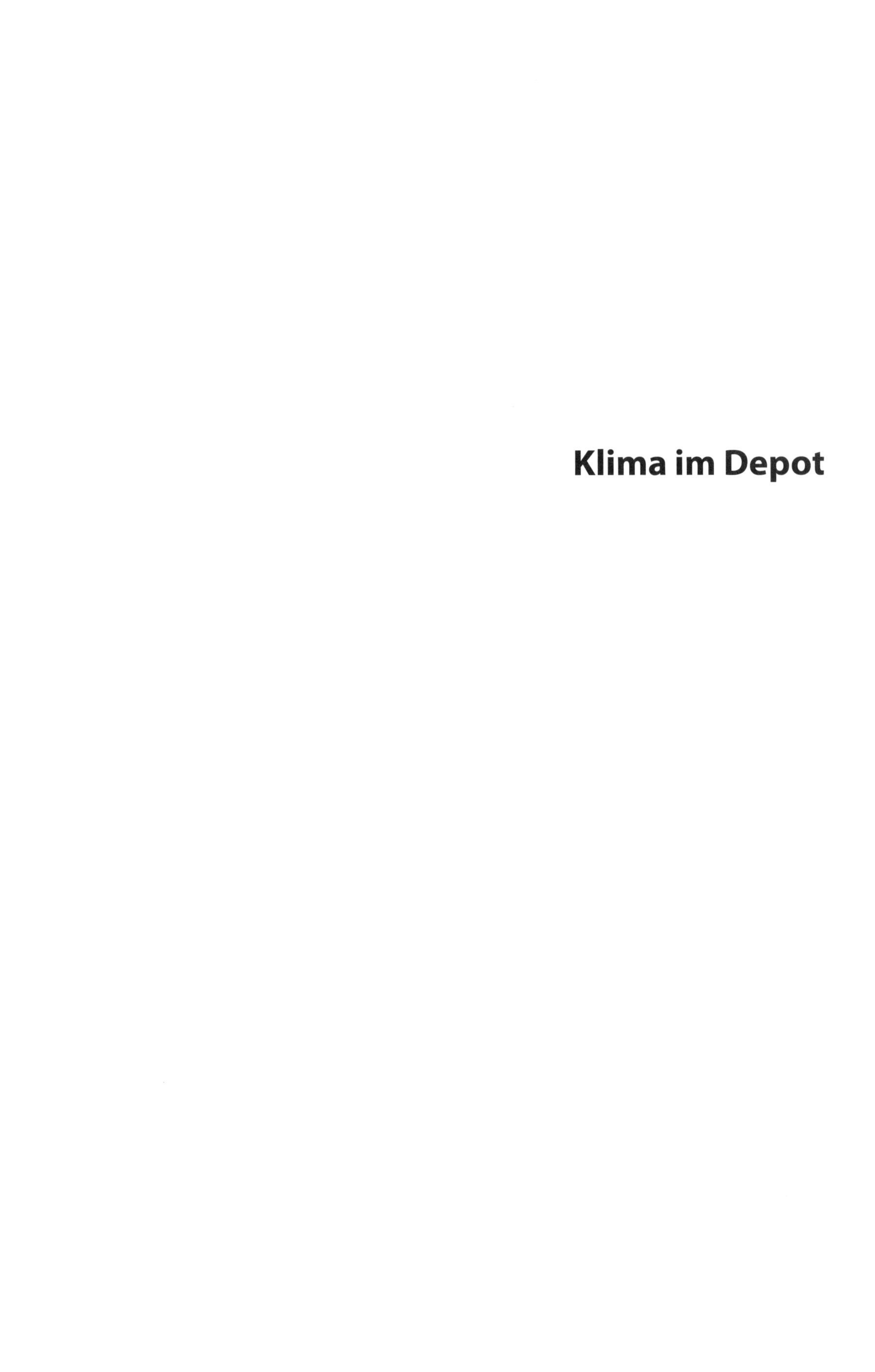

Klima im Depot

Kulturgüterschutz durch Klimastabilisierung im Depot

Ein Plädoyer für die Anwendung der Temperierung[1]

Thilo Angermann

Aufgrund der vorherrschenden Aufbewahrungszustände in vielen Museumsdepots, vor allem bedingt durch schlechte Klimabedingungen, altert derzeitig unser Kulturerbe frühzeitiger als nötig. So werden beispielsweise Rostfraß und Schimmelbefall, um nur zwei Folgen schlechter Klimabedingungen in feuchten Depots zu nennen, zu selten thematisiert. Oft wird aus Unkenntnis der Komplexität klimatischer und bauphysikalischer Zusammenhänge nur versucht, die Symptome wechselnder Klimabedingungen zu beseitigen. Falsche Annahmen, Halbwahrheiten und irrtümlich gezogene Schlüsse führen aber zu verkehrten Lösungsansätzen.[2] Meine Ausführungen sollen dazu beitragen, Fehlerverkettungen frühzeitig zu erkennen und zu vermeiden. Dies sollte angesichts steigender Energiepreise im Interesse aller Depotbetreiber sein, wirken sich doch einige der häufig in deutschen Museumsdepots praktizierten Lösungsansätze extrem energievernichtend aus. Ziel sollte die Ursachenbeseitigung sein. Das gilt vom Grundsatz her auch für alle weiteren bauseitigen Kulturgüterschutzmaßnahmen, die der Erzeugung, Verteilung und Haltung eines bedarfsgerechten Klimaoptimums dienen.

Thermischer Kulturgüterschutz

Um mikrobiologischen Bewuchs / Mikroorganismenbefall zu verhindern, sollten aus meiner Sicht die heizkörperlosen hocheffizienten Methoden und Verfahren der thermischen Konservierung angewendet werden, besser bekannt als Temperierung. Die Grundlagen der Temperierung wurden durch Henning Großeschmidt weiterentwickelt, der von 1982–2008 als leitender Restaurator bei der Landesstelle für die nichtstaatlichen Museen in Bayern in der Klimaberatung tätig war. Bevor wir uns diesem Grundprinzip der Oberflächenerwärmung und den daraus resultierenden Verbesserungen des Raumklimas für Depots wie auch Ausstellungen genauer widmen, möchte ich im Folgenden einige Grundbegriffe erörtern und definieren. Zum besseren Verständnis müssen dabei auch einige Beheizungs- und Lüftungsverfahren aus früheren Zeitepochen kurz gestreift werden, wie auch vorbildhafte Belüftungssysteme.

Zum Zusammenhang von Klima, Luft und Lebensdauer der Sammlungsexponate

Anforderungen an das Innenraumklima müssen in den Nutzungskonzepten von Depots verbindliche Basisgrößen für technische Systeme und Anlagen darstellen. Um die Bedeutung verbindlicher Nutzervorgaben verständlich zu machen, sei im Folgenden kurz die Beeinflussung von klimatischen Wechsellasten in Bezug auf die Lebensdauer je nach Material der Sammlungsobjekte erläutert.

Die komplexen Einflüsse des Außenklimas auf das Innenraumklima sind ganz generell vom jeweiligen Standort des Depots bestimmt. Hierbei hängt prinzipiell ein Großteil vom Breitengrad, auf dem das Depotgebäude steht, sowie vom Anteil der Wasserflächen auf dem jeweiligen Kontinent, in der Region sowie in der Nähe des Gebäudes ab. Die Höhe über dem Meeresspiegel, die Geländegeometrie und der Verlauf der das Wetter bestimmenden Meeresströmungen und Zyklonenbahnen wirken sich ebenso klimatisch relevant aus wie der Standort zwischen den wetterbildenden Gebieten. Die Gebäudelage wird aber in Berechnungsverfahren des Wärmebedarfs im Wesentlichen begrenzt eingeteilt in die Parameter »geschützt stehend« oder »frei stehend«, die Sonnenscheindauer, die Ausrichtung des Gebäudes in Bezug auf die Himmelsrichtung, die Gebäudehöhe und die Grundwassertiefe. Ein weiteres Augenmerk gilt der Größe und Anzahl der in der Gebäudehülle vorhandenen Öffnungen sowie der Gebäudegeometrie. Diese Grundparameter können ganz grob Aufschlüsse für die klimatischen Abläufe im Gebäude geben. Aber auch die äußeren Bedingungen wie die Entfernung, Lage und Höhe von Bergformationen, Wasserflächen, freien wie auch bebauten Plätzen oder die unmittelbare Geländegeometrie eines Tales sowie der Verschattungsgrad von Bergen, Gebäuden, Bäumen u.a. wirkt sich strömungs- und strahlungsgemäß jeweils unterschiedlich auf die klimatischen Bedingungen der Gebäudesubstanz aus. Dabei machen sich auch die Klimawechsel von Tag zur Nacht und umgekehrt im Gebäude bemerkbar. Extremwetterlagen wie plötzlich auftretender Fön verstärken die Wirkung der verschiedenen Parameter aufeinander.

Klimatische Wechselwirkungen von außen, so kann zusammengefasst werden, können also das Innenraumklima ganz unterschiedlich beeinträchtigen. Dabei geschieht dies nach den vorgegebenen Bedingungen und jahreszeitlichen Abläufen. Eine von der westlichen Wetterseite typisch geprägte druck- und saugseitige Ausrichtung kann sich durch zeitweilige Luftdruckunterschiede ändern. So wird es dadurch beispielsweise möglich, dass plötzlich – richtungsändernd unbemerkt – gesättigte Warmluft auf direkten oder indirekten Wegen in die Räume eindringt. Ob dies von außen oder aus benachbarten – mit oder ohne Ventilatoren ausgestatteten – Räumen erfolgt: Solche Prozesse sorgen stets für ein anwachsendes Schadenspotential. Die relative Luftfeuchte in Fußboden-, Wand- und Deckennähe, die ausschlaggebend für die Frage nach der Feuchtigkeitsaufnahme durch die Exponate ist, verdient daher größte Beachtung.

Das Medium Luft als Transportmittel

Feuchte Luft besteht in ihrer chemischen Zusammensetzung hauptsächlich aus den Gasen Sauerstoff, Stickstoff und Wasserstoff. Weitere Bestandteile können tröpfchen-, staub- und gasförmige Stoffe wie Argon, Chlor, Wasser u.a. sein. Die jeweilige Schadstoffbelastung mit Sporen und anderen Bestandteilen ist umgebungsabhängig. In stofflicher Hinsicht können die Beimengungen der Luft in allen Aggregatszuständen vorhanden sein.[3] Sowohl über Luftdruckunterschiede wie auch abhängig von der Dichte der Luft entstehen Stofftransporte nach dem Schwerkraftprinzip. Die so bewegten Luftmassen vermögen nicht nur im Freien (beispielsweise auf Zyklonenbahnen), sondern auch in Gebäuden sehr lange Wege zurückzulegen. Umgangssprachlich wird von einem Luft- und / oder einem Durchzug im Raum bzw. im Gebäude gesprochen. Bewegen sich in einem Raum oder Gebäude ständig Luftmassen, so kühlen die Oberflächen dauerhaft aus. Dies ist das Ergebnis eines physikalischen Prozesses, der sogenannten Verdunstungskälte. Die Abkühlung wird dadurch verursacht, dass dem Wasser in der Luft sowie ihrer Umgebung (z.B. der Objektoberfläche) die zum Verdunsten erforderliche Wärme (Verdunstungswärme) entzogen wird. Diesen fachlich als »abiatische Kühlung« bezeichneten Prozess kennen wir alle aus eigener Erfahrung: Wer an einem trockenen und heißen, aber windigen Tag nass aus dem Schwimmbecken steigt und die Haut an der Luft trocknen lässt, friert, empfindet also die oben genannte Oberflächenkälte.[4] Museumsobjekte entwickeln in einer solchen, für sie ungünstigen Klimasituation je nach Material dann die Neigung, das verdunstende Wasser zu absorbieren. In der Folge dieser kapillaren Einspeicherungen werden dauernasse Oberflächen von Kondensationsmengen versorgt und in ihrer hohen Materialfeuchte aufrechterhalten. Mit einer entsprechenden mineralischen Grundlage bilden sich auf Dauer ideale Existenzbedingungen für Mikroorganismen und mikrobiologischen Bewuchs.

Die Lebensdauer eines Objekts hängt bekanntlich von unterschiedlichen Faktoren ab. Überwiegend handelt es sich um komplexe Einwirkungen, welche dauerhaft überlagernd für eine frühzeitige Alterung sorgen können. Ausschlaggebend hierfür sind sowohl die gleichzeitigen, als auch wechselseitigen Vorgänge, die besonders nicht resistente Oberflächen von außen nach innen sowie weiterführend tieferliegende Materialstrukturen angreifen.[5] Ausgelöst werden können solche Zerstörungsprozesse durch ungenügende Klimabedingungen. Wie, wo und wann derartige physikalische, chemische und biologische Zerstörungsprozesse einzeln, miteinander oder gegenläufig ablaufen, obliegt nicht dem Zufall. Das entstandene Schadenspotential ist stets nur die Momentaufnahme einer fortschreitenden Summenbildung aller Vorschädigungen. Eine kritische Situation entsteht meist dann, wenn erhöhte Belastungen oder Konzentrationen plötzlich eine materialermüdende Zerstörung herbeiführen. Die Lebensdauer eines Objektes ist daher immer stark von den ausgelösten umgebungs- und materialbedingten Vorgängen abhängig, und dies vor allem im Mitwirken aller Katalysatoren, die auf die einzelnen Eigenschaften sämtlicher Materialien und deren Wirken untereinander einen großen Einfluss ausüben. Entscheidend sind hierbei immer die Anzahl, Folge, Intensität und Kombination wiederholbarer, unterschiedlich ablaufender Vorgänge, die zeitbezogen die Widerstandsfähigkeit des Materials nach und nach schwächen. Sämtliche Maßnahmen, die der Verlängerung der Lebensdauer des Objektes dienen, müssen auf einen geeigneten Schutz vor schädlichen Einflüssen ausgerichtet sein. Allgemein spricht man hier von Präventiver Konservierung.

Klimastabilisierung durch Temperierung

Der Begriff »Temperierung« bedeutet im Kern, Oberflächen über konvektive Wärmeschleier sowie insbesondere über großflächige Strahlungsflächenausgleichprozesse konstant warm zu halten. Hinzu zählen sekundär alle positiven Wirkungen der Speichermassen vom Bauwerk, von sämtlichen technischen und sonstigen Einrichtungen und dem Einlagerungsgut. Der Begriff »Temperierung« soll hier klar abgegrenzt werden von anderen Begriffen, die immer wieder synonym dazu verwendet werden, im Grunde aber etwas anderes beinhalten. Dies gilt beispielsweise für den Begriff »Bauteiltemperierung«. Er assoziiert vordergründig den uneigentlichen Hauptzweck, das Bauteil bzw. die Bauteilmasse ständig (wie bei der Betonkernaktivierung) warm zu halten. Das entspricht aber nicht dem wesentlichen Grundprinzip, also dem A und O der Temperierung, die von der Landesstelle vertreten wird. »A wie aktiv« und »O wie Oberfläche« stehen primär begrifflich für die aktive Oberflächenbeheizung oder aktive Temperierung der Oberflächen. Korrekt müsste daher von Bauteiloberflächentemperierung (oder kurz Oberflächentemperierung) gesprochen werden. Grundlegend für das Verstehen einer Oberflächenbeheizungsmethode ist die Vorstellung, dass durch die Energieeinspeicherungen primär in die Wand sowohl konvektive wie auch optimale Strahlungsvorgänge erzeugt werden. Die erforderliche großflächige, nach oben verlaufende raumhohe Wärme- und Luftschleierverteilung wird dabei im Erdgeschoss und den darüber liegenden Etagen von einem oder mehreren waagerecht verlegten Heizrohren bzw. einem Heizdraht erzeugt, die von einer Ecke des Raumes hin zur anderen entlang der Gebäudehülle, also entlang der Außenwände verlaufen. Der Strahlungsanteil aller korrespondierenden Flächen muss den Wärmebedarf dabei gleichmäßig vollflächig decken. Im Keller hingegen soll dies nach den Empfehlungen der Landesstelle mit raum- und säulenumfahrenden Heizrohr- bzw. Heizdrahtanordnungen an den Außen- wie Innenwänden bewerkstelligt werden.

Diese aktive Oberflächenbeheizung ist eine hoch effiziente und wirkungsvolle Beheizungsart für Depots und Ausstellungsgebäude. Oft wird diese großflächige Raumstrahlung mit der einer antiken Hypokausten-Heizung verglichen, die vor allem in Badeanstalten Verwendung fand und diese trotz hoher Luftfeuchten trocken hielt. Besondere Erwähnung verdient, dass die römische Hypokausten-Heizung stets sämtliche Oberflächen auf ein sehr hohes Temperaturniveau bringen konnte. Eine Wiederentdeckung und Weiterentwicklung erhielt diese antike Wärmeverteilung erst in den 1970er und Anfang der 1980er Jahre.[6] Darüberhinaus sei ergänzend erwähnt, dass bei der Klimatisierung neben Erwärmungsprozessen ebenso Kühlprozesse eine wichtige Rolle spielen. Zu diesen Prozessen über phänomenale Kälteverteilungen im Wandbereich haben Anfang der 1980er Jahre deutsche Hochschullehrer Vorträge im Bauzentrum München gehalten. Dabei ging es konkret um das ungarische Kaltwasserrohr im Deckenbereich. Es soll für die Raumkühlung systembedingt erzeugte Kaltluft wandnah nach unten führen.

Die Temperierung nach Großeschmidt kann in Verbindung mit einer bedarfsgerechten Raumbelüftung über Fenster oder Ventilatoren ein in sich geschlossenes System bilden, das mit einzelnen Be- und Entfeuchtungseinheiten in engen Grenzen ein recht stabiles Innenraumklima konstant aufrechterhält. Die übliche Klimatisierungstechnik erreicht lediglich die »Luftbehandlung« mit relativ hohen Luftwechselraten und Nachtabsenkungen; bauliche Speichermassen oder dergleichen werden hingegen nicht wirksam einbezogen. Temperierungsanlagen sorgen hingegen im Dauerbetrieb für Klimastabilisierungen. Mit ihrem minimalistischen Aufwand in der Investition und im Betrieb können bedarfsgerecht zusammengestellte Anlagen den gewünschten, normal üblichen klimatischen Anforderungen schon voll entsprechen und wären in diesem Bereich immer von Vorteil. Diese konvektive Wandbeheizung und Trocknung mit ihrem erzeugten phänomenalen Strahlungsflächenausgleich ersetzt nicht nur handelsübliche Heizkörper und Konvektoren sowie teure Anordnungen von Rohrregistern, sondern auch die Wandschalen und in Wandlänge gefertigten Konvektoren.

Mit gravierenden Vereinfachungen der Wandschalenbeheizung hat sich jahrelang Henning Großeschmidt beschäftigt und seine großflächig wirkende Oberflächentemperierung konzipiert. Sie ist genaugenommen eine Weiterentwicklung der sehr effektiven Kleinkonvektoren (Alfred Eisenschink[7]) sowie der Konvektorenbeheizung hinter einer Verkleidung (Karl Assmann). Die Temperierung erfüllt bereits in Europa ein breites Spektrum von Nutzerwünschen hinsichtlich Klimastabilität, Wand- und Raumlufttrocknung, Inaktivierung von Salzen, Raumbeheizung und sogar einer gewünschten regelbaren Feuchte- wie auch Raumstrahlungsbalance. Besonders bemerkenswert sind hierbei Temperieranlagen, welche zu einer thermischen Konservierung von Gebäuden wie Objekten führen, indem sie niedrigere Temperaturen der Raumluft gegenüber wärmeren Oberflächen erzeugen. Die Frage nach Synergieeffekten für höchste Ansprüche an die Konservierung von Kulturgütern macht die Auseinandersetzung mit einer redundanten Anlagenabsicherung ebenso wie Überlegungen zu Systemkombinierungen notwendig. Diese Temperierung mit der Senkung der Raumluftfeuchte und der Schaffung gleichmäßiger Oberflächentemperaturen[8] arbeitet so präzise und hocheffizient, dass sie bereits bei den kundigen Anwendern als universell anwendbar gilt.

Hinweise zur Montage, technischen Auslegung und Funktionsweise der Temperierung

Blanke Kupferrohre, bis zu 1,5 cm unter Putz oder im Fußboden oberflächennah verlegt, sowie auch direkt an der Wand verlaufende, gestrichene Kupferrohre sind im unmittelbaren Bereich der Fußbodenecke in ihrer Eignung zur Wärmeverteilung am wirkungsvollsten. Dies gilt insbesondere für Heizdrähte, die im Fußboden (idealerweise oberflächennah in der Wandflucht verlegt) auch einen quasi doppelten Wandluftschleier erzeugen.[9] Dieser setzt sich übrigens aus einem bis ca. 0,5 m verlaufenden Wärme- und bis zur Decke in Raumlufttemperaturniveau weiter »geschobenen« Luftschleier zusammen. »Geschoben« deswegen, weil er schwerer als der Erstgenannte ist. Dies begründet sich zum einen dadurch, dass, wie bei der Wolkenbildung in der Natur, wasserstoffreiches

Mischgas mit gleicher Temperatur leichter ist als die trockneren, schwereren Umgebungsgase. Zum anderen, dass durch die Luftabkühlung auf Raumtemperatur sich die thermischen Auftriebskräfte stark mindern. Da sich offensichtlich beide Schleier weiter entlang der Strömung ohne Ablösung stets an der Wand quasi zwangsgeführt nach oben bewegen (und umgekehrt bei der Kühlung durch das kalte Deckenrohr »wandverbunden« nach unten), gilt noch heute – ohne wissenschaftlich erbrachte Erklärung – der Coanda Effekt als Phänomen.[10] Derartig großflächig konvektiv und bestrahlt getrocknete Oberflächen schützen nicht nur Wandmalereien, sondern vornehmlich auch Gemälde in Bildergalerien. Ideal für die Montage von Bilderrahmen ist ein Abstand zur Wand von ca. 2 cm, der die Wandkonvektion des trockenen Luftschleiers nicht unterbricht.

Wichtig ist die korrekte Regelung der Heizungsanlage. Sie erfolgt im elektrischen Heizbetrieb durch die Stromzufuhr und bei der Warmwasserheizung grundsätzlich über einen Rücklauftemperaturbegrenzer, wie er in der Fußbodenbeheizung (warmwassergefühlt) seinen Einsatz findet.[11] Zentrale Regelungsstationen, die einen erheblichen Mehraufwand erfordern, sind fallbezogen nur beim elektrischen Heizbetrieb konzeptionell mit zu berücksichtigen.

Um Klimakomfort nicht nur für Objekte, sondern auch für Besucher zu gewährleisten, möchte ich zu einer »Klimawandschale« raten. Sie ist eine Funktionskombination von Kühldeckenrohr und Sockelheizrohr in der Wandschale, die in ihrem Zwischenraum zur Wand stets eine Wellplatte hatte. Bauphysikalisch zu beachten ist, dass konstruktiv der kalte Luftstrom vom Mauerwerk so entkoppelt wird, dass es zu keinen Kondensatbildungen kommen kann. Dieser Systemverbund wurde vom Autor nicht als Patent angemeldet und steht jedem kostenlos auch zur gewerblichen Nutzung zur Verfügung.[12]

Hinweise für das Erstellen von Nutzerkonzepten

Nutzerkonzepte sollten mit allen am Projekt Beteiligten möglichst interdisziplinär erstellt werden. Im eigenen Ermessen mit Fachbetrieben oder Planungsbüros oder gar Herstellern kann ein relativ stabiles »Dauerklima« mit der Temperierung als Grundsystem und je nach gegebener Fachkompetenz und finanziellen Mitteln mit weiteren ausgewählten redundanten Technikkomponenten angestrebt werden. Insbesondere für die kontrollierte Alterung sollten Wärme-, Feuchteeinspeichereffekte und Luftdruckoptimierungen große Beachtung finden.[13] Die folgenden Hinweise sollen zum Nachdenken über die bestmögliche Lösung anregen.

Voll- und Teilklimatisierung

Zur bis heute allgemeinhin anerkannt-üblichen und durch den Fachhandel vertretenen Klimaerzeugung durch entsprechende Geräte bedarf es eines großen anlagentechnischen Umfangs mit funktionsausgerichteten Komponenten. Sie sorgen reihengeschaltet für eine teure Luftbehandlung, in aller Regel überwiegend ohne Speicher- und Ausgleichseffekte. Durch eine schlechte Wärmeverteilung entstehen wechselnde Feuchten und Temperaturschwankungen; ein schimmelfreies Raumklima kann keineswegs gewährleistet werden. Der bei einer Klimaanlage nicht zu definierende Lufttransport überlässt Raumluftwalzen oder chaotisch, kreuz und quer durch den Raum verlaufende Luftströmungen völlig dem Zufallsprinzip. In der Folge werden vielgestaltige wärme- und feuchtetechnische Unter- bzw. Überversorgungen gebildet.

Temperierung und Raumluftstabilisierung

Anders verhalten sich das Raumklima und das Strömungsverhalten der Luft in Räumen, die mit einer Temperierung beheizt werden. Bereits mittels der durch Temperierung erreichten geringen Luftdruckerhöhung (ab 5 bis 20 Pa) entsteht ein entsprechend stabiler und konservatorisch wünschenswerter »luftstiller Raumzustand«.[14] Dabei ist nur der Wärme-Luftschleier-Kreislauf bis max. 2 cm vor der Wand aktiv. Er beansprucht ca. 1/50 bis 1/1000 und weniger vom statischen Raumluftvolumen. Sämtliche Prozesse der Erwärmung und Entfeuchtung sind hochwirksam, komplex und besitzen auf chemische und biologische Abläufe sehr große Einflüsse.[15] Das breite Spektrum von vorteilhaften Eigenschaften dieser hocheffizienten Oberflächenaktivierungen für den Strahlungsflächenausgleich (300 000 000 m/s) und für sämtliche Feuchteausgleichsprozesse hängt systemvorgegeben von den großen einbezogenen Flächenanteilen ab.[16] Einspeicherungsvorgänge und deren Wechselwirkungen senken durch die Oberflächenerwärmung die Feuchten (Raumluft / Materialien) und belassen die Temperaturdifferenzen der temperierten Oberflächen im 1/10 Kelvin-Bereich.[17]

Kombination von Temperierungsanlagen und anderen technischen Komponenten

Bei anlagentechnischen Kombinationen mit dem Grundsystem der Temperierung und einer minimalen Anlagentechnik der Voll- oder Teilklimatisierung kann extrem viel Energie auch im vollen Anlagenbetrieb eingespart werden, wenn alle Systeme miteinander und nicht gegeneinander arbeiten. Als Beispiel kann hier die Klimaanlagentechnik genannt werden, die seit Dezember 2010 als Prototyp im Polizeipräsidium München eingebaut wurde und nun über 35 000 Stunden redundant im Dauerbetrieb ist.[18]

Ein energetisch sparsames Gesamtkonzept entsteht, wenn das Grundsystem der Temperierung mit antik und modern bewährten Verfahren kombiniert wird. Wichtig für intelligente Konzeptionen sind zudem neben den inneren Beeinflussungen des Gebäudes auch die äußeren Beeinflussungen auf das Gebäude für das Innenklima, die es deutlich zu minimieren gilt. Insbesondere muss im Überdruckbetreiberfall der sogenannte Gebäudeschlupf berücksichtigt werden. Hier ist besonders auf die Fugendurchlässigkeit der Türen und Fenster zu achten, wie auch auf die Öffnungs- und Schließvorgänge. Aber auch ein Silikatanstrich oder Wasserglas-Abdichtungen von Mauerwerk und von Fundamenten können für Energieeinspareffekte sorgen.

Energiesparen mit der Temperierung

Weniger nasses Mauerwerk bedeutet, dass bei der Wandaustrocknung über die Temperierung auch eine geringere Wassermenge verdunsten muss. Daher können Heizkosten für den Trocknungsvorgang mit leistungsstarken Anlagen – phasenweise bis zu 40 % an Mehrenergieaufwand – auch einige KWh einsparen. Die gemessenen Größenordnungen für weitere Energieeinsparungen reichen fallbezogen von ca. 2 bis 20 %. Diese Einsparung gilt jedoch erst ab dem Zeitpunkt, ab dem das Mauerwerk so getrocknet ist, dass sein U-Wert[19] sich erheblich verbessert. Wird die Temperierung abgeschaltet, wird das Gebäude je nach Mauerwerksstruktur, Putz, Anstrich, Wasserglasbehandlung und Salzgehalt wieder feucht. Daher wird ein ständiger bedarfsgerechter Betrieb stets gegen Wechsellasten und Schadensentstehungen von Betreibern der Temperierung bevorzugt. Die energetische Bilanz spielt bei dieser Entscheidung eine große Rolle, die oft bei Dauerbetrieb günstiger ausfällt als bei einem Anlagenbetrieb mit nächtlichen oder jahreszeitlichen Unterbrechungen.[20]

Anmerkungen

1 Dieser Beitrag wurde aus dem eigenen Arbeitsumfeld des Autors erstellt und unterliegt keiner wissensorientierten Recherche in der Fachliteratur. Das in über drei Jahrzehnten erworbene Fachwissen von privaten Fort- und Weiterbildungen, insbesondere von regelmäßigen Messe- und Ausstellungsbesuchen sowie Fachtagungen, Kongressen, Vorträgen und vielen Einzelgesprächen bildet die Wissensgrundlage. Desweiteren stammen viele Erkenntnisse aus der Arbeitsgruppentätigkeit, von Exkursionen und aus Klimatisierungsprojekten des beruflichen Umfeldes, insbesondere Bauvorhaben.

2 Für das Berechnen und Simulieren eines optimalen Innenraumklimas sind manche dieser Ansätze aus meiner Sicht schlichtweg praxisuntauglich. Derartige Ansätze bilden übrigens zwangsläufig Voraussetzungen von scheinbar immer fortwährenden technischen Verbesserungen, ohne dass eine Ursachenbeseitigung erfolgt.

3 Beachtet werden muss beim Themenkomplex Lüftung und der damit in Zusammenhang stehenden Filterthematik, dass Schädlingsbefall verhindert sowie der Eintrag von Schimmelsporen oder Schadstoffen in das Depot vermieden wird. Daher muss das Augenmerk beim oft verharmlosten »Luftzug« oder dem sogenannten »Durchzug« auch auf die Problematik der Schadgaseinträge bzw. von verunreinigter Luft generell gelegt werden.

4 Umgangssprachlich ist meist von Verdunstungskälte oder Verdunstungskühlung die Rede.

5 Zu nennen sind beispielsweise die aufsteigende Feuchte mit Kapillarwirkung im Sockelbereich des Mauerwerks, die Kondensationsfeuchte im Innenraum sowie die Salzwanderungen im feuchten Mauerwerk.

6 Prof. Sandor Schreck von der ehemaligen Technischen Hochschule – heute Universität – (Müszaki Föiskola Pollack Mihaly) in Ungarn und dem leitenden Restaurator der Landesstelle, Henning Großeschmidt, gebührt gleichermaßen hoher Respekt für ihre Erkenntnisse über hocheffektive Temperierungsmethoden. Hierzu wurden in Pécs und in München verblüffende wissenschaftliche, z. T. empirisch ermittelte Entdeckungen gemacht bzw. Entwicklungen über die Wand-/Raumerwärmungsprozesse, wohl voneinander unabhängig, ins Leben gerufen.

7 Dipl.-Ing. Alfred Eisenschink, Bauleiter, Planer, Heizungsunternehmer (Jahrgang 1932). Er entdeckte den Nutzen der Strahlheiztechnik und war dann Miteigentümer einer Firma, die Sockelleistenheizungen vertreibt. Verfasste zahlreiche Publikationen zu diesem Thema.

8 Die Abweichungen liegen im Rahmen von nur wenigen Zehntel Kelvin.

9 Der umhüllende Masseschluss der Heizrohre ist für einen einwandfreien Heizbetrieb ohne Leistungseinbußen ausschlaggebend.

10 Dies gilt übrigens auch für mechanische Strömungsbilder und Formeln nach Bernoulli oder Venturi. Letzlich funktionieren sämtliche physikalischen wie auch chemischen und biologischen Abläufe jeweils einzeln und miteinander komplex unabhängig unserer wissenschaftlichen Erkenntnisse.

11 Neu auf dem Fachmarkt ist eine Unibox RTL-PLUS, die eine Voreinstellung zur Temperaturbegrenzung »nach oben« mit zweitem Thermostat (luftgefühlt) besitzt.

12 Als weitere Neuerung möchte ich eine weitere Systemkombination vorschlagen: Überschüssige nächtliche Elektroenergie kann über attraktive Rahmenbedingungen sogar bauliche Energieeinspeicherungskonzepte interessant machen. Dies könnte ohne weiteres lösungskombiniert über das Heizrohr mit dem Heizdraht bewerkstelligt werden, nämlich systemanalog oder in Verbindung mit einer Split-Wärmepumpe zum regenerativen Heizen und Kühlen, bewerkstelligt durch eine sogenannte Energieverschiebung – über Fußboden- und/oder Temperierungsflächen mit Wärmequelle – Außenluft und Wärmeabzug – Raumluft.

13 Bei Konzeptionen mit der freien Nachtkühlung empfehlen sich die antike Abseiten-/Neben- oder Dachraumabkühlung, die eine großflächige sanfte Entwärmungsart bewirkt.

14 Besonders effektiv ist die Kombination mit der Überdrucklüftung (15 bis 20 Pa) nach dem Bauerprinzip, die inversionslageartig die Luft stabilisiert. »Luftstiller Raumzustand« beschreibt die Tatsache, dass es durch die Hüllflächentemperierung zu keinen Raumluftumwälzungen von Staub kommt. Im Gegensatz dazu wird bei einer Konventionsheizung mittels Radiator oder bei einer Fußbodenheizung Staub herumgewirbelt.

15 Genannt seien Salzwanderung, absprengende Malschichten, Veränderung des Bindemittels und Pigmentveränderungen.

16 Die Temperierung kann auch bei Notfällen eingesetzt werden. So können beispielsweise zum Austrocknen von Räumen, die von Hochwasser geflutet waren, Kupferrohre von der Rolle oder neu entwickelte Spezialschläuche im ausgeräumten Raum in der Fußbodenecke von großem Nutzen sein. Dies gilt allerdings nicht nur für die allgemeine Vorsorge von Gebäuden und Sonderbauten, die derartigen katastrophalen Ereignissen immer wieder ausgesetzt sind, sondern hauptsächlich auch für die Schadensminderung nach dem unerwarteten plötzlich eingetretenen Fall.

17 Beim Einsatz einer Klimaanlage oder einer konventionellen Heizung mit Heizkörpern beträgt die Temperaturdifferenz ein Vielfaches bis (hundertfach) zu

ca. 10 K, vor allem bei Raumluftschichtungen in hohen Räumen.

18 Im März 2014 erhielt der Entwickler dieser Energiespartechnik bei der letzten IT- Kühlanlagenpreisverleihung zusätzlich zum Hauptpreis noch einen Publikumspreis.

19 Ehemals K-Wert. Bezeichnet den Wärmedurchgangswert: Durch die feuchte Wand geht viel Wärme verloren, eine trockene Wand dämmt. Entsprechend benötigt man keine zusätzlichen Dämmplatten.

20 Verwiesen sei an dieser Stelle auf folgende Neuerungen der Fima Huber & Ranner mit zwei Patenten vom Entwickler Jürgen Loose, die ein bis zu 95 %iges Energieeinsparpotential im Jahresdurchschnitt bergen. Gemeint sind Komponenten von Klimageräten, die durch die doppelte freie Kühlung sowie Teilstrombildung funktionieren. Diese Technik verringert durch die Verminderung von Widerständen und verschiedenartiger Luftmischverfahren den Energieverbrauch. Durch parallele Luftweganordnungen wird die übliche widerstandsreiche anlagentechnische Reihenschaltung aufgehoben. Ein breites Anwendungsfeld liegt hier insbesondere bei der Lüftungstechnik, die hinzu mit EC- Motoren bis zu 70 % Energieeinsparungen erzielen kann. Dies allerdings mit der Thermikausnutzung, in dem warme Luft nicht entgegen ihres Auftriebes nach unten und die Kaltluft nicht nach oben zwangsgeführt wird. Einen sehr wesentlichen Beitrag für ein Bestergebnis wird im ausreichend großen freien Gehäuse und mit sogenannten Langsam- bzw. Freiläuferventilatoren oder im Teillastbetrieb mit zwei Ventilatoren erreicht.

Temperieranlagen: Betrieb, Überwachung und Klimamonitoring durch den Nutzer

Henning Großeschmidt, Michael Kotterer

Im Laufe der 1980er Jahre entwickelte die Landesstelle auf der Basis ihrer Erfahrungen in Low-Budget-Projekten ein alternatives Konzept zur Sanierung und Klimatisierung von Museen.

Die Komponenten des Konzepts sind:
- Optimierung der Dämpfungsfähigkeit der Gebäudehülle (nicht zu verwechseln mit »Dämmfähigkeit«)
- Heizen und Feuchtesanieren durch Temperierung der Gebäudehülle (nicht zu verwechseln mit »Bauteilaktivierung«)
- Minimierte Lüftung (in Depots bei Temperierung kein Bedarf an Lüftungstechnik zur Klimatisierung)
- Äußere Beschattung der Glasflächen (in Depots Verzicht auf Tageslicht sinnvoll)
- Geringe elektrische Anschlussleistung der Beleuchtung
- Kurzzeitstabile, jedoch saisonal gleitende Klimawerte.

Das Zusammenspiel dieser Komponenten bewirkt nicht nur eine beispielhafte Qualität des Raumklimas, sondern erlaubt zugleich eine einfache Anlagen- und Regeltechnik, die im Museumsalltag von Hausmeister und Restaurator überwacht und bedient werden kann. Die Erfahrungen sind gleichermaßen gültig für Depots und Archive, für Neubauten ebenso wie für die Adaption von Altbauten.

Von Anfang an zeigte sich in den Projekten, dass in den Sektoren Klimatisierung, Sanierung und Heizung die Funktionen zahlreicher DIN-Verfahren wie Trockenlegung, Schadsalzinaktivierung, Senkung überhöhter relativer Luftfeuchte, Klimastabilisierung und Raumbeheizung allein durch den kontinuierlichen Betrieb von Sockelheizrohren erreicht werden. Demnach sind die den Verfahren zugrunde liegenden Normen physikalisch nicht ausreichend begründet, sodass sie nicht verbindlich sein können. Nachdem dies schon 1987 im »Meersburger Urteil« des Bundesverwaltungsgerichts klargestellt worden war, stellte 2007 der Bundesgerichtshof erneut fest, dass DIN-Normen (bzw. DIN-EN-Normen) »private Vereinbarungen mit Empfehlungscharakter« sind, also angewendet werden können, aber nicht müssen.[1] Gerade in der öffentlichen Bauverwaltung besteht jedoch bis heute das Missverständnis der rechtlichen Verbindlichkeit der Normen.

Das Kunstforum Ostdeutsche Galerie Regensburg (KOG) war das erste größere Museum, das nach dieser Methode saniert wurde (1989–1993). Dass aber das Low-Tech-Konzept nach wie vor aktuell ist, nicht zuletzt im Depot- und Archivsektor, zeigen große, jüngst fertiggestellte bzw. in Planung befindliche Projekte. Dennoch empfehlen Architekten, Bauphysiker und Haustechnikplaner für die Gebäudehülle sowie die Heiz- und Klimatechnik weiterhin und zunehmend High-Tech-Lösungen. Dies wird begründet mit der angeblich konservatorisch notwendigen Fixierung auf ganzjährig konstante Klimawerte, einem Ziel, das nur mit kostenintensiven Klimaanlagen erreichbar ist. Deren Maschinen müssen Luft ständig neu konditionieren und in einem Kanalsystem in Räume mit unterschiedlicher Geometrie und Exposition befördern. Da ferner die Anlagenfunktionen ständig die Dichte der Luft ändern (aufgeheizte Luft steigt, gekühlte Luft fällt, befeuchtete Luft steigt, entfeuchtete Luft fällt), sind eine sinnvolle Luftführung und eine verbindliche Erfassung von Messwerten mittels der üblichen Luftfühler schwierig (s. unten »Raumfühler«). Die Probleme entstehen also schon aus der Vorgehensweise selbst, das Raumklima durch Luftbehandlung gestalten zu wollen, unabhängig davon, ob es sich um einen Einzelraum mit einem Raumgerät oder ein Gebäude mit zentraler Anlage handelt. Da meist eine Raumtemperatur von 20 oder 22 °C gefordert wird, wird die Lüftung in Neubauten immer häufiger ergänzt durch die aufwändige »Bauteilaktivierung« oder »Betonkerntemperierung« (Kühl- und Heizfunktion in den Raumdecken), deren Regelung wiederum durch die Massenträgheit erschwert ist.

Im KOG dagegen, das seit über 20 Jahren saisonal gleitende Klimawerte verfolgt, zeigte die Erfahrung mit der einfachen Anlagentechnik (Temperierung der Gebäudehülle in Verbindung mit einer – im Depot meist abgeschalteten – Lüftungsanlage mit geringer Leistung), dass Klimaingenieure oft kein Grundverständnis für die Gestaltung alltagstauglicher Klimabedingungen in Museen haben: Klimastabilisierung unter Einbeziehung der Gebäudehülle ist noch nicht Gegenstand der Ausbildung. Während also bei üblicher Planung nicht nur die Investitions- und Betriebskosten unangemessen hoch sind und Einregulierung, Bedienung, Überwachung und Wartung nur mit ständiger Hilfe von Klimatechnikern bewerkstelligt werden können, ist das KOG, abgesehen von der Jahreswartung des Wärmeerzeugers und der Lüftungsanlage, unabhängig von externen Fachkräften. Es profitiert seit der Sanierung auch von vergleichsweise geringeren Betriebs- und Wartungskosten.

Einfache Anlagentechnik

Abb. 1 und 2 illustrieren Beispiele für die einfache Anlagentechnik von Temperieranlagen in Depots bzw. Archiven:

Abb. 1 zeigt eine Temperierung im Untergeschoss (Depot des Alpinen Museums des Deutschen Alpenvereins, München). Wegen der Wärmeisolierung durch das Erdreich genügen zur Raumtemperierung zwei Rohre an den Außenwänden und ein Rohr beidseitig der Trennwände. Zugleich werden die Trockenlegung und die Luftentfeuchtung im Sommer erreicht. Bei Beheizung der Wandsockel sind weder eine Wärmedämmung noch eine Feuchtesperre am Boden erforderlich. Bei der Wiedereinrichtung des Museums 1993 wurde ein Archiv an den historischen Keller angebaut. Die Böden des Altbaus und die neue Bodenplatte erhielten keine Isolierung. Hier wurden die Rohre nicht eingeschlitzt, sondern auf Putz verlegt, im Altbau eingebettet in einen rechtwinkligen Mörtelsockel. Rechts in Abb. 1 sieht man die Schablone, die an Wänden mit Winkeln und Vorsprüngen zur Herstellung des Mörtel-

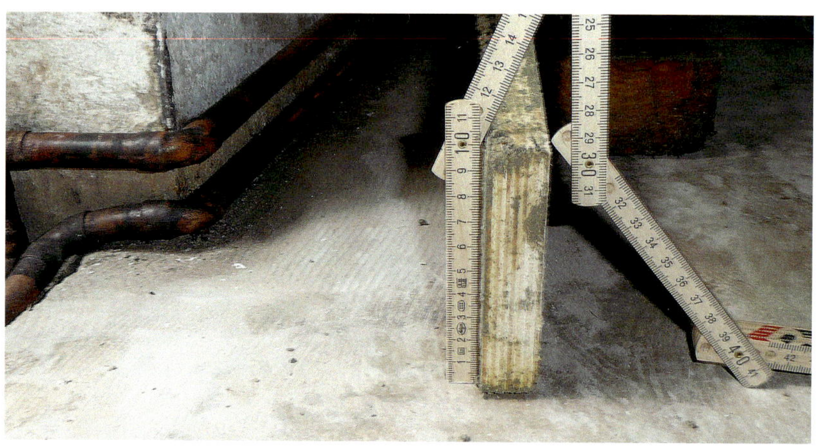

Abb. 1: München, Alpines Museum des Deutschen Alpenvereins. Depot im Untergeschoss des Altbaus. Temperierung auf Putz vor dem Anmörteln, rechts Schablone zur Herstellung des Mörtelsockels. Böden unisoliert.

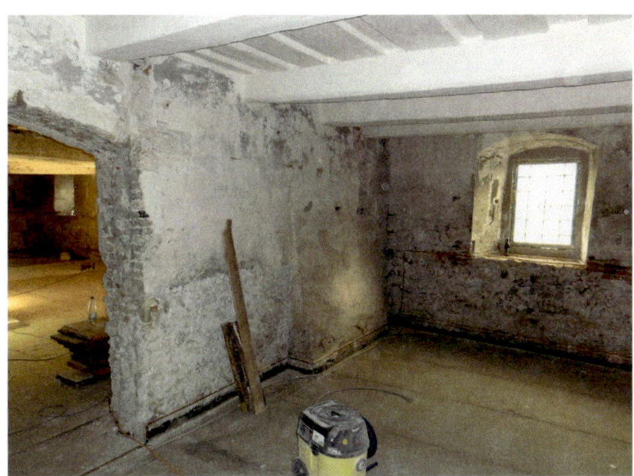

Abb. 2: Bad Reichenhall, Städtisches Heimatmuseum, Depot im Erdgeschoss. Temperierung als Unterputz-Lösung: Rohre vor dem Putzauftrag. Die Einzelleitung an den Sockeln dient der Trockenlegung, die beiden Rohre an der Außenwand leisten die Temperierung in der Heizperiode. Die Isolierung des nicht unterkellerten Bodens ist bei Temperierung nicht erforderlich.

sockels erforderlich ist. An geraden Wandsockeln werden Trockenputz-U-Schienen im erforderlichen Wandabstand (Rohrstärke + 15 mm), durch Steine abgestützt, aufgestellt und der Mörtel eingefüllt. Im Archiv wurden die beiden Rohre ohne Mörtelsockel in Wandkontakt verlegt und angestrichen (Dispersions-Wandfarbe), da blanke Rohre zu wenig Wärmestrahlung abgeben. Die Aufgaben der bei der Errichtung des Archivs installierten Lüftungsanlage (Luftentfeuchtung, Raumtemperierung) werden von den Sockelheizrohren erfüllt.[2]

Abb. 2 zeigt eine Temperieranlage in einem nicht unterkellerten Erdgeschoss (Depot des Städtischen Heimatmuseums, Bad Reichenhall), deren Rohre in den Neuputz mit 1 cm Überdeckung des Rohrscheitels integriert wurden. An der Trennwand und am Außenwandsockel ist die Einzelleitung zur Trockenlegung sichtbar, die ganzjährig in Betrieb ist. Für die Raumtemperierung in der Heizperiode genügen dank des starken Mauerwerks zwei weitere Rohre, die im Sommer nicht mitlaufen. Der Rücklauf wurde in Höhe der Fensterbank verlegt, da die Außenwände frostberührt sind. Zur Vermeidung von Kondensation an den Metallfensterrahmen wurde die Leitung auf den Fensterbänken zweimal geschleift (drei Rohre im Mörtelbett). Die hier sichtbare (nach DIN erforderliche) Feuchtesperre konnte nicht verhindert werden, obwohl vor Bauausführung ein Besuch der nicht isolierten Bunkeranlagen auf dem Obersalzberg (bis zu 20 °C bei zwei auf dem Beton verlegten angestrichenen Sockelheizrohren) stattfand, der die Entbehrlichkeit aufzeigen sollte.

Eine Aufputzlösung wurde auch 2010 im Depot für Handwerk und Industriekultur in Schweinfurt realisiert. Der Bau wurde mit Sandwichelementen über Betonsockeln auf einer unisolierten Bodenplatte errichtet. Bei knapp 5 m Raumhöhe wurden vier Rohre am Wandsockel montiert, leider nicht in Wandkontakt und in zwei Schleifen, sondern auf 1 cm Abstand und über die Sockelhöhe (90 cm) als Register verteilt. Die Wärmeabstrahlung wurde durch Anstrich mit Klarlack optimiert.

Auch für Dachgeschosse in Trockenausbau konnte eine einfache Lösung gefunden werden. Im Depot im Dachgeschoss der Schlossmühle von Schloss Aschach in Bad Bocklet verläuft am Beginn der Dachschrägen und an der Giebelwand eine U-Schiene, in die zwei Heizrohre eingelegt und anschließend eingemörtelt wurden. Die verzinkte senkrechte Wange wurde zur Verbesserung der Abstrahlung wieder angestrichen, was bei der Mörteloberfläche nicht erforderlich ist.

Erfahrungen mit Temperierung

Das KOG verfügt in Erd- und Obergeschoss über ca. 2 400 m² Ausstellungsfläche und über ca. 500 m² Depotfläche im Untergeschoss. Wegen der Besucherzahl ist eine Teilklimaanlage zur Frischluftversorgung mit geringer Leistung (max. einfacher Luftwechsel) mit Komponenten zur Befeuchtung und Nacherwärmung installiert, aber ohne Kühlung und Entfeuchtung. Depoträume mit Temperierung und abgedichteter, dämpfungsfähiger Gebäudehülle benötigen nur in Ausnahmefällen (zur Abfuhr von Schadstoffen) einen geringen Luftwechsel, da sich dort nicht regelmäßig Personen aufhalten. Unter diesen baulichen Bedingungen ist Lüftungstechnik auch zur Klimatisierung nicht erforderlich, wenn die Temperatur der Hüllflächen im Jahresverlauf zwischen 15 und 22 °C gleitet, da sich dann das konservatorisch günstige saisonale Gleiten der relativen Luftfeuchte (zwischen 40 und 60 %) ohne Luftbe- und -entfeuchtung einstellen kann (für oberirdische Räume s. u. »Neue Klimawerte«). Der Depotbereich im KOG ist dennoch aus zwei Gründen in die zentrale Lüftung einbezogen. In der Heizperiode sinkt in Folge von Fremdwärme in der Umgebung die Raumtemperatur nicht unter 22 °C ab, sodass der Befeuchterteil die dank des Strahlungsklimas nur geringfügig erforderliche Befeuchtung übernehmen kann. Im Sommer dagegen ist die Lüftung meist abgeschaltet, da die Obergrenze der relativen Luftfeuchte thermisch gesichert ist. Der Einsatz erfolgt daher nur noch fallweise zur Schadstoffabfuhr. Im Folgenden sollen aus über 20-jähriger Erfahrung mit einfacher Anlagentechnik Nutzern von Depotgebäuden mit Temperieranlagen Hinweise gegeben werden, wie sie mit ihren Anlagen selbst dafür sorgen können, gute klimatische Bedingen zu gestalten und zu überwachen.

Raumfühler

Die Regelung konventioneller Heiz- oder Klimatechnik, die über im Gebäude geführte Luftströme wirkt, wird schon durch die verschiedenen physikalischen Effekte erschwert, die auf die Raumfühler einwirken. Die Fühler in den Einzelräumen sollen das Resultat der Luftkonditionierung abbilden. Eine korrekte Anzeige ist aber nur unter gleichen Strömungsbedingungen in Fühlernähe möglich. Es liegt daher nahe, die Fühler jeweils dorthin zu setzen, wo die Abluft den einzelnen Raum verlässt. Dann können aber die Raumbereiche nicht unterschieden werden (Außenwand, Raummitte, Trennwand), was aber nötig ist wegen der Abhängigkeit der örtlichen Höhe der relativen Feuchte (rF) von der dort herrschenden Temperatur. Werden daher mehrere Fühler in den Einzelräumen verteilt, sind einheitliche Messbedingungen eher unwahrscheinlich, da im Bereich der Einzelfühler unterschiedliche Anströmgeschwindigkeiten oder Turbulenzen herrschen können. Im Vergleich zum Strahlungsklima, das bei Temperieranlagen herrscht, besteht ein weiteres generelles Problem bei auf die Luft einwirkender Klimatechnik darin, dass die Anlagenfunktionen Dichteunterschiede der Luft hervorrufen. Es ist daher schwierig, eine repräsentative Fühlerposition im Raum zu finden. Aufwändigere Anlagen erhalten mehrere Fühler pro Raum (z. B. drei Sensoren), die aus den genannten Gründen jeweils andere Messergebnisse liefern. Der Rechner verwendet den Durchschnitt als Regelwert oder lässt den am stärksten abweichenden Wert unberücksichtigt und zieht den Mittelwert der verbleibenden Sensoren zur Regelung heran. Die Regelungsschwankungen werden sich immer im Bereich von ± 3 % bewegen, dem Toleranzbereich der Fühler (Regelzacken). Hinzu kommen die messtechnisch gegebenen Grenzen der Fühler und die Kalibrierungsproblematik speziell der Feuchtefühler. Dank des alternativen Klimakonzepts blieben dem KOG diese prinzipiellen technischen wie örtlichen Einschränkungen und eine daraus folgende aufwändige Anlagensteuerung mit einem Netz von Raumsensoren erspart.

Kenntnis der Temperieranlage notwendig für die Überwachung durch den Nutzer

Um die Vorteile der einfachen Anlagentechnik zur optimalen Wirkung zu bringen, muss der Nutzer wissen, wo Temperierschleifen liegen und wie diese an die Wärmeversorgung angeschlossen sind. Dazu werden entsprechende Informationen aus den Haustechnik-Plänen als farbige Linien in Grundrisse übertragen, sodass sie als Schnellübersichten für die tägliche Arbeit zur Verfügung stehen. Dadurch können im Probe- und späteren Routinebetrieb Wandtemperaturen sinnvoll eingeregelt und kontrolliert werden, um in Depots und Ausstellungsräumen, ggf. im Zusammenspiel mit Lüftung und Befeuchtung, die konservatorisch angestrebten Raumklimawerte zu erreichen. Die Position von Luftbefeuchtern sowie Zu- und Abluftöffnungen der Lüftung werden daher ggf. ebenso eingetragen.

Wegen der positiven Wirkung der Temperierung auf die Gebäudehülle (Senkung der Wärmeverluste dank der über mindestens 2 Jahre fortschreitenden Wandtrocknung) können die Einstellungen für den späteren Routinebetrieb nicht bei der Ersteinstellung vom Projektanten erwartet werden. Da die Anlagentechnik aber einfach ist, kann dies der Nutzer selbst in den ersten Probejahren bewerkstelligen.

Infrarotthermometer

Erst mit dem Infrarotthermometer erkennt man den wesentlichen konservatorischen Mangel der »Luft«-Heizung, der in der ungleichförmigen, lokal zu geringen Wandoberflächentemperatur besteht. Misst man die Temperatur an der Oberfläche des Gehäuses eines Raumfühlers (angebracht meist an einer Innenwand oder über einem Türdurchgang), so erhält man eine von diesem Fühler an seinem Ort gemessene Temperatur, die allgemein als »Raumtemperatur« bezeichnet wird. Der Vergleich mit den Oberflächentemperaturen einer Außenwand oder eines dort hängenden Bildes zeigt, dass diese Temperaturen in der Regel geringer sind, sodass wegen der überall gleichen Absolutfeuchte die relative Luftfeuchte dort höher ist. Im temperierten strahlungsdominierten Raum dagegen zeigt sich bei demselben Messvergleich der wesentliche konservatorische Vorteil, wenn statt der Raumluft die Wärmeverlustflächen beheizt werden. Die geringe Wärmeabstrahlung der nicht abkühlenden Außenwände geht ohne Heizwirkung durch die Raumluft (Gas) hindurch. Langfristig stellt sich durch allseitigen Strahlungsaustausch der Wände und Gegenstände (Festkörper) eine homogene »Raum«-Temperatur ein, an die sich die Lufttemperatur anpasst. Da in einem Raum mit abgedichteten Öffnungen überall die gleiche absolute Feuchte herrscht, ist bei homogener Raumtemperatur die relative Luftfeuchte ebenfalls überall gleich. Im Gegensatz zur Situation im luftbeheizten Raum ist daher bei Strahlungsklima die Klimamessung an einem Ort im Raum aussagefähig für den übrigen Raum, wie auch für das Klima in Vitrinen oder Schränken an den temperierten Außenwänden.

In der Heizperiode können die üblichen Messgeräte also nur bei »Wand«-Heizung (Strahlungsklima) ausreichend genau sein. Im konventionell beheizten Raum (»Luft«-Heizung, Wände kälter als die Luft) müsste der Lufttemperatursensor mit einer spiegelnden Hohlkugel umgeben sein, die nur Luft an den Fühler lässt, den Strahlungsaustausch mit den kälteren Wänden aber verhindert, um die deutlich über der Außenwandtemperatur liegende Lufttemperatur zeigen zu können.

Der Feuchtehaushalt im Jahreslauf

Die um einen Mittelwert langsam gleitende relative Luftfeuchte ist ohne (oder mit nur geringer) künstliche Luftbefeuchtung und ohne Luftentfeuchtung nur zu halten, wenn die Raumtemperatur ebenfalls gleitet. Dies liegt daran, dass im Jahresverlauf mit der Außentemperatur die mittlere absolute Feuchte der Außenluft zwischen Extremen gleitet. Das Mollier-h, x-Diagramm (Abb. 3) zeigt den Zusammenhang.

So sind im Winter wegen der fehlenden Belaubung der Vegetation, der geringen Temperaturen von Erdreich, Gewässern und der Temperatur der Außenluft (y-Achse) nur wenige Gramm Wasserdampf im Kubikmeter Luft enthalten, die Absolutfeuchte (x-Achse) ist gering. 50 % rF (Kurven) bei 0 °C Lufttemperatur entsprechen nur 1,8 Gramm absoluter Feuchte (Projektion des Schnittpunkts von Lufttemperatur und relativer Luftfeuchte auf der x-Achse). Im Sommer dagegen ist ein hohes Wasserdampfangebot vorhanden, da die Temperaturen von Luft, Gelände und Gewässer höher sind und die Belaubung voll ausgeprägt ist. 50 % rF entsprechen bei 25 °C Lufttemperatur daher 10 Gramm Wasserdampf pro Kubikmeter. (Abb. 4)

Die sommerliche Feuchteproblematik von Räumen mit erdberührten Bauteilen (nichtunterkellerte Erdgeschosse, Untergeschosse, Keller, Geschosse in Hanglage) kann durch Temperierung leicht vermieden werden. Dies ergibt sich aus dem Vergleich der Stockwerke. (Abb. 5)

Die oberirdischen Räume werden zwischen Frühling und Herbst ohne Heizung allmählich wärmer, da ihre massiven Außenbauteile während der Tagesphase aus der täglich zunehmenden diffusen und direkten Sonnenstrahlung Wärme aufnehmen und diese speichern. Dies ist bemerkenswert, da ihre äußeren Oberflächen während der

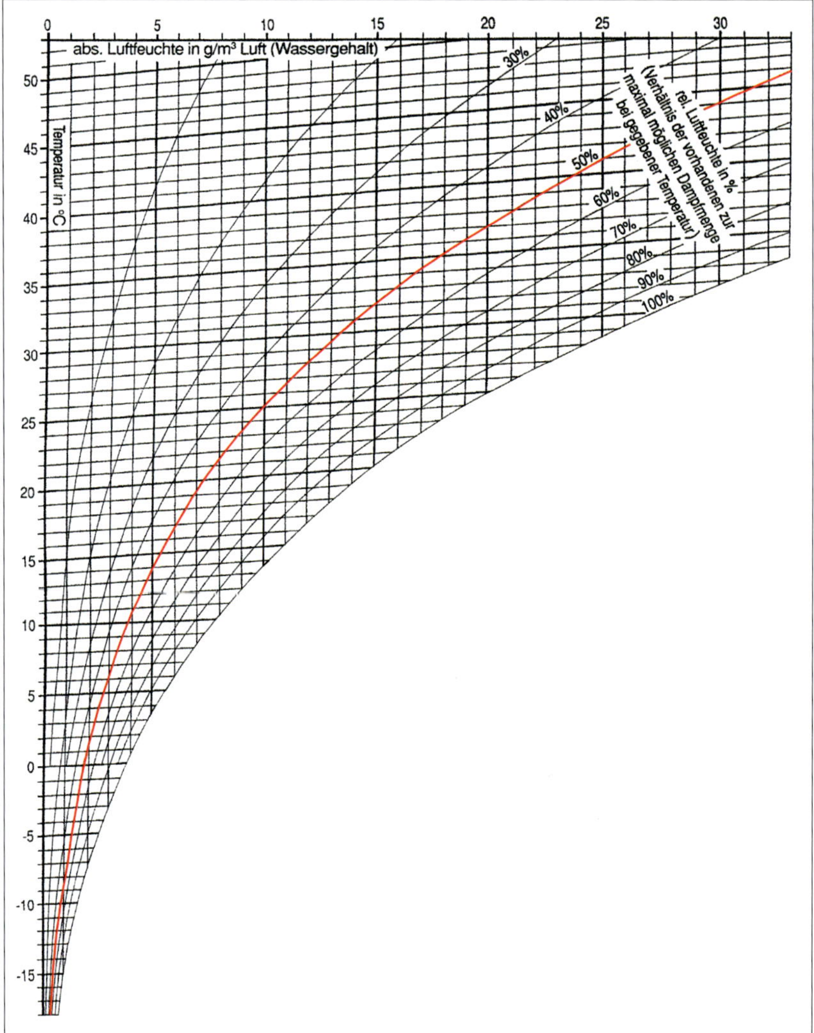

Abb. 3: Mollier-h, x-Diagramm. In der auf drei Größen reduzierten Form wird die Abhängigkeit der lokalen relativen Luftfeuchte vom tatsächlichen Feuchtegehalt der Raumluft und der örtlichen Temperatur (Wand, Gegenstand) leicht verständlich.

ganzen Nacht bei klarem Himmel der Stratosphärentemperatur von –60 °C ausgesetzt sind. Dagegen kühlen sich Gegenstände mit geringer Masse unter diesen Bedingungen in kurzer Zeit nach Beginn der Dämmerung unter die Außenlufttemperatur ab, sodass sich Wasserdampf abscheidet. Der Putz auf der Außendämmung ist daher während klarer Nächte nass und verdreckt und veralgt nach wenigen Jahren. Im Gegensatz dazu werden die erdberührten Außenbauteile von der Strahlung nicht erreicht. Der wegen des saisonalen Anstiegs der Absolutfeuchte erforderliche Temperaturanstieg an den Raumhüllflächen ist nicht möglich, sodass die Räume und die im Raum befindlichen Gegenstände im Sommer nur mit künstlicher Wärmezufuhr wärmer werden können.

Die Bedeutung des Problems zeigt das folgende Beispiel: Bei einem scheinbar trockenen Außenklima mit 32 °C und 37 % rF (10,7 g/m³ Absolutfeuchte!) beträgt die relative Luftfeuchte in einem Raum mit 19,5 °C bereits 75 % oder bei 18 °C sogar 82 %. Die Grenze zur – nicht sichtbaren – Kapillarkondensation in Putz- und Mauerwerkskapillaren wird damit überschritten und es kommt, unabhängig von der Feuchte aus der Erdberührung, zu Einlagerung von Wasser aus der Raumluft in die

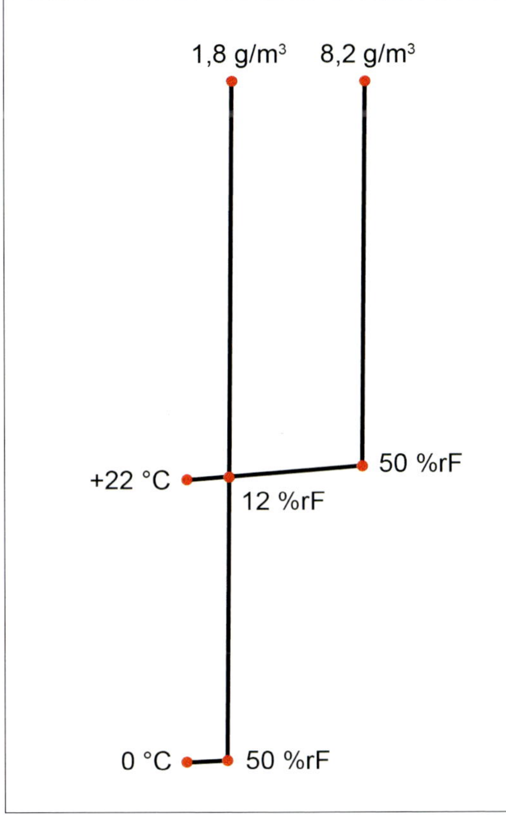

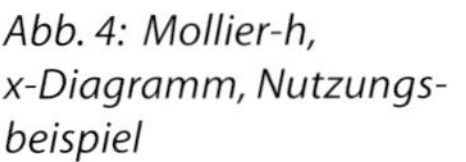
Abb. 4: Mollier-h, x-Diagramm, Nutzungsbeispiel

Wand. Entsprechend hoch ist die Materialfeuchte des ebenfalls zu kalten Lagerguts. In nicht temperierten Kellern herrschen im Sommer meist noch tiefere Temperaturen. Bei 16 °C und 10,7 g absoluter Feuchte läge die relative Feuchte sogar bei 95 %, weshalb in Kellern ohne Temperierung im Sommer oft Schimmel und modriger Geruch auftreten.

Trockenlegung, Luftentfeuchtung

Anhand dieser Zahlenbeispiele wird es verständlich, dass die Temperierung der Wandoberflächen und (auf dem Wege des Strahlungsaustauschs) der Raumausstattung der vom Aufwand her einfachste und für Gebäude und Inventar gleichermaßen vorteilhafte Weg zur Luftentfeuchtung ist. Denn in einem ganzen Kellergeschoss können durch wenige Heizleitungen (je zwei an den Außenwänden, beidseitig je eins an den Trennwänden; Abb. 2) Kondensation und Schimmelbildung ausgeschaltet werden. Da durch das Wärmegefälle in den Außenbauteilen, aber auch das durch Erdberührung bedingte Feuchte- und Schadsalzproblem gelöst wird (s. u.), werden die Räume universell nutzbar.

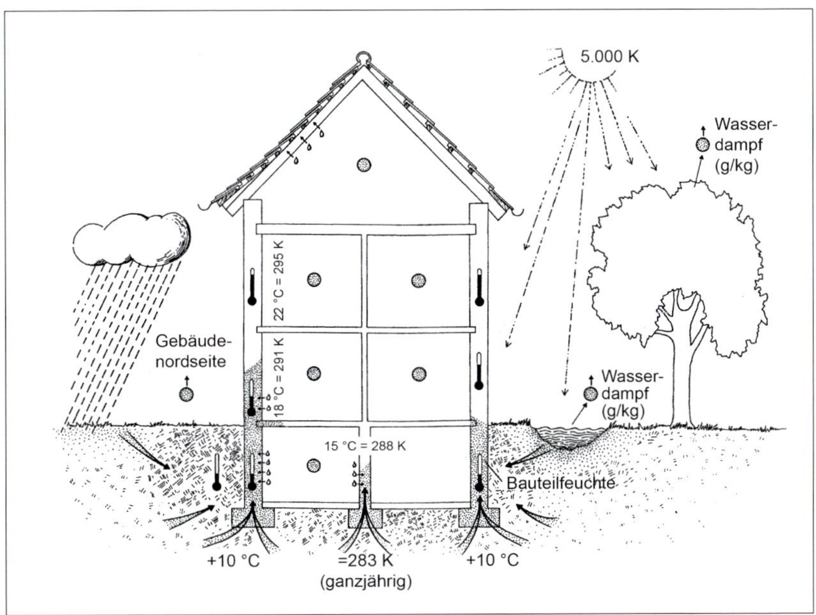

Abb. 5: Sommerliche Feuchte im unbeheizten Haus

Die üblichen Luftentfeuchter wirken direkt durch Entfernen von Wasserdampf aus der Raumluft, und zwar durch Luftkühlung (Taupunktunterschreitung). Dieses Entfeuchten ist deutlich energieaufwändiger als Heizen. Für jeden Raum ist ein Gerät erforderlich. Ein neueres Verfahren ist die »Klimalüftung« (Lüftung nur, wenn die äußere absolute Feuchte geringer als die Innere ist). Dieser elektronisch kontrollierte Luftwechsel setzt neben zwei Lüftern und mehreren Fühlern die Anschaffung eines Computers voraus. Aus Kostengründen ist die Behandlung eines ganzen Geschosses mit dieser Methode kaum sinnvoll. Mit beiden Verfahren sind für die Personennutzung geeignete Raumtemperaturen nicht erreichbar. Die Heizkörperheizung wiederum bewirkt die Luftentfeuchtung durch Erhöhung des Luftwechsels als Folge der Luftbeheizung. Alle drei Methoden aber verstärken durch die Entfernung von Wasserdampf aus der Raumluft das Erdfeuchte- und Schadsalzproblem, da hierdurch die Verdunstung aus dem Kapillarsystem des Mauerwerks in den Raum angeregt wird. Im Gegensatz dazu sperrt die Temperierung die Bauteile gegen den Wasserstoffbrückeneffekt, den wesentlichen Mechanismus der Feuchtebewegung in Kapillaren, und lässt trotz Anstiegs der Absolutfeuchte durch die Temperierung der Bauteiloberflächen und dem daraus resultierenden Anstieg der Raum- und Materialtemperatur eine zu hohe relative Feuchte nicht zu.

Da die Wärmeschwingung der Moleküle bzw. Atome eines Materials kinetische Energie darstellt, wird nicht nur die über den Wasserstoffbrückeneffekt stattfindende aufsteigende Feuchte ausgeschaltet, sondern es werden in der gesamten Gebäudehülle aus den raumnahen Bauteilschichten Wassermoleküle nach außen verdrängt. Dieser Stofftransport lässt sich mit den üblichen Simulationsprogrammen nicht darstellen, da sie auf Dampfdiffusion im Kapillarsystem basieren. Daher lässt sich damit auch nicht zeigen, dass durch die Feuchteverdrängung der U-Wert verbessert wird, der Wärmebedarf der Gebäude also sinkt und das Ziel der Wärmedämmung durch direkte Beheizung der Gebäudehülle erreichbar ist.[3]

Regelung in erdberührten Räumen

Wegen der thermischen Pufferwirkung des umgebenden Erdreichs sind Kellerräume mit Temperierung einfach einzuregeln. Im KOG fand die Regelung der Temperierrohre zunächst über die DDC (Digital Data Control)-Anlage, und zwar über Heizungsregelung statt. Seit 1997 geschieht dies, wie ursprünglich empfohlen, über die Erfassung der Rohrabkühlung am jeweiligen Schleifenende mit

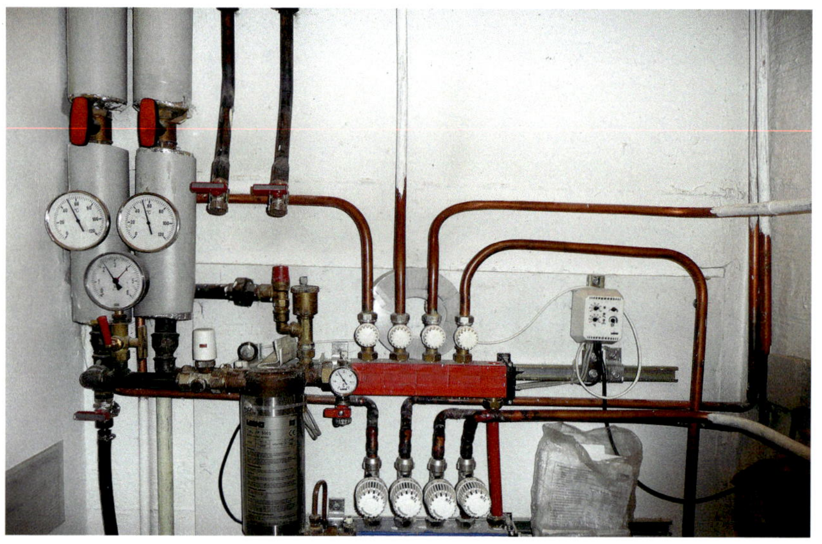

Abb. 6: Archiv für alte Dokumente der Technischen Universität München (Keller-Anbau unter Freiplatz). Regelung der vier Kreise über Rücklauftemperaturbegrenzer (RTL) unten am blauen Balken. Links daneben die elektrische Heizpatrone (2 kW), die im Sommer bei abgeschalteter Hausheizung den geringen Wärmebedarf der durch Temperierung feuchtegeschützten Raumhülle deckt.

sog. Rücklauftemperaturbegrenzern (RTL), einfachen thermomechanisch wirkenden, kostengünstigen, wartungsfreien Thermostaten. Bei Neuinstallation werden solche Regler am Verteiler am Rücklaufende des Einzelkreises eingebaut. (Abb. 6)

Das Gebäude als »offenes System«. Was passiert beim Heizen?

Schließt man Luft in einem hermetisch geschlossenen Metallbehälter ein, so steigt bei Temperaturerhöhung der Luftdruck durch die Ausdehnung der Luft, da keine Luft entweichen kann. Würde man die winterlich kalte Luft aus dem obigen Beispiel in einem solchen Metallbehälter auf 22 °C aufheizen, so würden gemäß dem Mollier-h, x-Diagramm 1,8 g Wasserdampf nur 12 % relative Luftfeuchtigkeit ergeben. Gebäude sind aber »offene Systeme«; Luft entweicht bereits in relevantem Maß durch Bauteilfugen (z. B. bei Dachstuhlverkleidungen) und Fugen nicht dicht schließender Fenster und Außentüren. Bei deren Öffnung werden dann plötzlich größere Mengen Raumluft gegen analoge Außenluftmengen getauscht. Grundsätzlich fließt über die Gebäudehülle in der Heizperiode daher ohne Verbesserungsmaßnahmen durch den natürlichen Luftwechsel Warmluft mit ihrer Wärme und dem darin enthaltenen Wasserdampf ab – bei konventioneller Raumbeheizung durch Luftaufheizung in erheblichem Maß.[4]

Die durch Raumnutzung (z. B. in Wohnräumen) oder Luftbefeuchtung (im Museum) der aufgewärmten Luft zugeführte Luftfeuchte kondensiert bei üblicher Beheizung an kühlen Bauteiloberflächen und in Fugen und verursacht Schimmel und Gebäudeschäden. Zur Vermeidung dieser Gefahren bietet sich daher für alle Gebäude die Wandtemperierung als sinnvoll an. Für Museen und Depots aber ergeben sich darüberhinaus Empfehlungen für »neue Klimawerte« (s. u.), die die Gefahr von Gebäudeschäden weiter reduzieren.

Strömungsdarstellung

Ein einfaches Hilfsmittel zum Aufspüren von Undichtigkeiten ist das Strömungsprüfröhrchen (Abb. 7), mit dem Richtung und Intensität selbst

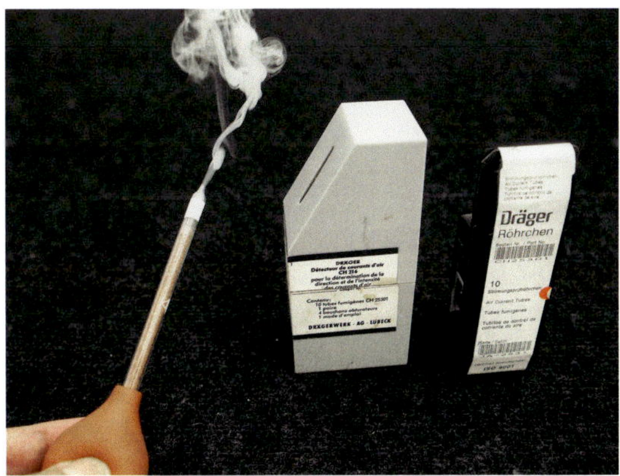

Abb. 7: Das Strömungsprüfröhrchen macht auch feine Luftströmungen sichtbar.

von geringen Luftströmungen sichtbar gemacht werden kann, z. B. wenn an einer Fensterfuge Luft nach außen entweicht, Türen undicht sind oder undichte Baufugen aufgespürt werden müssen. Im KOG konnte in den Depots trotz der dank Temperierung stabilen Temperatur die Stabilität der relativen Feuchte erst erreicht werden, als die Türen zu »nicht klimatisierten« Gängen abgedichtet wurden. Denn nur in möglichst abgeschlossenen Luftvolumina kann eine Klimastabilisierung mit geringem Aufwand erreicht werden. Statt eines aufwändigen »Blower-Door-Tests« lässt sich für ca. 80 € für ein Prüfröhrchenset direkt am Einzelbauteil die Dichtigkeit überprüfen und etwaiger Handlungsbedarf aufzeigen.

Pufferwirkung des Gebäudes

Einen wesentlichen Beitrag zur passiven Konservierung gewinnt man auch durch Optimierung der Pufferwirkung der Gebäudehülle. Als Depot- und Archivgebäude eignen sich daher Bauten in Massivbauweise, die entweder weitgehend ohne Fenster gebaut oder deren Fenster im Lagerbereich zugesetzt werden. Für den musealen Ausstellungsbereich typisch ist die Geschichte des KOG. Es war 1970 als Tageslichtmuseum konzipiert worden, nachdem die ehemalige Kunsthalle von 1904 um das Galeriegebäude erweitert worden war. 1989 empfahl die Landesstelle, auf Tageslicht weitgehend zu verzichten und den Anteil der Massivbauteile an der Gebäudehülle zu erhöhen. Die Kühllast wurde durch Begrenzung der Anschlussleistung der Beleuchtung (auf max. 12,5 W/m^2) weiter reduziert, um die Aufheizung von Innenbauteilen durch die Wärmestrahlung und Abwärme des Kunstlichts möglichst gering zu halten bzw. die Pufferwirkung der inneren Bauteile nicht zu schmälern. Eine weitere entscheidende Reduzierung der restlichen Kühllast wurde aus finanziellen Gründen erst 1997 durch den außenliegenden Sonnenschutz an Fenstern und Glaselementen erreicht. Derzeit werden Überlegungen angestellt, die Glasflächen weiter rückzubauen und wegen der Besucher die minimierte Lüftung mit einer Kühlkomponente geringer Leistung zu ergänzen, um die Temperatur der bei maximal einfachem Luftwechsel geringen Frischluftmenge auf Innenraumwerte absenken zu können. Dies dient nicht der Gebäudekühlung durch Luft, sondern lediglich dem Komfort der Besucher. In Depots kann ein Überschreiten von 24 °C meist durch die Bauweise vermieden bzw. bei geringem Luftwechsel ohne Klimastörung mit Nachlüftung erreicht werden.

Neue Klimawerte

Viele Autoren empfehlen bereits seit Längerem (die Landesstelle seit 1983), die winterlichen Zielwerte für Temperatur und Feuchte in Museen und Depots nach unten zu verschieben. Diese »neuen« Standardklimawerte[5] bedeuten deutlich geringere Mengen Wasserdampf pro Kubikmeter Raumluft (geringere Absolutfeuchte). Wird darüberhinaus die Raumbeheizung durch Temperierung der Gebäudehülle anstelle von Luftaufheizung bewirkt, so wird nicht nur das »Problem der kalten Wand« (Maria Ranacher) ausgeschaltet, sondern durch die Wandtrocknung und den Schutz der Bauteile vor Feuchte-Neuaufnahme auch der Wärmebedarf des Gebäudes gesenkt. Lässt man in temperierten Depots mit abgedichteten Fugen im Winter ein Abgleiten der Temperatur bis 15 °C zu, so kann i. d. R. eine relative Feuchte von mindestens 40 % ohne Befeuchtung gehalten werden. Wird im Sommer ein gleitender Temperaturanstieg bis 24 °C zugelassen, können 60 % relative Feuchte ohne Luftentfeuchtung unterschritten werden. Durch optimierte Dämpfungsfähigkeit der Gebäudehülle ist es – wie die Erfahrung zeigt – möglich, im Hochsommer einen Anstieg über 24 °C ohne Kühlung zu vermeiden bzw. auf kurze Zeitspannen zu begrenzen. Generell ist festzustellen, dass kurzzeitstabile, saisonal gleitende Klimaveränderungen konservatorisch unbedenklich sind, da sich die Materialien darauf einstellen können.

Klima-Monitoring

Das Beispiel der Ausstellungsbereiche des KOG zeigt das Vorgehen bei vorhandener DDC-Anlage. Die Anzeigewerte aller Lüftungszonen und Heizkreise werden dort wöchentlich in einem Erfassungsbogen eingetragen und mit von Hand erhobenen Messwerten und Beobachtungen korreliert. (Abb. 8)

Dies sind zum einen die Temperaturen der Außenwandinnenseiten, die auf mittlerer Höhe an festgelegten Messpunkten bei einem Rundgang im Haus mit einem Strahlungsthermometer festgestellt werden, zum anderen die Raumlufttemperatur- und -feuchtewerte eines Handmessgerätes. Die anschließende Beurteilung dieser Erfassungsbögen und der Wochenkurven von Thermohygrographen geschieht mit Hilfe des Mollier-h, x-Diagramms. Die von der Landesstelle vereinfachte Version (Abb. 3), die sich auf die in der Museumspraxis benötigten drei Größen beschränkt (Wandtemperatur, absolute Wasserdampfmenge pro m^2 und – als Resultante aus diesen Größen – die relative Luftfeuchte), wurde als hilfreich bei der Ableitung möglicher Änderungen der Steuerung erkannt.

Die Einregelung der Temperierrohre in den Depots fand im KOG zunächst auch durch die DDC-Anlage über die Heizungsregelung statt. Seit 1997 geschieht dies wie ursprünglich empfohlen über die Erfassung der Rohrabkühlung am jeweiligen Schleifenende (Rücklauftemperaturfühler) mit einfachen, thermomechanisch wirkenden, kostengünstigen, wartungsfreien Rücklauftemperaturbegrenzern. (Abb. 6)

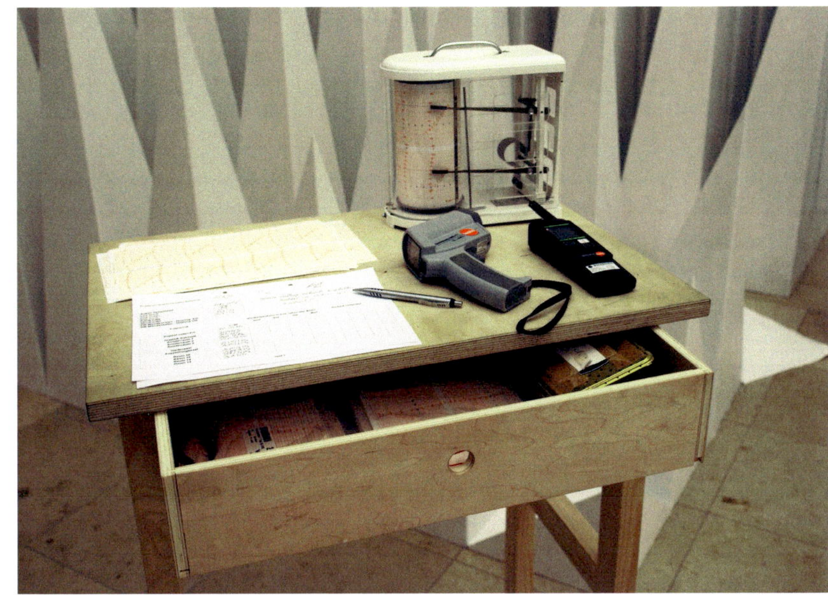

Abb. 8: Die zur Handmessung und Dokumentation der Klimawerte im KOG verwendeten Geräte: Thermohygrograph, Thermohygrometer (schwarz), Infrarot-Thermometer zur Messung der Wandoberflächentemperaturen.

Im KOG wird die mit dem Infrarotthermometer erhobene Wandtemperatur mit der Anzeige des Handmessgeräts für Lufttemperatur und relative Luftfeuchte verglichen. Daraus lässt sich (ggf. auch unter Einbeziehung der Temperaturanzeige der Lüftungsanlage) schließen, ob tatsächlich die Wärme im Raum von der Wand kommt oder etwa die Lüftungsanlage als »Heizung« aktiv ist – gewünscht ist freilich, dass die Raumtemperatur von der Wand dominiert wird. Die Temperatur des von der Lüftungsanlage durchgeführten Luftstroms soll nur auf diese »Raumtemperatur« angehoben sein bzw. kann im Winter wegen des Strahlungsklimas auch um einige Grad darunter liegen.

Im Sommer wird ferner darauf geachtet, nicht benötigte Wärmeleitungen im Haus abzudrehen, um unnötige sommerliche Wärmebelastung zu vermeiden; lediglich im Keller läuft die Temperierung ganzjährig.

Toleranzbereiche der Messtechnik

Hausmeister und Restaurator sind keine Mess- und Regeltechniker, müssen aber trotzdem die Messverfahren bezüglich Toleranzen einschätzen können, um Messfehler zu vermeiden. Dem soll die folgende Kurzübersicht dienen.

Feuchtemesstechnik

Übliche Temperaturfühler mit Platinelektroden sind sicher und präzise. Eine sehr anspruchsvolle Messaufgabe ist jedoch die Bestimmung der relativen Luftfeuchte. Handmessgeräte arbeiten meist mit kapazitiven Polymer-Sensoren, Klima- bzw. Lüftungsanlagen meist mit Lithium-Chlorid-Sensoren oder auch kapazitiven Polymer-Sensoren. In beiden Fällen müssen die Feuchtesensoren mindestens einmal jährlich kalibriert werden (bei Handmessgräten z. B. empfiehlt sich das Einschicken zur Kalibrierung an den Hersteller), um einen Messwert mit einer Abweichung von ca. ± 3 % vom tatsächlichen Absolutwert anzeigen zu können (es gibt auch engere Angaben für teurere Sensoren; für die meisten Fälle ist der angegebene Toleranzbereich jedoch realistisch, teurere Sensoren werden kaum im Lüftungsbereich verbaut).

Beide Sensorarten erreichen nicht die Genauigkeit des Assmann-Psychrometers, einem mechanischen Gerät, das die Temperaturdifferenz von Thermometern mit bzw. ohne befeuchteten Fühlbereich misst, an denen ein definierter Luftstrom vorbeistreicht. In einer Psychrometertafel kann damit die relative Luftfeuchte bestimmt werden (± 1 % Abweichung).

Elektronische Thermohygrographen

Elektronische Thermohygrographen (Datenlogger) mit kapazitiven Feuchtesensoren unterliegen denselben, mindestens jährlichen Wartungs- und Eichungsbedingungen wie die Handmessgeräte, um zuverlässige Messwerte zu liefern. Man muss die Daten mithilfe von Computerprogrammen als Kurven darstellen und ausdrucken.

Mechanische Thermohygrographen

Mechanische Thermohygrographen sind etwas wartungsaufwändiger. Feuchtemesselemente aus Haar müssen nach Herstellerangabe alle drei Wochen regeneriert werden (nach Nässung mit destilliertem Wasser sollen 95 % relative Feuchte angezeigt werden), Kunststoffmesselemente deutlich weniger häufig. Die Anzeige des Luftfeuchtewerts kann bis ca. 10 % vom tatsächlichen Wert abweichen und muss regelmäßig anhand von Referenzmessungen mit einem kalibrierten Handmessgerät kontrolliert und immer wieder eingestellt bzw. nachjustiert werden. Dafür können aber jederzeit Tendenzen abgelesen werden und die Blätter bilden qualitativ genaue Wochenverläufe als fertige Kurven ab. Die Geräte sind selbst nach Jahrzehnten noch zuverlässig einsatzbereit.

Anpassung der Handmessgeräte an die Raumwerte

Die Feuchtefühler der Handmessgeräte brauchen nach Herstellerangaben oft bis zu einer Stunde, um sich an die Verhältnisse am Messort anzupassen, wenn sie zuvor unter abweichenden Klimabedingungen gelagert oder genutzt waren. Nach einigen Minuten zeigt sich jedoch die Tendenz und man wartet so lange, bis sich die Anzeige nicht mehr wesentlich ändert. Starkes Schwenken verkürzt die Anpassungszeit. Die Temperaturanzeige dieser Geräte zeigt im konventionell beheizten Raum nicht die tatsächlich örtlich herrschende Lufttemperatur an, sondern den am jeweiligen Ort herrschenden Mittelwert aus Lufttemperatur und umgebender Strahlungstemperatur der Raumhüllflächen. In temperierten Räumen, in denen nur minimale Unterschiede zwischen Wand- und Lufttemperatur herrschen, sind sie ausreichend gut nutzbar und man erhält eine schnelle Orientierung im Raum.

Anmerkungen

1 BGH v. 14. Juni 2007, Az. VII ZR 45/06, NJW 2007, 2983, RdNr. 37: »DIN-Normen bzw. EN-Normen sind private Vereinbarungen mit Empfehlungscharakter«.

2 In Kellerräumen mit höherem Temperaturanspruch ergibt sich aus einer geringfügigen Ergänzung der Sockelheizrohre die Gewährleistung von Wohnraumtemperaturen: Im Alpin-Museum wurde in den beiden Räumen des Veranstaltungsbereichs (Sektionenraum und Küche) je ein drittes, im Hausmeisterbüro ein drittes und viertes Rohr abgezweigt, in 90 cm Höhe entlang der Wände geführt und mit je einem Thermostat geregelt.

3 vgl. dazu F. Ritter, Simulation der Fraunhofer Glashütte mit WUFI®Plus mit anschließender Evaluierung (Bachelorarbeit Technische Universität München 2009) 3, 9. Die Aufgabenstellung der Bachelorarbeit war die Evaluation des Simulationsprogramms anhand der Simulation eines nichtunterkellerten Raums mit Temperieranlage. Die Simulation erwies sich jedoch als nicht möglich, da das Programm die Feuchteverdrängung durch Temperieranlagen nicht darstellen kann.

4 Historische Gebäude haben oft eine Undichtigkeit bzw. natürliche Frischluftwechselrate von einem Raumvolumen pro Stunde und mehr. Nach Abdichtung von Fenstern, Türen, Kaminen usw. lässt sich ein niedrigerer Luftwechsel erreichen; eine höhere Dichtigkeit von unter 0,3 Luftwechseln pro Stunde erreichen jedoch nur mit erheblichem Aufwand herzustellende Neubauten. Fensterlose, vom Erdreich umgebene Keller dagegen liegen darunter.

5 Vgl. M. Kotterer, Standardklimawerte für Museen? Ergebnisse eines Projekts, Restauro 2.2004, 106–116.

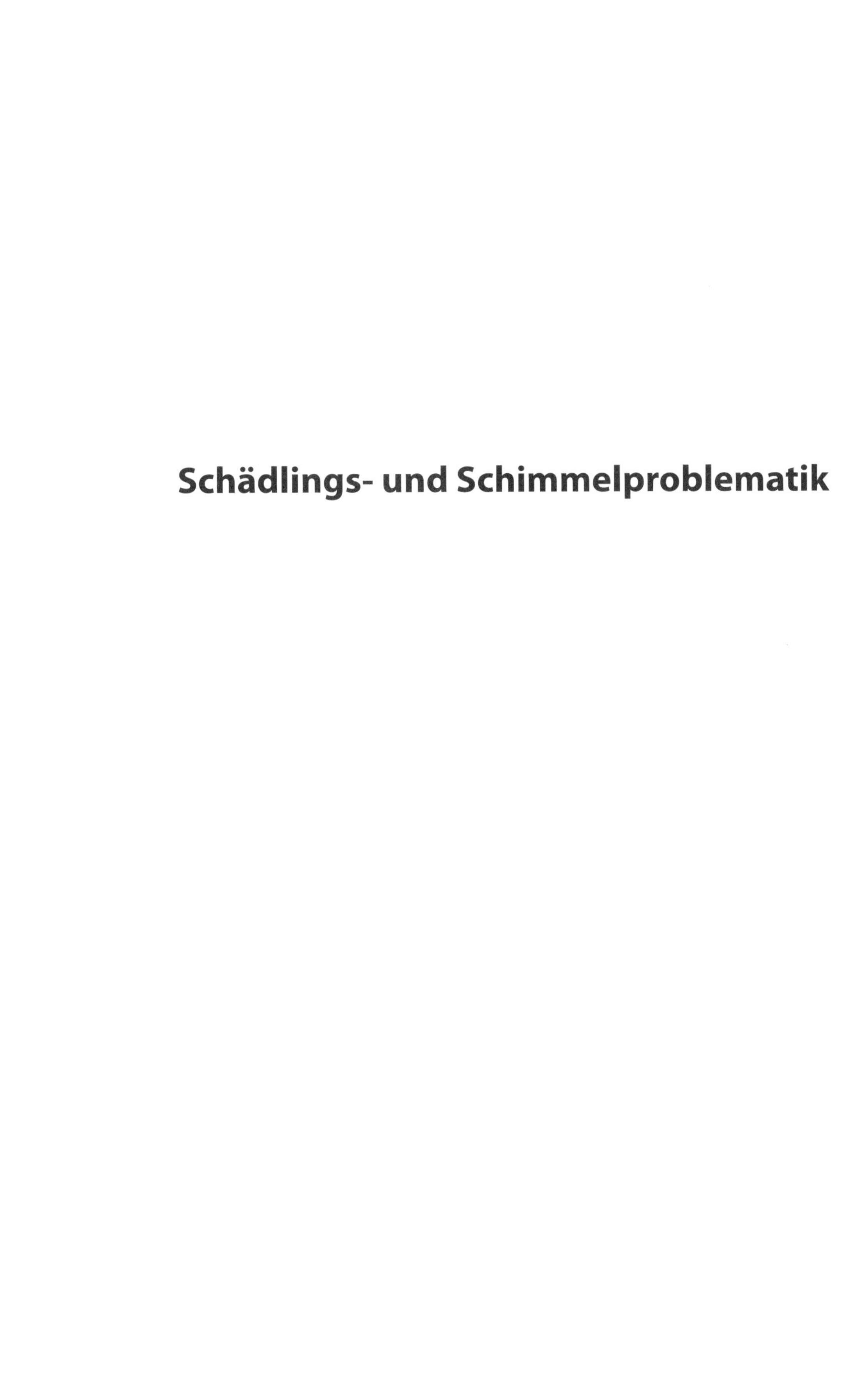

Schädlings- und Schimmelproblematik

Integrated Pest Management (IPM) in Museen

David Pinniger

Allzuoft ist Schädlingsbekämpfung im Museum nur die Reaktion auf die Entdeckung aktiver Insekten und der Schäden, die sie anrichten. Das Ziel dieses Beitrags ist es hingegen, praktische, sichere und kostengünstige Wege aufzuzeigen, wie man dem Schädlingsbefall vorbeugen kann. Im Folgenden soll erklärt werden, was Museen tun müssen, um Sammlungen, Einrichtungsgegenstände und Gebäude vor Schädlingsbefall zu bewahren. Daneben werden einige Möglichkeiten der Kontrolle des Insektenbefalls beschrieben. Im Mittelpunkt soll dabei stehen, wie die Risiken für die Sammlungen reduziert werden können.

Was ist »Integrated Pest Managment«?

»Integrated Pest Management« (IPM) ist ein Fachausdruck, der uspründlich für die Entwicklung moderner Methoden zur Bekämpfung von Schädlingen an Obst und Getreide verwendet wurde, Methoden, die nicht auf dem ständigen Gebrauch von Pestiziden basieren. Die wesentlichen Prinzipien des IPM haben wir erfolgreich für den Gebrauch in den Museen übernommen: das Monitoring, also die permanente Überwachung, die gezielte Bekämpfung nur dann, wenn Bedarf vorhanden ist, und die Veränderung des Umfelds, um Schädlingsbefall zu verhindern.

Warum wird IPM im Museum eingesetzt?

Die Pflege von Sammlungen und historischen Gebäuden betrifft viele verschiedene Arbeitsbereiche, einschließlich der Konservierung und des Managements von Sammlungen und Gebäuden. Die Hauptursachen für die Zustandsverschlechterung der Bestände sind die Umwelteinflüsse Licht und Feuchtigkeit sowie die aktiven Zerstörer Insekten und Schimmel. Da alle diese Faktoren miteinander zusammenhängen, soll IPM die ganzheitliche Annäherung an die Schädlingsproblematik anstelle einer Reaktion auf jeden einzelnen Befall versuchen. Der Grad des fachmännischen Geschicks bei der Sammlungspflege kann sich in der Museumswelt auf den Aufbau eines IPM-Programms, zugeschnitten auf die speziellen Bedürfnisse einer Sammlung oder eines historischen Gebäudes, beziehen. Ein gut geplantes und durchgeführtes IPM-Programm wird verhindern, dass Probleme und Krisen auftreten. Außerdem wird es – in Zeiten eingeschränkter Mittel – die begrenzten personellen und finanziellen Kräfte effektiver nutzen.

Die Entwicklung einer IPM-Strategie

Das IPM sollte sich nach den speziellen Anforderungen des Museums, Gebäudes oder der Sammlung richten. Es sollte soweit möglich auf örtliche Informationen und Erfahrungen zurückgreifen, vor allem auch praktikabel und erschwinglich sein, denn es ist allzu leicht, ein grandioses IPM-

Schema für ein Museum zu entwerfen, das sich anschließend als undurchführbar erweist. Schließlich sollte es eher einen Entwicklungsprozess darstellen als eine Revolution, und zur Teilnahme der verschiedenen Fachdisziplinen ermutigen.

Die wichtigsten Schritte sind:
- die Dringlichkeit der Maßnahmen erkennen und festlegen;
- das verantwortliche Personal bestimmen;
- mit den vordringlichsten Dingen beginnen;
- Verfahren für die zukünftige Planung, Finanzierung und Überprüfung bestimmen.

Um eine IPM-Strategie zu entwickeln, ist es wichtig, über einige der Hauptbestandteile einer erfolgreichen Schädlingsbekämpfung Bescheid zu wissen. Diese sind:
- die Vermeidung von Schädlingsbefall, indem man Schädlinge vom Museum fernhält;
- die Vorbeugung, indem man ihnen keine sicheren Zufluchtsorte im Museum bietet;
- die Kenntnis der wichtigsten Arten von Schädlingen und ihrer Schadensbilder;
- die Einschätzung des Schädlingsvorkommens durch Inspektion und Schädlingsfallen;
- die Lösung des Problems durch die Verbesserung des Umfelds und geeignete Verfahren der Schädlingsbekämpfung;
- das regelmäßige Überprüfen der IPM-Maßnahmen und ihre Änderung, falls es nötig erscheint, die Vorgehensweise zu verbessern.

Schädlingsbefall vermeiden

Die meisten Schäden durch Insekten werden von Käfern und Motten verursacht. Aber auch andere Insekten wie etwa Fliegen, Ameisen und Silberfische können zur Plage werden. Mäuse richten großen Schaden an, wenn sie erst einmal innerhalb eines Gebäudes nisten. Vogelkot, vor allem von Tauben, verschmutzt und schädigt, Vogelnester können viele verschiedene Schadinsekten beherbergen. Um Schädlingsbefall zu vermeiden, ist es wichtig zu wissen, unter welchen Bedingungen die Tiere gedeihen. Bieten wir ihnen keine Nahrung, Wärme, Feuchtigkeit und Zufluchtsorte, werden sie sich nicht einnisten und keinen Schaden anrichten.

Viele moderne Gebäude haben sich als sicher gegen das Eindringen von Schädlingen erwiesen. Bei älteren und historischen Gebäuden ist das Fernhalten von Vögeln und Nagetieren oft weitaus schwieriger. Mögliche Abwehrmethoden sind:

Vögel

- Netze über Vorsprüngen, Nischen und Öffnungen der Fassade, um ihre Funktion als Zugang und Schlafplätze zu unterbinden;
- in Öffnungen an der Dachtraufe geschobene engmaschige Drahtgitter, um das Eindringen von Schädlingen, nicht aber die Luftzirkulation zu verhindern;
- Maßnahmen gegen das Niederlassen von Vögeln: teuer, aber dauerhaft sind spitze Metallstifte und Drähte;
- Abdeckungen auf Schornsteinen, die Nestbau und Eindringen verhindern; diese müssen immer so beschaffen sein, dass die nötige Luftzirkulation nicht behindert wird.

Nagetiere

- Barrieren und Schutzgitter an Türen, Fenstern und Rohren, wenn dies ästhetisch akzeptabel ist;
- in Öffnungen an der Dachtraufe und über Rohre geschobene engmaschige Drahtgitter, um das Eindringen und Einnisten, nicht aber die Luftzirkulation zu verhindern;
- Barrieren, die ein Eindringen aus Abflussrohren verhindern; sie müssen wie alle Abdeckungen gegen Nagetiere eng abschließen und sachgerecht und stabil angebracht werden.

Insekten

- Unauffällige Abdichtungsstreifen an Fenstern und Türen, um das Eindringen von größeren Insekten zu verhindern;
- Insektengitter an Fenstern und Türen, die für gewöhnlich nur akzeptabel sind, wenn das äußere Erscheinungsbild des Gebäudes nicht Vorrang hat.

Abb. 1: Bevorzugte Aufenthalts- und Nistplätze von Schädlingen in historischen Gebäuden

① Wespennest
② Offener Schornstein
③ Gelagerte Möbel, Kisten usw. auf dem Dachboden und im Keller
④ Vogelnest
⑤ Dachrinne
⑥ Hohlräume im Boden
⑦ Hohlräume in Fenstern
⑧ Offener Kamin
⑨ Heizung mit Belüftungskanal
⑩ Heizungsraum
⑪ Feuchtigkeit im Keller

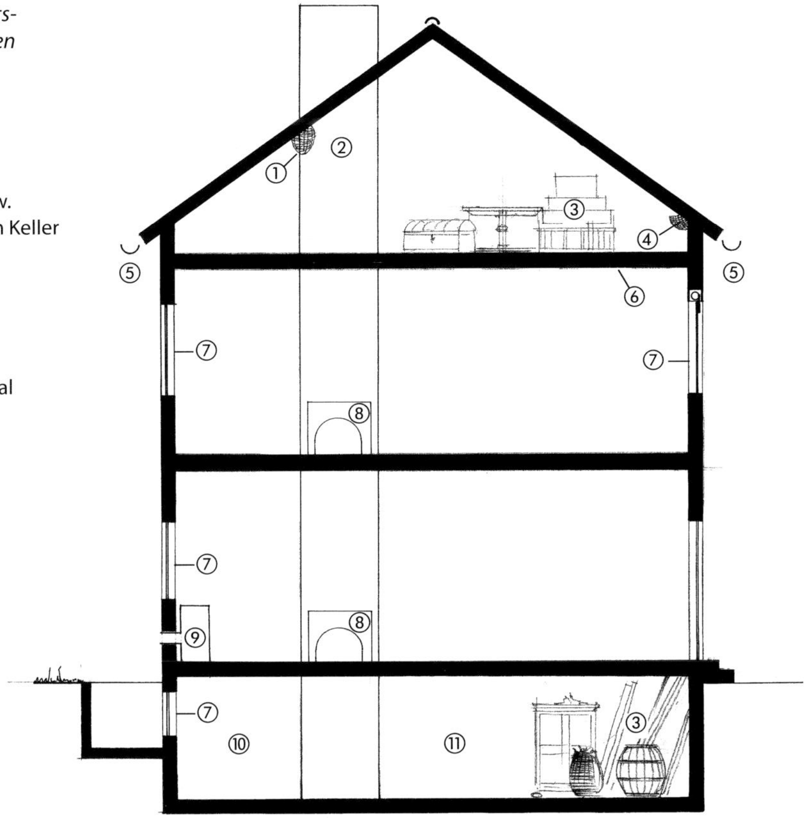

Vorbeugende Maßnahmen gegen Schädlingsbefall

Es ist oft nicht möglich, Schädlinge vollständig aus einem Gebäude fernzuhalten. Daher ist es wichtig, dass sie keine geeignete Umgebung vorfinden, wenn sie eingedrungen sind. Die vier Grundlagen, die Schädlinge zum Leben benötigen, sind Nahrung, Nistplätze, Wärme und Feuchtigkeit.

Nahrung und Unterschlupf

Da Insekten klein sind, finden sie auch leicht Unterschlupf und fallen nicht sofort auf. Aus diesem Grund ist die Sauberkeit vielleicht der wichtigste Punkt für jedes IPM-Programm. Viele Reinigungsmaßnahmen berücksichtigen nur sehr leicht zugängliche Plätze, die dann oberflächlich betrachtet sauber erscheinen. Eine genaue Untersuchung mit einer guten Taschenlampe wird meist Schädlingsbefall ergeben, und zwar in Ansammlungen von organischem Schmutz und Unrat in Ecken, in Wand-Boden-Ecken und hinter Einbauten, welche dem Schädlingsbefall Vorschub leisten. Ungenutzte Räume und Depotbereiche werden oft vernachlässigt. Hier bieten Schmutz und Unrat den idealen Unterschlupf für Insekten. Die häufigsten Herde von Insektenbefall sind:

- stillgelegte Kamine und Feuerstellen;
- alte Vogel-, Wespen- und Bienennester unter dem Dach;
- alte Heizungs- und Belüftungskanäle;
- Hohlräume in Wänden und Böden;

- ungenutzte Räume oder Schränke, besonders unter dem Dach oder im Keller;
- Spalten zwischen Wand und Boden;
- Zwischenräume hinter Depotschränken und -regalen, Vitrinen und Sockeln;
- Filzüberzüge und Abdichtungen;
- altes Ausstellungsmaterial, besonders wenn es mit Textilien bespannt ist;
- ausgemustertes Material, welches nicht weggeworfen worden ist.

Ein IPM-Programm sollte versuchen, diese Probleme zu erkennen und so schnell wie möglich zu beseitigen. Insekten dringen durch kleine Spalten und Risse ein. Schaukästen und Depotmobiliar können eine Barriere für den Befall bilden, wenn sie gut ausgeführt wurden und sich in einem guten Zustand befinden. Beispielsweise kann die Anschaffung insektendichter Schubfächer für Insektensammlungen zukünftig ernste Probleme verhindern. Auch Schränke, Schaukästen und Schubladen, die zunächst einwandfrei erscheinen, sollten untersucht werden, da durch versteckte Risse Insekten eindringen könnten.

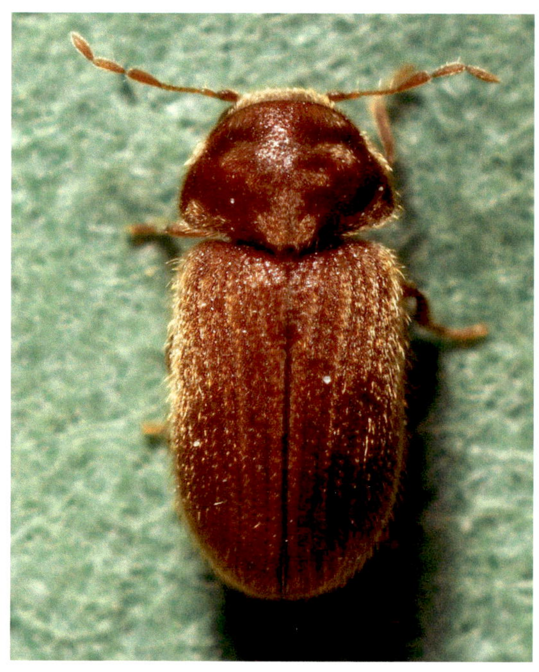

Abb. 2: Brotkäfer (Stegobium paniceum)

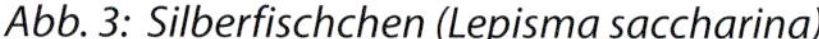

Abb. 3: Silberfischchen (Lepisma saccharina)

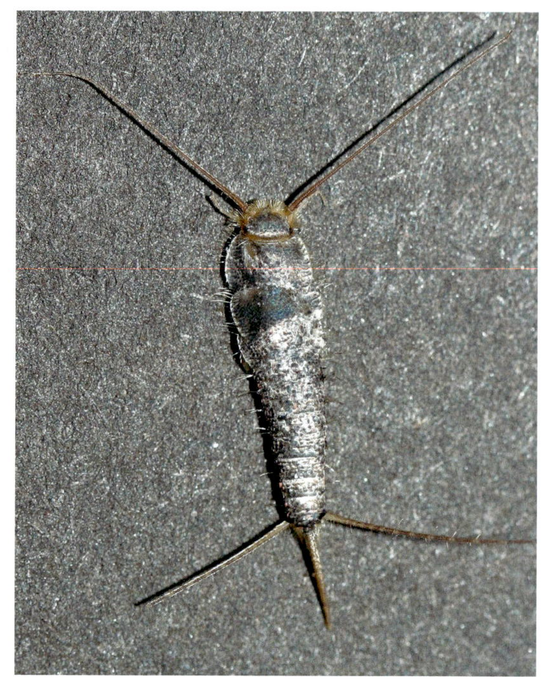

Temperatur

Temperaturen von 20 °C und mehr fördern die Vermehrung von Insekten, weswegen niedrigere Temperaturen erforderlich sind. In öffentlich zugänglichen Bereichen mag es nicht machbar sein, die Temperaturen unter diesen Wert abzusenken. In den Depots sollten die Temperaturen aber so niedrig wie möglich gehalten werden. Direkte Sonneneinstrahlung führt zu begrenzten Wärmezonen auch in kühleren Bereichen, und Temperaturunterschiede können an den jeweiligen Stellen Kondensat hervorrufen.

Feuchtigkeit

Viele Insekten, etwa Brotkäfer (Abb. 2), können bei niedriger Feuchtigkeit überleben; einige Arten gedeihen nur dann, wenn es feuchter ist. Holzwürmer haben sich in den letzten Jahren nicht mehr ausgebreitet, da mit dem gestiegenen Einsatz von Zentralheizungen der Feuchtigkeitsgrad der Räume gesunken ist. Diese Schädlinge beenden ihren Lebenszyklus nur, wenn sich das Holz in einer Umgebung mit über 60 % Raumluftfeuchte befindet. Normalerweise findet sich befallenes Holz nur in Kellern oder Dachböden oder an Objekten, die in Außendepots gelagert werden.

Silberfischchen (Abb. 3) vermehren sich nur dann rapide und verursachen Schäden, wenn die Räume über 70 % relative Raumluftfeuchte aufweisen. Auch Bücherläuse benötigen eine höhere relative Feuchte, als sie üblicherweise in Bibliotheken gegeben ist. Sie halten sich oft in feuchten Bereichen wie Kellerräumen oder in eng umrissenen feuchten Zonen auf. Die relative Feuchte sollte gemessen und aufgezeichnet, ihre Ursachen wie Kondensation, schlechte Isolierung, undichte Dachrinnen oder Wasserleitungen müssen untersucht und behoben werden.

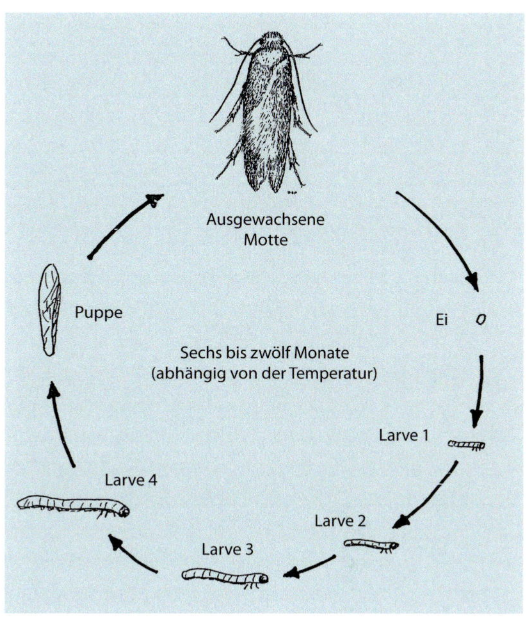

Abb. 4: Diagramm eines Zyklus der Insektenentwicklung

Erkennen des Schädlingsbefalls

Schäden durch Nagetiere

Nagetiere sind leicht durch ihre reichlichen Exkremente, durch Nagespuren und ihre Gewohnheiten zu erkennen:

- Befall durch Wanderratten (rattus norvegicus) ist selten und kann nur in Verbindung mit größeren, für sie zugänglichen Lagern menschlicher Lebensmittel, wie z. B. ländlichen Nahrungsmittelspeichern oder Museumscafés mit schlechtem Abfallentsorgungssystem auftreten.
- Die Hausmaus (mus domesticus) ist der am häufigsten auftretende Schädling, obwohl in vielen Museen und Depots die Angst vor ihr größer ist als notwendig. Wenn Mäuse ungestört Nistplätze und Nahrung zur Verfügung haben, vermehren sie sich schnell und verursachen beträchtliche Schäden, indem sie Papier und Textilien für ihren Nestbau zerkleinern. Dabei unterscheiden sie nicht zwischen wertvollen Objekten, Verpackungsmaterial oder Abfall.

Schäden durch Vögel

Jeder brütende oder sich niederlassende Vogel kann Probleme verursachen:

- Tauben und Spatzen vor allem in städtischen Gebieten;
- im ländlichen Bereich daneben Stare, Möwen und Krähen, besonders durch ihre Exkremente.

Schäden durch Insekten

Oft werden Insekten erst als ausgewachsene Tiere entdeckt, doch richten sie schon als Larven ernsthafte Schäden an. (Abb. 4) Die erwachsenen Insekten sind in den Sommermonaten aktiv und fallen daher besonders auf, während die Larven, die aus den Eiern schlüpfen, das restliche Jahr über fressen und wachsen.

Viele Insekten, die in einem Museum gefunden werden, sind keine eigentlichen Schädlinge; sie halten sich lediglich im Gebäude auf. Obwohl die toten Körper der Fliegen, Wespen und Käfer keine direkte Gefahr für die Sammlung darstellen, können sie ein wichtiger Bestandteil der Nahrung für

Schädlinge	Art des Schadens/Spuren	Befallenes Material
Gewöhnlicher Nagekäfer Anobium punctatum	Kleine (2 mm) runde Ausgangslöcher, sandiger Kot in den Gängen	Splintholz von Hartholz, einige Materialien aus Zellulosemischungen und Bücher
Gescheckter Nagekäfer Xestobium rufovillosum	Große (3 mm) Ausgangslöcher, gerollter Kot in den Gängen	Strukturiertes Hartholz, vor allem bei Kontakt mit feuchten Wänden
Brauner Splintholzkäfer Lyctus brunneus	Kleine (2 mm) runde Ausgangslöcher, feiner mehliger Kot in den Gängen	Stärkehaltiges Trockenholz
Teppichkäfer, Kabinettkäfer, Museumskäfer, Pelzkäfer Anthrenus sp, Attengus sp (Abb. 5 und 6)	Unregelmäßige Löcher in Textilien und weichen Pelzen; kurzhaarige abgeworfene Larvenhäute	Häute von Vögeln und Säugetieren, Insektenexponate, Wolltextilien
Speckkäfer (Abb. 7 und 8) Dermestes lardarius	Unregelmäßge Löcher in Textilien und weichen Pelzen; abgeworfene Larvenhäute	Häute von Vögeln und Säugetieren, Insektenexponate, Wolltextilien
Gewöhnliche Kleidermotten Tineola bisselliella	Große unregelmäßige Löcher mit seidiggewebten Kanälen und sandigem Kot in den Gängen	Wolle, Pelze, Federn / Häute von Vögeln und Säugetieren
Pelzmotte (Abb. 9) Tinea pellionella	Unregelmäßge Löcher und abgestreiftes Gewebe mit weichen Seidenbeuteln	Wolle, Pelze, Federn / Häute von Vögeln und Säugetieren
Brotkäfer (Abb. 2) Stegobium paniceum	Runde Ausgangslöcher und sandiger Kot	Getrocknete Nahrungsmittel und Gewürze, stärkehaltige pflanzliche Objekte und Saatgut, Papiermaché, gefriergetrocknete tierische Objekte
Tabakkäfer Lasioderma serricorne	Runde Ausgangslöcher und sandiger Kot	Getrocknete Nahrungsmittel und Tabak, stärkehaltige pflanzliche Objekte und Saatgut, gefriergetrocknete tierische Objekte
Diebskäfer Ptinus sp	Einige Löcher oder Höhlen, kugelförmige silberne Puppenbeutel	Stärkehaltige getrocknete pflanzliche Objekte und Saatgut, tierische Objekte
Bücherlaus Liposcelis sp	Zerkratzte und zerfressene Materialoberflächen	Stärkehaltiges Papier und Klebstoffe
Silberfischchen Lepisma sp (Abb. 3)	Unregelmäßig zerkratzte und zerfressene Materialoberflächen	Feuchtes Papier und Textilien, tierischer Leim
Messingkäfer (Abb. 10) Niptus hololeucus	Unregelmäßig zerkratzte und zerfressene Materialoberflächen	Textilien, Wolle, Pelz, Federn
Hausbock Hylotrupes bajulus L	Querovale Ausgangslöcher	Verbautes Holz, Möbel

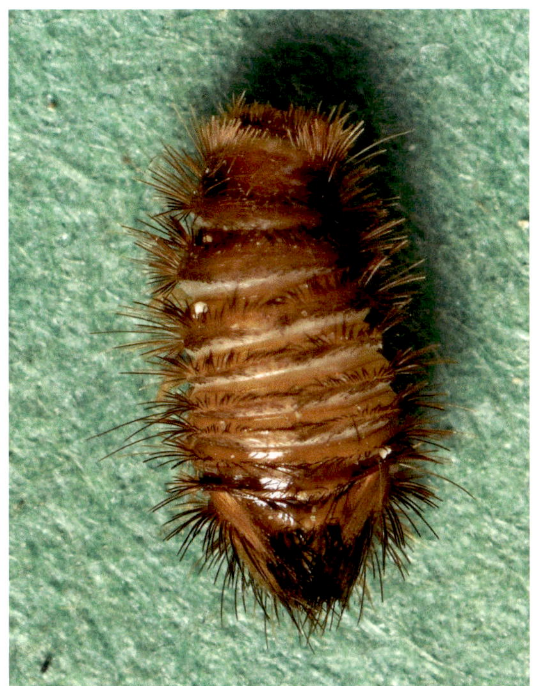
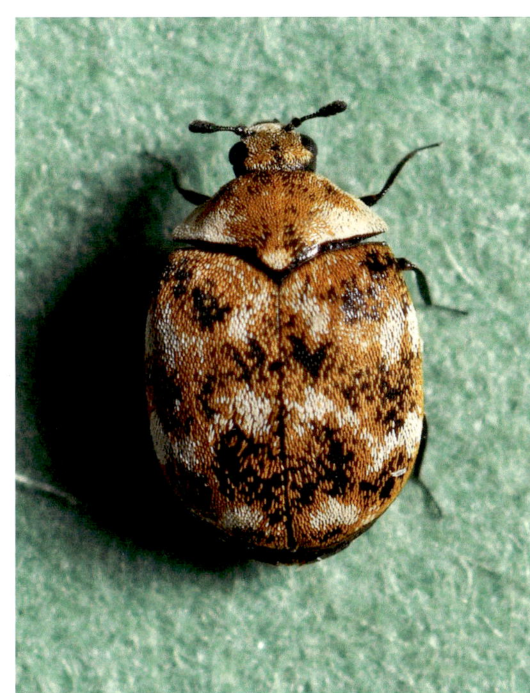

Abb. 5–6: Teppichkäfer (Anthrenus scrophulariae): Larve und ausgewachsenes Exemplar

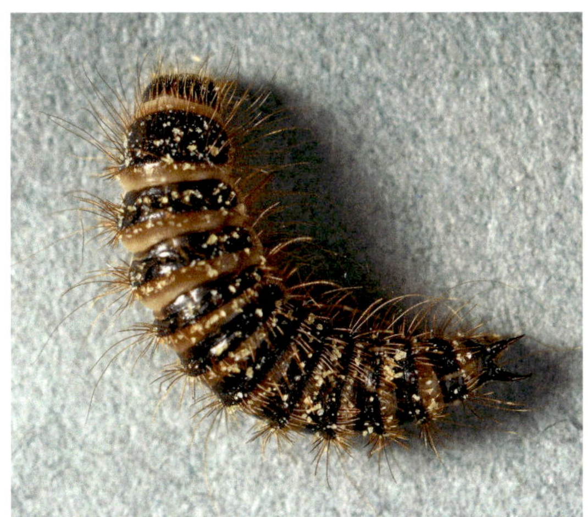
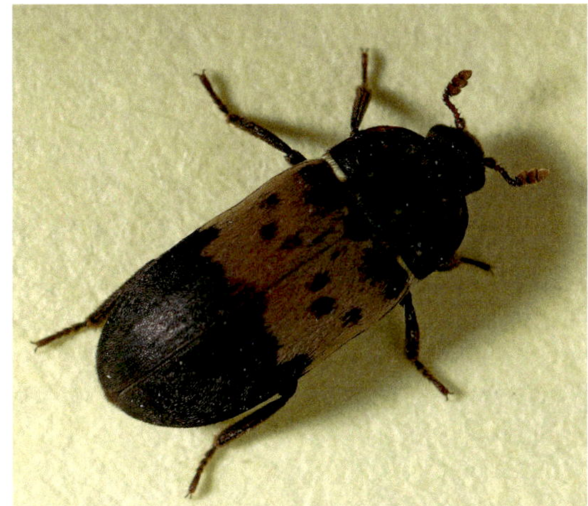

Abb. 7–8: Speckkäfer (Dermestes lardarius): Larve und ausgewachsenes Exemplar

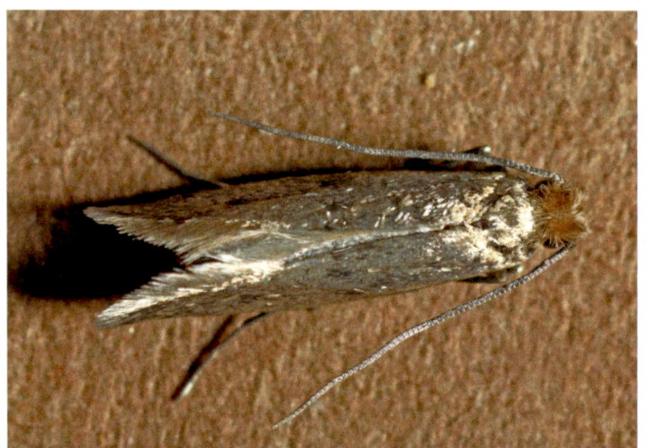

Abb. 9: *Pelzmotte (Tinea pellionella)*

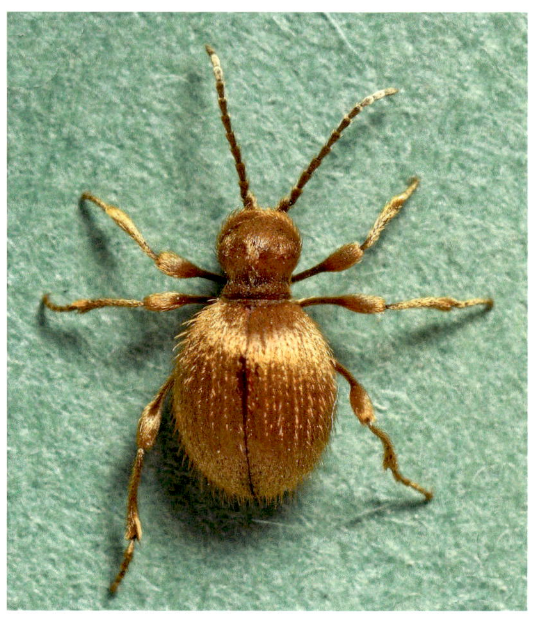

Abb. 10: *Messingkäfer (Niptus hololeucus)*

Museumsschädlinge sein, wie z. B. den Teppichkäfer.

Dieser Beitrag ist nicht als Leitfaden zur Identifizierung von Schädlingen gedacht, dazu gibt es sehr viel umfangreichere Literatur, die am Ende aufgelistet ist. Die vorangehende tabellarische Zusammenstellung (S. 106) soll jedoch helfen, die Aufmerksamkeit auf die wichtigsten Schadinsekten im Museum zu lenken. Darüber hinaus sollte man stets die Hilfe von Experten einholen, um die Identität und das Ausmaß der Aktivität der vermuteten Schädlingsspezies bestätigen zu lassen.

Einschätzung des Problems

Um abzuschätzen, was vordringlich ist und was getan werden muss, ist es hilfreich, folgende Checkliste durchzugehen:

- Gibt es einen Schaden?
- Gibt es irgendwelche Hinweise auf Insekten?
- Leben sie oder sind sie tot?
- Um welche Spezies handelt es sich?
- Brüten sie?
- Wie groß ist die Anzahl der Insekten?
- Wo halten sie sich auf?
- Wie viele Objekte sind befallen?
- Befinden sie sich auch in Mobiliar und Ausstellungsmaterial?
- Halten sie sich noch an anderen Stellen im Gebäude auf?

Einige dieser Fragen sind schwierig zu beantworten, weil es normalerweise unmöglich ist, alle Objekte zu untersuchen, besonders wenn sie im Depot lagern. Einige Materialien sind weitaus anfälliger als andere, beispielsweise:

- Pelze
- Federn
- Tierhäute
- Haar
- Wolle
- Seide
- Insekten-Sammlungen
- Pergament, schmutziges Papier und Pappmaché
- getrocknete Pflanzen und Samen
- getrocknete Nahrungsmittel wie Nudeln oder Mehl
- gestärkte Stoffe
- Splintholz (bei über 60 % rF)
- jedes feuchte organische Material

Einige Materialien wie Baumwolle werden nicht befallen, abgesehen davon, dass Insekten sich beispielsweise durch den Baumwollbezug einer

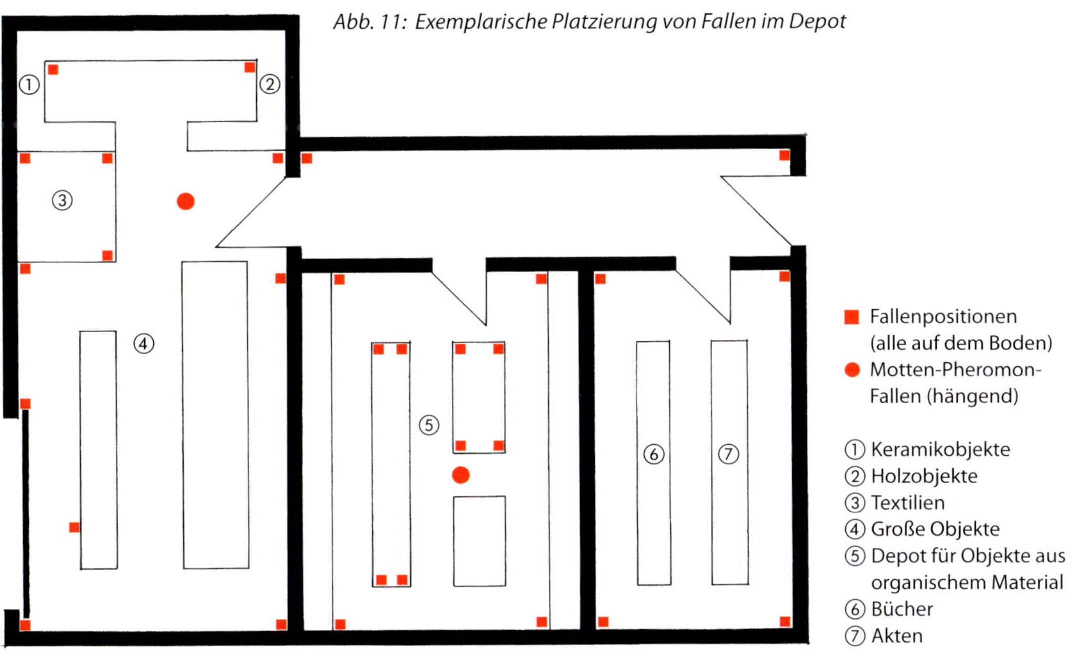

Abb. 11: Exemplarische Platzierung von Fallen im Depot

Polsterung hindurchfressen. Papier wird kaum angegriffen, wenn es nicht schmutzig und feucht ist. Generell sind schmutzige und vernachlässigte Objekte an dunklen Orten höherem Risiko ausgesetzt als solche, die sauber sind und sich in gut beleuchteten Bereichen befinden.

- Suchen Sie nach Insekten in dunklen Zonen mit einer guten Taschenlampe!
- Schauen Sie in gefalteten Textilien nach oder an Stellen, wo sie Wand oder Boden berühren!
- Beachten Sie die Zeichen von Insektenaktivität wie frischen Kot der Holzwurmlarven an den Ausflugslöchern, Mottengewebe oder abgeworfene Haut von Teppichkäferlarven!
- Untersuchen Sie Fensterbretter und Lichtabdeckungen im Frühjahr und Sommer nach den Anzeichen ausgewachsener Insekten!

Museumspädagogische Aktivitäten können zu Schädlingsproblemen führen, wenn sie ausgesonderte Objekte und Materialien benutzen, die befallen werden könnten. Zu nennen wären etwa organische Kleber und Filz für kreative und »hands-on«-Aktionen mit Schulgruppen. Denken Sie daran, alle Lebensmittellager und Küchen einschließlich Kantinen und Cafeterien zu kontrollieren, wenn sie eine Quelle des Schädlingsbefalls sein können.

Sogar eine gründliche Suche nach versteckten Insekten kann erfolglos bleiben. Deshalb sollten alle Museen und Sammlulngen ein »Monitoring«-Programm durchführen, indem sie Klebefallen einsetzen, um Insekten aufzustöbern.

Die Anwendung der Fallen

Fallen werden benötigt, um Insekten ausfindig zu machen, nicht um sie zu bekämpfen. Es gibt verschiedene Klebefallen, die alle auf demselben Prinzip beruhen: Wandernde Insekten gehen in die Falle und werden auf der nicht giftigen Klebeoberfläche festgehalten.

- Fallen sollten in den Depoträumlichkeiten in einem regelmäßigen Gitterraster platziert mit dem Aufstelldatum versehen werden. Ihre Position im Museum sollte auf einem Grundrissplan eingetragen werden.

- Die Fallen sind für das Aufstellen auf dem Boden ausgeführt. Sie sind am besten in Winkeln und in Wand-Boden-Ecken, weniger günstig in der Mitte von offenen Bereichen zu positionieren. (Abb. 11)
- Die meisten Fallen sind etwa ein Jahr wirksam.
- Die Fallen sollten in regelmäßigen Abständen überprüft werden. Es ist besser, sie alle zwei Monate zu untersuchen, als sie am Anfang jede Woche zu prüfen und dann den Arbeitsaufwand zu groß zu finden. Zumindest müssen die Fallen viermal jährlich, im März, Juni, September und Dezember überprüft werden.
- Je mehr Fallen man aufstellt, umso größer ist die Chance, Insekten zu finden. Der Arbeitsaufwand sollte nicht unterschätzt werden, und Monitoring-Programme mit Insektenfallen sollten so durchgeführt werden, dass sie handhabbar bleiben.
- Die mit Fallen gefangenen Insekten sollten identifiziert, die Ergebnisse notiert werden. Bei Teppichkäfern ist es wichtig, festzuhalten, ob die gefangenen Insekten Larven oder ausgewachsene Tiere sind.
- Manchmal werden größere Mengen an unschädlichen Insekten in den Fallen gefangen, wenn diese in der Nähe einer Außentür aufgestellt waren. Wenn dieser Fall eintritt, sollten die Fallen häufig durch neue ersetzt werden, damit die gefangenen Insekten nicht zum Futter für Schädlinge werden.
- Nach einem gewissen Zeitraum werden die Aufzeichnungen ein Bild über die Verteilung der Insekten ergeben. Zusätzliche Fallen können an Stellen aufgestellt werden, an denen die Schädlinge genauer bestimmt werden müssen.

Pheromonfallen

Viele Insekten benutzen Pheromone, um Tiere des anderen Geschlechts anzuziehen, und diese Stoffe können als Lockmittel in Fallen angewendet werden.

- Pheromonlockstoffe sind derzeit verfügbar für die Kleidermotte (Tineola bisselliella).
- Diese Lockstoffe sind extrem effektiv, aber sie locken nur die Männchen der Ziel-Spezies an und haben keinen Einfluss auf andere Insekten.
- Weil sie nur Männchen anziehen, besteht kein Risiko, dass Pheromonfallen das Schädlingsproblem in einem Raum vergrößern könnten.
- Die mit Lockstoffen ausgestatteten Fallen sind zwar teurer als die kleinen klebrigen Stolperfallen, ihr Nutzen für ein exaktes Monitoring und als Frühwarnsystem vor diesen zwei Spezies in sensiblen Bereichen ist aber sehr wertvoll.

Fallen sollten als Ergänzung für die optische Inspektion dienen. Die gewonnenen Informationen dienen dazu, gezielte Maßnahmen zur Vorbeugung und Bekämpfung einzuleiten.

Der »Fang« in den Fallen zeigt an:
- das Vorhandensein von Schädlingen;
- die Zunahme der Zahl von Insekten in einem Gebiet;
- das Ausbreiten eines Schädlings von einem Bereich in einen anderen;
- die Invasion von ausgewachsenen Insekten im Sommer;
- den kleinräumigen Befall in einer Problemzone;
- das Versagen einer Schädlingsbekämpfungsmaßnahme.

Ein »Fang« muss nicht viel bedeuten – nur durch Aufzeichnungen über einen längeren Zeitraum kann ein aussagekräftiges Bild entstehen.

Weil Pheromonfallen weitaus effektiver sind, wenn sie das erste Mal benutzt werden, können sie erheblich mehr Insekten als Klebe- oder Stolperfallen fangen. Dies mag zunächst erschrecken, beweist aber nur die Wirksamkeit der Falle und nicht eine tatsächliche Vermehrung der Zahl der Schädlinge.

Quarantäne

Ein wesentlicher Teil der vorbeugenden Maßnahmen gegen Schadinsektenbefall in einem Museum ist es, die Insekten von den Sammlungen fernzuhalten. Sie können auf viele Weisen eingeschleppt werden, etwa mit Neuerwerbungen, Leihgaben anderer Museen oder aber Objekten,

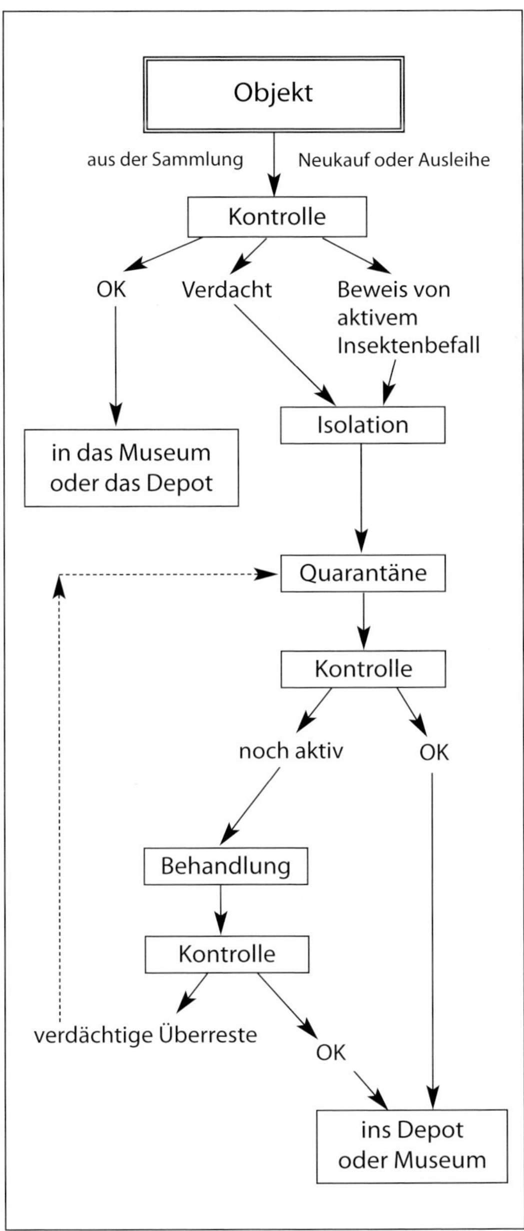

Abb. 12: Ablauf einer Quarantänestrategie

die vom Leihnehmer zurückkommen. Ehe sie in den Sammlungs- oder Ausstellungsraum oder in das Depot gebracht werden, müssen die Objekte auf eventuellen Befall hin überprüft werden. Die optische Inspektion kann Schäden ermitteln, welche durch Insekten angerichtet worden sind: z. B. kann das Gewebe der Kleidermotte den Befall sichtbar machen; Insekteneier dagegen oder kleine Larven sind nur schwer zu erkennen. Die Löcher des Holzwurms mögen offensichtlich sein, aber eine sich entwickelnde Larve ist im Holz versteckt. Dies bedeutet, dass eine Entwicklungsperiode abgewartet werden muss, um zu entscheiden, ob ein Befall aktiv oder bereits tot ist. Abb. 12 fasst die Erfordernisse und Vorgehensweisen einer Quarantänestrategie zusammen.

Untersuchungsraum

Alle organischen Materialien und Objekte, die in ein Museum kommen, sollten zuerst in einem speziellen Raum nach Anzeichen von Befall untersucht werden. Wenn ein aktiver Befall festgestellt werden kann, sollten die Objekte sobald als möglich behandelt werden.

Quarantäneraum

Falls kein akuter Insektenbefall bemerkt wird, aber Gründe vorliegen, dass man dieser ersten Diagnose misstraut, sollten die Objekte den Sommer über isoliert und eine Entwicklungsperiode der Insekten abgewartet werden. Wenn dann ausgewachsene Insekten auftreten, kann man die Bekämpfung durchführen.

Behandlungsweisen, die im Quarantäneraum vom Museumspersonal selbst ausgeführt werden können, sind:

- die Frostbehandlung bei Temperaturen zwischen –18 °C und –30 °C (nur nach Rücksprache mit dem Restaurator);
- Sauerstoffentzug mit »Ageless-Tabletten«;

Behandlungsweisen, die in einem gesonderten Raum von Fachleuten ausgeführt werden müssen, sind:

- Stickstoffbegasung;
- Kohlendioxidbegasung.

Durchführung der Quarantäne

Die Einzelheiten der Quarantänebehandlung können den Objektgruppen und den Bedürfnissen des Museums angepasst werden. So behandeln einige Naturkundemuseen alles eingehende Pflanzen- und Insektenmaterial, bevor es in die Sammlung übernommen wird.

Das Personal, das mit den Museumsobjekten umgeht, muss die Quarantänestrategie kennen und ihre Regeln befolgen. Jede Nichtbefolgung der Vorschriften kann einen Befall nach sich ziehen, der dann unerkannt in die Sammlungen eingeschleppt wird, wo er sich ausbreitet und Schaden anrichtet.

Schädlingsprobleme lösen

Vorbeugen ist besser als heilen, und alle Punkte, die oben im Abschnitt »Vorbeugende Maßnahmen gegen Schädlingsbefall« genannt wurden, sollten oberste Priorität haben. Falls Schädlinge an Sammlungsgegenständen oder im Gebäude festgestellt werden, sind einige Gegenmaßnahmen notwendig:

- Alle Objekte isolieren, die im Verdacht stehen, dass sie andere »anstecken« könnten!
- Alle befallenen Bereiche reinigen und Insektenkörper und -überreste entsorgen!
- Geeignetste Behandlungsmethoden für Objekt und Umgebung auswählen!

Bekämpfung von Schädlingen in Objekten

Die Auswahl der Mittel, mit welchen Schädlinge bekämpft werden, hängt von der Schwere des Befalls, dem Material und dem Wert des Objekts ab. Die Behandlung von Sammlungsgut sollte nur nach Rücksprache mit dem Restaurator ausgeführt werden.

Durch neue Entwicklungen stehen den Museen jetzt eine Anzahl alternativer Behandlungsmethoden zur Verfügung, die, wenn sie korrekt ausgeführt sind, alle Schädlinge in den Objekten abtöten.

Insektenabwehrende Mittel

Einige Substanzen wie Naphtalin und Paradichlorobenzen sind lange in Form von Mottenkugeln eingesetzt worden, um Insekten abzuwehren und das Material zu schützen. Sie wirken in hoher Konzentration insektizid und wehren erwachsene Kleidermotten ab. Larven tief in Kleidern, in gefalteten Geweben und Tierhäuten werden jedoch nicht davon beeinflusst. Sorge bereitet die starke gesundheitliche Gefährdung von Menschen, die über längere Zeit diesen Chemikalien ausgesetzt sind. Daher ist davor zu warnen, diese Gifte zu benutzen, und größte Vorsicht im Umgang mit historischen Textilien anzuraten, die eventuell damit kontaminiert sind.

Insekten können auch mit einigen Pflanzenderivaten in hohen Dosen bekämpft werden, wie etwa Lavendel und Zedernholzöl. Sie müssen laufend auf ihre Effizienz und Abwehrwirkung untersucht werden, und es ist daran zu erinnern, dass botanische Abwehrstoffe ebenso giftig sind wie synthetische Pestizide. Auch können die Öle zerstörerischen Einfluss auf das Sammlungsgut haben.

Die Durchführung von IPM-Programmen

Ein IPM-Programm sollte nicht schon zu Beginn der Maßnahme absolut festgelegt werden. Es sollte ein Entwicklungsprozess sein, der auf die sinnvolle Anwendung vor Ort aufbaut und sich ändernden Bedürfnissen und Prioritäten angepasst wird.

Die Durchführung eines IPM-Programms in einem großen Museum oder einer Sammlung kann eine entmutigende Aufgabe sein. Es ist deshalb wichtig, Prioritäten zu erkennen und zu planen, das Museum in erreichbaren Schritten vorwärts zu bringen. In vielen Fällen hat es Jahre gedauert, um in großen nationalen Sammlungen ein Programm zu entwickeln und auszuführen. Es konnte nur erreicht werden, indem man zu Beginn an einer Abteilung oder einem Sammlungsbereich zeigte, dass das IPM effizient und durchführbar ist, und dann das Verfahren für andere Bereiche übernahm, bis alle Teile des Museums abgedeckt waren. Im Folgenden sei eine mögliche Vorgehensweise skizziert:

Überblick

- Beschaffen Sie sich einen Plan des Gebäudes oder der Sammlung oder machen Sie Skizzen.
- Verschaffen Sie sich einen vorläufigen Überblick über die gefährdetsten Bereiche und Objekte.
- Schließen Sie das Äußere des Gebäudes mit ein, Galerien, Depots und alle anderen Bereiche.
- Stellen Sie Monitoring-Fallen in einem bestimmten Raster auf.
- Planen Sie einen detaillierten Untersuchungsablauf.

IPM-Vorgehensweise
- Überprüfen Sie das Reinigungsverfahren.
- Überprüfen Sie bestehende Verträge mit Firmen zur Schädlingsbekämpfung.
- Verfolgen Sie die Wege der Objekte innerhalb und außerhalb des Museums.
- Planen Sie eine Quarantänestrategie, wenn es noch keine gibt.
- Führen Sie die zuständigen Mitarbeiter in die Grundlagen des IPM ein.
- Bilden Sie ein kleines Team, um die Kommunikation zu fördern, und verteilen Sie die Last des IPM. Dies schließt z. B. die Konservierung, das Sammlungs- und Gebäudemanagement ein.
- Untersuchen Sie den Bedarf an Einweisung und das Problembewusstsein Ihrer Mitarbeiter.
- Verfassen Sie eine Ausführungsstrategie für ein kurzzeitiges oder langfristiges IPM.
- Ermitteln Sie die Haushaltsposten, die zu den Kosten des IPM beitragen können, z. B. für Fortbildung, Gebäudeunterhalt, Sammlungspflege und Depotmöblierung.

Das Problem des Etats für IPM sollte nicht unterschätzt werden, denn die Beschaffung von Geldmitteln wird immer schwieriger. Es ist grundlegend wichtig, herauszufinden, was laufend für die Schädlingsbekämpfung ausgegeben wird. In vielen Fällen kann dieses Geld für ein gutes IPM-Programm effizienter eingesetzt werden. Es ist auch wichtig, die Kosten für das Sammeln und Konservieren zu berücksichtigen. IPM hilft, die Vernachlässigung und den Verfall der Sammlungen zu vermeiden und damit die Kosten für ihre Konservierung zu vermindern.

Einweisung

Erfolgreiches IPM betrifft den gesamten Mitarbeiterstab. Die Fortbildung kann aus dem Besuch eines fünftägigen IPM-Kurses bis hin zu einer 30-minütigen Kurzeinweisung für Reinigungs- und Aufsichtspersonal bestehen. Eine Person sollte als Koordinator und Ansprechpartner für IPM-Fragen benannt werden. Einige IPM-Aufgaben, wie z. B. Monitoring, können auf andere Mitarbeiter verteilt werden, je nach Größe der Sammlung und der jeweiligen Organisation des Hauses.

Standardverträge mit Schädlingsbekämpfungsfirmen beziehen sich meist auf den kommerziellen Bereich und sind daher nicht speziell auf die Bedürfnisse der Museen ausgelegt. Daher empfiehlt sich die sorgfältige Prüfung der vertraglich angebotenen Leistungen, da sie oft nicht sachgerecht sind, ja sogar den Objekten schaden können.

Wenn Zweifel bestehen über die Dringlichkeit von Maßnahmen, die Erforderlichkeit von Untersuchungen und die Durchführung des IPM, empfiehlt es sich, den Rat eines Sachverständigen für Schädlingsbefall einzuholen.

Dokumentation

Alle Schädlingsbekämpfungsmaßnahmen und die beim Monitoring gewonnenen Daten sollten aufgezeichnet werden. Dies kann auf einem einfachen Formblatt geschehen, die Ergebnisse können in Tabellen ausgedruckt werden.
- Eine Zusammenstellung, wie häufig Insekten aufgetreten sind, sollte jährlich angefertigt und den zuständigen Mitarbeitern übermittelt werden.
- Alle Behandlungen von Objekten sollten dokumentiert werden.
- Es sollten Aufzeichnungen angefertigt werden über Schädlinge, die an zurückgegebenem oder neu erworbenem Sammlungsgut festgestellt wurden.

Gesundheit und Sicherheit

- Jeglicher Gebrauch von Chemikalien im Museum sollte unterbleiben.
- Einige Museen haben noch einen alten Bestand an Pestiziden. Ihre Verwendung dürfte heute verboten sein und sie sollten nicht mehr benutzt werden.
- Wenn der Einsatz von Chemikalien nicht vermieden werden kann, muss die Anwendung einer Fachfirma übertragen werden.

IPM und die Zukunft

Die Entwicklung eines auf den in diesem Beitrag beschriebenen Prinzipien basierenden IPM-Programms ermöglicht es, sich um Sammlungen und Gebäude auf sichere und erfolgreiche Weise zu kümmern.

Es gibt neuartige Verfahren, die nun für die Entdeckung, Vorbeugung und Bekämpfung der Schädlinge verfügbar werden, und es ist wichtig, dass diejenigen, die für die Entwicklung des IPM verantwortlich sind, nicht isoliert arbeiten, sondern ihre Erfahrungen mit anderen teilen.

Schonende Schädlingsbekämpfung – Lebendsterilisation und konservatorisch nachhaltige Aufbewahrung

Robert Fuchs

Kulturgut aus Papiermaterial und Pergament wird aufgrund ungeeigneter Aufbewahrung immer wieder von Mikroorganismen befallen. Je nach vorhandenen klimatischen Bedingungen wird der Befall durch die verwendeten Materialien regelrecht herausgefordert und kann kaum verhindert werden. Schriftgut wie Archivalien, Bücher, Grafiken und Handschriften bestehen aus chemischen Stoffen, die per se auf Mikroorganismen unwiderstehlich wirken. Sie benötigen jedoch für die Vermehrung bestimmte Klimaparameter. Unter ungünstigen Bedingungen sterben ihre virulenten Teile ab, nur die Sporen können auch extremsten Bedingungen widerstehen.

Es existiert trotz vieler wissenschaftlicher Veröffentlichungen heute noch der Irrglaube, dass Papier oder Celluloseprodukte, auch Holz, nach einer chemischen und physikalischen Schädlingsbekämpfungsmaßnahme nicht mehr befallen werden könnten. Dies ist eindeutig nicht der Fall. Immer, wenn das umgebende Klima für das Wachstum von Mikroorganismen günstig ist, wird ein Buch, eine Archivalie oder eine Grafik erneut befallen – schneller sogar, da für die Mikroorganismen die Bedingungen bei einem Zweitbefall noch besser sind.

Für die Konservierung von Sammlungsgut muss daher immer gelten, dass als präventive Maßnahme die Aufbewahrung unter konservatorischen Bedingungen stimmen muss.

Erkennen eines Schimmelbefalls an Sammlungs-, insbesondere Schriftgut

Selbst manch ausgebildeter Mikrobiologe fällt bei der Beurteilung von Schriftgut auf die Altersflecken (Schimmelflecken, Farbflecken etc., engl.: Foxing) herein und erklärt ein Stück Papier mit Flecken als akut bewachsen, obwohl kein Befall vorliegt. (Abb. 1, 2) Ein großes Problem besteht im Erkennen eines aktuellen Schadensfalles. Die sichtbaren Schimmelflecken sind zwar durch einen mikrobiellen Befall entstanden, können aber schon vor Jahrhunderten gebildet worden und danach eingetrocknet und abgestorben sein. In diesem Fall sind sie nicht mehr schädlich. Werden sie fälschlicherweise als akut erkannt und wird – was nicht selten ist – hysterisch eine intensive Schädlingsbekämpfung eingeleitet, endet diese immer damit, dass der Fleck nicht verschwindet, das Objekt aber zusätzlich geschwächt oder gar für immer zerstört wird. Ein akuter Befall zeigt sich immer mit frischem, wolligem Schimmelbewuchs (Abb. 3 a, b; 4, 9), ferner sind seine Mycelschläuche gefüllt und nicht ausgetrocknet platt. Das ist nur vom Fachmann und unter dem Mikroskop zu erkennen. Die biochemischen Tests versagen nicht selten, da sie darauf zielen, den Sauerstoffumsatz oder die Kohlenstoffdioxidproduktion zu messen. Beides ist zwar zu messen, bei Celluloseobjekten sind die Ergebnisse jedoch schwer interpretierbar, da die große Faseroberfläche von Papier oder Pergament eine gewisse Menge Sauerstoff sowie

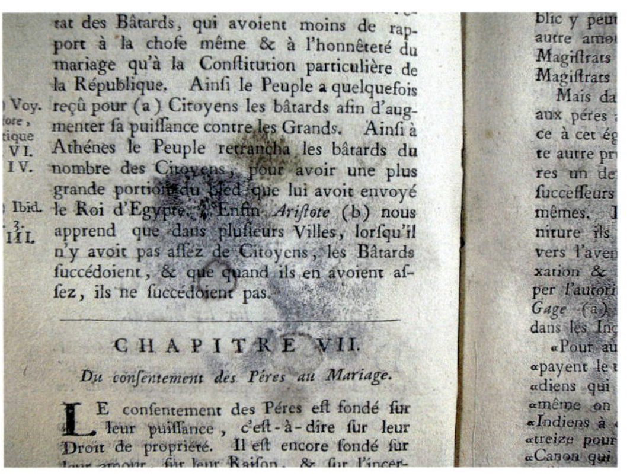
tat des Bâtards, qui avoient moins de rapport à la choſe même & à l'honnêteté du mariage qu'à la Conſtitution particulière de la République. Ainſi le Peuple a quelquefois reçû pour (a) Citoyens les bâtards afin d'augmenter ſa puiſſance contre les Grands. Ainſi à Athénes le Peuple retrancha les bâtards du nombre des Citoyens, pour avoir une plus grande portion du bled que lui avoit envoyé le Roi d'Egypte. Enfin *Ariſtote* (b) nous apprend que dans pluſieurs Villes, lorſqu'il n'y avoit pas aſſez de Citoyens, les Bâtards ſuccédoient, & que quand ils en avoient aſſez, ils ne ſuccédoient pas.

CHAPITRE VII.

Du conſentement des Péres au Mariage.

LE conſentement des Péres eſt fondé ſur leur puiſſance, c'eſt-à-dire ſur leur Droit de propriété. Il eſt encore fondé ſur

Abb. 1: Schimmelbefall in einem Buch. Die schwarzen Flecken stammen von einem früheren, inzwischen nicht mehr aktiven Befall. Darüber (Mitte, rechts oben) hat sich ein neuer Befall aus grünem flauschigem Flaum ausgebildet. Dieser Befall ist aktiv.

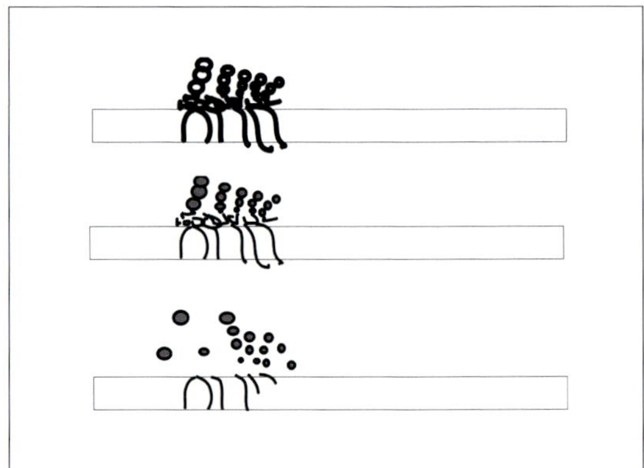

Abb. 2: Schematische Alterung eines Schimmelbefalls: Aktiver Schimmel wächst in zwei Richtungen. Das Mycel wächst durch das Papier und bildet nach außen hin Konidien (oben). Im weiteren Verlauf schnüren sich die Sporen ab und beim Absterben brechen die ausgetrockneten Konidien an der Oberfläche ab (Mitte). Nach einiger Zeit verteilen sich die Sporen und zurück bleiben die ausgetrockneten Mycelfäden mit den sie umgebenden Stoffwechselendprodukten. Diese sind häufig farbig oder fluoreszieren zumindest im UV-Licht.

Abb. 3 a: Akuter Schimmelbefall auf dem Schutzumschlag eines Buches.

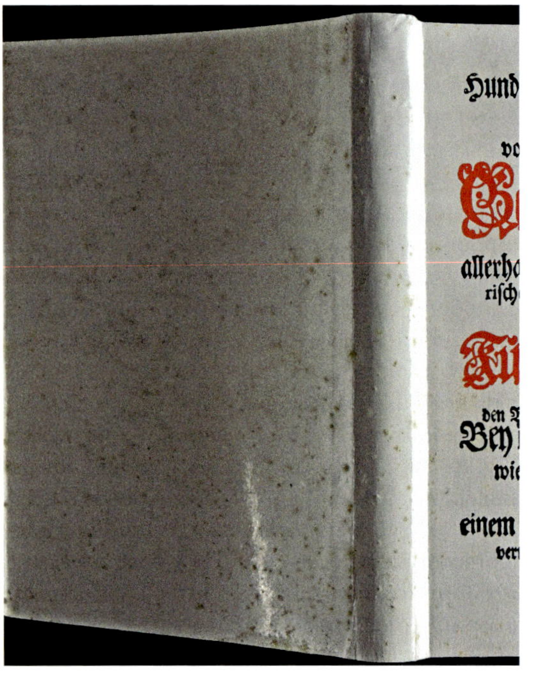

Abb. 3b: Detail des Schutzumschlages: die feinen Mycele sind rund gefüllt und dreidimensional aufstehend.

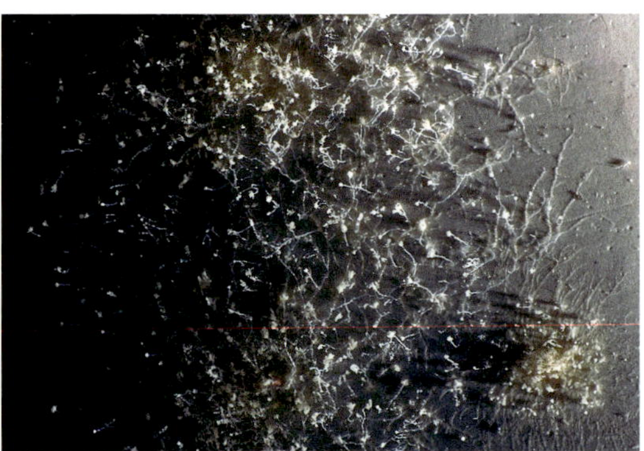

auch Kohlenstoffdioxid aus der Raumluft speichern und wieder abgeben kann.

Völlig unsinnig sind Tests, bei denen ein Abstrich der Oberfläche gemacht und auf einem Nährsubstrat in der Petrischale bebrütet wird. (Abb. 5) Jede unsterile Oberfläche wird einen Befall zeigen – Archivalien sind nun einmal nicht keimfrei und steril. Zudem wird der Abstrich meist in einer unsterilen Umgebung abgenommen.

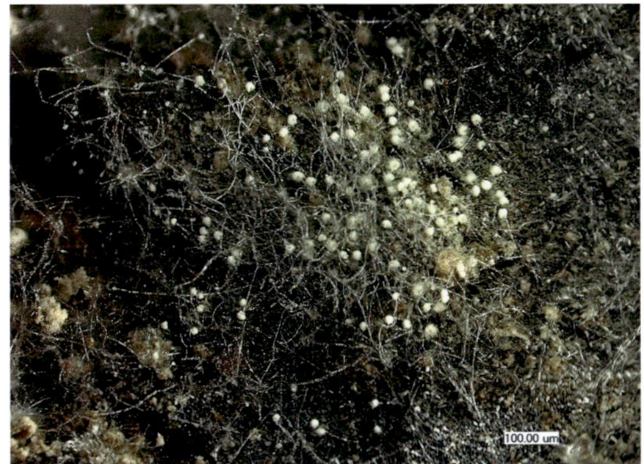

Abb. 4: Nach einiger Zeit des Wachstums bilden die Hyphen Sporentaschen aus, die hier als runde Kugeln zu erkennen sind. Bei dieser Gattung hat der Pilz auch grüne Stoffwechselendprodukte gebildet.

Auch sind Bestimmungen der Schimmelpilzgattungen relativ unwichtig, da als Ergebnis immer dieselben Mikroorganismen gefunden werden, von denen man weiß, dass sie auf Cellulose wachsen. Die anschließende Schimmelbekämpfung ändert sich nicht, unabhängig davon, ob Penicillium- oder Aspergillusarten gefunden werden, aber die virulenten Teile müssen abgetötet, die Sporen müssen abgebürstet werden. Doch häufig wird der Restaurator von der Neugierde geplagt und er beauftragt teure Analysen, um am Ende dieselben Maßnahmen zur Behebung des Schadens einzuleiten.

Die physikalische und chemische Schädlingsbekämpfung, die darauf abzielt, alle Teile des Schimmelpilzes abzutöten, schädigt nicht nur das Objekt selbst, sondern auch die Nutzer. Um diesem Umstand Rechnung zu tragen, soll der vorliegende Artikel neue Wege einer Schädlingsbekämpfung aufzeigen, die sowohl das Objekt als auch die Nutzer schützt.

Schädigungen von Sammlungs-, insbesondere von Schriftgut durch Mikroorganismen

Die Schädigungsarten, die die verschiedenen Schädlinge (Insekten oder Mikroorganismen) an den gesammelten Objekten hervorrufen, sind ebenso unterschiedlich und vielfältig wie deren Lebensbedingungen. Schriftgut und Grafiken bestehen zumeist aus Cellulose (Papier, Papyrus, Birkenbast, Palmblatt) oder Proteinmaterial (Pergament, Haut, Leder). Das moderne Papier setzt sich nicht nur aus Cellulose, sondern auch aus den mineralischen Bestandteilen des Striches und vielen verschiedenen Bindemitteln, Leimungsmaterialien und chemischen Stabilisatoren, optischem Aufheller usw. zusammen. Speziell Cellulose und

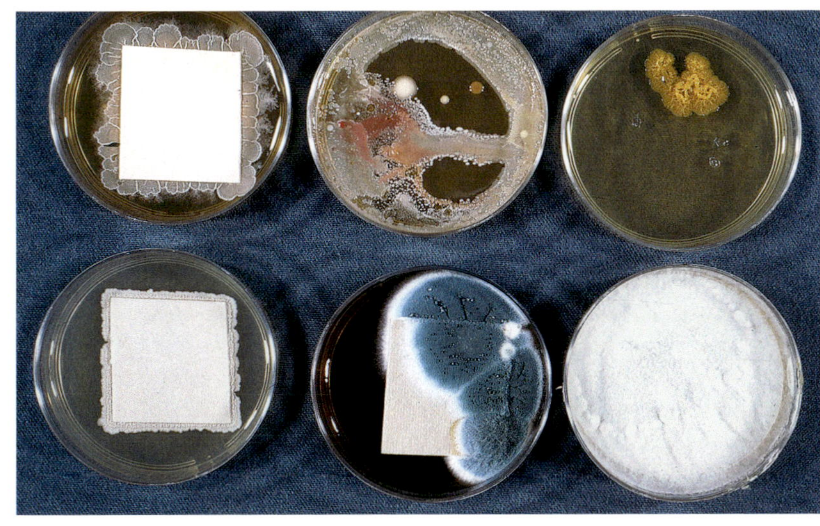

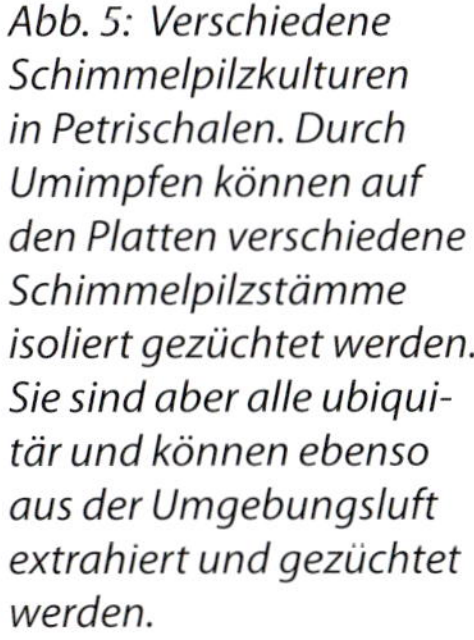

Abb. 5: Verschiedene Schimmelpilzkulturen in Petrischalen. Durch Umimpfen können auf den Platten verschiedene Schimmelpilzstämme isoliert gezüchtet werden. Sie sind aber alle ubiquitär und können ebenso aus der Umgebungsluft extrahiert und gezüchtet werden.

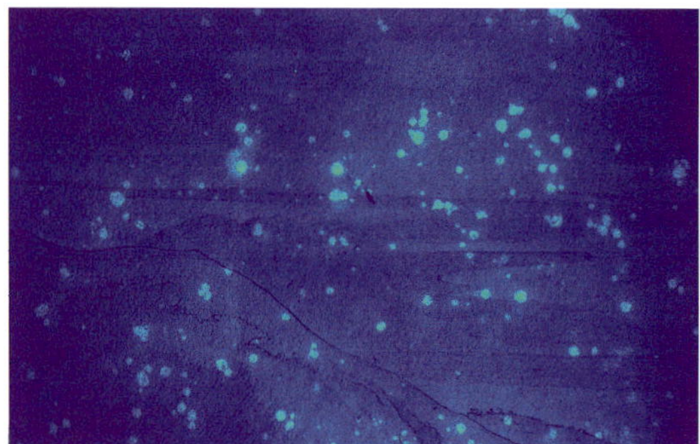

Abb. 6: Stockflecken auf einem Aquarell, die im UV-Licht durch helles Fluoreszieren massiv erkennbar sind.

werden, sind weit verbreitet und können unbemerkt Schäden hervorrufen. Doch meist wird das Schadenspotential völlig überschätzt. Die Flecken selbst schädigen nur die Ästhetik, nicht die Substanz. Nur wenn die Mikroorganismen virulent sind, d. h. wenn sie leben, sondern sie Enzyme aus, die die langen Cellulose- oder Proteinketten in kleinere Bestandteile, meist Zuckermoleküle zersetzen. Nur diese können als Nahrung aufgenommen werden.

Auch Bakterien, z. B. der Gattungen Pseudomonas, Vibrio, Cytophaga und Actinomyces (Streptomyces), können nicht nur Cellulose (Papier), sondern auch das chemisch eng verwandte Bindemittel Gummi arabicum zersetzen. Sie benötigen aber zum Leben eine nasse Umgebung. Dazu muss das Schriftgut völlig im Wasser liegen. Entsprechend sind sie nur nach Überschwemmungen oder Wassereinbrüchen, je nach Temperaturbedingungen erst nach ca. 2–3 Wochen, zu finden. (Abb. 7 a, b)

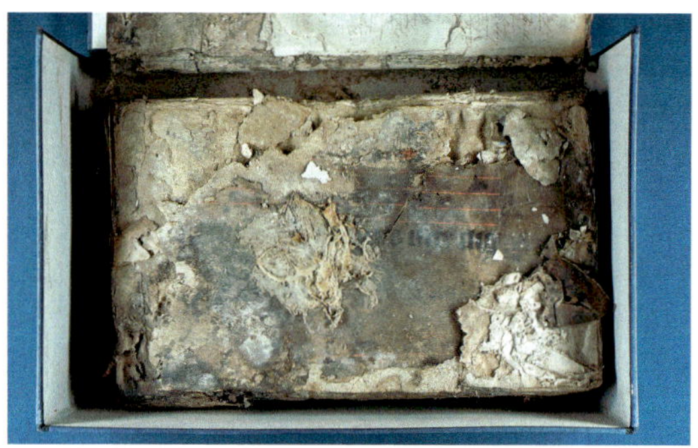

Abb. 7 a: Von Mikroorganismen stark befallenes Buch, das in einem zu feuchten Archiv über Jahre gelagert wurde.

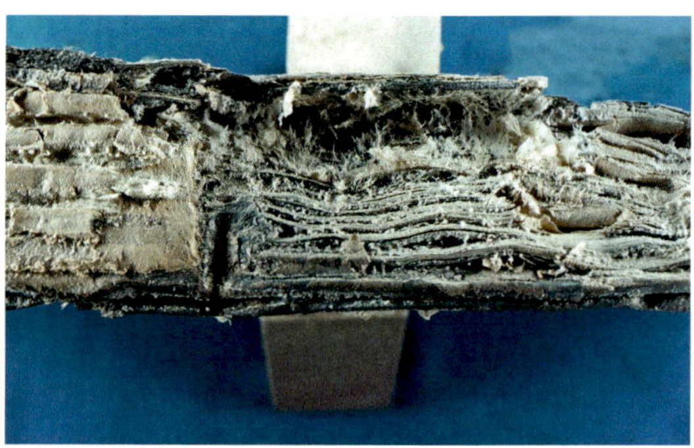

Abb. 7 b: Die Hyphen der Schimmelpilze sind durch die Papierlagen gewachsen. Nach mehrfacher Gamma-Bestrahlung ist der Schimmel zwar nicht mehr aktiv, aber das Papier inzwischen so brüchig, dass nicht mehr geblättert werden kann.

Proteine, aber auch die Vielfalt von chemischen Verbindungen sind für die Mikroorganismen ein geeigneter Nährboden. Besonders schätzen sie Kohlenhydrate, die in der Cellulose (Papier), den Gummen (Binde- und Farbmitteln, Leimung und Papierstrich), den Pflanzenfarbstoffen und modernen Druckfarben enthalten sind. Doch auch die Proteine des Pergaments und der Leime werden von ihnen angegriffen.

Neben der Zersetzung des Materials treten auch Schädigungen durch die Ablagerungen von Stoffwechselendprodukten auf. So kann der Schreibträger durch gefärbte Sporen oder Ausscheidungen in Form von braunen, roten und grünen Flecken verunreinigt werden. Auch die Ablagerung von unsichtbaren Produkten, die meist im UV-Licht fluoreszieren (Abb. 6) und dann erst sichtbar

Die Bekämpfung von Schädlingen und Mikroorganismen kann am effektivsten durch die Betrachtung der Lebensumstände angegangen werden.

Im Folgenden sollen zunächst die Lebensbedingungen und die Behandlung von hochentwickelten Insekten betrachtet werden, da sie im Vergleich zu den Mikroorganismen einfacher zu bekämpfen sind.

Lebensbedingungen von Insekten und höherentwickelten Lebewesen

Hochentwickelte Lebewesen benötigen viele verschiedene Parameter zum Leben bzw. zur Fortpflanzung. Sie sind derart komplex gebaut, dass eine Bekämpfung dieser Spezies oft kein größeres Problem darstellt. Der Lebenszyklus muss gestört werden, indem z. B. das für sie zum Leben günstige Klima (Temperatur, Feuchte) geändert oder die Nährstoffkette unterbrochen wird. Bei hochentwickelten Lebewesen wie Mäusen oder Ratten ist dies mit relativ einfachen Mitteln zu erreichen. Bei der Entwicklung der Insekten gibt es jedoch Stadien, in denen das Leben bzw. der Stoffwechsel auf ein Mindestmaß zurückgefahren werden kann, wobei sie dann auch über längere Zeit hinweg unter schwierigsten Bedingungen überleben können.

Am schonendsten für Museumsobjekte ist heute die Begasung mit Inertgasen (Stickstoff, Kohlenstoffdioxid), die den Sauerstoff verdrängen und dadurch die komplizierten Lebensvorgänge stoppen. Im Stadium der minimalen Lebensbedingungen kommen Insekten bzw. ihre Eier jedoch nahezu ohne Sauerstoff aus. Das Verlassen dieses Stadiums kann jedoch durch erhöhte Wärme oder Feuchtigkeit erzwungen werden, und dann wirkt der Sauerstoffmangel bei der Begasung mit Stickstoff oder Kohlenstoffdioxid tödlich. Die Behandlung mit Gasen erfordert mindestens ein transportables Behandlungszelt (Abb. 8), bei größeren Beständen oder Objekten eine Behandlungskammer. Kohlenstoffdioxid reagiert zusätzlich mit dem in den Insekten oder Insekteneiern enthaltenen Wasser und bildet tödliche Kohlensäure. Doch kann sie in feuchter Umgebung auch mit Farbmitteln reagieren und eine chemische molekulare Änderung verursachen. Daher wird besser allgemein Stickstoff angewendet. Dieser wird in Stahlflaschen angeliefert oder durch Extraktion aus der Luft erzeugt. Dabei wird jeglicher Wassergehalt (Feuchtigkeit) entfernt. Dieses trockene Gas trocknet das Objekt völlig aus und schädigt es dadurch. Beispielsweise würde sich ein Möbelstück oder der Holzdeckel eines Buches bei absoluter Trockenheit völlig verziehen, wobei den zu begasenden Objekten häufig irreversibel die Feuchtigkeit entzogen wird. Daher muss dafür gesorgt werden, dass der Stickstoff bei der Begasung befeuchtet wird. Die schonendste Feuchtigkeit liegt bei den meisten Objekten bei ca. 50 % rF.

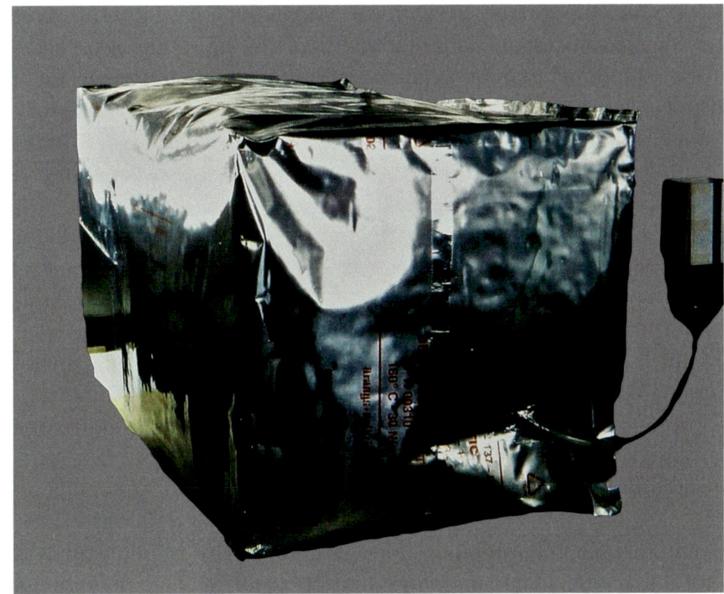

Abb. 8: Begasungszelt für die Stickstoffbegasung. Aus Folien kann ein passendes Zelt geschweißt werden, das gasdicht ist und in das der angefeuchtete Stickstoff eingeleitet wird.

Noch stellen Insekten in Mitteleuropa keine so große Bedrohung dar. Häufiger sind sie im Süden verbreitet. In Deutschland und hier insbesondere für Schriftgut ist der Bücherwurm (Anobium punctatum) eine Bedrohung. Er findet sich vor allem in Altbeständen, die nicht richtig gelagert wurden. Meist liegen jedoch Altschäden vor und lebende, aktive Insekten sind nicht mehr zu finden. Eine einfache Prüfung kann erfolgen, indem die verdächtigen Bücher oder Archivalien einzeln für ein Jahr in einen möglichst durchsichtigen Plastiksack gehüllt und am alten Ort im Regal gelagert werden. Die Insekten schlüpfen in den Monaten Juni und Juli und versuchen, davonzufliegen. Da sie nicht aus dem Plastiksack entweichen können, findet man sie dann darin tot vor. Entsprechend müssen noch Eier, Larven oder Insekten darin vorhanden sein und eine Behandlung ist notwendig. Vor der Übernahme eines verdächtigen Altbestandes sollte man also die einzelnen Teile für ein Jahr zur Kontrolle in die Plastiksäcke verpacken. Andere Schadinsekten sind selten und eher im Zusammenhang mit Textilien (Einbände) zu finden, müssen jedoch ähnlich behandelt werden. Bei einer ständigen Insektenbedrohung kann man Insektenfallen einsetzen. Mithilfe von speziellen Lampen werden Insekten angelockt und in einem Kriechraum einfangen, aus dem sie nicht wieder entfliehen können und sterben. Dabei sollten in den Magazinen nicht die UV-Licht aussendenden Elektrofallen benutzt werden, damit nicht Buchrücken bzw. Oberflächen der Objekte ausgebleicht werden. Sie könnten aber beispielsweise in einem Vorraum oder hinter einer Abdeckung installiert werden, wobei darauf geachtet werden muss, dass das Sammlungsgut selbst nicht beleuchtet wird.

Abb. 9: Mycele eines Schimmelpilzes. Im Rasterelektronenmikroskop ist der röhrenförmige Thallus gut zu erkennen.

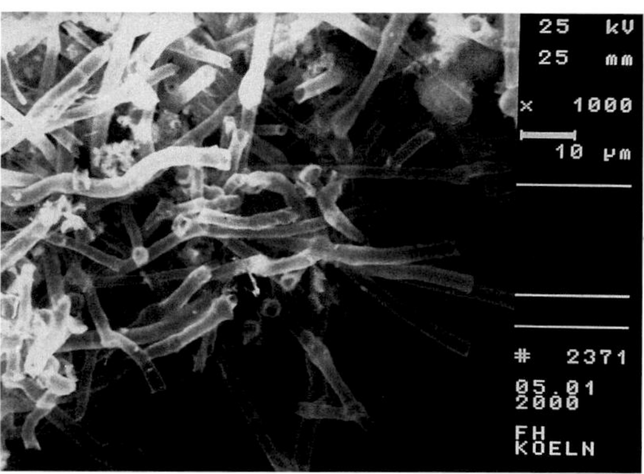

Effektiv ist immer die chemische oder physikalische Behandlung mit hochenergetischer Strahlung (Gammastrahlen) oder mit Giftsubstanzen, die jedoch – wie unten gezeigt wird – sowohl das Objekt als auch den Benutzer schädigen können.

Lebensbedingungen von Mikroorganismen

Mikroorganismen sind prinzipiell viel einfacher aufgebaut als Insekten oder Kleinlebewesen. Das lässt die Bekämpfung des aktiven Wachstums von Schimmel oder Bakterien stets schwieriger erscheinen.

Schimmelpilze

Schimmelpilze sind Pflanzen (Thallophyten), die einen einfachen, nicht in Wurzel und Spross gegliederten Vegetationskörper (Thallus) besitzen und denen die Pigmente zur Photosynthese fehlen. Sie sind somit nicht zur Assimilation von Kohlenstoffdioxid aus der Luft befähigt und daher auf organisch gebundenen Kohlenstoff angewiesen. Sie gewinnen ihre Nährstoffe aus abgestorbenen organischen Substanzen und zersetzen sie dadurch. Im Unterschied zu den Hefen bilden sie fadenartige Hyphen aus, die in ihrer Gesamtheit Mycel (Abb. 9) genannt werden. Sie vermehren sich vorwiegend ungeschlechtlich durch Sporen.

Die Lebensbedingungen lassen sich schwer verallgemeinern, sie benötigen im Allgemeinen:

- Temperatur (optimales Wachstum bei etwa 20–30 °C. Einige Spezies sind auch schon bei –5 °C, andere bis +45 °C lebensfähig)
- Feuchtigkeit (zum Wachstum werden mindestens 65 % rF, meist mehr benötigt)
- pH-Wert (der für das Gedeihen optimale pH-Wert schwankt je nach Spezies zwischen pH 2 und pH 10)

- Atmosphäre (manche Spezies benötigen Sauerstoff teilweise in sehr geringen Mengen)
- Nahrung (organische Kohlenstoffverbindungen, Glucose, Saccharose, Proteine, Lipoide, Stickstoff in Verbindungen sowie Spurenelemente wie z. B. Zn, Fe, Cu)

Bakterien

Bakterien sind einzellige Lebewesen (Protophyten) und haben im Unterschied zu Schimmelpilzen einen echten Zellkern. Sie sind sehr vielgestaltig und können auf sehr unterschiedliche Weise Energie umsetzen. Organotrophe Bakterien oxidieren organisches Material, chemolithotrophe setzen anorganisches Material in organisches Material um, phototrophe gewinnen Energie aus Licht. Manche Bakterien benötigen Sauerstoff zum Leben (aerobe Bakterien), andere leben ganz oder teilweise ohne Sauerstoff (anaerobe Bakterien). Viele Bakterien sind sehr spezialisiert, d. h. ihre Lebensbedingungen sind sehr unterschiedlich und dennoch denen der Schimmelpilze sehr ähnlich (pH-Wert, Sauerstoffbedarf, Temperatur). Gleichwohl benötigen sie immer deutlich mehr Feuchtigkeit (mind. 95 % Objektfeuchte, d. h. eine Wasseraktivität a_W von 0,95) als Schimmelpilze. Sie sind in unseren Klimata daher normalerweise nur bei Wasserschäden und im völlig nassen Objekt, gelagert beispielsweise in nassen Kellerräumen, zu finden. Vereinzelt treten sie jedoch in Symbiose mit Pilzen auf, die im Mycelgeflecht in Höhlungen eine hohe Feuchtigkeit speichern können.

Bekämpfung von Mikroorganismen und Bakterien

Die Bekämpfung eines Schimmelbefalls auf Gebrauchsgegenständen oder Lebensmitteln erfolgt mit Hilfe von Chemikalien (Fungiziden, Bioziden) und physikalischen Methoden wie z. B. der Bestrahlung mit energiereichen Gammastrahlen. Diese Behandlung hat für den technischen, medizinischen und Lebensmittelbereich seine Berechtigung. Viele Kunstwerke jedoch sind kompliziert aufgebaut und empfindlich und würden wesentlich geschädigt. Nicht nur die Untersuchungen unseres Instituts beweisen, dass diese Behandlungen immer auch zur Zerstörung der Materialien der Objekte führen. (Abb. 7 b) Diese Behandlungen sind daher nicht für Museumsgut geeignet.

Konservatorisch geeignete Maßnahmen können aus den geschilderten, für das Keimen und Leben notwendigen Lebensbedingungen der Mikroorganismen abgeleitet werden. Wenn die Lebensbedingungen nicht stimmen, wird das Aufkeimen aus den Sporen und das ausbreitende Wachstum von Mikroorganismen verhindert. Der Umfang und Erfolg einer solchen Maßnahme hängt von der Durchführung der Behandlung, von der Hygiene und / oder der Lebendsterilisation ab.

Keimzahl-Vollsterilisation

Unter der Vollsterilisation versteht man die völlige Abtötung aller Keime und keimfähigen Teile. Für die Gesundheit der Benutzer wird dies als notwendig erachtet. Freilich ist kein Magazin oder Lesesaal völlig keimfrei und entsprechend ist diese Forderung völlig unsinnig. Die Keimzahl in den Benutzungsräumen und im Magazin sollte selbstverständlich niedrig gehalten werden, was durch regelmäßige Reinigung der Regale und der Oberflächen von Büchern, Boxen oder Archivalien erreicht wird. Dann kann eine Belastung der Sammlung und der Nutzer im Wesentlichen verhindert werden. In diesem Zusammenhang ist eine Keimzahlmessung durchaus angebracht, um die optimalen Reinigungsintervalle in Archiv, Bibliothek oder Depot zu ermitteln. Dabei sollte zuerst eine Generalreinigung, d. h. die feuchte Reinigung der Böden und Regale sowie das Absaugen und Abwischen der Oberflächen des Sammlungsgutes erfolgen. Dann wird jeweils vor und nach dieser Reinigung von Spezialfirmen über einen genormten Keimsammler auf einem Filter die Anzahl der herumfliegenden (ubiquitären) Keime und Sporen ermittelt. Nach einem oder zwei Jahren erfolgt noch einmal eine Generalreinigung, um aus der Veränderung der jeweils ermittelten Keimzahl die Intervalle der künftig erforderlichen Reinigung abschätzen zu können.

Bei einer derartigen Aktion wurde in den 1990er Jahren beispielsweise in der Stadtbibliothek Trier in den Magazinen der historischen Bestände ermittelt, dass eine Generalreinigung ca. alle 5–10 Jahre stattfinden muss. Sie ist sehr stark davon abhängig, wie die Räume durch Eintrag der Keime von außen verschmutzt werden (keine offenen Fenster!) und ob neues Archivgut, das zuvor nicht gereinigt wurde, eingebracht wird. Auch spielt es eine Rolle, ob Schmutz durch einen direkten Zugang von außen eingeschleppt werden kann, oder ob zuvor lange Flure mit Schmutzabtretern den Eintrag von Keimen minimieren. Auch sollte immer die Zuluftzufuhr mit Filtern ausgestattet sein, die regelmäßig kontrolliert werden müssen. Beim Neubau des Stadtarchivs Göttingen beispielsweise hatte die auszuführende Firma übersehen, die Filter einzuschieben. Erst der Restaurator bemerkte dies bei seiner regelmäßigen Kontrolle.

Die Reinigung und Luftkontrolle ist der erste und wichtigste Schritt der Präventiven Konservierung. Doch ist eine Klimakontrolle ebenfalls wichtig.

Klimabedingungen – Wasseraktivität

Ein Depot muss bestimmten Klimabedingungen Rechnung tragen. Die meisten Bestandserhalter begnügen sich mit der Vorgabe, dass 18–20 °C und 50–65 % rF vorgehalten werden sollen. Überprüft man diese Vorgaben, merkt man schnell, dass diese Werte so gut wie nie eingehalten werden können. Die meisten Klimaanlagen in Europa sind nicht so eng ausgelegt, und aus Kostengründen werden Abweichungen geduldet. In Wahrheit sind diese Werte Idealwerte, die das Keimen und Leben von Mikroorganismen ohnehin nicht in jedem Fall verhindern können. Wie bereits erwähnt schwanken die Lebensbedingungen je nach Art des Mikroorganismus beachtlich. Wachsen die meisten Organismen bei niedriger Temperatur kaum, spielt die relative Feuchtigkeit eigentlich nur eine mittelbare Rolle. Die Objektfeuchte ist ausschlaggebend, ob ein Schimmelpilz oder ein Bakterium wächst oder nicht. Sie wird als Wasseraktivität a_W angegeben. Ein a_W von 0,8

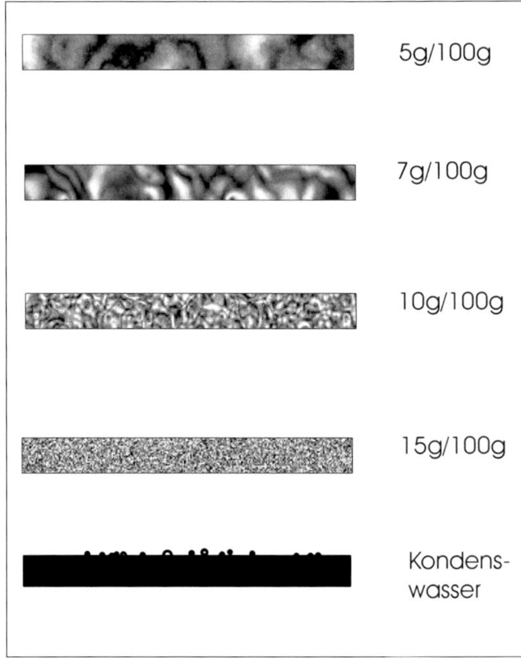

Abb. 10: Schema zur Objektfeuchte: In Materialien, die die Feuchtigkeit gut leiten, entsteht eine andere Objektfeuchte als bei feuchtedichten Materialien. Dort kann es beim gleichen Raumklima sogar zu Kondenswasserbildung kommen.

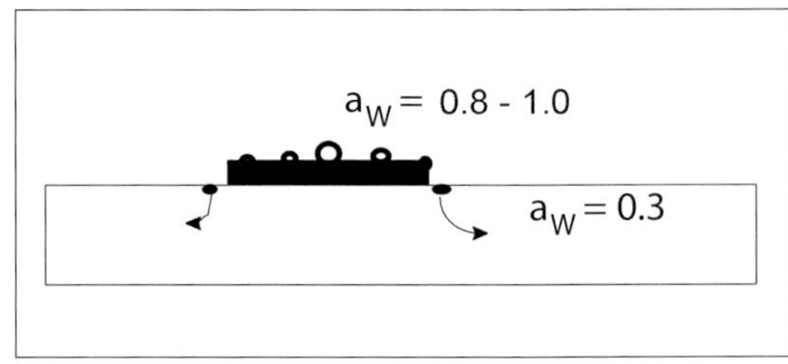

Abb. 11: Schema zur Objektfeuchte: Liegt auf einem Papier eine wasserundurchlässige Schicht, kann bei einer Raumfeuchte von ca. 65–70 % rF im Papier eine Wasseraktivität von 0,3 entstehen, da die Feuchtigkeit durch die Papierfasern wegtransportiert wird. Auf der wasserundurchlässigen Schicht (bspw. Klebstoffe, Kunstharze) entsteht jedoch eine Objektfeuchte von bis zu 1, d. h. es bildet sich Kondenswasser auf der Oberfläche. Dort können Schimmelpilze gedeihen, wenn sie genügend Zeit dafür haben.

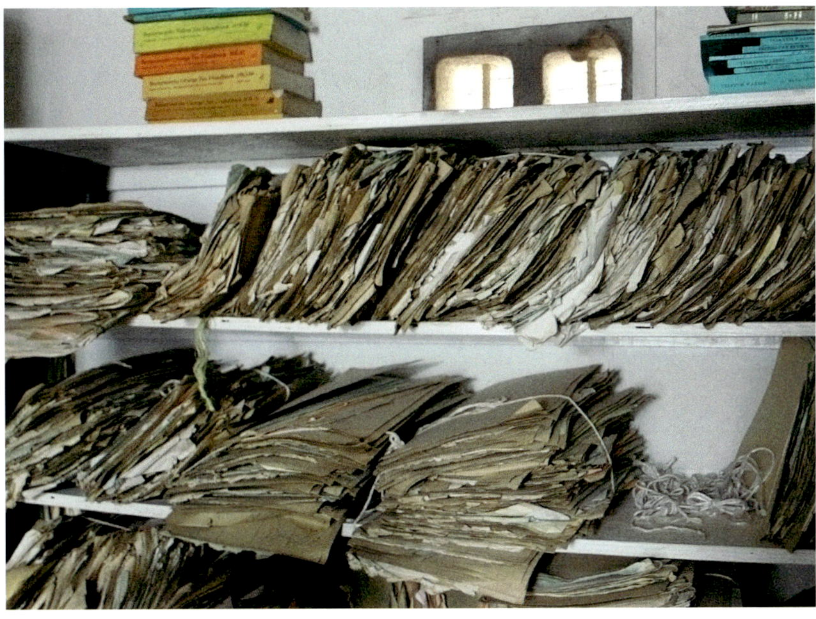

Abb. 12: In den Archiven der Insel Montserrat (Karibik) lagern die Archivalien in Räumen mit Zwangsbelüftung. Kleine Öffnungen (oben) mit Fliegengitter erlauben eine ständige Querbewegung der Luft. Dadurch kommt es selbst bei ständigen 38 °C und 90% rF zu keinem Schimmelbefall. Es kann sich in den Akten keine für Schimmel günstige Objektfeuchte ausbilden.

bedeutet beispielsweise, dass am Ort des Wachstums 80 % Objektfeuchte vorhanden sein muss. Die meisten Sporen und Schimmelpilze benötigen zum Keimen 20–25 °C und ein a_W von 0,9. Dann wird ein Wachstum eintreten, je nach Temperatur aber erst nach ca. 1–2 Wochen. Das bedeutet, dass die Objektfeuchte über diesen Zeitraum konstant bleiben muss. Die Objektfeuchte wird jedoch auch von der Umluft und von der Saugfähigkeit des Objektes stark beeinflusst. (Abb. 10, 11) Beispielweise werden in der Karibik auf der Insel Montserrat Archivalien in unklimatisierten Räumen aufbewahrt bei einem das ganze Jahr vorherrschenden Klima von ca. 38 °C und 90 % rF. Zum Schimmeln kann es dennoch nicht kommen, da ständig ein starker Wind weht und die Räume mit Öffnungen versehen sind, die eine Querlüftung ermöglichen. (Abb. 12) Nur in privaten Wohnungen auf der Insel, die lediglich in den Ferien bewohnt und sonst hermetisch verschlossen sind, kommt es zur Schimmelbildung.

Sterilisation

Finden Menschen Kulturgüter, insbesondere Schriftgut, verschimmelt vor, neigen sie dazu, die Objekte chemisch oder physikalisch völlig sterilisieren zu lassen. Bei Schimmelpilzen bedeutet dies, dass neben den lebensfähigen Teilen der Schimmelpilze, d. h. den Mycelen, auch die Sporen vernichtet werden. Bei Insekten werden neben den lebenden Insekten auch die Eier getötet.

Nach der Vollsterilisation wird das Sammlungs- und Archivgut üblicherweise ohne Reinigung wieder in unsterile Magazine verbracht. Es wird auch in den darauffolgenden Jahren nie steril aufbewahrt werden können. Die Objekte werden dann je nach vorherrschendem Klima wieder von Mikroorganismen befallen, da diese ubiquitär sind und immer wieder über die Luft eingeschleppt werden. Abgesehen davon, dass eine völlig keimfreie Aufbewahrung praktisch und monetär nicht möglich ist, wird das Kulturgut bei der Benutzung wieder mit Mikroorganismen zusammengebracht. Schon aus diesem Grund ergibt es keinen Sinn, Bücher, Archiv- und Sammlungsgut steril zu lagern und die Benutzer und Magaziner unsteril arbeiten zu lassen. Die Mikroorganismen sind allgegenwärtig und wir sind täglich von ihnen umgeben.

Alle chemischen und physikalischen Behandlungen schädigen jedoch die Objekte. Papier oder

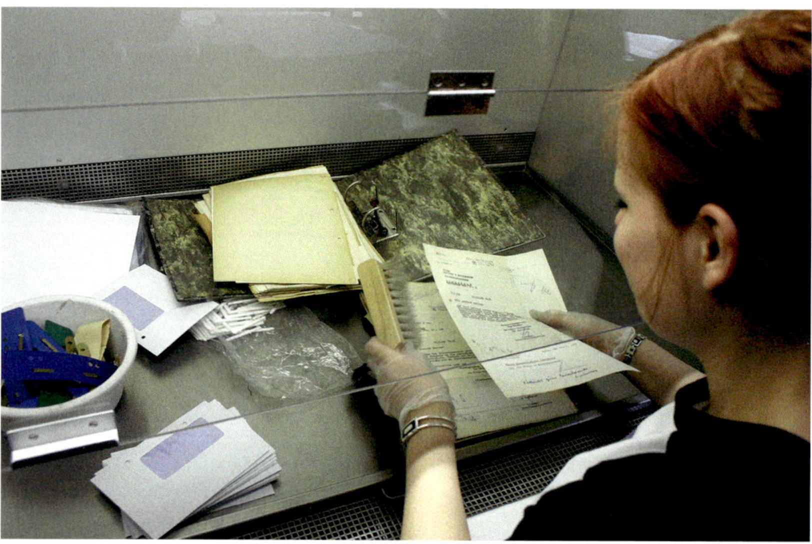

Abb. 13: Die abgetöteten Schimmelmycele müssen in einer »Reinen Werkbank« mit Bürsten und Pinseln abgekehrt werden.

Textilien verlieren beispielsweise bei jeder Bestrahlung mit Gammastrahlen ca. 20 % ihrer Festigkeit. Durch die Behandlung werden jedoch die abgetöteten Teile nicht entfernt! Das wiederum bedeutet, dass die Allergene nicht vernichtet werden, denn auch ein abgetöteter Teil eines Mycels oder eine abgetötete Spore kann immer noch allergen wirken! In jedem Fall muss nach einer Behandlung das Schriftgut Seite für Seite in einer »Reinen Werkbank« ausgebürstet werden, um die allergenen, nicht mehr virulenten Teile zu beseitigen. (Abb. 13) Dabei werden auch Sporen und allergene Teile entfernt. Daher reicht die Abtötung (Sterilisation) der virulenten (lebenden) Teile mit anschließender Reinigung völlig aus.

Lebendsterilisation

Für empfindliche Objekte genügt es, nur diejenigen lebenden Mikroorganismen, die aktiv die Materialien zersetzen, durch eine Teilsterilisation (Lebendsterilisation) abzutöten. Die Kontrolle, ob die Mikroben noch am Leben sind, ist erst in neuerer Zeit möglich geworden. Komplizierte Messungen beispielsweise des Umsatzes von ADP/ATP der Mikroben zeigen, ob sie noch virulent sind. Allerdings sind sie unsinnig, da, wie beschrieben, die Oberfläche von Papier und Pergament das Ergebnis verfälschen und das Austrocknen durch Vakuum sowieso jedes lebende Mycel abtötet.

Diese Lebendsterilisation kann daher schon mit der sehr einfachen Methode der Vakuumtrocknung erfolgen. (Abb. 14) Eine mechanische Reinigung der Oberfläche (Abkehren oder Abbürsten) in einer »Reinen Werkbank« oder unter geschützten Bedingungen schließt sich an (vgl. dazu oben). Der genaue Ablauf und die damit verbundene Logistik wird in einem späteren Kapitel behandelt. Wichtig ist auch, dass unter diesem Gesichtspunkt der Arbeitschutz neu überdacht werden sollte.

Abb. 14: Vakuumkammer zum Austrocknen von Schimmelpilzen bei der Lebendsterilisation.

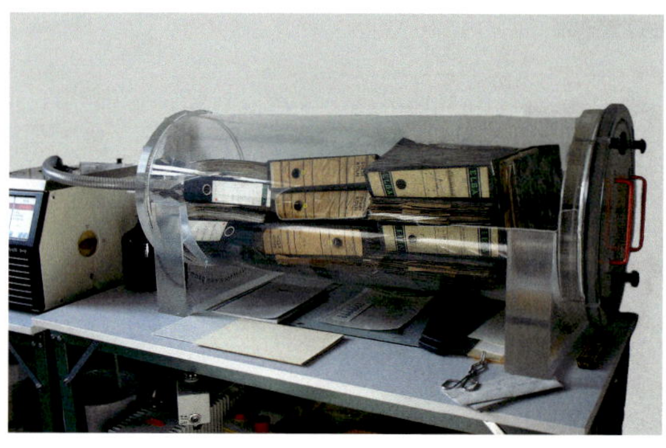

Arbeitsschutz

Unter Arbeitsschutz versteht man die Hygiene am Arbeitsplatz, d. h. die möglichst geringe Belastung des Menschen bei der Arbeit durch umherfliegende Keime und Allergene. Diese wird in erster Linie durch Sauberkeit und Schutz des Arbeitenden (Mundschutz, Schutzkleidung), seines Arbeitsplatzes (Desinfektion, Arbeiten an der »Reinen Werkbank« mit Absaugung, Einsatz von Staubsaugern mit HEPA-Keimfilter bei der Reinigung) erreicht. Die Beseitigung der allergenen, abgetöteten Bestandteile bei der sich an eine Lebendsterilisation anschließenden Reinigung gewährt diesen Arbeitsschutz. Eine alleinige physikalische oder chemische Sterilisation genügt nicht. Selbstverständlich sollte das Arbeitsgut (die gesammelten Objekte) regelmäßig gereinigt und sauber aufbewahrt werden.

Belastung durch Chemikalien und Zersetzungsprodukte

Durch den Einsatz von Chemikalien oder hochenergetischen Strahlen werden die allergenen Teile nicht entfernt. Zusätzlich wird der Arbeitsplatz (Werkstatt, Archiv, Bibliothek und Magazin) durch die verwendeten Chemikalien oder die bei einer physikalischen Behandlung erzeugten Zersetzungsprodukte belastet.

Abb. 15: Wiederbefall durch Mikroorganismen; Bebrütung: vier Tage auf Nährböden bei Zimmertemperatur und Dunkelheit. Von links nach rechts oben: Hadernpapier des 18. Jhs., Pergament; darunter Mitte: mit Blausäure begastes Pergament; darunter von links nach rechts unten: Hadernpapier mit Ethylenoxid begast, Pergament mit Ethylenoxid begast. Schon einmal befallene Objekte werden schneller befallen, selbst wenn zuvor eine chemische Behandlung durchgeführt wurde. Der frühere Schimmelbefall hat schon einige der Nährstoffe enzymatisch in kleinere Bruchstücke zerstückelt, die beim Wiederbefall sofort aufgenommen werden können.

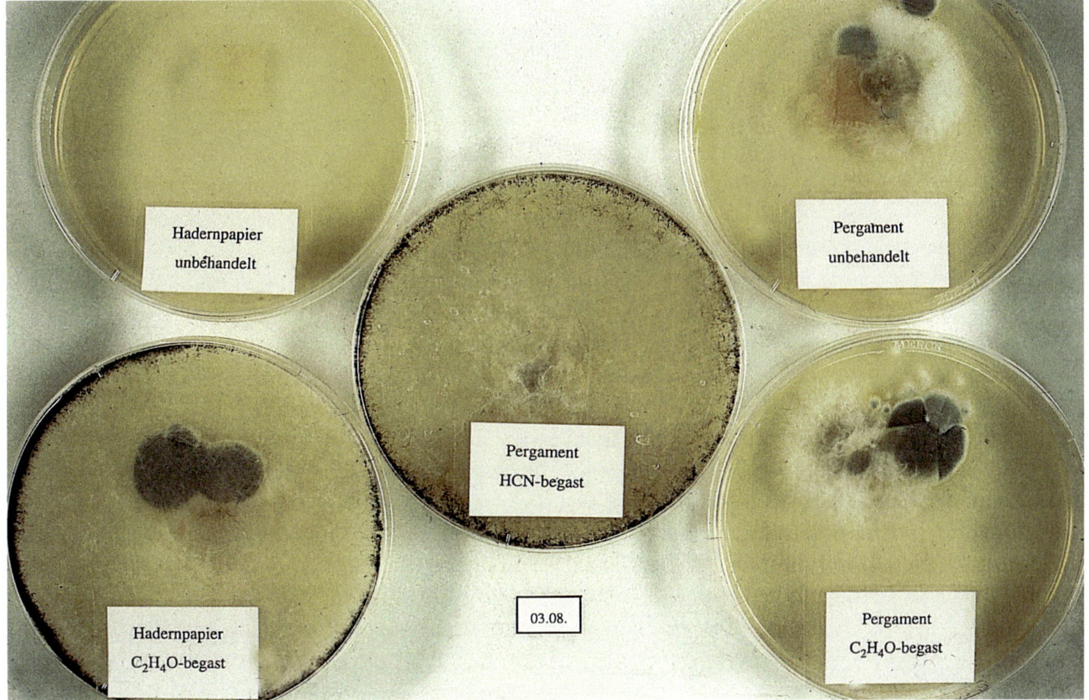

Mit großer Ignoranz vernachlässigt man bisher die chemischen Veränderungen der Materialien. Unsere naturwissenschaftlichen Analysen zeigen immer deutlicher, dass sich bei jeder bioziden oder fungiziden Behandlung die inneren Molekülstrukturen der Farbmittel und anderer Materialien ebenfalls nicht unwesentlich verändern. Daher werden auch die Sammlungsgegenstände selbst beschädigt oder gar zerstört. Die bisher gängige Praxis, Veränderungen nur mit dem bloßen Auge feststellen zu wollen, ist völlig unwissenschaftlich und zeugt von geringem Materialverständnis.

Häufig wird die chemische Behandlung damit begründet, dass sie eine präventive Wirkung habe und damit vor weiterem Mikrobenbefall schütze, was nicht zutrifft: Im Rahmen eines Versuchs wurde Hadernpapier aus dem 18. Jahrhundert und Pergament mit ETO (Ethylenoxid) und Blausäure begast, anschließend der Umgebungsluft ausgesetzt und auf einem Nährboden bebrütet. Im Vergleich zeigte sich, dass unbehandeltes Hadernpapier oder Pergament am langsamsten befallen wurde. (Abb. 15) Die chemisch oder physikalisch behandelten Papiere und das behandelte Pergament wurden sehr viel schneller wiederbesiedelt.

Dies ist naturwissenschaftlich leicht zu erklären, da schon einmal befallene Papiere vorverdaute Produkte (Zucker) enthalten, die von Mikroorganismen schneller abgebaut werden können als die hochpolymeren Verbindungen der Cellulose oder Proteine. Auch wenn die abgetöteten Teile nicht abgebürstet werden, bilden sie selbst einen hervorragenden Nährboden für einen erneuten Befall.

Die »chemische« oder »physikalische Keule« hat in kulturhistorischen Dimensionen gedacht keine präventive Wirkung. Nur eine optimale Lagerung verbunden mit der Sauberkeit am Arbeitsplatz kann präventiv schützen. Eine präventive Aktion, die nur kurzfristig über Wochen oder Monate aufrechterhalten werden kann, ist unbedeutend gegenüber der Tatsache, dass Kulturgut Jahrhunderte aufbewahrt werden und überdauern sollte.

Wasseraktivität und Materialdichte

Vor allem erhöhte Luftfeuchtigkeit stellt eine günstige Lebensbedingung für Mikroorganismen dar. Sie wird mit relativer Feuchte (rF) angegeben. Für den lokalen Befall ist jedoch die Objektfeuchte am Ort ausschlaggebend. Diese wird mit der sogenannten Wasseraktivität (a_W) gemessen; reines flüssiges Wasser hat eine Wasseraktivität von 1,0. Mikroorganismen benötigen üblicherweise Wasseraktivitäten von 0,7– 0,9. Diese Wasseraktivität kann bei »normal« feuchtedichten Materialien wie Papier erst bei etwa 70–95 % rF erreicht werden. Feuchtedichtere Materialien wie z. B. mit Weißleim verklebte Einbandrücken können diese Wasseraktivität schon bei 45–50 % rF erreichen. Das bedeutet, dass auf solchen Oberflächen Wasser kondensiert und dort eine Objektfeuchte mit einer hohen Wasseraktivität von mindestens 0,7–0,8 entsteht. So kommt es immer wieder vor, dass in »perfekten« Klimata von 45–60 % rF einige Buchrücken oder Objekte von Schimmel befallen werden, die danebenstehenden Bücher jedoch nicht. (Abb. 16) Auch Kunststoffeinbände können in diesem Klima Schimmelbefall zeigen, obwohl man eigentlich denken sollte, dass die Mikroorganismen auf Kunststoffoberflächen keine Nahrung finden würden. Hier zeigt sich, ob im Magazin Sauberkeit herrscht. Für das Wachsen der Mikroorganismen reichen geringe Nährstoffquellen wie eine Staub- oder dünne Schmutzschicht.

Ein großer Fehler wäre, diese Objekte mit Chemikalien zu behandeln. Auch ein Reinigen der Buchrücken mit 70-prozentigem Alkohol reicht nur für kurze Zeit. Die einzig richtige Konsequenz wäre, diese Objekte bei noch geringerer Feuchte aufzubewahren. Weil gerade neue Einbände der 1930er, 50er und 60er Jahre diese Erscheinung zeigen, ist es manchmal besser, die Bücher neu binden zu lassen, anstatt das Klima drastisch trockener zu machen, damit die Systematik im Magazin erhalten und der Befall unterbunden werden kann.

Das umgebende Klima bei der Aufbewahrung von Archivalien ist ausschlaggebend für Schimmelbefall. Wie bereits erwähnt ist das Schriftgutmaterial ein geeigneter Nährboden für Mikro-

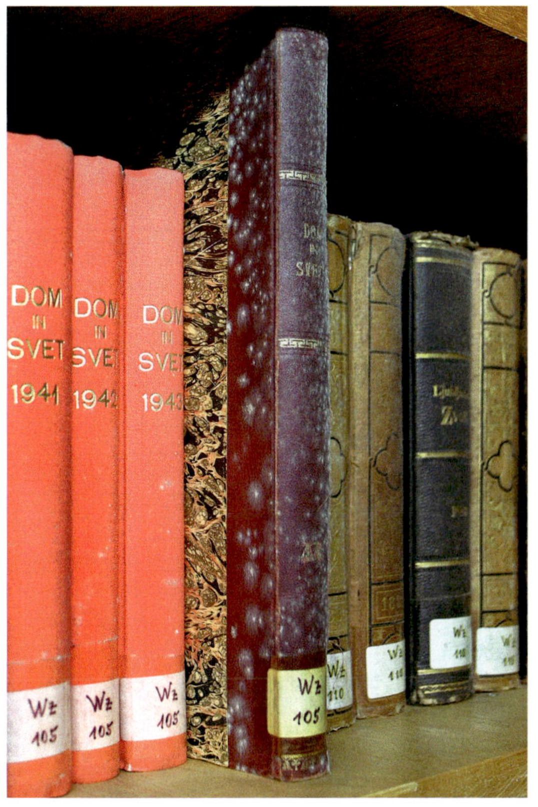

organismen. Wenn an einer Stelle im Magazin oder in der Mappe mit Archivalien die Objektfeuchte über einen längeren Zeitraum einen für Schimmelwachstum günstigen Wert annimmt, wird der Schimmelfall auftreten! Dies sei am Beispiel einer Akte des Auswärtigen Amtes von 1920 verdeutlicht (Abb. 17): Schon am Einband kann man erkennen, dass die Akte in der Vergangenheit wohl feucht gelagert wurde. Der obere Teil des Rückendeckels scheint durch Nässe angegriffen worden zu sein. Im Innern sieht das Papier aber weitestgehend intakt aus. Nur an einigen Stellen, an denen durch Lacksiegel die Feuchtigkeit um das Lacksiegel herum nicht von saugfähigem Papier abgeleitet werden konnte, hat sich unmittelbar am Siegel Schimmel gebildet. (Abb. 18) In der Archivmappe konnte sich dann im Innern um das Lacksiegel herum ein Mikroklima bilden, das das

Abb. 16: Manche Bücher werden in einem Magazin mit wenig Luftbewegung schon bei 60–65 % rF befallen. Allerdings werden nur Stellen befallen, die die Feuchtigkeit nicht aufsaugen und verteilen können. Daher sind v. a. mit Kunstharz verleimte Rücken betroffen.

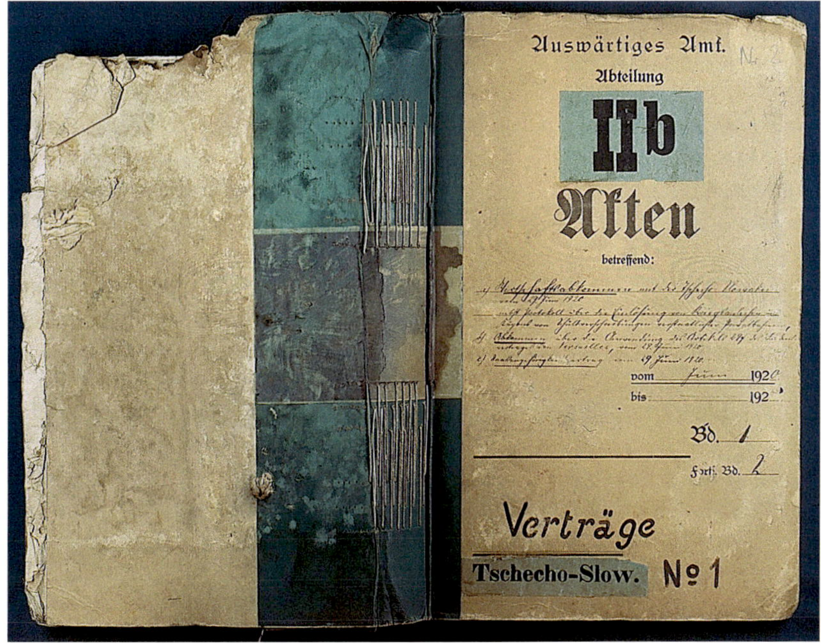

Abb. 17: Akte des Wirtschaftsabkommens zwischen dem Deutschen Reich und dem Königreich der Serben, Kroaten und Slovenen vom 29. Juni 1920, Archiv des Auswärtigen Amtes Bonn. Die Beschädigung des Rückdeckels weist auf einen früheren Wasserschaden hin.

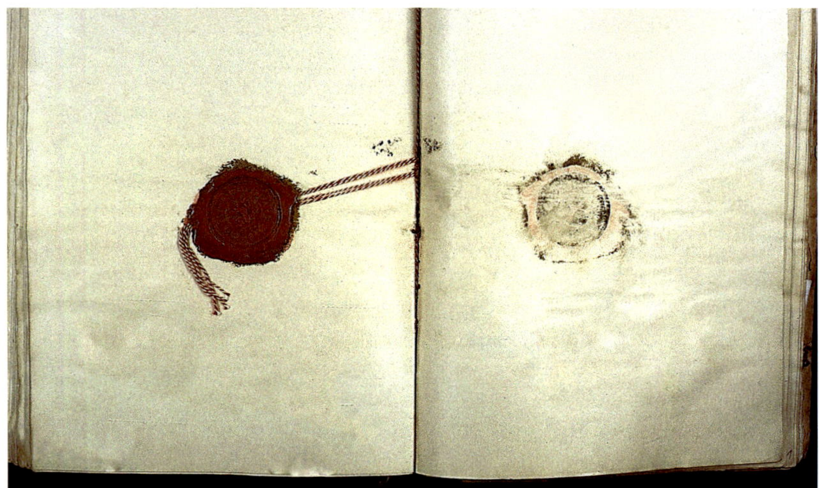

Abb. 18: Dort, wo der Siegellack die Fähigkeit des Papiers, Wasser aufzusaugen, unmöglich machte, entstand durch die sich ausbildende große Objektfeuchte Schimmel. Durch den hohen Druck im engen Regal breitete sich der Schimmel auch auf dem benachbarten Papier aus.

Schimmelwachstum begünstigte. Wahrscheinlich wurde die Akte im Regal durch die Nachbarakten stark gepresst, und die im Papier enthaltene Feuchtigkeit konnte nicht an allen Stellen entweichen. Sie bildete im unmittelbaren Bereich der Lacksiegeloberfläche eine hohe Objektfeuchte, die letztendlich zum Schimmelbefall führte.

Modernes Konzept der Bekämpfung von Mikrobenbefall

Die neuen Kenntnisse zum Arbeitsschutz, der Lebendsterilisation und der Prävention erlauben heute völlig schadfreie Behandlungen. Bücher oder Archivalien müssen nicht mehr mit der »chemischen Keule« oder mit energiereicher Strahlung behandelt werden. Ein sinnvolles Konzept der Prävention (Arbeitsplatzhygiene, Sauberkeit im Magazin, Klimaregelung) verhindert einen Schimmelbefall. Lebendsterilisation durch einfaches Austrocknen der Bücher oder Grafiken durch Vakuum (durchaus auch vorübergehend bei weniger als 20 % rF) und anschließendes Reinigen (Auskehren, Ausbürsten) ersetzt alle teuren und schädlichen chemischen und physikalischen Verfahren.

Durch sinnvolle Planung können auch große Bestände behandelt und geschützt werden. Hierbei wird ein detaillierter Ablauf der Trockenbehandlung und anschließenden Reinigung festgelegt, was verhindert, dass befallenes Material

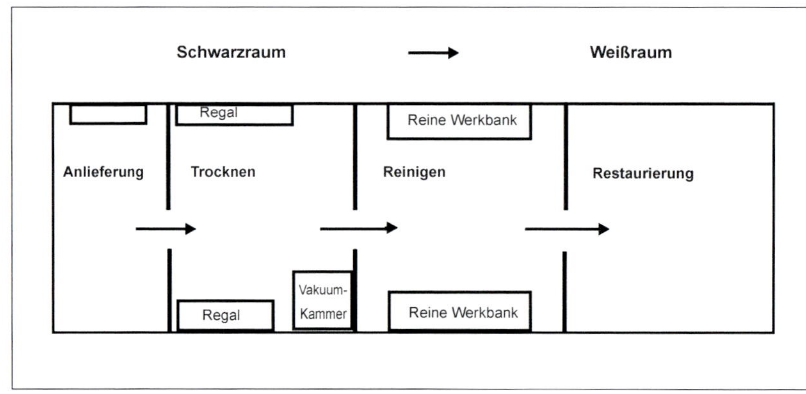

Abb. 19: Schwarz-weiß-Raumlogistik

wieder mit Unbefallenem zusammenkommt. (Abb. 19) Die verschimmelten Objekte kommen in einen Schmutzbereich (Schwarzraum) und werden dort beispielsweise in einer Vakuumkammer getrocknet. (Abb. 14) Sie werden anschließend in den Reinigungsraum in Laminar-flow-Kabinette (Reine Werkbank) gebracht und dort ausgebürstet. Erst danach dürfen die Objekte in den sauberen Bereich (Weißraum) gebracht werden. Es muss dabei peinlich genau darauf geachtet werden, dass auch der im Schwarzbereich mit Schutzkleidung und Mundschutz versehene Arbeiter nicht in den Weißbereich gehen kann und die Keime dorthin verschleppt. Dieser Ablauf ist bei richtiger Planung kostengünstig und für die Objekte sehr schonend. Der angenehme Nebeneffekt ist, dass weder das Sammlungsgut noch der Mensch belastet und somit geschädigt werden.

Mit dieser Technik wurden Tausende von mit Schimmel befallene Bände der Stadtbibliothek Trier in kurzer Zeit und mit relativ geringem Aufwand behandelt. Nachdem die Logistik vor Ort aufgebaut war, konnten mit bis zu 4 Hilfskräften ca. 150–220 Bände pro Woche getrocknet, vollständig gereinigt und wieder zurückgebracht werden. Da einige Bände nur auf wenigen Seiten von Schimmel befallen waren, wurden bei dieser Aktion innerhalb von 2,5 Jahren 20 000 Bände behandelt.

Begleitend zu diesen Maßnahmen muss Magazinhygiene betrieben werden. Viele Buch- und Museumsmagazine sind oft seit Jahrzehnten nicht generalgereinigt worden, d.h. bis in alle Ecken, alle Böden, Wände, die Magazingestelle und die Objekte (!). Bei dieser Reinigung können Desinfektionsmittel (z.B. Alkohol) verwendet werden. Diese Maßnahmen werden wie bereits erwähnt mit Keimzahlmessung begleitet.

Erst mit der Magazinhygiene kombiniert mit schonender Lebendsterilisation und Reinigung kann eine konservatorisch richtige Schimmelbehandlung von Büchern, Archivalien und anderen Sammlungsobjekten erfolgen. Diese Kombination sollte in allen Museen, Archiven und Bibliotheken zum Schutz der Objekte angewendet werden.

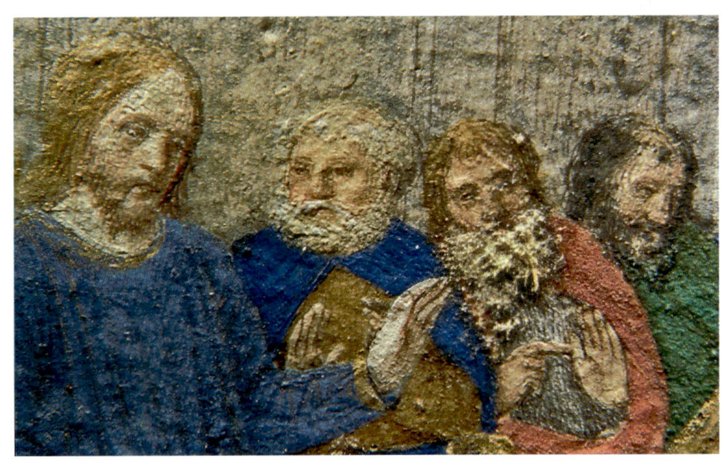

Abb. 20: Das Detail zeigt den von Schimmel befallenen Bart des zweiten Apostels rechts von Christus. Der luftdichte Sicherheitsrahmen wurde bei hoher relativer Raumfeuchte geschlossen und das Bild in einem relativ kalten Raum ausgestellt. Dadurch konnte sich auf dem Leimbindemittel des Bartes Schimmel bilden.

Ausstellung, Montage und Verpackung

Bei der Aufbewahrung von wertvollen Kunstwerken aller Art werden immer wieder Fehler gemacht. So werden aus Sicherheitsgründen die bedeutendsten Buchmalereien Frankreichs von Jean Fouquet in luftdichten Rahmen montiert und in einem speziellen Raum, dem Sanktuario des Wasserschlosses Chantilly, aufbewahrt. Bei konservatorischen Untersuchungen der einzelnen Bilder bemerkten wir, dass der Bart eines Apostels in der Szene der Fußwaschung »dreidimensional« erschien. (Abb. 20) Unter der Stereolupe war der

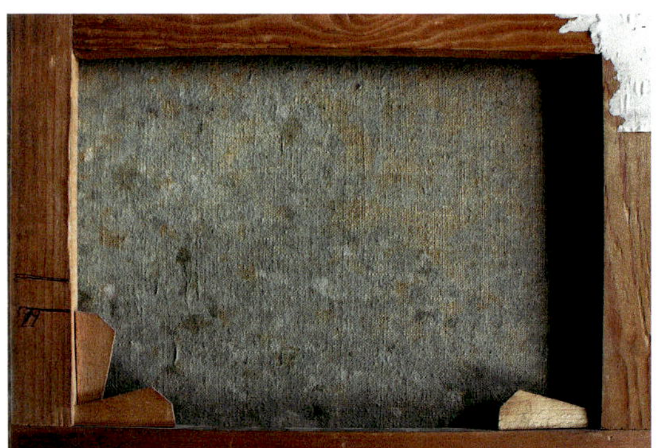

Abb. 21: Ein Ölgemälde wurde in einer Luftpolsterverpackung im Magazin gelagert. Auf der schmutzigen Leinwandrückseite konnte sich im »normalen« Klima des Sicherheitsmagazins Schimmel bilden.

Schimmelbefall klar erkennbar. Die intensiven Nachforschungen brachten folgende Ergebnisse: Die Bilder eines Rahmens waren für eine Publikation neu fotografiert und dafür aus dem Rahmen genommen worden. Die Arbeiten fanden in einem Raum im Souterrain des Wasserschlosses an einem regnerischen Tag statt. Die Raumfeuchtigkeit war sehr hoch und nach den Arbeiten des Fotografen wurden die Blätter wieder in den Rahmen montiert. Um den Rahmen staubdicht zu bekommen, wurde der Rahmenfalz mit Selbstklebestreifen verschlossen. Nachdem er wieder ins Sanktuario verbracht worden war, bildete sich bei niedrigen Raumtemperaturen ein feuchtes inneres Mikroklima. An den Stellen, an denen in der Malerei Hautleim (oder Pergamentleim) als Bindemittel verwendet wurde, bildete sich eine hohe Objektfeuchte (hohe Wasseraktivität) aus, die den Schimmel wachsen ließ. Dieser wurde nach unseren Untersuchungen mit einem weichen Pinsel sorgfältig abgenommen. Die Blätter wurden bei geringer Raumfeuchte wieder im Rahmen montiert und in den Rahmenfalz dünne Filterpapierstreifen eingelegt und nicht abgeklebt. Damit sollte ein Luftaustausch ermöglicht werden, ohne dass Staub eindringen kann. Bis heute hat sich kein erneuter Schimmelbefall gebildet.

Ein anderes Beispiel aus der Praxis zeigt, dass man bei der Magazinierung eines Kunstwerkes vorausschauend denken muss. In einer privaten Sammlung wurde ein Ölgemälde vor Staub geschützt gut abgeklebt in Luftpolsterfolie eingewickelt und in ein relativ kühles, aber ansonsten gut klimatisiertes Magazin gebracht. Auch hier war die Luftfeuchtigkeit des Raumes, in dem das Bild verpackt wurde, relativ hoch. Nach einiger Zeit bildete sich unter der Luftpolsterfolie ein feuchtes Mikroklima aus, da die Feuchtigkeit aus der eingeschlossenen Luft durch die kalte Umgebung für eine hohe Objektfeuchte auf der Leinwandrückseite sorgte und dort Schimmel wuchs. (Abb. 21) Dies wurde lange Zeit nicht beachtet, da die Verpackung nicht ausreichend durchsichtig war. Erst bei einer zufälligen Kontrolle, als das Gemälde ausgepackt wurde, fiel der Befall auf. Die ursprüngliche Absicht, das Gemälde vor Staub zu schützen, hatte dafür gesorgt, dass das Bild verschimmelte.

Empfehlungen

Kunstwerke, die aus Materialien wie Cellulose oder Kohlenhydraten bestehen, sind prinzipiell gefährdet, von Mikroorganismen befallen zu werden. Dieses Umstands muss sich das Personal in Magazinen und Ausstellungsräumen stets bewusst sein. Nicht nur das äußere Klima, sondern auch die im Kunstwerk gespeicherte Objektfeuchte, d. h. seine Wasseraktivität, muss bewertet werden. Hierbei spielt es eine große Rolle, ob das Material feuchtedicht oder feuchteleitend ist. Kunststoffverpackungen können sich sehr negativ auswirken und Mikroklimata provozieren. Präventive Konservierung ist oft schwieriger zu planen, als gemeinhin vermutet wird. Die relative Raumfeuchte spielt immer nur eine mittelbare Rolle beim Schimmelbefall.

Bereits befallenes Kunstgut sollte weder chemisch noch physikalisch mit schädigenden Strahlen behandelt werden. Eine Lebendsterilisation durch die Vakuumkammer reicht aus, um die virulenten schädlichen Mikroorganismen abzutöten. Es muss sich in jedem Fall eine gründliche Reinigung der Oberfläche mit Pinsel, Bürsten und evtl. Radiermaterialien anschließen. Auch sollte für eine hygienische, gereinigte Umgebung grundsätzlich gesorgt sein. Nur so lässt sich eine adäquate und optimale Arbeits- und Lagerbedingung garantieren – für die Objekte und die Nutzer.

Literatur

R. Fuchs, Schädlingsbekämpfung an befallenem Schrift- und Archivgut. Vergleich alter und neuer Verfahren. Moderne Untersuchungen zur Veränderung der Molekülstruktur, in: Landschaftsverband Rheinland (Hrsg.), Dem »Zahn der Zeit« entrissen! Neue Forschungen und Verfahren zur Schädlingsbekämpfung im Museum (Köln1997) 53–83 (mit zahlreichen weitergehenden Literaturhinweisen).

In erweiterter Form, mit anderem Bildmaterial und in polnischer Übersetzung erschien der vorgenannte Artikel:

R. Fuchs, Zwalczanie Szkodników na zaatakowanym materiale bibliotecznym i archiwalnym: Porównanie starych i nowych metod. Nowoczesne metody badawcze do porównania zmian w strukture molekularnej, Ochrona Zabytków 200.1, 1998, 63–80.

Über die Keimzahlmessungen in Museen:

L. Goldberg, A History of Pest Control Measures in the Anthropology Collections, National Museum of Natural History, Smithsonian Institution, Journal of the American Institute of Conservation 35, 1996, 23–43.

Die Untersuchungen über die Reaktionen von chemischer Schimmelbekämpfung mit Farbmitteln wurden im Rahmen eines DFG-Forschungsprojektes (Post-Doc-Stipendium) durchgeführt:

O. Hahn, Chemische Schädlingsbekämpfung. Risiken für Pigmente und Farbstoffe, Restauro 105.4, 1999, 275–279.

Über den Aufbau einer Werkstatt, die dem Prinzip Schwarzraum / Weißraum entspricht:

R. Mussler, Papierrestaurierung in Wesel, Arbeitsblätter des Arbeitskreises Nordrhein-Westfälischer Papierrestauratoren 5, 1995, 9–16.

Über die fungistatische Wirkung von flüchtigen Ölen, die auch heute noch von einigen wenigen Papierwerkstätten verwendet werden:

M. Rakotonirainy (u. a.), Evaluation of the fungistatic and fungicidal Activity of six Essential Oils and their related Compounds, in: 25 years School of Conservation, Preprints the Jubilee Symposium, 18–20 May 1998, Konservatorenskolen Kopenhavn, 121–130.

Über die Schädlichkeit von hochenergetischer Strahlung auf Schriftgut und Kunstwerke:

J. H. Hofenk de Graaff / W. G. Th. Roelofs, Investigation of the long-term effects of ethylene oxide fumigation and gamma irradiation on the ageing of paper. In: H. Verschoor / J. Mosk (Hrsg.), Contributions of the Central Research Laboratory to the field of conservation and restoration (Amsterdam 1994) 53–64.

Ch. Meier / K. Petersen, Schimmelpilze auf Papier (Lübeck 2006).

Zentrale Literatur über die Wachstumsbedingungen von verschiedenen Schimmelpilzarten:

J. Reiß, Schimmelpilze (Berlin 1986).

M. Florian / E. Lou, Fungal Facts (London 2002).

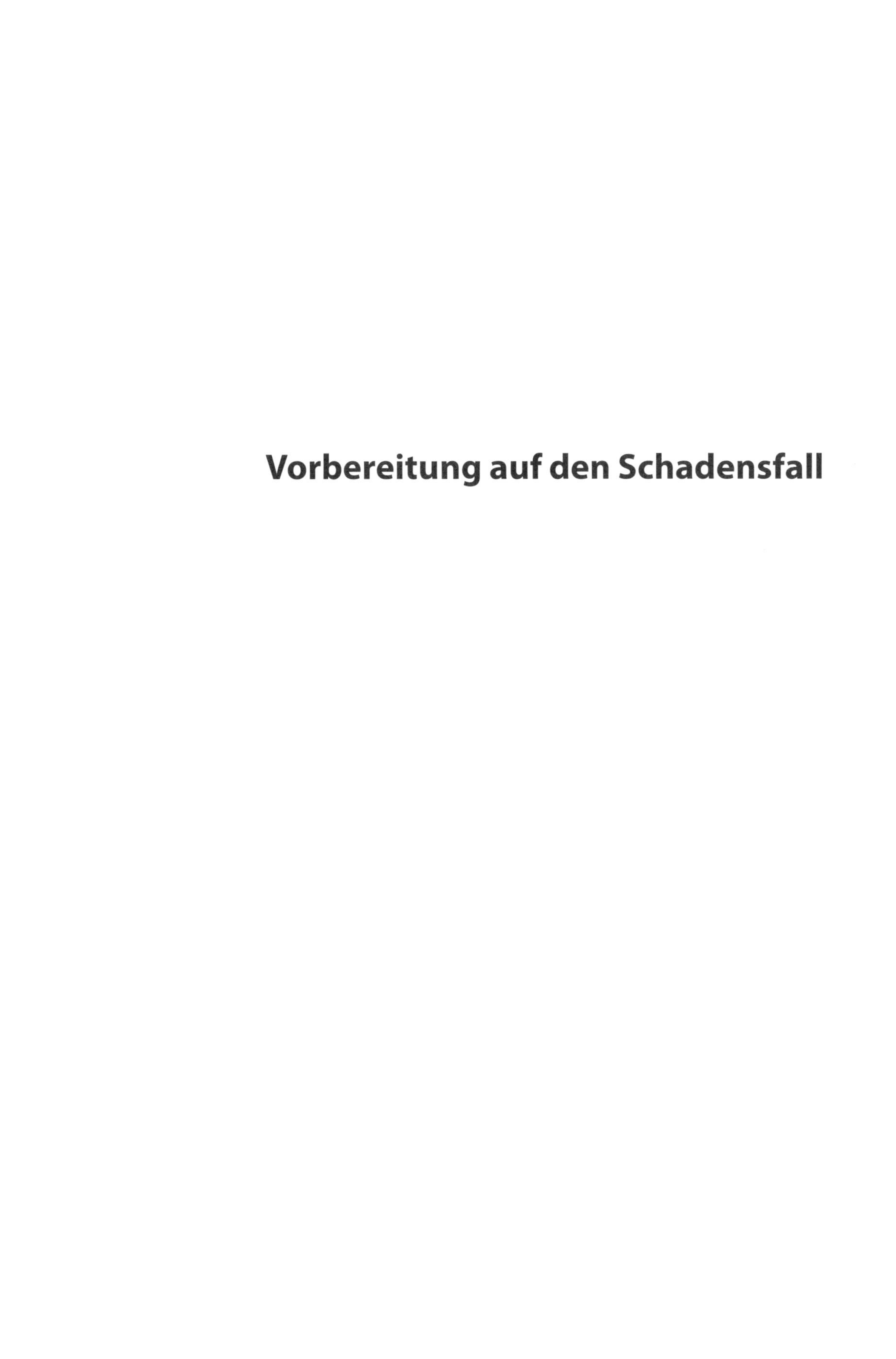

Vorbereitung auf den Schadensfall

Kulturgutschutz, Räumungsplanung für den Schadensfall

Peter Bachmeier

Im Wesentlichen ist es dem überwiegend verantwortungsvollen Umgang der Museumsbetreiber und sonstiger Verantwortlicher für Kulturgut zu verdanken, dass relativ selten Schäden an bedeutenden Kunstgegenständen in den Museen und deren Depots auftreten. Spektakuläre Ereignisse wie der Brand in der Herzogin Anna Amalia Bibliothek in Weimar, der Brand im Lokschuppen des Nürnberger Verkehrsmuseums oder der Einsturz des Historischen Archivs der Stadt Köln stellen somit Ausnahmen dar, führen jedoch zum unwiederbringlichen Verlust der betroffenen Kulturgüter.

Um die Gefährdung der Kulturgüter realistisch einschätzen zu können, empfiehlt sich eine umfassende Gefährdungsbeurteilung, die alle Phasen eines Schadensereignisses beinhaltet.

Inhalt einer Gefährdungsbeurteilung

Der Diebstahl aus Museen und Depots steht zu Recht stets im Fokus einer Gefahreneinschätzung und es werden die entsprechenden Schutzmaßnahmen dagegen getroffen. Aber wie wird mit den sonstigen Gefährdungen umgegangen und wie sind diese mit der Feuerwehr als der für die nichtpolizeiliche Gefahrenabwehr zuständigen Stelle abgestimmt?

In die Gefährdungsbeurteilung fließen ein:
- Betrachtung der möglichen Gefährdungen
- Einschätzung der Eintrittswahrscheinlichkeit eines Schadens
- zu erwartender Schadensumfang

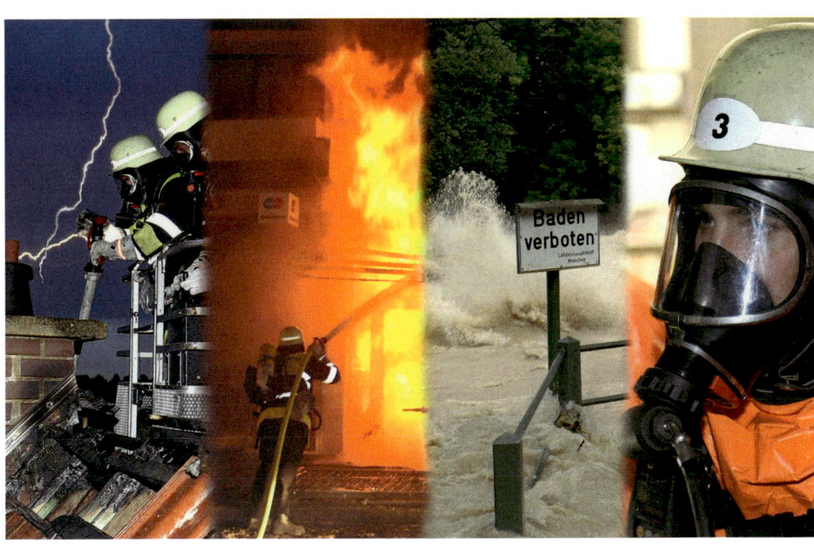

Abb. 1: Bei der Gefährdungsbeurteilung müssen alle potentiellen Gefahren in Erwägung gezogen werden.

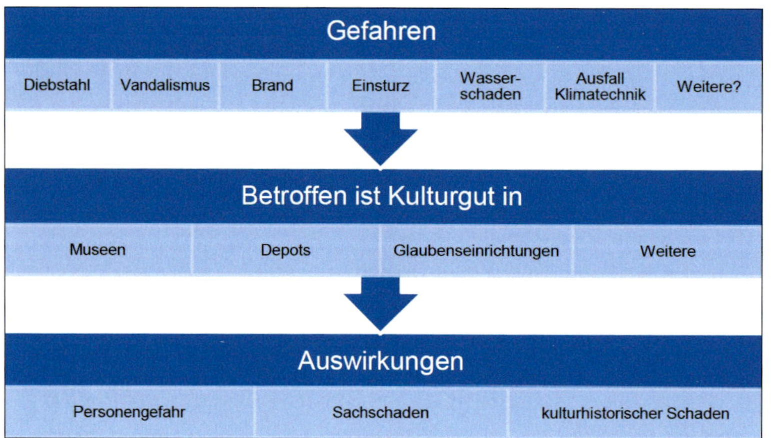

Abb. 2: Gefahrenauswirkungen auf Kulturgüter

Der klassische Kulturgutschutz dient dazu, das kulturelle Erbe vor Plünderung und Zerstörung durch Kriege zu bewahren. Nähere Hinweise hierzu bietet das Bundesamt für Bevölkerungsschutz und Katastrophenhilfe (BBK). Schadenslagen wie Brände, Unwetterschäden oder die Kontamination von Kunstgegenständen mit aggressiven Stoffen werden im klassischen Kulturgutschutz jedoch nicht ausreichend berücksichtigt, da sie stets ohne zeitlichen Vorlauf eintreten.

Betrachtet wird nachstehend ein übliches Schadensereignis, und zwar die Gefährdung durch einen Brand. Das Oberverwaltungsgericht Münster hat zur Einschätzung der Eintrittswahrscheinlichkeit eines Brandes eine prägnante Formulierung gefunden: »Es entspricht der Lebenserfahrung, dass mit der Entstehung eines Brandes praktisch jederzeit gerechnet werden muss. Der Umstand, dass in vielen Gebäuden jahrzehntelang kein Brand ausbricht, beweist nicht, dass keine Gefahr besteht, sondern stellt für die Betroffenen einen Glücksfall dar, mit dessen Ende jederzeit gerechnet werden muss.«

Aber mit welchem Schadensumfang muss gerechnet werden? Wird nicht ohnehin ein sehr (zu?) hoher Aufwand für Brandschutzmaßnahmen getroffen?

Tatsächlich nehmen die Aufwendungen für den vorbeugenden baulichen, technischen und organisatorischen Brandschutz in vielen Museen und Depots zu. Wichtig erscheint hierbei, die damit verbundenen Schutzziele näher zu betrachten. Die Bauordnungen der Länder richten sich direkt an die Bauherren, Eigentümer und Betreiber der Gebäude. Diese sind verpflichtet, bauliche Anlagen so anzuordnen, zu errichten, zu ändern und instand zu halten, dass der Entstehung eines Brandes und der Ausbreitung von Feuer und Rauch ausreichend vorgebeugt wird und bei einem Brand die Rettung von Menschen und wirksame Löschmaßnahmen möglich sind.

Konkretisiert wird dies mit materiellen Brandschutzvorgaben hinsichtlich der Ausführung der Gebäude. Da jedoch die Bauordnungen der Länder alle baulichen Anlagen regeln, kann nicht erwartet werden, dass die Besonderheiten des Kulturgutschutzes umfassend berücksichtigt sind. Es wird vielmehr auch von »wirksamen Löscharbeiten« ausgegangen, wenn ein Brand auf eine Nutzungseinheit oder einen Brandabschnitt begrenzt werden kann. Die Zerstörung des Inventars wird dabei akzeptiert; mit Löschwasserschäden ist bei entsprechend großen Brandereignissen immer zu rechnen. Allein aus der Tatsache, dass ein Museum oder Depot den baurechtlichen Bestimmungen entspricht oder entsprechend saniert wird, lässt sich somit nicht ableiten, dass das darin befindliche Kulturgut ausreichend vor Brandereignissen geschützt ist. Die wesentliche Zielsetzung des Baurechts liegt vielmehr beim Schutz der Personen.

Welche tatsächliche Gefährdung für das einzelne Objekt besteht, kann nur im Rahmen einer Einzelfallbetrachtung ermittelt werden.

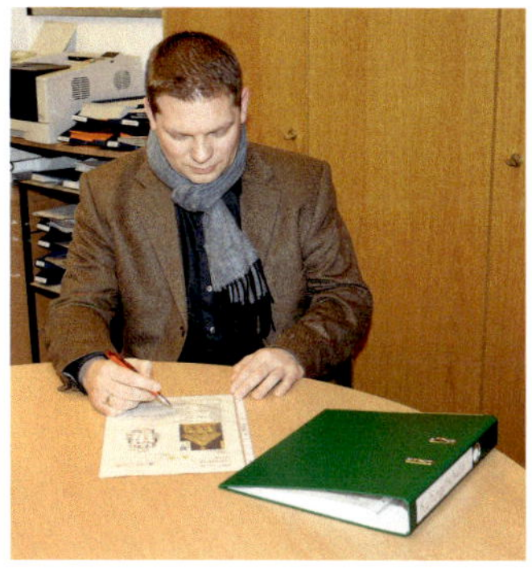

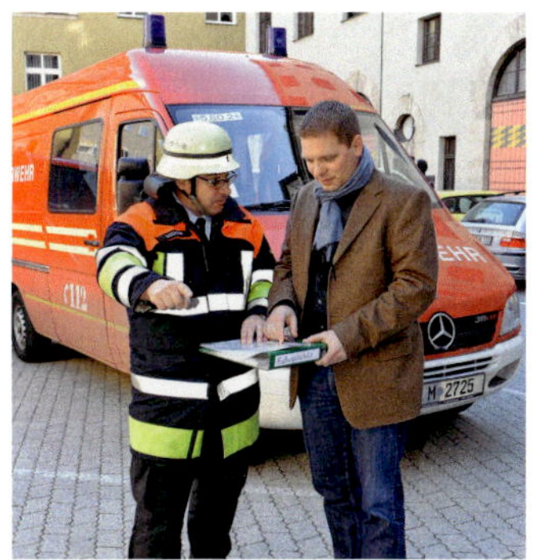

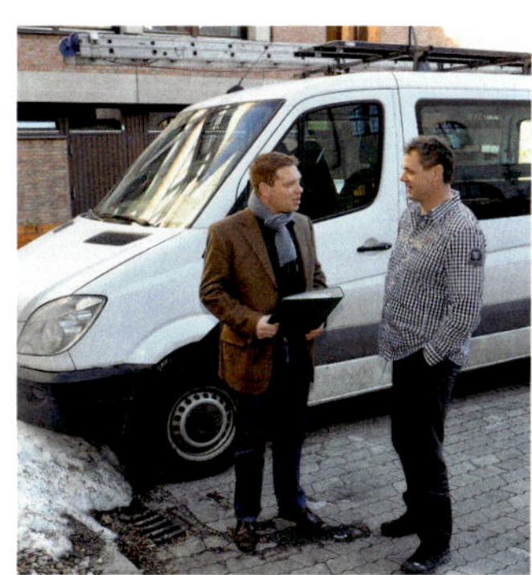

Phase vor einem Schaden:	**Gefahrenabwehr:**	**Aufbewahrung / Sanierung im Schadensfall:**
• Eintrittswahrscheinlichkeit minimieren • Betreiber	• Schadensausmaß minimieren • Feuerwehr im Gefahrenbereich • Betreiber außerhalb des Gefahrenbereichs	• Schadensausmaß minimieren • Betreiber • Fachfirmen

Abb. 3a–c: Ein umfassender Kulturgutschutz muss alle Phasen eines Schadensereignisses betrachten. Die Phase »Gefahrenabwehr« wird als der Zeitraum zwischen Notruf und Übergabe der Einsatzstelle an den Betreiber angesehen.

Der Schutz der Kulturgüter bei Bränden oder sonstigen rasch eintretenden Schadensereignissen wird durch mehrere Faktoren beeinflusst. Die Gebäudesicherheit einschließlich der betrieblichen Sicherheitsmaßnahmen hat Auswirkungen sowohl auf die Eintrittswahrscheinlichkeit eines Schadens als auch auf das mögliche Schadensausmaß. Weitere wichtige Parameter sind die Nutzung der Räumlichkeiten, in denen sich Kulturgüter befinden, das Vorgehen der Einsatzkräfte im Schadensfall und die rechtzeitige Räumung der Kulturgüter aus den gefährdeten Bereichen. Zu einer erheblichen Gefährdungserhöhung können Nutzungserweiterungen führen. Insbesondere Sonderveranstaltungen mit einer hohen Personenzahl, offenem Feuer und Kochbetrieb in den Räumlichkeiten mit Kulturgut sowie Auf- und Abbauarbeiten von technischen Einrichtungen unter Zeitdruck sind kritisch zu beurteilen. Aber auch von den Kunstgegenständen können Gefahren ausgehen, wenn z. B. größere Skulpturen, an die Besucher herantreten können, leicht entflammbar sind.

Die Gefährdungsbeurteilung und die daraus folgenden präventiven Maßnahmen sind eine ureigene Aufgabe der Betreiber. Erst die Beseitigung einer konkreten Brand- und Explosionsgefahr, die Bekämpfung von Bränden und die technische Hilfe bei sonstigen Unglücksfällen oder Notständen ist eine Pflichtaufgabe der Gemeinden, die hierfür öffentliche Feuerwehren vorhalten müssen. Im Rahmen eines umfassenden Kulturgutschutzes muss auch der Zeitraum der unmittelbaren Gefahrenabwehr betrachtet werden. Es kann jedoch nicht davon ausgegangen werden, dass die jeweils örtlich zuständige Feuerwehr mit dem Museum oder Depot vertraut ist und den richtigen Umgang mit den betroffenen Kulturgütern kennt. Das Vorgehen der Einsatzkräfte erfolgt je nach Schadensereignis nach festen Regularien. Die Notwendigkeit besonderer Maßnahmen für den Kulturgutschutz erfordert dabei entsprechende Informationen. Gerade bei besonders schützenswertem oder löschwasserempfindlichem Kulturgut sind Informationen und geeignete Planunterlagen erforderlich, sodass die Feuerwehr diese in ihrer Einsatzplanung berücksichtigen kann. Es kann dann auch die Alarmierung zu einem Objekt so angepasst werden, dass etwa Kohlendioxid oder Löschpulver als alternative Löschmittel zur Verfügung stehen. Sollte im konkreten Fall ein Verzicht auf Löschwasser dennoch nicht möglich sein, so können bereits während der laufenden Löschmaßnahmen gezielte Schutzmaßnahmen wie die Absaugung von Löschwasser oder die Abdeckung von Kulturgütern eingeleitet werden.

Bei den meisten Gefährdungen kommt beim Schadenseintritt einer frühzeitigen und gezielten Räumung der Kulturgüter eine besondere Bedeutung zu. Je nach Eilbedürftigkeit, erforderlichem Personalaufwand und einer möglicherweise benötigten Schutzkleidung sind Räumungsmaßnahmen teilweise oder ganz durch das Feuerwehrpersonal umzusetzen. Sie können jedoch nur gezielt, zeitgerecht und zerstörungsfrei durchgeführt werden, wenn sie geplant und im Vorfeld mit der Brandschutzdienststelle abgestimmt sind. Letztere kann auch darüber Angaben machen, wie viel Räumungspersonal in welcher Zeit zur Verfügung gestellt werden kann. Dies ist stark von den örtlichen Gegebenheiten abhängig, ggf. ist eine frühzeitige Einbindung weiterer Hilfskräfte (beispielsweise des Technischen Hilfswerks) erforderlich.

Die Räumungsplanung sollte im Rahmen einer standardisierten »Information Kulturgutschutz (KGS)« erfolgen. Neben Planunterlagen ist insbesondere eine Priorisierung erforderlich, da den Einsatzkräften i. d. R. weder der Sachwert (Versicherungswert) noch der kunsthistorische Wert eines Gegenstandes ausreichend bekannt ist. Bei der Räumung ist ein abgestimmtes Vorgehen wesentlich. Bereiche außerhalb der Gefahrenzone sollten dabei möglichst von geschultem Personal des Betreibers oder von Verbundpartnern mehrerer Depots geräumt werden, während aus dem unmittelbaren Gefahrenbereich die Kulturgüter i. d. R. von Feuerwehrkräften in Sicherheit gebracht werden müssen. Ein geeigneter Aufbewahrungsort nach der Räumung ist dabei bereits im Rahmen der Planung festzulegen und mit der Polizei abzustimmen.

Standardisierte Räumungsplanung: Empfehlungen der Branddirektion München – Einsatzvorbeugung

Für jeden Kunstgegenstand, der im Schadensfall geräumt und in Sicherheit gebracht werden soll, ist eine eigene Planseite erforderlich, wobei zum Beispiel der Inhalt einer Vitrine auch zusammengefasst werden kann. Die teilweise sensiblen Angaben müssen den Einsatzkräften im Vorfeld nicht zwingend zur Verfügung stehen. Wichtig ist, dass es sich um eine einheitliche Systematik han-

Abb. 4: Beispiel einer Kulturgut-Räumungskarte, die in diesem Fall an 4 Personen zu übergeben ist.

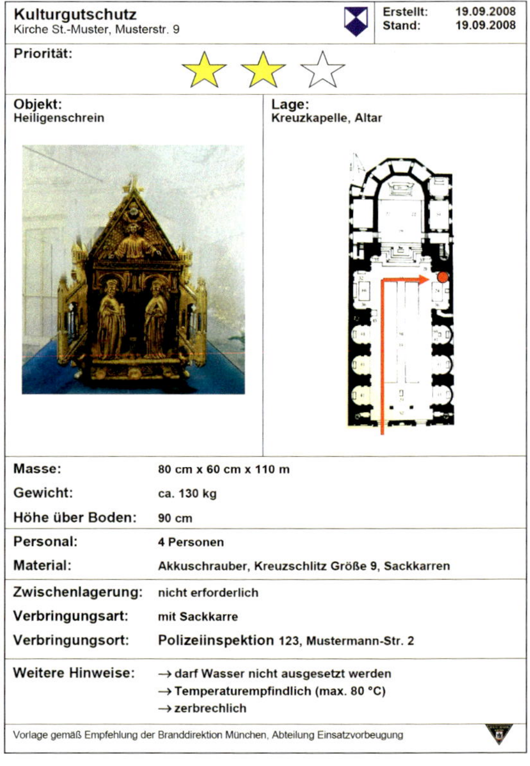

Kulturgutschutz
Kirche St.-Muster, Musterstr. 9

Erstellt: 19.09.2008
Stand: 19.09.2008

Priorität:

Objekt: Heiligenschrein

Lage: Kreuzkapelle, Altar

Masse:	80 cm x 60 cm x 110 m
Gewicht:	ca. 130 kg
Höhe über Boden:	90 cm
Personal:	4 Personen
Material:	Akkuschrauber, Kreuzschlitz Größe 9, Sackkarren
Zwischenlagerung:	nicht erforderlich
Verbringungsart:	mit Sackkarre
Verbringungsort:	Polizeiinspektion 123, Mustermann-Str. 2
Weitere Hinweise:	→ darf Wasser nicht ausgesetzt werden → Temperaturempfindlich (max. 80 °C) → zerbrechlich

Vorlage gemäß Empfehlung der Branddirektion München, Abteilung Einsatzvorbeugung

delt und die Angaben jederzeit zur Verfügung stehen (z. B. gesichert in der Brandmeldezentrale hinterlegt). Entsprechende Pläne sind in einigen Städten bereits vorhanden und mit den jeweiligen Brandschutzdienststellen abgestimmt. Zeitabhängig können gerade bei sehr dynamischen Ereignissen möglicherweise nicht alle Kunstgegenstände geschützt oder in Sicherheit gebracht werden. Es ist daher eine Priorisierung und ein systematischer Aufbau der Planung erforderlich.

Die Priorisierung der Kulturgüter wird in der »Information Kulturgutschutz (KGS)« visuell mit gelb ausgefüllten Sternen dargestellt, wobei drei gelbe Sterne die höchste Priorität darstellen. Diese Bewertung erfolgt durch den Betreiber und ist notwendig, da nie alle Gegenstände gleichzeitig geräumt werden können und bei zeitkritischen Schadensfällen wie Bränden mit der Zerstörung von Kunstwerken zu rechnen ist.

Entsprechend der Priorisierung und der räumlichen Anordnung werden die Kulturgüter durch die Einsatzkräfte schadensabhängig in Sicherheit gebracht.

In der Landeshauptstadt München wird aufgrund der Vielzahl der baulichen Objekte mit Kulturgütern einer standardisierten Planung große Bedeutung beigemessen, da nur auf diese Weise eine Schulung der 1500 Einsatzkräfte der Berufsfeuerwehr und der 800 Einsatzkräfte der Freiwilligen Feuerwehr möglich ist. Näheres zur Erstellung der Räumungsplanung Kulturgutschutz kann dem Downloadbereich der Feuerwehr München entnommen werden.

Katastrophenprävention und Notfallplanung in Museen

Christoph Wenzel

Das noch junge 21. Jahrhundert brachte bereits viele Schadensereignisse hervor, die sich entweder in Sammlungsbetrieben ereignet oder diese zumindest schwer in Mitleidenschaft gezogen haben. Besonders tragisch waren die Auswirkungen der sogenannten Jahrhundertfluten (2002, 2013), des flammenden Infernos der Herzogin Anna Amalia-Bibliothek (2004) und des eingestürzten Kölner Stadtarchivs (2006), betrafen diese Ereignisse doch nicht nur bedeutende Kulturgüter, sondern zugleich große Mengen von ihnen. Trotz des im Vergleich geringeren Ausmaßes erschütterten die Museumswelt auch der Gemälderaub aus der Kunsthalle Rotterdam (2012; Verbrennung des Diebesgutes 2013) oder der Wassereinbruch im neuen Zentraldepot der Wiener Albertina (2009).

Obwohl sich diese Handvoll ausgewählter Beispiele allein auf Deutschland und unmittelbar benachbarte Länder beschränkt, spiegeln sie bereits einen breiten Ausschnitt des Gefährdungsspektrums wider, dem Sammlungsgut ausgesetzt sein kann: Naturgewalten, technische Defekte, Fahrlässigkeit und Kriminalität. Zwar ergreifen Museen zunehmend die Initiative und setzen sich mit Fragen des Gefahrenmanagements auseinander, doch zu viele Einrichtungen haben dies bis heute versäumt – sei es aus Scheu vor dem Aufwand oder aus naiver Sorglosigkeit. Der folgende Artikel soll ein grundlegendes Verständnis für die Katastrophenprävention und Notfallplanung wecken und zur Inangriffnahme eigener Schritte ermutigen.

Begriffserläuterung

Der Begriff Katastrophe bezeichnet im Kontext von Kultureinrichtungen einen massiven Störfall, dessen verheerende Wirkung nicht nur Menschenleben gefährden, sondern zudem Kulturgüter in bedeutendem Umfang beschädigen oder sogar vernichten kann. Ein Notfall beschreibt hingegen zunächst eine gefährliche Situation, welche zur Vermeidung oder Minderung von Schäden dringende Gegenmaßnahmen erfordert. Man kann also eine Katastrophe als einen Notfall betrachten, der außer Kontrolle geraten ist. Das Ziel der musealen Katastrophenprävention ist in erster Linie deren Vermeidung, während sich die Notfallplanung der Abschwächung schädlicher Auswirkungen unvermeidbarer Ereignisse widmet. Beide letztgenannten Begriffe lassen sich unter der Überschrift Gefahrenmanagement zusammenfassen.[1]

Inventarisation als Grundlage der Notfallplanung

Will man das Gefahrenmanagement für eine Sammlung in Angriff nehmen, muss der Bestand zunächst erschlossen und inventarisiert sein.[2] Fehlen Objektbeschreibungen und -fotos, sind weder ihre Anzahl noch materielle Beschaffenheit oder Standorte erfasst, wird der Prozess der Notfallplanung sehr bald verlangsamt oder gar ausgebremst. Es genügt nicht, wenn das sammlungsbezogene Wissen im Gedächtnis des Kurators aufgehoben ist. Dieses Speichermedium ist höchst vergänglich. Es droht der unwiederbringliche Verlust von Informationen, die den Sammlungsstücken erst ihre Bedeutung und ihren kulturellen Wert verleihen. Die Inventarisierung ist die erste – und zugleich mühsamste – Maßnahme, die zur Vorbereitung von Katastrophenprävention und Notfallplanung zu erledigen ist. Von bestehenden Inventaren sollte zur Sicherheit immer eine Kopie angelegt werden. Diese ist regelmäßig zu aktualisieren, auf haltbare Speichermedien zu kopieren und – sofern sie in digitaler Form vorliegt – in gängige Speicherformate zu konvertieren. Die Sicherheitskopien müssen an einem anderen Ort als die originalen Inventare verwahrt werden.

Verantwortung und Sensibilisierung

Neben dem Schutz von Kultur- und Sachgütern schließen Katastrophenprävention und Notfallplanung auch denjenigen von Mitarbeitern und Besuchern ein. Bei einer solch wichtigen Querschnittsaufgabe liegt es auf der Hand, dass die Museumsleitung eine Schlüsselrolle spielen muss. Indem sie Maßnahmen zur Verbesserung der Arbeits- und Objektsicherheit in ihre Agenda aufnimmt, geht sie nicht nur einen ersten wichtigen Schritt auf dem Weg zum Notfallplan, sie beweist damit auch ein ihrer Position entsprechendes ethisches Bewusstsein.[3]

Notfallplanung ist dabei nicht nur auf die eigene Einrichtung beschränkt. Im Leihverkehr spielt sie bereits seit den frühen 1990er Jahren eine wichtige Rolle. Damals trafen die Direktoren international bedeutender Sammlungen Verabredungen bezüglich allgemein erwünschter Qualitätsstandards für Sonderausstellungen. Der daraus entstandene Leitfaden führt Katastrophenabwehrpläne explizit auf.[4] Heutzutage wird in den meisten facility reports abgefragt, ob Leihnehmer ein solches Konzept nachweisen können.[5]

Infolge der Häufung tragischer Unglücke verspürten viele Sammlungspfleger zwar einen Bedarf für Notfallpläne, sie waren aber mit deren eigenständiger Entwicklung oft überfordert. So geriet die Problemstellung zur Mitte des vergangenen Jahrzehnts zunehmend in den Fokus von Publikationen und Fachtagungen. Zusätzlich wurden Workshops und Schulungen für die zielgerichtete Weiterbildung auf diesem Gebiet entwickelt und angeboten.[6] Heute ist die individuelle Betreuung bei der Notfallplanung sogar im Leistungskatalog einiger Beratungsfirmen auf dem Gebiet der Präventiven Konservierung zu finden. Zur gegenseitigen Unterstützung im Planungsprozess sowie in akuten Notfallsituationen formierten sich zunehmend auch regionale Notfallverbünde.

Organisation des Planungsprozesses

In einer Erklärung legt die Museumsleitung zunächst die Erarbeitung eines Notfallplans als betriebliches Ziel fest und stellt hierfür Arbeitszeit sowie ein Budget bereit. Die Notfallplanung erfordert nicht nur die Fachkompetenz und Mithilfe aller Abteilungen eines Hauses, auch das Ergebnis muss breite Akzeptanz finden. Es gilt daher, bereits frühzeitig um die wohlwollende Unterstützung durch alle Kollegen zu werben.

Zu ihrer Entlastung kann die Direktion einen Notfallbeauftragten benennen, der sowohl den weiteren Planungsprozess leiten als auch bei der akuten Notfallbewältigung das Kommando führen soll. Vor dem Hintergrund, dass ein Notfallbeauftragter rund um die Uhr erreichbar sein muss, sind zusätzlich Stellvertreterpositionen vorzusehen.

Der Notfallbeauftragte bildet einen Planungsstab aus Vertretern aller Abteilungen, der sich in regelmäßigen Abständen versammelt. Der Schulterschluss mit Museen aus der Region ist generell empfehlenswert, um Arbeitsbelastungen zu verteilen, fehlende Kompetenzen auszugleichen und begrenzte finanzielle Mittel durch gemeinsame Anschaffungen besser auszunutzen. Polizei, örtliche Feuerwehr und Versicherungen sind in Sicherheitsfragen wichtige Partner der Museen und sollten daher so frühzeitig wie möglich eingebunden werden. Zu Beginn des Arbeitsprozesses ist ein Fristenplan aufzustellen, der Termine für Meilensteine und für die Komplettierung des Notfallplans festlegt.

Einige Bestandteile des Notfallplans, beispielsweise interne Telefonlisten, lassen sich mit relativ geringem Aufwand zusammenstellen. Eine zügige Ernte dieser niedrig hängenden Früchte hat zwei positive Effekte: Erste Ergebnisse verbessern nicht nur rasch die Sicherheitslage, sie fördern auch die Motivation aller Beteiligten.

Stufe 1: Gefahren erkennen

Zahlreiche Faktoren bedingen die Gefährdungssituationen von Museen. Sie unterscheiden sich in ihrer Zusammensetzung und müssen darum für jede Einrichtung individuell herausgearbeitet werden. Der Planungsstab betrachtet hierzu die Einrichtung und seine Sammlung aus verschiedenen Perspektiven. Als hilfreich hat sich ein systematisches Annähern von äußeren zu inneren Problemlagen erwiesen. Zunächst werden also Bedrohungen ins Visier genommen, die sich aus der Lage der Einrichtung ergeben (regional auftretende Naturereignisse, Verkehrslage usw.). Anschließend verlagert sich der Fokus auf die Hülle der Sammlung oder genauer: auf die Konstruktion des Sammlungsgebäudes und auf seinen Erhaltungszustand. Ferner kann der Vergleich zwischen ursprünglicher Auslegung des Gebäudes und der tatsächlichen Nutzung Gefährdungen aufdecken. Von Außen dringt der Blick nun in das Gebäudeinnere vor und untersucht die fest zum Gebäude gehörenden Einrichtungen wie technische Anlagen und Elektroinstallationen. Danach geraten die aufbewahrten Sammlungsgüter ins Zentrum der Betrachtung. Besitzt das Museum gefährliche Objekte (z. B. brennbar oder giftig) bzw. Exponate, die aus ethisch-moralischen, religiösen oder politischen Gründen Ziele von Angriffen werden könnten? Abschließend ist die Gefährdung zu prüfen, die sich für die Einrichtung aus fahrlässigen oder vorsätzlichen Handlungen von Mitarbeitern und Besuchern ergeben können. (Abb. 1)

Abb. 1: Das Schema zeigt die Arbeitsschritte zur Erstellung eines spezifischen Gefährdungsprofils.

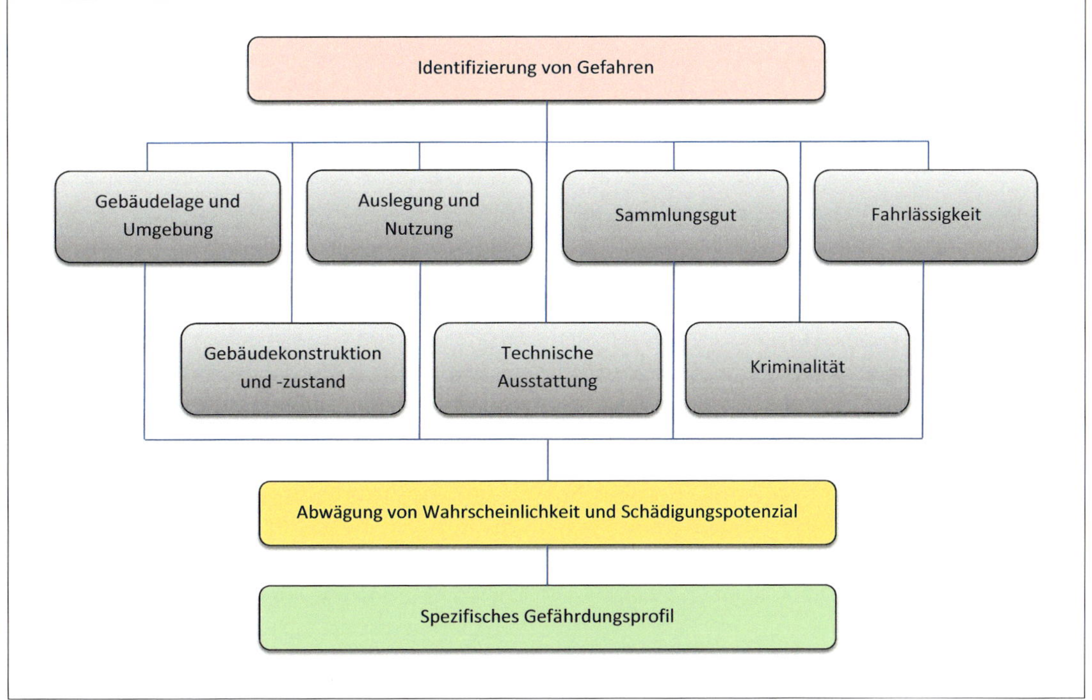

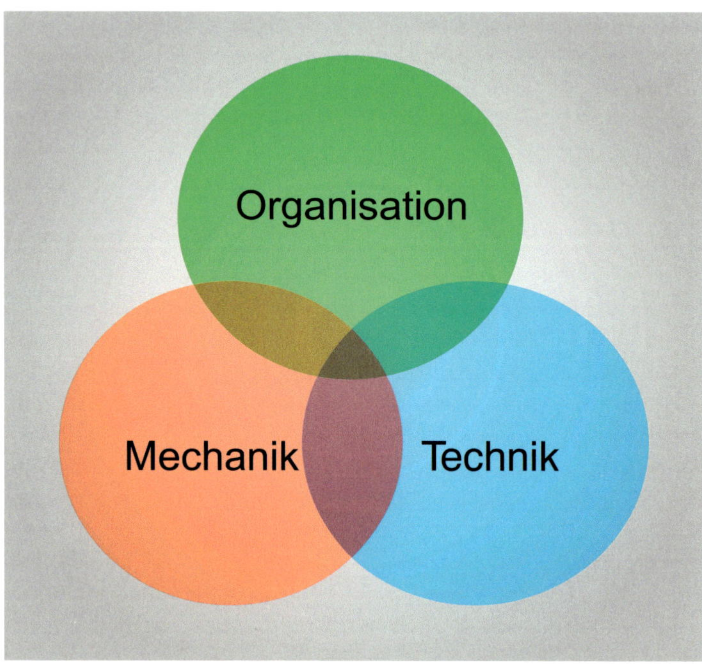

Abb. 2: Optionen für präventive Maßnahmen verteilen sich auf die Bereiche mechanische, technische und organisatorische Sicherung.

Nachdem alle potenziellen Gefahrenquellen aufgedeckt worden sind, ist ihre Relevanz zu beurteilen. Nur die Summe der Bedrohungen, die mit einiger Wahrscheinlichkeit eintreten können, ergibt das spezifische Gefährdungsprofil für eine Sammlung. Andere Bedrohungen können vernachlässigt werden. Zur Einschätzung der Relevanz können folgende Hilfsmittel dienen:

- Aufzeichnungen oder mündliche Überlieferung zu Ereignissen im eigenen Haus (Schadenshistorie);
- statistische Daten und Gefährdungskarten der Versicherungswirtschaft;
- polizeiliche Kriminalstatistik (Bundesministerium des Inneren);
- Hochwassergefahrenkarten (Umweltämter);
- Berichte zu früheren Unglücksereignissen (Stadt-, Kreis-, Zeitungsarchive);
- Kartenmaterial (Bau- und Liegenschaftsämter, Google Maps);
- Beratung durch Polizei, Feuerwehr und Versicherung;
- Checklisten, Sicherheitsleitfaden Kulturgut (SiLK)[7].

Inwiefern ist die Sammlung aber gegenüber den festgestellten Bedrohungen empfindlich? Wie groß kann ein Schaden ausfallen? Wurden bereits wirksame Schutzmechanismen installiert? Die Antworten auf diese Fragen geben die Schwachpunkte im Schutzmantel des Museums preis.

Stufe 2: Präventive Maßnahmen

Die Sicherheitsdefizite sind entsprechend ihres Schädigungspotenzials zu ordnen, um präventive Maßnahmen zu planen und sukzessive umzusetzen. Eine tabellarische Aufstellung, die die Art der Maßnahme, die Frist für deren Ausführung und die dafür jeweils zuständige Person aufführt, verleiht den besten Überblick. Grundsätzlich bieten sich mechanische (oder bauliche), technische und organisatorische Optionen zur Prävention von Schäden an. (Abb. 2)

Meist bildet eine Kombination von Vorgehensweisen aus allen Aktionsbereichen den zuverlässigsten Schutz. Verbietet jedoch beispielsweise der Denkmalschutz bauliche Eingriffe in historische Substanz, können alternativ technische und organisatorische Maßnahmen stärkere Berücksichtigung finden. Gute Präventionsstrategien sind maßgeschneidert, tragen den vorhandenen Kapazitäten und Einschränkungen Rechnung und berücksichtigen auch mögliche negative Wechselwirkungen (das Abschließen von Ausgängen erhöht die Diebstahlsicherheit, erschwert aber u. U. die Bergung im Notfall usw.).

Wenngleich die Eliminierung einer Gefahr im Regelfall die erste Wahl sein sollte, ist dieses Ziel nicht immer realisierbar. Einige Bedrohungen lassen sich nicht abschalten. Hier gilt es, die Eintrittswahrscheinlichkeit oder das Schädigungspotenzial eines gefährlichen Ereignisses zu verringern. Eine Brandentwicklung lässt sich beispielsweise nicht vollkommen ausschließen, doch reduziert die regelmäßige Wartung elektrischer Anlagen die Chance eines Brandausbruchs durch schmorende Kabel. Brandmeldeanlagen, geeignete Löschmittel und Brandschutzunterweisungen tragen ihrerseits zur Begrenzung des Schadensausmaßes bei. Jede Maßnahme, die verhindernd, verzögernd oder abmildernd wirkt, ist ein hilfreiches Mittel zur Katastrophenprävention. Für alle Bedrohungsszenarien, deren Eintritt trotz vorbeugender Maßnahmen weiterhin möglich bleibt (z. B. Diebstahl, Havarie), sind Notfallkonzepte zu erarbeiten.

Stufe 3: Der Notfallplan

Unabhängig von der vorliegenden Ursache folgen die Abläufe der Notfallbewältigung einem gleichbleibenden Prinzip. Nach dem Entdecken eines Notfalls muss zunächst durch Alarmauslösung ein Hilfe- und Warnruf abgesetzt werden. Getreu der Regel »Safety first!« ist anschließend die eigene Unversehrtheit sowie Rettung und Schutz anderer sicherzustellen (z. B. durch Erste Hilfe-Maßnahmen). Eine noch andauernde Bedrohung muss nach Möglichkeit ausgeschaltet werden (z. B. Kleinbrand löschen), betroffenes Sammlungsgut ist zu bergen und zur Vermeidung von Folgeschäden zu versorgen.

Zunächst liest sich diese Abfolge logisch und recht einfach. Wozu also noch einen Notfallplan schreiben? Ablageorte erforderlicher Dokumente, Erinnerung an Namen, Telefonnummern und Abläufe, Bedienung selten genutzter Geräte – all das ergibt in der Summe ein komplexes Geflecht aus Anforderungen, das viele Menschen überfordert. Sie können in dieser Stresssituation nicht auf bekannte Handlungsmuster zurückgreifen. Während einige in solchen Situationen von blindem Aktionismus ergriffen werden, verfallen andere in eine regelrechte Schockstarre. Dabei sollten sie genau jetzt so exakt und zuverlässig funktionieren wie ein Schweizer Uhrwerk.

Ein Notfallplan klärt im Vorfeld Zuständigkeiten und Kompetenzen. Zudem bündelt er die in Notsituationen dringend benötigten Informationen und erleichtert die Kommunikation zwischen allen Beteiligten. Er sorgt dafür, dass Handlungen effizient ausgeführt werden und nicht in Sackgassen enden (z. B. durch veraltete Rufnummern oder fehlende Materialien).[8] Dabei berücksichtigt der Notfallplan ein Zeitfenster, das vom Entdecken einer Bedrohung bis hin zum Abwenden von Sekundärschäden (z. B. durch Trocknung feucht gewordener Objekte zum Schutz vor Schimmelwachstum) reichen und bis zu 72 Stunden dauern kann.

Inhaltskomponenten eines Notfallplans

Das Kennblatt trägt neben dem Titel »Notfallplan« Angaben zu Institution, Verfassern und Aktualisierungsstand und wird gefolgt von einem Inhaltsverzeichnis. Die »Einführung in den Notfallplan«, ein von der Institutsleitung verfasster Text, autorisiert die Notfallbeauftragten und erklärt die im Notfallplan niedergeschriebenen Gebote als verbindlich für alle Mitarbeiter. »Lage- und Grundrisspläne« sind für die Anfahrt und Orientierung der Rettungsdienste im Gebäude unentbehrlich. In ihnen sind Notausgänge, Brandmeldezentralen, Gefahrstofflager, Absperrventile und viele weitere wichtige Gebäudemerkmale einzuzeichnen.[9] Ein »Personalbelegungsplan« hält die Anzahl an Mitarbeitern fest, die sich während der Betriebszeiten im Gebäude befinden. Der Alarmierungsplan ist in seiner Gestaltung an die klassische, rot eingerahmte Brandschutzordnung Teil A angelehnt. Auf einem DIN A4-Blatt, das sich in dieser Form auch aushängen lässt, wird bündig das Verhalten im

Brand- bzw. Notfall beschrieben. Außerdem benennt er die Standorte von Feuerlöschern und Notfallkoffern, Notrufnummern von Rettungsdienst und Polizei sowie intern zu alarmierenden Personen.

Die »Ablaufpläne« führen alle zu erledigenden Schritte auf, vom Feststellen einer Bedrohung über die Alarmierung und Beurteilung der Gefährdung bis hin zur Einweisung von Helfern, Erstversorgung, Bergung und Organisation von Transportlogistik, und benennen die jeweils zuständigen Personen.[10] Während Letztgenannte möglichst abstrakt zu halten sind, sollten »Richtlinien zur Reaktion in Notfällen« konkreten Bezug auf unterschiedliche Szenarien nehmen. Sie beschreiben jeweils separat auf einer Blattseite das Verhalten bei festgestellten Wasser-, Unfall- und Transportschäden, Überfällen, Bombendrohungen etc.

Der »Bergungsplan« gliedert sich in mehrere Teile: Er benennt Objekte mit Bergungspriorität, verzeichnet in einem Gebäudegrundriss dabei nicht nur ihre Standorte, sondern auch die der Notfallboxen und die einfachsten Bergungsrouten zu Ausweichlagern oder zentralen Sammelstationen. Wurden durch die Notsituation Sammlungsobjekte in Mitleidenschaft gezogen, kann die Einleitung von »Maßnahmen zur Erstversorgung von Kulturgütern« angezeigt sein. Dieser Abschnitt des Plans erläutert alle dringenden Handlungen, die zur Vermeidung unnötiger Folgeschäden dienen können (Trocknungsmethoden, Umgang mit Scherben, Notkonservierung von Nasspräparaten etc.).

Eine umfassende »Telefon- und Adressliste« interner und externer Kontakte – vom Nothelfer über den Klempner bis hin zum Vermieter von Lagerplätzen – schließt den Hauptteil des Notfallplans ab. Zur Gewährleistung der Übersichtlichkeit sollten weitere Informationen, die nur in Einzelfällen benötigt werden, in einen Anlagenteil verschoben werden. Dazu zählen beispielsweise Checklisten, Konzepte für Notfallübungen oder Wartungspläne.

Form und Sprache

Mit der Informationssammlung ist ein bedeutender Schritt getan, doch nicht minder wichtig ist, dass die Information verständlich vermittelt wird. Register- oder farbige Trennblätter helfen ebenso bei der Orientierung im Plan wie ein übersichtliches Layout. Hierzu gehören Aspekte wie der gleichbleibende Seitenaufbau, gut lesbare Schriftgröße oder die Verwendung von Tabellen und Listen mit einer begrenzten Anzahl (max. 8) an Aufzählungspunkten. Der Einsatz einfacher Sprache, eher im Imperativ gehalten als förmlich und verziert, erleichtert zusätzlich die Informationsaufnahme. Auf ungebräuchliche Abkürzungen und Fachjargon ist zu verzichten. Einrichtungsspezifische Sonderausdrücke müssen erläutert werden, damit der Plan ggf. auch für Feuerwehr, Polizei oder Verbundpartner nachvollziehbar bleibt. Trotz des Wunsches, möglichst alle wichtigen Informationen zusammenzufassen, darf die Übersichtlichkeit des Dokuments nicht darunter leiden. Für den Hauptteil eignen sich darum besonders kurz und bündig gehaltene Texte. Ein Bild sagt mehr als 1000 Worte: Wo immer möglich sollten Abbildungen, Grafiken oder Piktogramme das Geschriebene veranschaulichen.

Ring- oder Klemmbindungen sind einer festen Bindung vorzuziehen, denn auf diese Weise bleiben Ergänzungen und Aktualisierungen durch den Austausch einzelner Seiten möglich. Zur Verbesserung der Haltbarkeit, insbesondere an Notfalleinsatzorten, können die Blätter laminiert werden.

Information nach Maß

Wiegt man den Aktenordner »Notfallplan« mit all seinen Komponenten und Anhängen, kommen leicht ein paar Pfund zusammen. Solch ein wuchtiges Dokument ist im Notfall schwierig zu handhaben. Zusätzlich kann er sensible Informationen enthalten. Unterlagen zur Alarm- und Schließtechnik, zu den Objekten mit Bergungspriorität und wie diese im Notfall zu demontieren sind, müssen vertraulich behandelt werden und dürfen

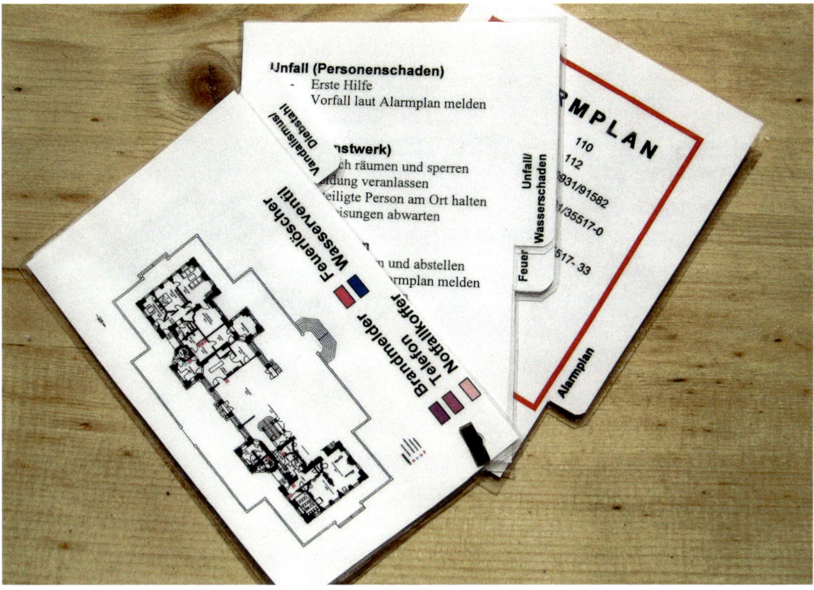

Abb. 3: Ein Notfallplan im Taschenformat eignet sich besonders für Mitarbeiter im Aufsichtsdienst.

nur einem engen Personenkreis bekannt sein.[11] Der umfassende Notfallplan dient daher als Vorlage, aus der Inhalte extrahiert und entsprechend des Empfängers oder Auslageortes zusammengestellt werden können. Handlich für Saalaufsichten sind beispielsweise Notfallpläne im Taschenformat mit einer inhaltlichen Beschränkung auf Alarmplan, Grundriss und Richtlinien zur Reaktion in Notfällen. (Abb. 3)

Einführung und Belebung der Notfallpläne

Es ist wichtig, dass der Plan positiv – als nützliches Hilfsmittel und nicht als lästiges Hindernis – wahrgenommen wird. Im Rahmen einer feierlichen Vorstellung ist dieser Effekt leichter zu erzielen als durch das bloße Verteilen von kopierten Exemplaren. Jeder Mitarbeiter muss mit den für seinen Bereich relevanten Aufgaben und Abläufen vertraut gemacht werden. Zu einer Vertiefung dieser Kenntnisse verhelfen Übungen und Schulungen (Brandschutz, Exponatbergung, Sofortmaßnahmen), die anzukündigen sind und in regelmäßigen Abständen auch durchgeführt werden sollten. Auf diese Weise nehmen die Mitarbeiter die Notfallprozeduren in ihren eigenen Erfahrungsschatz auf; zugleich helfen die Übungen auch dabei, Lücken und Denkfehler im Plan aufzudecken und auszubessern.

Aktualisierung, Pflege und Evaluation

Alle Angaben im Plan müssen stets korrekt und zuverlässig sein. Insbesondere Kontaktangaben sind regelmäßig zu aktualisieren, sowohl die internen Adress- und Telefondaten, als auch diejenigen externer Stellen. Geänderte Ansprechpartner oder Öffnungszeiten in Betrieben, deren Dienstleistung möglicherweise dringend benötigt wird, dürfen nicht erst im Notfall festgestellt werden. Auch Änderungen im Betriebsablauf des Museums, innerhalb der Ausstellung oder Sammlung (Öffnungszeiten, Ausstellungsarchitektur, Standortänderungen etc.), sind zeitnah in eine aktualisierte Fassung einzuarbeiten. Alle alten Pläne müssen eingezogen und durch neue ersetzt werden.

Nicht nur die Unterlagen, auch die Notfallmaterialien bedürfen einer regelmäßigen Pflege. Oft werden aus den Notfallboxen Werkzeuge geborgt, während andere Beigaben einer raschen Alterung unterliegen (Klebebänder, Batterien, Filzstifte) und unbrauchbar werden können. Vollständigkeit und Funktionstüchtigkeit der Boxen ist regelmäßig zu prüfen und ggf. wiederherzustellen.

Die im vorangegangenen Abschnitt erwähnten Erfahrungen aus Übungen und Schulungen, aber auch aus reellen Notfallereignissen sollten evaluiert und zur Verbesserung des Plans genutzt werden. Die Arbeit an einem Notfallplan ist nie abgeschlossen, er liegt immer nur in seiner aktuellsten Fassung vor.

Fazit und Ausblick

Nach der Lektüre dieses Beitrags sollte der Leser einen Überblick über die museale Notfallplanung gewonnen haben, wenngleich ihre tatsächliche Inangriffnahme weitere Vertiefung und Expertenrat erfordern wird. Katastrophenprävention und Notfallplanung benötigen zudem ständige Aufmerksamkeit und wiederkehrende Situationsanalysen. Diesen Anspruch untermauern Phänomene wie der weltweite Anstieg an Diebstählen von Nashornpräparaten aus musealen Sammlungen oder die Prognose über die zukünftig zunehmende Häufung extremer Wetterereignisse. So liefen sich die beiden durch Vb-Wetterlagen ausgelösten Flutereignisse der Jahre 2002 und 2013 bereits innerhalb von elf Jahren den Rang der Jahrhundertkatastrophe ab. Ab etwa 2070 erwarten Forscher eine Verdopplung der Anzahl an Winterstürmen gegenüber der derzeitigen Frequenz. Besonders starke Winterstürme, die heute noch in Intervallen von 25 Jahren auftreten, werden sich laut einer Studie bis zum Ende des 21. Jahrhunderts voraussichtlich alle 5 Jahre ereignen.[12] Doch nicht nur die Gefahren unterliegen einem Wandel, auch die Erforschung von Sicherheitsaspekten bringt stetig neue Erkenntnisse hervor. Diese sollten u. a. bei der Planung von Museumsneubauten Berücksichtigung finden. Im Kontext des musealen Gefahrenmanagements ist daher ständige Flexibilität im Denken und Reagieren unverzichtbar, auch jenseits der im Notfallplan gepflasterten Pfade.

Abgekürzt zitierte Literatur

ICOM (2010)
ICOM Schweiz / ICOM Deutschland / ICOM Österreich (Hrsg.), Ethische Richtlinien für Museen von ICOM (2010).

ICOM-CIDOC (1993)
ICOM-CIDOC (Hrsg.), Inventarisieren Schritt für Schritt, Ein Objekt wird in die Sammlung aufgenommen (München 1993).

Notfallverbund Münster (2011)
LWL-Archivamt (Hrsg.), Notfallverbund Münster: Musternotfallplan (Münster 2011). Online erhältlich unter www.lwl.org/waa-download/pdf/Musternotfallplan.pdf (22.10.2014).

Réunion (1996)
Réunion des responsables des musées et institutions Européens et Américains, organisateurs des grandes expositions: Empfehlungen für die Organisatoren großer Ausstellungen, Mitteilungen und Berichte aus dem Institut für Museumskunde 9 (Berlin 1996).

Wenzel (2007)
Ch. Wenzel, Notfallprävention und -planung für Museen, Galerien und Archive, Kölner Beiträge zur Präventiven Konservierung 1 (Köln 2007).

Zur Lektüre wird ferner empfohlen:

Bundesamt für Bevölkerungsschutz (Hrsg.), Leitfaden für die Erstellung eines Notfallplans (Basel / Bern 2012). Online erhältlich unter www.bevoelkerungsschutz. admin.ch/internet/bs/de/home/themen/kgs/schutzmassnahmen/kataplan.parsys.39809.DownloadFile.tmp/leitfadennotfallplan2012d.pdf (22.10.2014).

Anmerkungen

1 Nicht zu verwechseln mit dem Fachbegriff Risikomanagement, das ein für sich stehendes Aufgabengebiet darstellt. Das aus dem Kontext von Ingenieurs- und Versicherungswesen stammende Instrument dient der Identifizierung, Analyse und Evaluierung von Risiken mithilfe statistischer Daten, Mess- und Erfahrungswerte. Für den Bereich des Kulturgutschutzes wurde es adaptiert und modifiziert. Für einen Überblick über dieses Themengebiet vgl. Wenzel (2007) 27–81 sowie A. Jeberien, Risk Assessment für den Kulturgüterschutz? In: A. Jeberien / M. Knautt (Hrsg.), Preventive Conservation (Berlin 2007), 21–29. Zum Risikomanagement vgl. auch den Beitrag von S. Gasteiger und M. Landvoigt in diesem Band, S. 49ff.

2 ICOM-CIDOC (1993).

3 ICOM setzt als qualifizierende Eigenschaft für eine Leitungsfunktion im Museum u.a. »einen hohen Grad ethischen Verhaltens« voraus: ICOM (2010) 11. Eine der Säulen der Museumsarbeit (neben Sammeln, Forschen und Vermitteln) ist das Bewahren: ICOM (2010) 12. Diese Aufgabe beinhaltet einerseits den Schutz vor von Menschen verursachten und natürlichen Katastrophen und andererseits die Schaffung eines schützenden Umfeldes für die Sammlung in Depot sowie während Präsentation und Transport: ICOM (2010) 16.

4 Réunion (1996) 42.

5 Vgl. Deutscher Museumsbund, Vorlage für einen Facility-Report. Online erhältlich unter www.museumsbund.de/fileadmin/ak_ausstellung/dokumente/Facility_Report.pdf (22.10.2014).

6 Beispiele für einschlägige Tagungen: Vor [der Flut] = Nach [der Flut], Notfallplanung und Risikomanagement in der Präventiven Konservierung, Fachtagung der VDR Fachgruppe Präventive Konservierung am 15. und 16.2.2008 in Aschaffenburg; Kultur!Gut!Schützen! Sicherheit für Museen, Archive und Bibliotheken, KNK-Tagung am 23. und 24.10.2012 in Berlin. Fortbildungen, Workshops und Seminare bieten regelmäßig die Akademie für Krisenmanagement, Notfallplanung und Zivilschutz (AKNZ) in Ahrweiler, in einem modularen System das Archivberatungs- und Fortbildungszentrum des Landschaftsverbandes Rheinland (LVR-AFZ) sowie bei Bedarf die Fachhochschule Köln und die HTW Berlin an.

7 SiLK ist ein kostenloses Online-Tool, das Grundinformationen zu zahlreichen Gefährdungen liefert und über die anonyme Beantwortung von Fragenkatalogen und Auswertung in Form eines Ampelsystems eine einfache Einschätzung der Risikolage einer Einrichtung ermöglicht. Zusätzlich bietet der Leitfaden nützliche Hinweise, die der Verbesserung der aktuellen Situation dienlich sind. Es ist über die folgende Adresse im Internet erreichbar: www.konferenz-kultur.de/ SLF/index1.php (22.10.2014). Versicherungen bieten wesentlich umfangreichere, jedoch kostenpflichtige Sicherheitschecks an, wie z. B. die AXA Art mit einem Verfahren, das auf die Global Risk Assessment Platform (GRASP) zurückgreift.

8 Das soziale Netzwerk Facebook erwies sich während der letzten Flutkatastrophe im Jahr 2013 vielerorts als nützliches Kommunikationsmittel, um rasch Helfertruppen für Wasserschutz oder Bergungsmaßnahmen zu akquirieren. Notfallpläne sollten auch die sinnvolle Lenkung spontaner Hilfsangebote berücksichtigen, da große Mengen unkoordinierter Helfer selbst zu einem unvorhergesehenen Hindernis werden können.

9 Um die Lesbarkeit für die Einsatzkräfte der Feuerwehr zu gewährleisten, sind die Pläne nach DIN 14095 anzufertigen.

10 Vgl. den tabellarischen Ablaufplan im Musternotfallplan: Notfallverbund Münster (2011) 8 f. bzw. die grafische Darstellung einer Informationskette in Wenzel (2007) 94.

11 Mithilfe der Führung eines schriftlichen Verteilerschlüssels bleibt stets nachvollziehbar, wer welche Informationen erhalten hat und wo Auszüge des Notfallplans ausliegen.

12 Th. Deutschländer / C. Dalelane (Hrsg.), Auswertung regionaler Klimaprojektionen für Deutschland hinsichtlich der Änderung des Extremverhaltens von Temperatur, Niederschlag und Windgeschwindigkeit. Abschlussbericht zum Forschungsprojet der Behördenallianz bestehend aus BBK, THW, DWD, UBA (Offenbach a. M. 2012) 103.

Beispiele

Das Depot des Naturkunde-Museums Coburg

Eckhard Mönnig

Das Naturkunde-Museum der Coburger Landesstiftung steht mit über 2 000 m² Ausstellungsfläche und über einer Million Sammlungsstücken im Rang eines Landesmuseums. Die Unterbringung der umfangreichen Sammlungen kann man als vorbildlich betrachten, denn die insgesamt 10 Magazinräume liegen in ihrer Größe, Ausstattung und Klimatisierung weit über dem Durchschnitt. (Abb. 1)

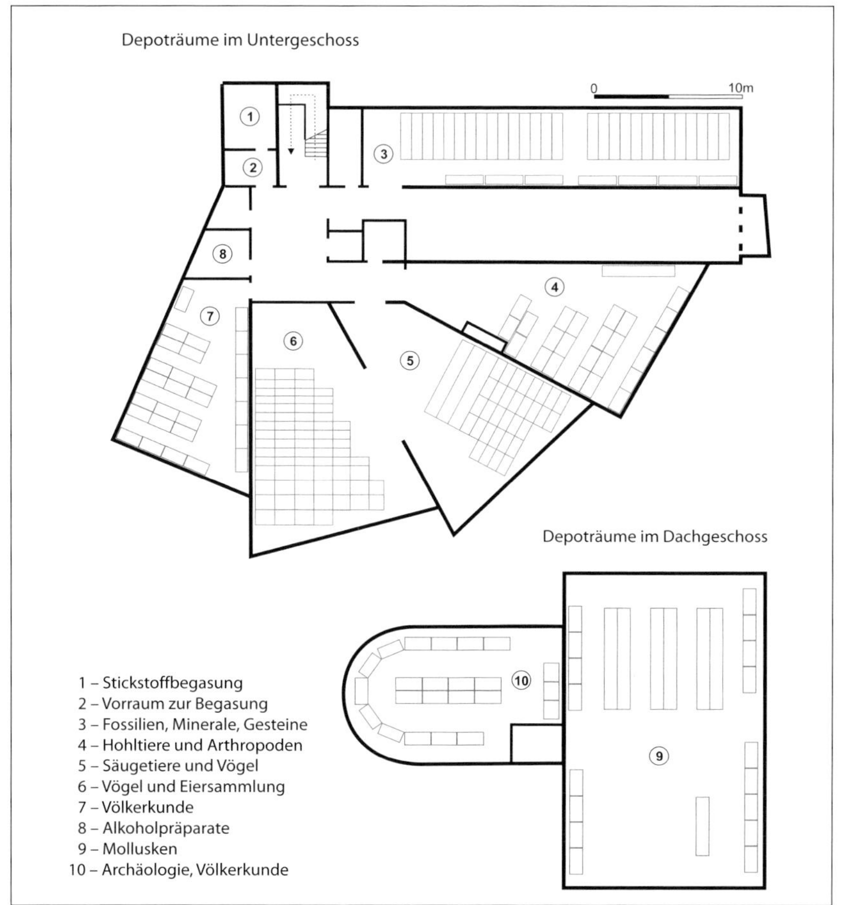

Abb. 1: Grundrisse der Depots im Unter- bzw. Dachgeschoss

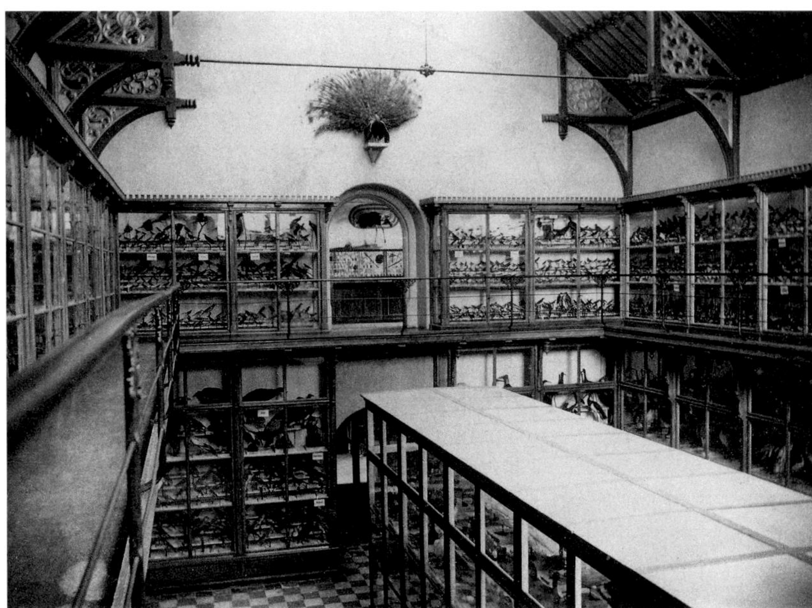

Abb. 2: Der Vogelsaal (1890)

Dieser glückliche Umstand geht darauf zurück, dass man Ende der 1980er Jahre auf Initiative des Mäzens Otto Waldrich einen Museumsanbau mit über 600 m^2 Magazinfläche planen und finanzieren konnte, und dass die Coburger Landesstiftung in den 1990er Jahren genügend Geld hatte, um die zahlreichen Regalanlagen zu finanzieren.

Historische Entwicklung

Das Naturkunde-Museum Coburg geht zurück auf das Herzogliche Kunst- und Naturaliencabinet, dessen Ursprünge in der Mitte des 18. Jahrhunderts liegen und dessen Bestände durch Herzog Franz Friedrich Anton von Sachsen-Coburg-Salfeld (1750–1806) systematisch vergrößert wurden. Seine Enkel, die Prinzen Ernst und Albert, erweiterten das Cabinet durch eine umfangreiche Vogelsammlung. (Abb. 2)

In diesem Zusammenhang sind erste Probleme der Unterbringung dokumentiert (1844): »Der geheime Secretär Fischer fragte an, ob nicht ein luftiger Raum in der dem Herzoglichen Bauamt zur Disposition gestellten Gebäude zur Aufstellung mehrerer durch die Motten angefressenen ausgestopften Vögel [...] auf einige Zeit abgegeben werden könne.« Dieses Depotproblem führte noch im selben Jahr zur Gründung eines Museums, das zuerst im Palais am Ketschentor (1844–1860), dann auf der Veste Coburg (1864–1910) und ab 1914 im unter Herzog Carl Eduard erbauten Gebäude im Hofgarten untergebracht war.

Von 1844–1955 waren alle Sammlungsstücke in den Ausstellungsräumen untergebracht, entweder als Exponate in Vitrinenschränken oder in Schubladen darunter. Konservatorische Probleme gab es vor allem durch die beiden Umzüge mit Zwischenlagerung an feuchten Standorten und in den ersten Jahren nach den Weltkriegen durch mangelnde Heizung, Feuchtigkeit und Diebstahl. Ab 1955 war es dann Georg Aumann (Direktor 1955–1992), der sukzessive die Ausstellungen umgestaltete und dabei eine Trennung der Sammlungen in Ausstellungsexponate und Depotbestand vornahm. Das Problem war nun, dass im Museumsgebäude von 1914 gar keine Depoträume vorgesehen waren. Folglich mussten Wohn- und Büroräume, später auch Dachböden für diesen Zweck aus- und umgebaut werden. Erschwerend kam hinzu, dass in dieser Zeit die finanziellen Mittel für vernünftige Magazinschränke fehlten, sodass man sich mit den ausgedienten Vitrinenschränken aus dem 19. Jahrhundert oder mit selbstgezimmerten Regalen behalf. Gleichzeitig wuchsen die Sammlungen weiter an, und man sah sich wegen der zunehmenden Enge gezwungen, die Terrassen in der ersten Etage des Museums zu überbauen.

In den 1980er Jahren besserte sich die finanzielle Lage erheblich und für das damalige Dachdepot konnten 30 neue Sammlungsschränke beschafft werden. Trotzdem war das Museum völlig überfüllt, denn bis dahin war die Zahl der Sammlungsstücke auf über 700 000 angewachsen. Erst durch die Planung und Verwirklichung des Anbaus von 1990–1996 schuf die Coburger Landesstiftung eine langfristige Perspektive.

Die neuen Depoträume baute man im Kellergeschoss des Erweiterungsbaus; sie liegen bis zu 12 m unter dem aktuellen Straßenniveau. Drei der fünf Magazinräume sind sogar als »Atombunker« mit tonnenschweren Stahlschotten ausgebaut, eine Maßnahme, für die es am Ausklang des Kalten Krieges noch Fördermittel gab. Im Jahr 1995 wurde der Erweiterungsbau inklusive des Depotbereichs fertiggestellt. Dies brachte die folgenden Verbesserungen mit sich:

- Erweiterung der Depotfläche um 700 m^2
- Gleichbleibende Raumtemperatur um 18 °C
- An die einzelnen Sammlungen angepasste Luftfeuchte: 35 % relative Raumluftfeuchte im Geologischen Depot und bis 55 % in den Zoologischen Depots und der Völkerkunde, gewährleistet über drei zentrale Befeuchtungseinrichtungen und fünf zentrale Entfeuchtungsgeräte
- Kein Tageslicht
- Einrichtung eines Quarantänebereichs mit Begasungs- und Vorlagerungsraum
- Einrichtung eines Raums für giftige oder feuergefährliche Präparate (z. B. Alkohol-Gläser)
- Sicherung durch Alarmanlage und ein spezielles Schließsystem

Geologisches Depot (125 m^2)

Für die Lagerung der 70 000 Fossilien, Minerale und Gesteine steht eine Kompaktregalanlage aus 32 Elementen mit 2 300 Schubladen zur Verfügung; hinzu kommen wandständige Stahlregale für große und schwere Stücke. Bei der Planung der Magazine wurde der Geologie verhältnismäßig wenig Raum zugestanden, sodass diese Abteilung schon von Beginn an (1995) restlos gefüllt war.

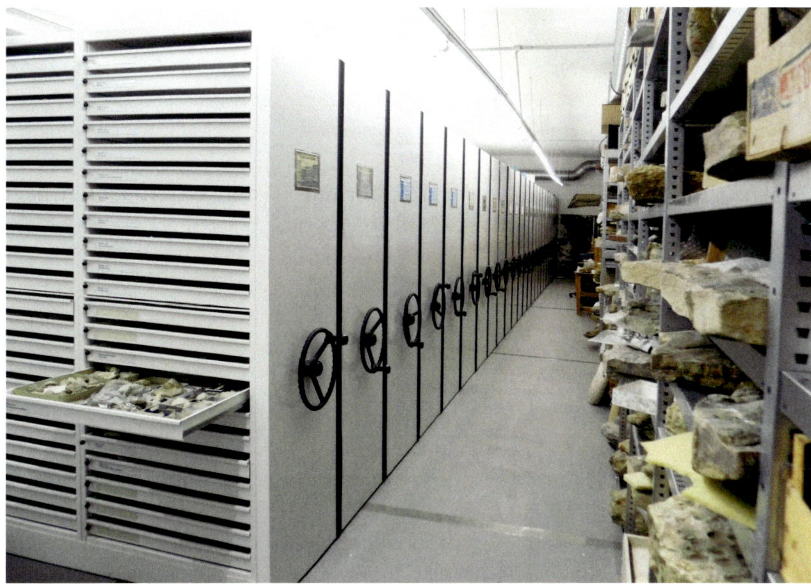

Abb. 3: Geologisches Depot mit Kompaktusanlage ab 1995

Arthropodendepot (110 m²)

Die rund 200 000 Arthropoden-Präparate (hauptsächlich Insekten, untergeordnet Spinnen, Krebse und Tausendfüßler) sind in Holzschränken mit ca. 1 000 Schubladen untergebracht. Dazu kommen vier Regalschränke mit Korallen und Schwämmen sowie einige Holzschränke mit Insektenbauten und Fraßspuren. Der 110 m² große Raum bietet noch Raum für weitere Schränke oder Regale.

Wirbeltierdepot (250 m²)

Die Vogelsammlung gehörte im 19. Jahrhundert zu den größten in Deutschland: Die meisten Stücke stammen aus dieser Zeit. (Abb. 4) Dabei handelt es sich hauptsächlich um Standpräparate (13 000 Stück), die anders als Bälge und Eier viel Platz einnehmen, sodass die Kompaktregalanlage gut gefüllt ist. Demgegenüber ist die Zahl der Säugetier-Präparate klein, allerdings sind die einzelnen Stücke bis zur Größe eines Bisons sehr sperrig. Zukünftig können aber zahlreiche Tiere als Exponate in die Dauerausstellungen integriert werden, wodurch wieder Raum geschaffen würde, zumal mit wesentlichen Erweiterungen dieses Sammlungsteils nicht zu rechnen ist. Die umfangreiche Trophäensammlung des Zaren Ferdinand von Bulgarien (ca. 400 Kopf- und Kopf-Hals-Trophäen von Antilopen aus Afrika sowie heimische Auerhühner) konnte größtenteils an den Wänden aufgehängt werden.

Völkerkundedepot (80 m²)

Die meisten der 4 000 Stücke der Völkerkunde-Sammlung bestehen aus organischen Materialien wie Chitin, Knochen, Textilien, Pflanzenfasern oder Holz; entsprechend ist auf eine moderate Luftfeuchtigkeit zu achten. Mit 80 m² ist der Raum vergleichsweise klein, aber ausreichend. Die Ausstattung besteht aus einem Lagerwannenregal, sechs Auszugsbodenregalen und einer Schubladenschrankwand. Rollläden schützen vor Staub und Licht.

Archäologie im »Kleinen Dachdepot« (80 m²)

Das sogenannte kleine Dachdepot mit vier Regalanlagen und 10 Stahlschränken bietet Platz für bis zu 700 Schubladen. Hier lagern die vor- und frühgeschichtliche Sammlung mit über 3 000 Objekten, eine Maskensammlung der Völkerkunde-Abteilung, eine Sammlung von Pflanzen- und Pilzmodellen und als volkskundlicher Teil Stein- und Tonmärbel der letzten Coburger Märbelmühle. Das Magazin ist erst zur Hälfte gefüllt.

Mollusken-Magazin im »Großen Dachdepot« (240 m²)

Im großen Dachdepot stehen 34 Holzschränke mit je 11 großen Schubladen und eine neue Regalanlage mit 36 Elementen, die Platz für ca. 700 Schubladen bietet, sodass für die Mollusken-Sammlung (Muscheln und Schnecken) auf viele Jahre hinaus ausreichend Platz zur Verfügung steht. An den Wänden ist noch ein Teil der Jagdtrophäensammlung des Zar Ferdinand von Bulgarien aufgehängt (Antilopen).

Botanikdepot (22 m²)

Das 10 000 Blatt umfassende Herbarium ist in einem Nebenraum des Treppenhauses untergebracht. Die Einrichtung des fensterlosen Raumes erfolgte 1996 mit wandständigen, bis zur Decke reichenden Holzschränken.

Alkoholpräparate (10 m²)

Von der einst recht umfangreichen Sammlung von Alkohol- / Formalin-Präparaten ist nur ein kleiner Teil erhalten. Sie sind zusammen mit Chemikalien und anderen Problemstoffen in einem Lagerraum mit speziellen Brandschutz-Einrichtungen untergebracht.

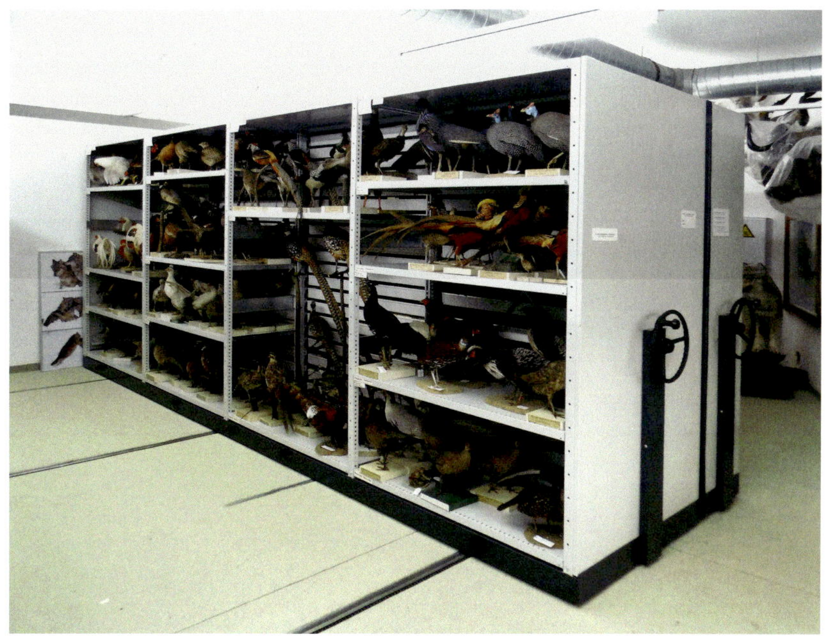

Abb. 4: Wirbeltierdepot mit Kompaktusanlage

Außenlager

In der ehemaligen Kaserne des Bundesgrenzschutzes unterhält die Coburger Landesstiftung ein Außenlager, in dem große und schwere Sammlungstücke aufbewahrt werden. Das sind beispielsweise große Sandsteinplatten mit Saurierfährten oder Bohrkerne.

Probleme

Bei der Einrichtung der Depotflächen in den Kellerräumen des Neubaus stellte sich der eigentümliche Grundriss des Museums als problematisch dar. Durch die schiefwinkelig zueinander stehenden Wände ergeben sich »tote Ecken«; entsprechend kann die Fläche der Räume nicht optimal genutzt werden. Bei den entomologischen Sammlungen und Wirbeltier-Präparaten besteht stets die Gefahr von Schädlingsbefall. Trotz Belüftungsfilter und vorbeugender Maßnahmen war bereits einmal eine Begasungsaktion mit Methylbromid vonnöten gewesen. Für die Schädlingsbekämpfung wurde im Keller des Neubaus ein Quarantänebereich eingerichtet. Er gliedert sich in einen Vorraum mit Wasserversorgung und einen durch eine gasdichte Brandschutztür abgetrennten Hauptraum. Allerdings wurde diese Einrichtung noch nicht in Betrieb genommen. Auch Schimmelbildung trat in einem feuchten Sommer in einer schlechtbelüfteten Ecke des Wirbeltierdepots auf. Das Problem wurde aber frühzeitig erkannt und konnte schnell beseitigt werden. Größere Schäden entstanden durch einen Bedienungsfehler in der Klimaanalage, als über einen längeren Zeitraum feuchte Luft in das geologische Magazin geblasen wurde. Dadurch kam es zu gefürchteten Ausblühungen bei pyritischen und markasitischen Fossilien und Mineralien, was zum Totalverlust einiger Stücke führte. Als Konsequenz wurde hier ein zweiter, leistungsstarker Lufttrockner installiert. Außerdem kontrolliert ein Präparator zweimal täglich das Klima aller Magazine.

Diese regelmäßige Kontrolle hat den Vorteil, dass unvorhersehbare Schäden schnell entdeckt werden, so wie es bei vier Wassereinbrüchen durch Rohrbruch, Drainageverstopfung oder Ausfall der Elektropumpe im Pumpensumpf schon der Fall war. Jedes Depot besitzt einen Arbeits-

Sammlungsschwerpunkte:	Fossilien (Trias / Jura), Minerale (Systematik), Vögel, Insekten und marine Gastropoden (weltweit), Neolithikum (Nordbayern)
Geschichte der Sammlung:	Herzogliches Naturaliencabinet und Naturwissenschaftliches Museum (1750–1920), Naturkunde-Museum der Coburger Landesstiftung (seit 1920)
Gesamtzahl der Objekte:	ca. 1 000 000
Anteil der eingelagerten Objekte in den Depots:	99 %
Größe der Depots:	ca. 1 100 m^2, Rauminhalt ca. 3 000 m^3
Jahr der Inbetriebnahme der Depots:	1995
Funktionsräume:	Quarantäneraum (24 m^2), Werkstätten (140 m^2), Lagerraum ohne Außenlager (100 m^2), Klimatechnik (110 m^2)
Kosten a) für den Bau: b) für die Lagertechnik:	 ca. 5 000 000 € (gesamter Neubau) 500 000 €
Personelle Betreuung mit Wochenstundenzahl:	zwei Wissenschaftler und zwei Präparatoren mit je 40 Std.
Lage:	im Keller bzw. Dachboden des Museums

platz, an dem aber wegen des Fehlens von Fenstern und der relativ kühlen Temperaturen nur bis zu zwei Stunden am Stück gearbeitet werden darf.

Schlussfolgerungen

Über die Kosten der Maßnahmen im Einzelnen wurde bereits ausführlich berichtet (Korn 1998). Seit 1995 wurden demnach mehr als 500 000 € in neue Regalanlagen investiert. Somit verfügt das Naturkunde-Museum Coburg über ein konservatorisch einwandfreies und sicheres Depot, für dessen Nutzung zu wissenschaftlichen Zwecken ausreichend Personal zur Verfügung steht. Durch die neuen Magazinräume im Erweiterungsbau konnten die provisorischen Depoträume im Altbau geräumt und das denkmalgeschützte Gebäude wieder auf den ursprünglichen Zustand von 1914 zurückgebaut werden.

Literatur

W. Korn, Das Naturkunde-Museum Coburg: Ein Depotkonzept zwischen Hoffen und Bangen, in: Landesstelle für die nichtstaatlichen Museen in Bayern (Hrsg.), Das Museumsdepot. Grundlagen – Erfahrungen – Beispiele, Museums-Bausteine 4 (München 1998) 241–246.

Das zentrale Museumsdepot der Landeshauptstadt München

Stefania Kuszlik, Katharina Matzig

Im Münchner Stadtteil Freimann entstand mit einer Stellfläche von rund 10300 m² eines der größten Museumsdepots Europas. Es bietet Platz für rund 2,5 Millionen Exponate und nimmt die Sammlungen des Münchner Stadtmuseums, des Museums Villa Stuck und des Jüdischen Museums auf. Neben Textilien und Kunsthandwerk, Grafiken, Gemälden, Filmrollen, Plakaten, Möbeln und Musikinstrumenten, Waffen oder volkskundlichen Objekten können nun selbst komplette historische Ladeneinrichtungen oder Wiesn-Karusselle angemessen untergebracht werden. (Abb. 1)

Das neue Depot ersetzt das Depot am Leuchtenbergring, das bis Ende 2011 befristet angemietet worden war, sowie die nicht mehr zeitgemäßen Depots in Allach und der Stadtmitte. Mit

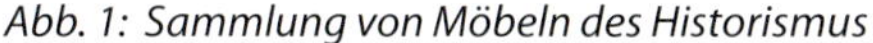
Abb. 1: Sammlung von Möbeln des Historismus

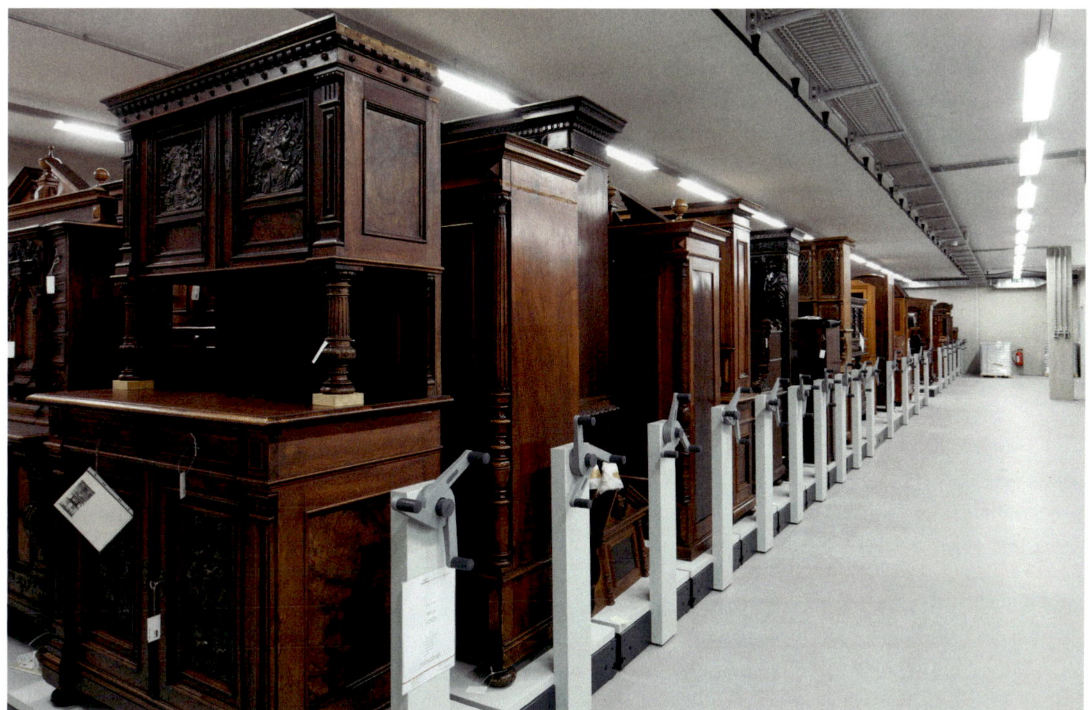

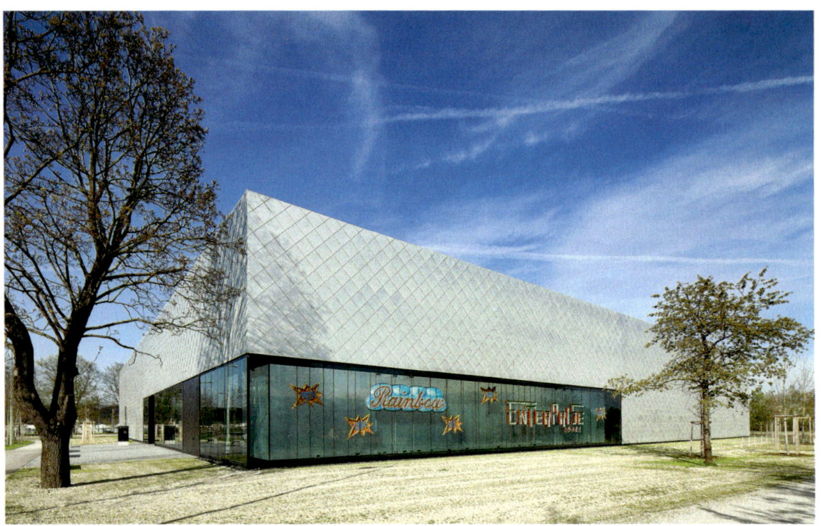

Abb. 2: Schindeln aus verzinntem Kupferblech bilden eine schützende Schuppenhaut.

dieser Zusammenführung erreichte man eine nachhaltige Lösung, die Synergien schafft und bezüglich Qualität und Betriebskosten wesentliche Verbesserungen bringt.

Der Münchner Stadtrat erteilte am 19.11.2009 dem Baureferat die Ausführungsgenehmigung für die Errichtung des Depotneubaus. Das Depot konzipierten die Architekten Schmidt-Schicketanz und Partner GmbH als eigenständigen Solitär. (Abb. 2)

Eine weitgehend geschlossene Umfassungswand bringt nach außen den Schutzcharakter zum Ausdruck. Das Museumsdepot erfüllt die jeweiligen konservatorischen Anforderungen an die Lagerung der Sammlungsgüter. Besonderer Wert wurde neben der funktionalen, museumsgerechten Grundausstattung auf Brandschutz, Sicherheit und Klimastabilität gelegt.

Abb. 3: Schnitt Innenhof

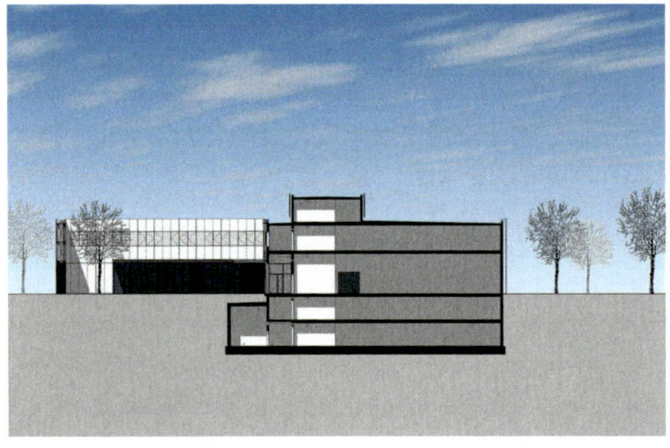

Das winkelförmige Gebäude bildet mit einem Innenhof eine quadratische Grundform von rund 60 m Seitenlänge. Es besteht aus 2 Untergeschossen, einem hohen Erdgeschoss, einem Obergeschoss und einem kleinen Technikaufbau. Im Erdgeschoss befinden sich alle für die Anlieferung erforderlichen Räume sowie die Depoträume der Schaustellerei. Diese können mit Großobjekten direkt von außen angefahren werden und benötigen eine größere Geschosshöhe. Im ersten Obergeschoss sind neben den Depoträumen Arbeitsräume untergebracht, die zum Innenhof orientiert sind. In den beiden Untergeschossen befinden sich ausschließlich Depoträume. Die Lagerräume sind durch unterschiedliche Lagertechnik auf die spezifischen Anforderungen der einzelnen Sammlungen zugeschnitten. Leitungen verlaufen sichtbar unter der Decke und die Wände wurden betonsichtig belassen. Zur innerräumlichen Orientierung haben die Architekten ein markantes Farbkonzept entwickelt. Für jedes Geschoss wurde ein kräftiger Ton ausgewählt – knallrot, grasgrün, mittelblau und violett leuchten die Stirnseiten der Flure und des Treppenhauses. Die äußere Erschließung des Gebäudes erfolgt über den Innenhof.

Baumaßnahme:	Neubau Museumsdepot der Landeshauptstadt München
Raumprogramm:	Depots für das Münchner Stadtmuseum, Museum Villa Stuck und das Jüdische Museum München
Standort:	München-Freimann
Bauherr:	Landeshauptstadt München, Kulturreferat
Projektleitung:	Landeshauptstadt München Baureferat (Hochbau) Heinrich Wirth (LPH 1-5) Helmut Krist (LPH 6-8)
Planung und Bauleitung:	Architekturbüro SSP Schmidt-Schicketanz und Partner GmbH, München
Kosten- und Terminplaner:	Meixner + Partner GmbH, Augsburg
Tragwerksplanung:	Weischede, Hermann und Partner GmbH, Stuttgart
Haustechnik:	Zickler + Jakob GmbH & Co KG, München
Elektroplanung:	Landeshauptstadt München, Baureferat (Hochbau 6)
Objektüberwachung Elektro:	Ingenieurbüro Höß, Gachenbach
Thermische Bauphysik:	Müller BBM GmbH, Planegg
Brandschutz:	Kersken + Kirchner, München
Fachberatung Museum:	Prevart GmbH, Winterthur, Schweiz
Freianlagen:	Landschaftsarchitekt Großberger, Beyhl Partner, München
Nutzfläche:	ca. 9 700 m^2
Bruttogeschossfläche:	ca. 12 800 m^2
Bruttorauminhalt:	ca. 59 700 m^2
Projektkosten:	Genehmigte Baukosten 24,5 Mio. €
Baubeginn:	Dezember 2009
Baufertigstellung:	Juli 2011

Um die Verkehrsflächen der vier Geschosse so weit wie möglich zu minimieren, werden die Depoträume über einen zentral gelegenen, mittigen Flur erschlossen. Die Außenfassade ist hinterlüftet und mit rautenförmigen, verzinnten Kupferblechschindeln verkleidet. Sie bilden eine silbergraue Schuppenoberfläche. Die Innenhof-Fassaden bestehen aus großformatigen Aluminiumelementen. Im Bereich der Arbeitsräume im ersten Obergeschoss sind sie gelocht und können teilweise geöffnet werden. Der Innenhof ist nach außen verglast. Im Eingangsbereich wird die Verglasung für Vitrinen genutzt, in denen exemplarisch Exponate aus dem Depotbestand ausgestellt werden. Auf diese Weise erklärt sich den Passanten die Funktion des Gebäudes.

Der Massivbau aus Stahlbeton erhielt eine hoch gedämmte und dichte Gebäudehülle. Dadurch werden die Anforderungen an die energetische Qualität der Gebäudehülle und an den Jahresprimärenergiebedarf um zirka 80 % unterschritten. Aufgrund der hohen Betonspeichermasse konnte auf eine künstliche Klimatisierung verzichtet werden. Die Raumtemperierung (Heizen und Kühlen) der Depoträume erfolgt ausschließlich über die Decken (sog. Betonkernaktivierung). Die Temperatur beträgt konstant zwischen 16 und 22 °C. In den Decken wurden Rohre verlegt, durch die Wasser als Heiz- bzw. Kühlmedium fließt. Eine Lüftungsanlage mit Wärmerückgewinnung reguliert die Luftfeuchtigkeit. Auch dem Brandschutz wurde ein hoher Stellenwert eingeräumt. Die einzelnen Depotbereiche werden beim Ausschalten der Beleuchtung stromfrei geschaltet. Darüber hinaus kann die Stromversorgung auch zentral deaktiviert werden. So wird die Brandgefahr deutlich verringert. Sollte dennoch Feuer ausbrechen, verhindert die kleinteilige Zellenbauweise das Übergreifen auf andere Depotabschnitte.

Das Flachdach ist extensiv begrünt und mit einer Photovoltaikanlage ausgestattet. Der auf dem Grundstück vorhandene Baumbestand wurde soweit wie möglich erhalten und ergänzt. Im Innenhof entstand eine ca. 100 m^2 große Grünfläche mit Bäumen.

Die Umgebung des städtischen Museumsdepots ist von Industrie- und Verwaltungsbauten geprägt. Das kompakte Haus präsentiert sich hier als Solitär auf einem Grundstück, das langfristig auch Erweiterungen des Gebäudes nach Norden ermöglichen würde.

Ein Masterplan zur Modernisierung
Museumsdepots und Archive der Museen der Stadt Rosenheim

Robert Berberich, Tina Buttenberg, Monika Hauser-Mair, Walter Leicht

Versucht man heute, sich an den früheren Zustand der Sammlungsdepots der Stadt Rosenheim, Keller- und Speicherräume von Stadtarchiv, Städtischer Galerie und Städtischem Museum, zu erinnern, dann braucht man viel »negative Phantasie«. Fast schon entmutigend war die Ausgangslage – umso beachtlicher ist der ungeheure Fortschritt, der Erfolg der binnen zwölf bis fünfzehn Jahren schrittweise umgesetzten Maßnahmen.

Ein Zusammenspiel glücklicher Umstände – viel Verständnis bei Verwaltung, Politik und Bevölkerung, kompetente Neubesetzungen der Führungspositionen der betroffenen Einrichtungen, erhebliche finanzielle und ideelle Unterstützung durch die Landesstelle, durch Kollegen der beteiligten städtischen Fachämter und durch einen Förderverein – trug entscheidend dazu bei, dass die gesetzten Ziele erreicht werden konnten. Schritt für Schritt und Jahr für Jahr – manchmal mit einer durch Sparmaßnahmen bedingten, meist nur kurzen Pause – wurde in den erwähnten Häusern eine gemeinsam mit Fachleuten erstellte Prioritätenliste abgearbeitet, um einerseits die Bausubstanz der denkmalgeschützten Gebäude zu erhalten und andererseits die umfangreichen Sammlungsbestände sachgerecht einlagern zu können.

Wann immer nötig und möglich, wurden im Zuge dieser Arbeiten auch Verbesserungen der Arbeitssituation der Mitarbeiter und der Aufenthaltsqualität der Besucher angestrebt.

So kann heute festgestellt werden, dass die Museums- und Ausstellungsstadt Rosenheim ihre Einrichtungen fit gemacht hat für die nächsten Jahrzehnte. Der hohe finanzielle Aufwand und der intensive Planungs- und Abstimmungsaufwand haben sich gelohnt. Wunsch und Vision für die Zukunft wäre ein modernes und ausreichend geräumiges gemeinsames Depot, um die städtischen Sammlungen auch weiterhin sinnvoll ergänzen und ausbauen zu können.

Ensemble Stadtarchiv (Tina Buttenberg) und Städtische Galerie (Monika Hauser-Mair)

Der Kunstsammler Max Bram überließ 1904 der Stadt Rosenheim seine Gemälde- und Grafiksammlung als Schenkung, jedoch mit der Auflage, in absehbarer Zeit geeignete Räume für diese zu finden. 1935 bis 1937 wurde schließlich der heutige Bau der Städtischen Galerie in baulicher Verbindung mit dem Stadtarchiv nach den Plänen des Münchner Architekten Geheimrat German Bestelmeyer auf einer damals freien Fläche nahe dem Rathaus errichtet. Beide Gebäude sind durch einen mauerumschlossenen Hof verbunden und bilden mit ihrer neuklassizistischen Architektur eine bauliche Einheit.

Baugeschichtliche Entwicklung des Stadtarchivs Rosenheim

Nachdem das Rosenheimer Stadtarchiv in seiner Funktion als Verwahrstätte der dokumentierten Geschichte der Stadt Rosenheim zunächst im Rathaus untergebracht war, hatte man 1935 den Bau eines eigenen Archivgebäudes beschlossen, das auch als Kulturamt und Bibliothek genutzt

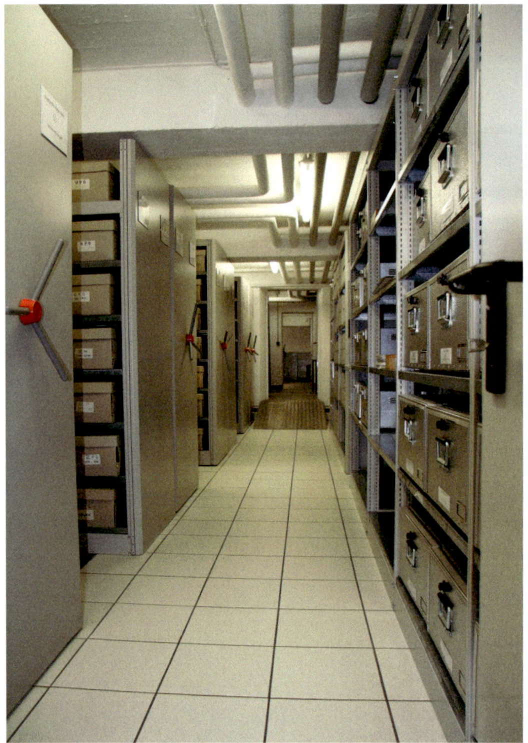

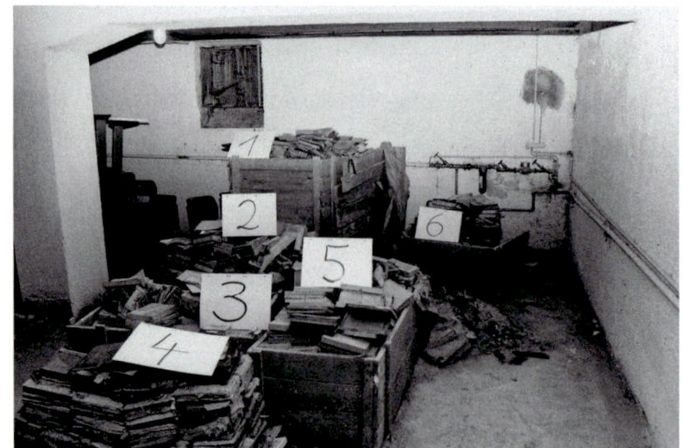

Abb. 1–2: Kellerräume des Archivs vor und nach der Sanierung

werden sollte. Die ständig wachsende Flut der aus den Verwaltungsabteilungen abgegebenen Akten führte aber bereits Mitte der 1980er Jahre zu ersten Überlegungen, das Archivgebäude zu vergrößern und den zur Archivierung nicht nutzbaren Keller als Depot zu erschließen. Nach der Abwägung unterschiedlicher Konzepte wie der Generalsanierung des Gebäudes mit völliger Entkernung oder der Verlegung an einen neuen Standort wurde 1995, nachdem durch Gebäudesetzungen Risse an den Wänden und Decken aufgetreten waren, die Entscheidung getroffen, das Archiv an seinem angestammten Platz zu belassen.

In Zusammenarbeit zwischen einem Architekten, der Archivleitung und dem Hochbauamt der Stadt wurde ein umfassendes Sanierungskonzept erstellt und in den Jahren 1996 und 1997 umgesetzt.

Die Anforderungen an einen Archivzweckbau konnten durch die Untergliederung in Verwaltungs-, Öffentlichkeits- und Magazinbereich gut erfüllt werden: An den Eingangsraum mit Infotheke und Archivshop grenzt der Lese- und Veranstaltungsraum mit 22 Arbeitsplätzen für Archivkunden. Das Büro der Archivarin ist zugleich Beratungs- bzw. Repertorienzimmer für die Archivbenutzer. In unmittelbarer Nähe zum Magazin liegt ein Büro für Erschließungs-, Ordnungs- und Verzeichnungsarbeiten. Den größten Teil des Erd- und Obergeschosses nimmt die für die Öffentlichkeit nicht zugängliche wissenschaftliche Bibliothek des Stadtarchivs ein.

Im Zuge der Sanierung 1996 und 1997 wurde nach dem Abdichten der Kelleraußenwände und der Tieferlegung des Kellerfußbodens ein voll nutzbarer Raum mit rund 280 m^2 Grundfläche geschaffen. Hier ermöglichen neu eingebaute Kompaktus-Regalanlagen eine raumsparende Aktenlagerung (Einspareffekt 40 %). In den Magazinräumen im Keller konnte durch die Optimierung der bestehenden Heizanlage und den Einbau von Luftentfeuchtern ein relativ konstantes Raumklima ohne größere Schwankungen erreicht werden (ca. 18 °C, 50 % rF). Das Raumklima wird mit Hilfe von elektronischen Thermohydrografen laufend überwacht.

Für die Archivnutzer und die Öffentlichkeitsarbeit des Archivs besitzt der Lese- und Veranstaltungsraum seit dem Umbau 1997 eine zentrale Bedeutung. Durch einen rechteckigen Anbau, der in leichter Stahl-Glas-Konstruktion auf der Gartenseite an das Archivgebäude angebaut wurde, entstand ein attraktiver Raum, der nicht nur Schreibtische und Computerarbeitsplätze für die Archivkunden enthält, sondern auch eine umfassende Präsenzbibliothek. Der Raum wird außerdem regelmäßig für stadtgeschichtliche Ausstellungen und Veranstaltungen genutzt. Die Erweiterung des Lesesaals wurde im Rahmen des Pilotprojekts Archivpädagogik vom Staatsministerium für Unterricht und Kultus gefördert.

Im Jahr 2007 wurde die dringend notwendige Sanierung des Archivdachs durchgeführt. Dabei wurde das Dach komplett erneuert und ein bisher nur beschränkt nutzbarer, ca. 80 m^2 großer Raum im Obergeschoss ausgebaut, sodass zusätzliche Lagerflächen im Archivgebäude geschaffen wurden. Im Zuge dieser Maßnahme wurde in den Magazinräumen des Erd- und Dachgeschosses eine Klimaanlage eingebaut, um auch in diesen Räumen ein stabiles Raumklima gewährleisten zu können.

Da der Raum im Archivgebäude zur Lagerung aller Archivalien nicht ausreicht, steht dem Archiv ein Außenlager zur Verfügung. Leider erfüllen diese Räume bisher nicht die notwendigen Anforderungen. Daher wird derzeit überlegt, die Räume entsprechend nachzurüsten oder in ein anderes Gebäude zu verlegen.

Die städtische Kunstsammlung

Etwa 5 000 Exponate, bestehend aus Bildern und Plastiken, werden im Depot im Kellergeschoss der Galerie betreut und gepflegt. Sie sind mithilfe von MuseumPlus erfasst.

Noch vor wenigen Jahren hatte das Eindringen von Grund- und Regenwasser im Keller Schimmelbefall und Stockflecken sowie Modergeruch bewirkt, der durch die Belüftungsanlage in die Ausstellungsräume drang. Besonders stark waren die äußeren Kellerräume betroffen, in denen Kataloge, Plakate, Bilderrahmen etc. lagerten. Gemälde und Grafiken waren in zentral gelegenen, trockeneren Räumen untergebracht. Besonders für die Grafiken waren die vorherrschenden konservatorischen Bedingungen katastrophal.

Die Kunstwerke, darunter Arbeiten von Leibl, Stuck, Sperl, Schuch, Wopfner, Defregger, Thoma, Spitzweg, Gerhardinger, Karl Caspar und Maria Caspar-Filser waren einer ernsthaften Gefährdung ausgesetzt. Für zusätzliche Probleme sorgten die niedrige Raumhöhe des gesamten Kellergeschosses und die konstant hohe Luftfeuchtigkeit.

Im Jahr 2000 beschloss der Stadtrat die Kellersanierung. Nicht ausschließlich konservatorische, auch technische und hygienische Gründe geboten Eile zum Handeln. Eine endgültige Entscheidung wurde wegen Finanzierungsfragen auf das nachfolgende Jahr vertagt, schlussendlich jedoch vom Kulturausschuss und im Rahmen der Haushaltberatung zugunsten der geplanten Sanierungsmaßnahmen getroffen.

Ziele

Grundsätzliches Ziel der Sanierung war zum einen die Trocken- und Tieferlegung des Kellers sowie die Schaffung eines angemessenen, konservatorisch langfristig unbedenklichen Depots für die städtische Kunstsammlung. Zum anderen war eine generelle funktionale Neuordnung des Kellergeschosses geplant. Das Depot sollte mit entsprechender Lagertechnik wie einer Zugregalanlage, Vitrinen, Schubladenschränken etc. ausgestattet werden.

Die Kostenschätzung für die Sanierungsmaßnahme betrug 700 000 DM und zusätzliche 250 000 DM für die Einrichtung mit Regalanlagen, Beleuchtung und Klimatisierung, sodass sich die Gesamtkosten auf insgesamt 950 000 DM belaufen sollten. Anfangs war nur der Rohbau finanziert. Folgekosten wurden auf verschiedene Haushaltsjahre verteilt. Gefördert wurde das Projekt vom Kulturfonds der Regierung Oberbayern und der Landesstelle. Aufgrund der begrenzten Finanzmittel wurden die einzelnen Nutzungsbereiche bis 2008 in mehreren Abschnitten saniert.

Bevor die Bauarbeiten 2001 beginnen konnten, wurden die Depotbestände sowie Kataloge, Plakate, Bilderrahmen gesichtet, sortiert und verpackt. Über 1 000 Ausstellungskataloge und Plakate mussten aufgrund von Schimmelbefall aussortiert werden. Wertvolle Bilder wurden vorübergehend teilweise in einen Galerieraum im Erdgeschoss, teilweise in einen Katastrophenschutzkeller ausgelagert, andere Bestände in gemieteten Lagerhallen untergebracht. Erst 2005 war der gesamte Bestand wieder vor Ort in der Galerie eingelagert.

Bauarbeiten

Die Baumaßnahme des städtischen Hochbauamtes mit einem Rosenheimer Architekturbüro beinhaltete folgende Schritte: Aufbrechen des Bodens sowie Unterbodens, Entfernen der gesamten Bodenplatte und Absenkung des Bodenniveaus um 60 cm. In einem zweiten Schritt wurden die Wände unterfangen. Im Zuge der Sanierung wurden auch die Klima- und Brandmeldetechnik sowie die Elektro- und Belüftungsanlage modernisiert.

Depotplanung

Der Fachplaner und Restaurator Johannes Baur wurde 2002 mit der Ausführungsplanung des Kunstdepots und der Organisation der Depotausstattung beauftragt. Um aus der gesamten Sammlung Objektgruppen zu bilden und ein Raumkonzept mit bestmöglicher Nutzung zu erstellen, erfolgte die Grundlagenermittlung des Sammlungsbestandes inklusive Festsetzung der konservatorischen und technischen Lageranforderungen. Auch die Kostenermittlung für die Einrichtung wurde vorgenommen.

Die Sanierungsmaßnahme ist nun nach zehn Jahren abgeschlossen, die Bestände sind dadurch gesichert und ein dauerhafter Qualitätsstandard ist garantiert. Die Planung und Realisierung des Depots durch den Fachberater gewährleistete ein breitgefächertes Spezialwissen und einen direkten, verantwortlichen Ansprechpartner.

Lager und Depots des Städtischen Museums (W. Leicht)

Das Städtische Museum Rosenheim wurde 1895 im historischen Mittertor eröffnet. Seine Sammlung umfasst heute gut 20 000 kulturgeschichtliche Objekte. Geschätzte 5 000 davon sind in der

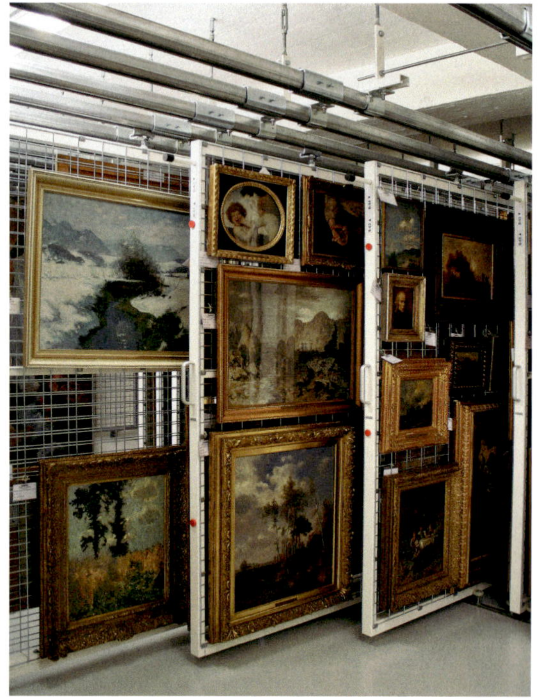

Abb. 3: Zugregalanlage im Depot der Städtischen Galerie nach Sanierung

Dauerausstellung präsentiert. Die anderen drei Viertel werden im Speicherdepot des Mittertors sowie in drei angemieteten Räumen am Stadtrand verwahrt.

Eine Aussage über den genauen Umfang der in fast 120 Jahren gewachsenen Sammlung wird nach Abschluss des derzeit laufenden Projekts der wissenschaftlichen Inventarisation möglich sein, das vorerst bis zum Jahr 2017 angelegt ist.

Speicherlager und erstes Depot

Von Anfang an hat man Stücke, die nicht dauerhaft gezeigt wurden, auf dem Dachboden des Museums gelagert. Von einem Depot nach heutigem Verständnis konnte dabei nicht die Rede sein. Klimatische und konservatorische Anforderungen spielten dort oben 100 Jahre lang keine Rolle.

Das erste moderne Depot entstand Mitte der 1960er Jahre. Durch Einziehen einer Zwischendecke in der südlichen Torhalle des Mittertors (heute Sonderausstellungsraum) wurde ein ebenerdiger, leicht zugänglicher Lagerraum gewonnen, dessen Kapazität eine maßgefertigte Zugregalanlage optimierte. Spätestens Mitte der 1980er Jahre war die Aufnahmefähigkeit von Speicherlager und erstem Depot erschöpft. Die zunehmende Überfüllung hatte eine schleichende Einschränkung der Sammlungstätigkeit zur Folge.

Depots auf Wanderschaft

1995 mussten die Speicherräume des Mittertors weitgehend geräumt und die dort befindlichen Sammlungsgegenstände für eine überfällige Sanierung und Neueindeckung des gesamten Museumsdachs ausgelagert werden. Regen und Schmelzwasser, brütende oder verwesende Tauben sind seitdem im Museumsspeicher Geschichte. Initiiert und mitfinanziert wurde das Ganze durch eine Bürgerinitiative. Aus dieser gründete sich, ebenfalls noch 1995, der Förderverein des Städtischen Museums.

Die ausgelagerten sowie neu gesammelte Objekte wurden bis 2006 in vier teilweise zeitgleich genutzten Außendepots untergebracht, die nur sehr eingeschränkt geeignet waren: ein kaum mannshoher Keller mit gestampftem Lehmboden in einer Schule, leerstehende, gleichwohl überheizte Büroräume der Stadtverwaltung sowie, konservatorisch am besten geeignet, der Kühlraum im ehemaligen Rosenheimer Schlachthof.

Teilausbau des Speicherdepots

Mit der Auslagerung 1995 begann eine neue Phase des Planens und Realisierens von Depotlösungen. 2000 wurde der Mitteltrakt des Speichers wärmegedämmt und eine Temperierung nach den Empfehlungen der Landesstelle eingebaut. Auf diese Weise wurden dort die bisherigen extrem differierenden Temperaturspitzen abgefedert.

Eingebaut wurde eine maßgefertigte Zugregalanlage mit 14 Rahmenpaaren für einen Teil der Bildersammlung und eine Regalanlage zur optimalen Ausnutzung der Dachschräge. Zwölf Flachablageschränke vervollständigen die zweckmäßige Ausstattung dieser neuen »Klimakammer«, die natürlich auch einen staubfreien, wischbaren Boden und ein angemessenes Beleuchtungssystem aufweist.

2001 wurde der Nordtrakt des Speichers ebenfalls wärmegedämmt, beheizbar gemacht sowie mit staubdichtem Boden und einer Regalanlage versehen. Diese Maßnahmen wurden beratend begleitet, finanziell gefördert und auch durch Detailplanungen unterstützt von der Landesstelle.

Seit 2010 gibt es im Nordspeicher einen internetfähigen PC-Arbeitsplatz. Nachdem im Winter 2013/14 auch der »Südspeicher« energetisch saniert worden ist, entspricht jetzt die gesamte Dachgeschossfläche des Mittertors – fast – allen Anforderungen an ein zeitgemäßes Museumsdepot.

Abb. 4: Der Nordspeicher des Mittertors als funktionales Depot für römische Keramik inklusive Arbeitsplatz mit Internetanschluss

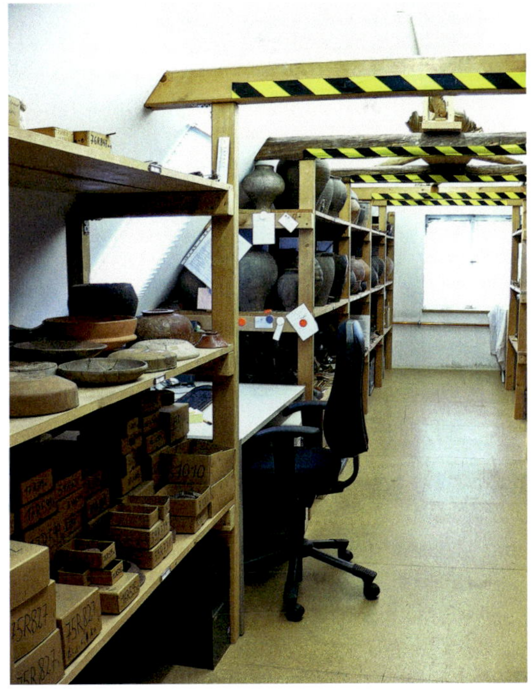

Außendepot

2004 wurde das Erdgeschossdepot im Mittertor aufgelöst. Sein hauptsächlich kleinteiliger Bestand wanderte fast zur Gänze in die »Klimakammer«. 2006 wurden am nördlichen Stadtrand drei Souterrainräume angemietet und als Depot ausgestattet. Dorthin wurden die Bestände der beiden aufgelösten Übergangslösungen »Schulkeller« und »Schlachthof« gebracht. Dabei handelt es sich in erster Linie um Großobjekte, die für die Wendeltreppe zum Speicherdepot zu sperrig sind.

Fazit

Die etwa 15 000 Deposita des Städtischen Museums Rosenheim sind heute konservatorisch angemessen aufbewahrt. Gleichwohl ist der reale Zugriff auf das Außendepot immer mit einer kleinen Dienstreise verbunden. Die schwere Zugänglichkeit aller Depoträume und der meisten Stücke ist ebenfalls wenig benutzerfreundlich. Sammlungskonzept und -auftrag können seit Jahren nur noch teilweise realisiert werden, da die Raumsituation in den Depots ausgereizt ist. Abhilfe schaffen kann hier nur das im Frühjahr 2012 erstmals in die Diskussion eingebrachte zentrale Großdepot für alle städtischen Sammlungen und Archive.

Wenig Raum, wenig Geld und trotzdem professionell

Der Depotumbau im Alpinen Museum des Deutschen Alpenvereins, München

Friederike Kaiser

Ein Gang in das Sachgutdepot des Alpinen Museums auf der Münchner Praterinsel glich bis vor Kurzem dem in ein überfülltes Warenlager für Bergsportbedarf. Hier fand sich alles: Seile von der vorletzten Jahrhundertwende bis in die 1970er Jahre, Unmengen an Skiern aus unterschiedlichsten Materialien und mit verschiedensten Bindungen, Pickel, Rucksäcke, Karabiner, Kniebundhosen und Wollmützen. Das meiste stapelte sich offen in Regalen, die teils aus einer alten Wohnungseinrichtung stammten oder aus Fichtenholzbrettern zusammengezimmert waren. Die Suche nach Objekten endete aufgrund des Platzmangels nicht selten in völliger Verzweiflung der Mitarbeiter. Die Kleider quollen dem, der es wagte, die Schränke zu öffnen, wie Grießbrei entgegen, und auch die Durchgänge zu den Schränken und Regalen wurden von Jahr zu Jahr enger. Schuld waren die noch immer neu hinzukommenden Spenden, die aus Platzmangel nicht einmal mehr wegsortiert werden konnten.

Abhilfe schaffte endlich die anstehende Sanierung des Hauses. Die Überzeugungskraft der Mitarbeiter der Landesstelle sowie ein nicht unerheblicher Zuschuss sorgten dafür, dass der Träger sowohl in die bauliche Ausstattung als auch in eine neue Möblierung investierte. Mit Beratung der Firma K3-artservices konnten die Depots in den Jahren 2010 und 2011 umgebaut werden.

Die Sammlung des Alpinen Museums

Das Alpine Museum des Deutschen Alpenvereins blickt auf eine gut einhundertjährige Geschichte zurück: Es wurde im Dezember 1911 eröffnet. Naturwissenschaftliche Ausstellungseinheiten über Glaziologie und Botanik waren darin genauso zu finden wie Inszenierungen über die richtige Ausübung des Skilaufens und Bergsteigens sowie Entwicklungsreihen zur Geschichte der Bergsportausrüstung. Im Zweiten Weltkrieg wurde das Museum zerstört, erst 1991 beschloss der Deutsche Alpenverein die Wiedereinrichtung. Schon vorher hatten die Verantwortlichen im Verein begonnen, die verbliebenen Reste der alten Sammlungen zusammenzutragen, Schenkungen anzunehmen und Neuankäufe zu tätigen. 1996 wurde das Museum zum zweiten Mal, nach einer Pause von 48 Jahren, am gleichen Ort eröffnet. Es weist heute etwa 300 m^2 Dauerausstellungsfläche und 120 m^2 große Sonderausstellungsräume auf und hat etwa 15–20 000 Besucher jährlich. Ergänzt wird das Museum durch das Archiv und die Bibliothek des Deutschen Alpenvereins, die sich im gleichen Gebäude befinden.

Die Sammlung des Alpinen Museums umfasst etwa 2 500 Grafiken, 200 Gemälde sowie 2 000 Sachgutobjekte. Einige Werke stammen noch aus den Sammlungen, die Anfang des 20. Jahrhunderts für die Bibliothek des Alpenvereins sowie ein erstes Alpines Museum angelegt worden waren, der größere Teil, insbesondere der Kunstsammlung, gelangte jedoch durch Stiftungen ins Haus. Seit den 1980er Jahren wurde die Kunstsammlung zudem durch Ankäufe gezielt erweitert. Die Sachgutsammlung wird seit Mitte der 1990er Jahre aufgebaut.

Das übergeordnete Thema des gesamten Hauses und auch das der Sammlungen sind die Berge, der Bezug der Gesellschaft zu den Bergen sowie der Bergsport. Dies spiegelt sich auch in den Grafiken und Gemälden der Kunstsammlung wider. Bemerkenswert ist, dass das sich wandelnde Interesse der Menschen am Gebirge stringent vom 15. Jahrhundert bis heute an hochkarätigen Beispielen gezeigt werden kann. Besondere Kleinode sind beispielsweise eine Vedute aus der Schedelschen Weltchronik und der Kupferstich »Heimsuchung Mariens« von Albrecht Dürer. Ein Schwerpunkt der Kunstsammlung sind zudem Werke der sogenannten Bergsteigermaler: Sie schildern die Berge aus der Perspektive des praktizierenden Alpinisten. Herausragend sind zudem 200 Aquarelle und Zeichnungen der Brüder Schlagintweit, die als erste deutsche Forscher in den Jahren 1854 bis 1857 nach Indien und in den Himalaja reisten.

Die Sachgutsammlung umfasst Gebrauchsgegenstände für den Bergsport aller Art sowie Objekte, die die Bedeutung des Bergsteigens und der Berge in der Gesellschaft deutlich machen. Neben Bergsportbekleidung und Ausrüstungsgegenständen finden sich beispielsweise frühe touristische Mitbringsel des ausgehenden 18. Jahrhunderts und Kinderspielzeug wie ein Brettspiel aus den 1930er Jahren, das die Instrumentalisierung des Expeditionsbergsteigens durch den Nationalsozialismus deutlich macht. Von hohem kulturhistorischem Wert sind die Ausrüstungsgegenstände der meisten großen deutschen Bergsteigerexpeditionen in den Himalaja von den 1920er Jahren bis in die 1970er Jahre. Einen privaten Blick auf das Bergsteigen ermöglichen persönliche Utensilien einzelner Bergsteiger, die sich ebenfalls in dieser Sammlung befinden. So gab vor einigen Jahren der Spitzenkletterer Alex Huber seine Ausrüstung und Kleidung ab, die er bei verschiedenen bedeutenden Besteigungen verwendete.

Fotografien, Fotoalben, Plakate, Briefwechsel und Aktenmaterial werden nicht vom Alpinen Museum gesammelt. Dies ist Aufgabe von Archiv und Bibliothek des Deutschen Alpenvereins. Mit etwa 300 Laufmetern Akten, 300 000 Fotografien und 70 000 Medien ist es die größte Institution dieser Art weltweit.

Untergebracht sind die Museumssammlungen in zwei Depoträumen, die im Museumsgebäude mit der Neugründung des Alpinen Museums eingerichtet wurden. Sie bieten mit lediglich 40 bzw. 56 m^2 wenig Platz, haben jedoch den Vorteil, dass auf alle Sammlungsobjekte schnell und unkompliziert zugegriffen werden kann. Außerdem fallen keine zusätzlichen Kosten durch angemietete Räumlichkeiten an.

Vor drei Jahren wurde das dringend renovierungsbedürftige Museumsgebäude überraschend saniert. Auslöser war ein erheblicher Zuschuss aus den Mitteln des Konjunkturpaketes. In diesem Zuge stand auch die Frage nach der Zukunft der Depots an. Nach kurzer Diskussion fiel aus den eben genannten Gründen die Entscheidung, die bisherigen Depots beizubehalten. Die Aufbewahrung der Objekte in den vorhandenen Räumlichkeiten sollte aber nach Möglichkeit verbessert werden.

Sammlungskonzeptionen und Ent-Sammeln als Basis für die Depotplanung

Schon vor einigen Jahren waren, ohne dass die Chance einer späteren Umgestaltung der Depots schon bekannt war, wichtige Vorarbeiten für ihre Neukonzeption geleistet worden. Alle Objekte wurden in einer Datenbank erfasst und nach Möglichkeit nachinventarisiert. Bei den Verkäufern beziehungsweise Spendern wurden Informationen über die Geschichte und der Verwendung der Objekte eingeholt, soweit dies noch möglich war. Dies steigerte insbesondere in der Sachgutsammlung die Aussagekraft vieler Objekte erheblich.

Die Sachgutsammlung erhielt zudem ein Erwerbungskonzept, während für die Kunstsammlung bereits eines vorhanden war. Kernaussage ist, dass das Museum des Alpenvereins alles sammelt, was das sich wandelnde Interesse der Menschen an den Bergen dokumentiert, nicht aber Artefakte

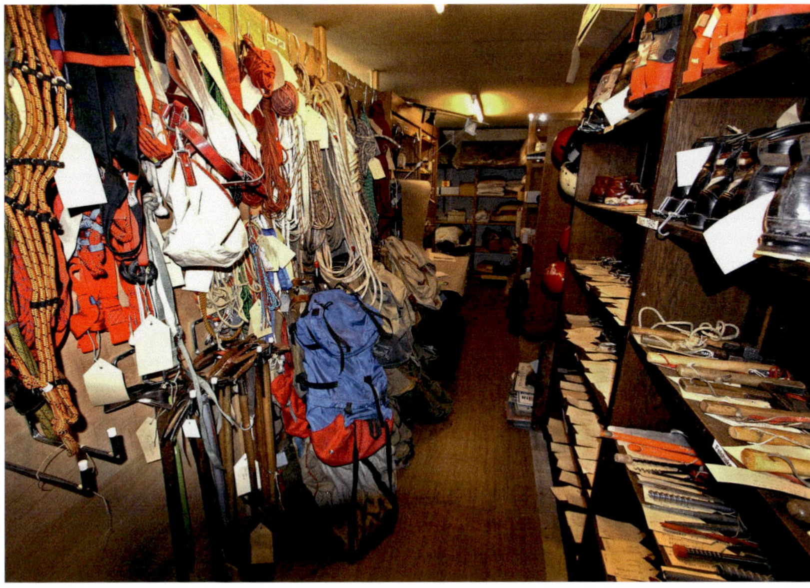

Abb. 1: Blick in das Sachgutdepot des Alpinen Museums vor dem Umbau (2010).

und Objekte, die allein die Berge und die dort gelebte Kultur präsentieren. Konkret heißt das: In die Sammlung gehören Darstellungen, die deutlich machen, wie sich Forscher und Touristen mit den Bergen und der spezifischen Kultur der Bergbevölkerung auseinandersetzen, aber nicht Gesteine, die den geologischen Aufbau der Alpen dokumentieren, oder Objekte aus der Geschichte der Almwirtschaft. Ausschlaggebend für diese Zuspitzung war letztendlich auch die Überzeugung, dass innerhalb der Museumslandschaft eine Arbeitsteilung sinnvoll und wünschenswert ist. Die Natur- und Kulturgeschichte der Alpen wird von anderen Häusern wie dem Münchener Museum für Mensch und Natur sowie dem Freilichtmuseum an der Glentleiten hervorragend dokumentiert, die Alpinismusgeschichte hingegen bis auf geringe Schnittmengen nur vom Alpinen Museum.

Das Erwerbungskonzept beschreibt aber auch, was in den verschiedenen Objektgruppen bereits gesammelt wurde und was noch gesammelt werden soll. Die Sammlungsmitarbeiterin recherchierte und skizzierte die wichtigsten Entwicklungslinien. Von Objekten, die eine ähnliche Aussagekraft besitzen, zum Beispiel hinsichtlich der Auswirkung der Einführung von Leichtmetallen in der Kletterausrüstung, wurde bis auf wenige Beispiele die Mehrzahl aussortiert. In einem aufwändigen Verfahren wurden die aussortierten Objekte den Spendern zur Rücknahme angeboten, ein Teil dann an andere Museen vermittelt und der Rest kassiert. Durch diese Maßnahme kam es zu einer starken Entlastung vor allem des Sachgutdepots. Die Definition von Sammlungszielen ermöglichte zudem, erstmals abzuschätzen, wie viel Raum für zukünftige Eingänge einzuplanen war.

Die Renovierung der Räumlichkeiten

Der Raum, in dem die Grafik- und Gemäldesammlung untergebracht ist, ist klimatisch für ein Depot sehr gut geeignet. Er liegt mitten im Gebäude und hat keine Fenster nach außen. Diese besondere Situierung und die dicken Ziegelmauern des Altbaus aus der zweiten Hälfte des 19. Jahrhunderts sorgen dafür, dass das Kunstdepot auch ohne Heizung eine relativ konstante Temperatur von 20 °C und eine Luftfeuchtigkeit zwischen 40 und 50 % mit nur langfristigen Schwankungen aufweist. Aufgrund der guten klimatischen Bedingungen waren hier keine weiteren Maßnahmen durchzuführen. Das Depot wurde auch nicht an die Be-

und Entlüftungsanlage des Gebäudes angeschlossen, die im Zuge der Sanierung eingebaut wurde; der Feuchtegehalt der Luft hätte nur schwer reguliert werden können.

Schlechter sahen die klimatischen Bedingungen im Sachgutdepot aus. Der Raum liegt direkt unter dem Dach, wodurch starke Temperaturschwankungen auftraten. Da das Gebäude jedoch energetisch saniert und damit auch das Dach gedämmt werden sollte, war eine grundlegende Verbesserung der Situation zu erhoffen, die auch eintrat. Das Depot wurde ursprünglich mit konventionellen Heizkörpern geheizt. Dies sollte auf jeden Fall verändert werden, um eine Verstaubung der Objekte durch die Umwälzung der warmen Luft in Zukunft zu minimieren. Diskutiert wurde das Legen einer Heizschleife in der Wand nach dem von Henning Großeschmidt entwickelten Temperier-System, das auch für die Trockenlegung des Kellers* eingebaut wurde. Letztendlich schien das aber verzichtbar, weil das Depot durch das nun gedämmte Dach und einen unter dem Depot liegenden Veranstaltungsraum, der kontinuierlich geheizt wird, auch im Winter keine Temperaturen unter 12 °C aufwies. Investiert wurde allerdings in einen neuen Fußboden, der den alten, schadhaften Linoleumfußboden aus der Nachkriegszeit ersetzte. Positiv am Raum für das Sachgutdepot war von vornherein die kaum vorhandene UV-Belastung. Nur drei kleine, nach Norden ausgerichtete Fenster unterhalb des Dachvorsprungs ließen Tageslicht in diesen Raum. Diese Situation wurde so belassen.

Die Möblierung von Kunst- und Sachgutdepot

Mit wenigen Änderungen wesentliche Verbesserungen: das Kunstdepot

Vor der Entscheidung für die zukünftige Einrichtung der beiden Depots fertigten die Mitarbeiter der eingeschalteten Planungsfirma anhand unseres Inventars einen Raumbedarfsplan an. Auf dieser Basis fiel im Kunstdepot die Entscheidung gegen eine Gemäldezuganlage, die sicherlich die schonendste und am besten zugängliche Aufbewahrungsmöglichkeit für Gemälde gewesen wäre; allerdings hätten die Bilder in dem 40 m^2 großen Raum keinen Platz gefunden.

Stattdessen wurden weitere Grafikschränke angeschafft und zusätzliche Regale mit Fächern für die Gemälde eingebaut. An die noch freien Wandflächen kamen Metallgitter mit Haken, an denen großformatige Gemälde sowie Werke, die zum Beispiel für eine Ausstellungsvorbereitung öfter angeschaut werden müssen, unproblematisch und flexibel aufgehängt werden können. Diese Maßnahmen gewährleisten eine wesentlich weniger gedrängte Lagerung als bisher: In jedem Fach befinden sich jetzt nur noch zwei Gemälde. Eine weitere kostengünstige, aber sehr effektive Verbesserung war, die Fachböden mit Filzen auszukleiden. Seitdem können die Gemälde sehr viel schonender für die Rahmen aus den Fächern gezogen werden.

Unterstützt wird die schonende Aufbewahrung dadurch, dass insbesondere im Bereich der Gemäldesammlung die gesamten Bestände mit Fotografien in unsere Datenbank eingestellt sind. Ein Großteil der Recherche braucht deshalb nicht mehr am Original stattzufinden, sondern kann am PC durchgeführt werden.

Eine kostengünstige Neuausstattung: das Sachgutdepot

Wie bereits eingangs geschildert, war die vorhandene Möblierung ein Provisorium, das auf jeden Fall gegen ein professionelles Lagersystem ausgetauscht werden sollte. Die bisher verwendeten, rohen Holzregale verschenkten viel Platz, boten keinen Schutz gegen Verstaubung und ließen sich schlecht reinigen.

Auch für die Neukonzeption des Sachgutdepots musste zunächst der Platzbedarf der verschiedenen Objektgruppen ermittelt werden. Am praktikabelsten erschien die Aufstellung standardisierter verzinkter Regale aus dem Industriebereich, die mit stapelbaren, auf die Größe der Objekte zugeschnittenen Euronormkisten bestückt werden sollten. Nur für einzelne Objekte und Objektgruppen wurden gesonderte Lösungen erdacht. So

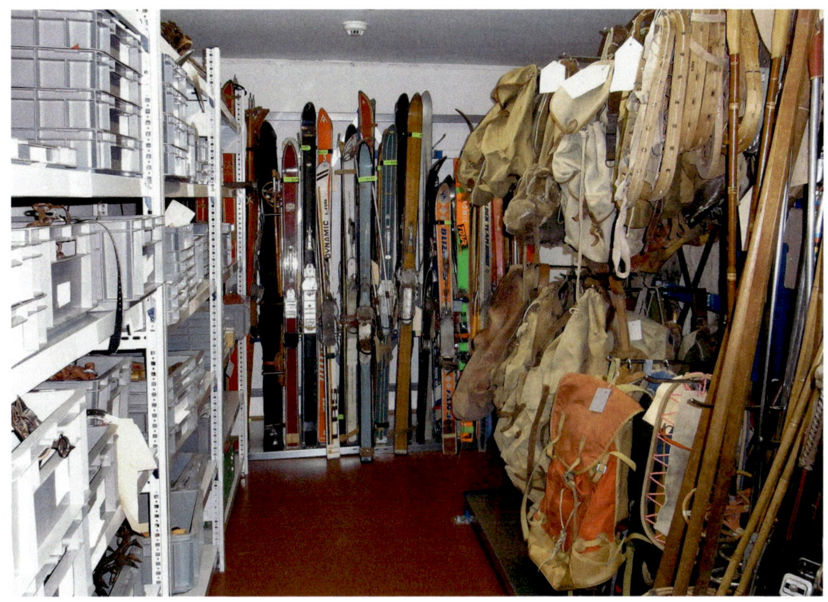

Abb. 2: Blick in das Sachgutdepot nach dem Umbau (2013).

sollten die Skier zwischen ein System aus Kragarmen gelagert und die Seile ebenfalls an Kragarmen aufgehängt werden. Textilien wie die Sammlung an historischer Bergsportkleidung sollten in großformatige Schachteln aus säurefreiem Karton verpackt werden.

Hinter der Konzeption mit den offenen Regalen stand die Idee einer Großvitrine. Da es durch die fehlenden Heizkörper und die geschlossenen Fenster praktisch nicht mehr zu einer Verstaubung kommen konnte, mussten keine geschlossenen, gegen Staub schützenden Schränke aufgestellt werden. Dies sparte viel Platz und Geld.

Die Realisierung

Durch die Konzeption der externen Planer waren die vorbereitenden Arbeiten für das Museumsteam sehr überschaubar. Die Firma klärte im Rahmen ihres Konzeptes ab, wie viele Euronormboxen, sonstige Behältnisse und Regalelemente für das neue Depot benötigt würden, führte einen Kostenvergleich durch und schlug uns den günstigsten Anbieter vor.

Wesentlich arbeitsintensiver als geplant stellte sich jedoch das Ausräumen, Umlagern und Wiedereinräumen der Objekte aus dem Depot dar. Um die Umbauarbeiten durchzuführen, musste das Depot komplett ausgeräumt werden. Dies bedeutete, alles sorgfältig in Umzugskartons zu verpacken und in einem anderen Raum im Haus

Abb. 3: Pickel und Helme werden an Kragarmen aufbewahrt.

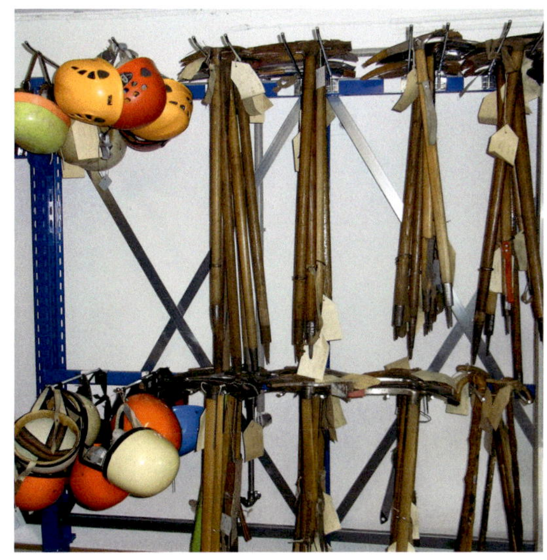

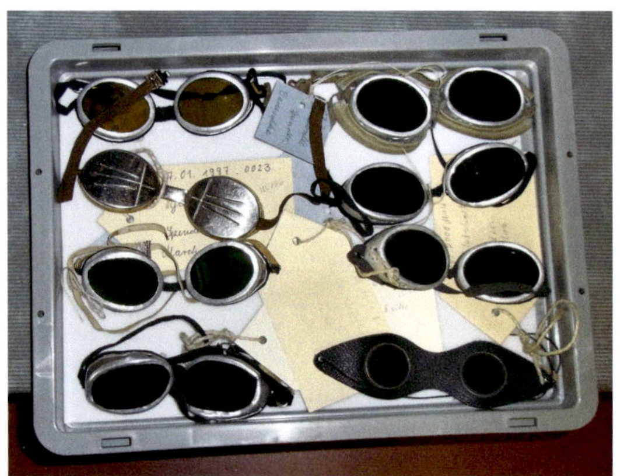

Abb. 4: Gletscherbrillen in passender Euronorm-Box mit Polyethylenflies am Boden.

zwischenzulagern. Unter Anleitung einer Restauratorin erfolgte dann die Verpackung der Objekte unter konservatorisch einwandfreien Bedingungen in die Euronormboxen und Pappschachteln. Dafür mussten Polyethylenfliese für den Boden der Euronormboxen zurechtgeschnitten werden, die das Umherrutschen der Objekte verhindern. Die Böden der Regale wurden mit Tyvekfolie ausgelegt, die die direkte Berührung mit den verzinkten Regalen verhindert. Die Bekleidung und die anderen Textilien wurden an den Falten und Knicken mit Seidenpapier ausgepolstert und in Seidenpapier eingepackt. Parallel dazu wurde jede Box außen beschriftet, sodass auf einen Blick zu erkennen ist, was in der jeweiligen Box enthalten ist. Gleichzeitig wurden Standorte für jede einzelne Box im Depot vergeben und dieser zu jedem Exponat in die Datenbank eingetragen.

Auch wenn sich diese Vorgänge logisch, simpel und für sich genommen wenig zeitintensiv anhören, war die Umlagerung in der Masse für die knappen personellen Kapazitäten des Alpinen Museums eine große Herausforderung. Fünf Personen waren zwei Tage allein mit dem Ausräumen des Sachgutdepots beschäftigt. Die Sammlungsmitarbeiterin war mit den weiteren Arbeiten über einen Zeitraum von sechs Monaten etwa 300 Stunden eingebunden. Hinzu kamen etwa noch einmal so viele Stunden durch zwei ehrenamtliche Mitarbeiter. Das Resultat der vielen Arbeit ist jedoch überzeugend: Die Platzprobleme, die nicht fachgerechte Lagerung und das schwierige Auffinden von Objekten haben sich gelöst.

Anmerkung

* S. Beitrag H. Großeschmidt und M. Kotterer in diesem Band, 87 ff., Anm. 2.

Das Depot des Stadtmuseums Freising

Ulrike Götz

Das Museum wurde 1890 durch den Historischen Verein Freising gegründet. Es trug seitdem verschiedene Namen: »Historisches Museum«, »Museum des Historischen Vereins« und »Heimatmuseum«. Seine Geschichte war stets durch ein besonderes Zusammenwirken von Verein und Stadtgemeinde geprägt, die Räume zur Verfügung stellte und andere Unterstützung gewährte. 1965 wurde das Museum im Gebäude der ehemaligen bischöflichen Hochschule am Fuß des Dombergs, dem sogenannten Asamgebäude, untergebracht. 2007 übernahm die Stadt Freising im Zuge der Neugestaltung der Schauräume die Trägerschaft der nun »Stadtmuseum Freising« genannten Einrichtung. Der Verein ist weiterhin Eigentümer der Bestände, die er pflegt und erweitert.

Das Stadtmuseum Freising ist ein vergleichsweise kleines Museum. Der für eine ortsgeschichtliche Sammlung typische »Querbeetbestand« zählt ca. 5 000 Objekte, darunter einige künstlerisch wertvolle Gegenstände. Die Schaufläche beträgt derzeit ca. 250 m^2.

Stufenkonzept: professionelle Erfassung der Museumsbestände – Depotlösung – Neugestaltung der Schauräume

Die Depotlösung, die die Museumsleiterin zusammen mit Verein und Stadt entwickelte, ist im größeren Zusammenhang eines Gesamtkonzepts für die Erneuerung und Professionalisierung des Freisinger Museums zu sehen. Die damit zusammenhängenden Überlegungen wurden seit 1991 im Laufe von etwa 15 Jahren stufenweise realisiert.

Das Museum war seit seiner Gründung ehrenamtlich geführt worden. 1991 wurde durch die Stadt eine Kunsthistorikerin zur Erfassung der Bestände eingestellt, die 1994 dann auch die hauptamtliche Museumsleitung übernahm. Die 90er Jahre waren zunächst vor allem durch die Inventarisierungsarbeit geprägt, begleitet von einzelnen Versuchen, durch kleine Sonderausstellungen neue Akzente im Museumsbetrieb zu setzen.

Gleichzeitig drängte mehr und mehr die Frage nach der sachgerechten Lagerung des Objektbestandes in den Vordergrund. Diese konnte dann in den Jahren um 2000 einer Lösung zugeführt werden. Es ist der Stadt Freising zu danken, dass sie bereit war, den vom Verein und der Museumsleitung vorgeschlagenen, zunächst weniger öffentlichkeitswirksamen, dafür sachgerechteren Weg »erst ordentliches Depot – dann Neugestaltung der Schauräume« mitzugehen.

Schließlich wurde eine Neukonzeption und Neueinrichtung der Schauräume durchgeführt. Das weiterhin kleine, aber durchdacht und fein gestaltete Museum wurde 2007 als »Stadtmuseum« neu eröffnet. Eine großzügige Erweiterung ist geplant.

Depotlösung

Nachdem die Museumsbestände weitgehend in Wort und Bild erfasst waren, wurde Ende der 90er Jahre das Ziel gesetzt, die Objekte aus den kleinen, dicht bestückten und teilweise als Depot genutzten Schauräumen auszulagern und sachgemäß und übersichtlich unterzubringen. Für ein

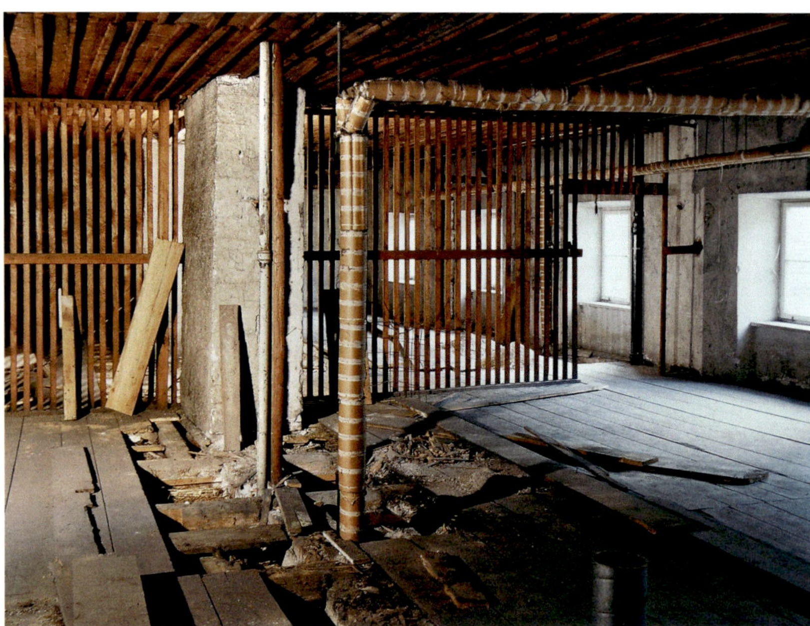

Abb. 1: Vorzustand der Speicherräume

Kerndepot im Haus wurde Platz in der bisher eher unbeachteten riesigen und komplizierten Dachlandschaft des barocken Vierflügelbaus gefunden. (Abb. 1)

Zur Prüfung der grundsätzlichen Eignung des nicht genutzten und weitgehend unausgebauten Speicherraums wurde die Landesstelle herangezogen, die das Projekt dann auch beratend begleitete und finanziell unterstützte. Auch das Bayerische Landesamt für Denkmalpflege war einbezogen. 1999 beschloss der Stadtrat, Mittel für den Ausbau bereitzustellen.

Die Maßnahme wurde baulicherseits von einem Freisinger Architekten, der Mitglied der Vorstandschaft des Historischen Vereins ist, ehrenamtlich geplant und durch das städtische Hochbauamt sowie die jeweiligen Fachfirmen realisiert. Die Kosten der Bau- und Einrichtungsmaßnahmen beliefen sich auf insgesamt knapp 500 000 DM. Die Landesstelle unterstützte die Maßnahme in den Jahren 1999 und 2000 jeweils mit 45 000 DM.

Neben diesem Kerndepot wurde 2001 in einem am Rand der Altstadt gelegenen, stadteigenen Gebäude nochmals eine Fläche von ca. 170 m² zur Verfügung gestellt. Dieses ebenerdig anfahrbare Außendepot dient vorwiegend der Unterbringung großer und schwerer Gegenstände wie Möbeln und Maschinen.

Grundsätzlich sei hier jedoch angemerkt: Nach meiner Erfahrung ist ein Depot in unmittelbarer Nähe, womöglich im Haus, jedem Außendepot vorzuziehen. Es erweist sich in vielerlei Beziehung als praktikabler und fruchtbarer für die Museumsarbeit.

Die folgende Beschreibung bezieht sich auf das Kerndepot im Asamgebäude. (Abb. 2)

Räumlichkeiten und Einrichtung

Das Depot im 3. Stock des Asamgebäudes umfasst ca. 230 m². Wenngleich im Dachbereich angesiedelt, ist der Raum als eigenes Vollgeschoss mit flacher Decke und Fenstern gestaltet.

Durch Wände in Trockenbauweise wurde in dem bis dahin nicht unterteilten Raum eine neue Binnengliederung geschaffen. Es entstanden ein großer Mehrzweckraum, über den man das Depot betritt bzw. den man mit dem – 2004 im Haus eingebauten – Aufzug erreicht, ein kleines Büro mit Telefon- und Computeranschluss sowie ein großer und ein kleiner, jeweils für sich abschließbarer Depotraum.

Das gesamte Areal ist durch eine Einbruchmeldeanlage sowie durch Rauchmelder gesichert.

Zur Temperierung der Räume wurde die Decke stark gedämmt und eine Wandheizung eingebaut. Das dicke Mauerwerk des barocken Gebäudes wirkt sich günstig auf die Klimastabilität aus. Der Boden wurde den statischen Erfordernissen entsprechend neu aufgebaut und »ins Wasser gebracht«. Die Fenster sind mit Rollos zum Verdunkeln bestückt.

Der Mehrzweckraum dient zum einen der Unterbringung von großen und kleinen Präsentationshilfen wie Vitrinen, Stellwänden, Podesten, leeren Rahmen und Lampen. Hier können Objekte aber auch sortiert, fotografiert und ggf. restauriert werden. Der Raum verfügt über einen Wasseranschluss. Der Restaurator, mit dem das Museum regelmäßig zusammenarbeitet, hat sich hier einen Schrank mit einer Arbeitsgrundausstattung eingerichtet.

Im großen Depotraum befindet sich als größtes und eindrucksvollstes Einrichtungsstück die Zugregalanlage. (Abb. 3) Sie ist speziell an den Raum angepasst. An ihr hängen, nach Größen geordnet, die gerahmten Bilder, aber auch plastische Objekte, etwa Kruzifixe oder Spiegel.

Die gesamte Anlage kostete ca. 60 000 DM, war damals aber noch nicht vollständig mit Zügen bestückt. Der schiefwinkelige Restraum hinter der Zuganlage wurde mit maßgeschneiderten Gitterwänden zum Aufhängen und Einstellen von Waffen ausgestattet.

In der anderen Raumhälfte des großen Depotraums stehen Schränke und Regale. Da, soweit möglich, ein Schaudepot geschaffen werden sollte, wurden Schränke mit Glastüren angeschafft. (Abb. 4) Deren Innenleben ist durch verstellbare Böden und Schubladen variabel gestaltbar.

Der kleine Depotraum dient der Aufbewahrung besonders empfindlicher Materialien, insbesondere von Papier und Textil, und könnte als separater Raum gegebenenfalls eigens klimatisiert werden, was sich bisher jedoch nicht als notwendig erwies. Für die Aufbewahrung des großen Bestandes an Zunftfahnen, eingebettet in entsprechend angefertigte Schachteln, wurde ein eigenes Regal gebaut. In der Mitte des Raums steht eine Gruppe von vier Planschränken für die Aufbewahrung von Grafik. Sie könnten noch einmal aufgestockt werden. Die großen flachen Schubladen sind auch geeignet für die Unterbringung kleinster Objekte, etwa von Münzen.

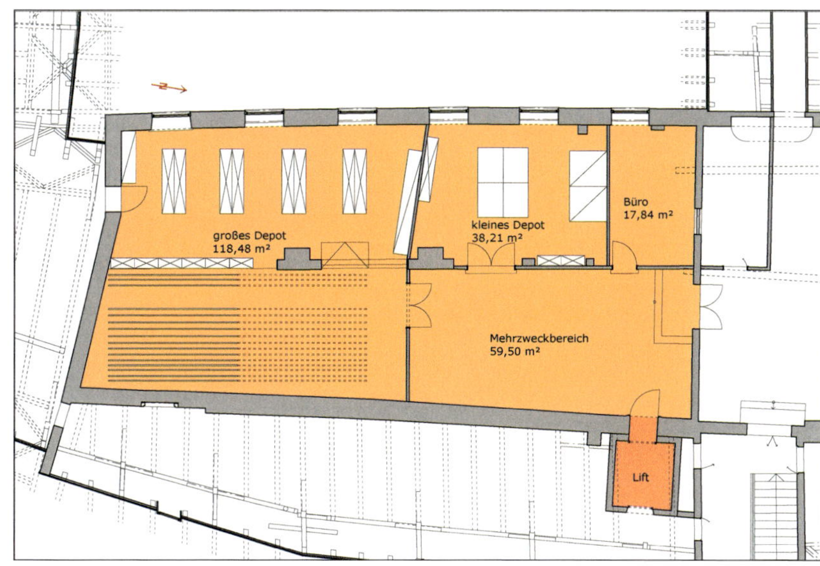

Abb. 2: Grundriss des Depotbereichs

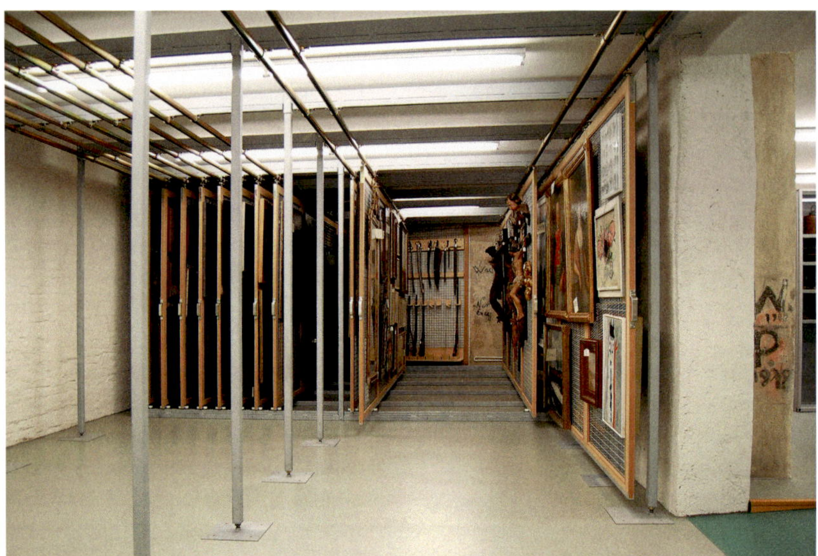

Abb. 3: Zugregalanlage

Karzergraffiti – ein Museumsdepot in historischem Ambiente

Das Depot des Stadtmuseums Freising zeichnet sich durch eine Besonderheit aus: Es befindet sich in den Speicherräumlichkeiten, die zu Zeiten der bischöflichen Hochschule im 18. Jahrhundert als Schulkarzer dienten. An den Wänden und den beiden verputzten Kaminen finden sich zahlreiche Graffiti der damals eingesperrten Schüler: Namenszüge, Sprüche und Zeichnungen, wobei sich die Namen in den Schülerverzeichnissen der Hochschule nachweisen lassen. (Abb. 5)
Es handelt sich um überaus originelle Zeugnisse der Geschichte des Hauses. Aufgrund ihres verhältnismäßig hohen Alters sind sie für die Graffitiforschung in Schul- und Hochschulkarzern von überregionalem Interesse.[*]

Selbstverständlich wurden diese historischen Schrift- und Bildzeugnisse ins Konzept der Depotneugestaltung einbezogen. Die Graffiti wurden gereinigt und gesichert und die Depoteinrichtung so platziert, dass sie im Wesentlichen weiterhin zu sehen sind. Auch sie sprachen für eine Depot-Konzeption, die die Besichtigung durch Interessierte ermöglicht.

Umzug und Eröffnung

Bevor die Museumsobjekte ins neue Depot einzogen, wurden sie auf Schädlingsbefall überprüft und gereinigt. Sauberkeit ist im Museum und im Depot nicht nur eine Frage der Ästhetik, sondern auch eine Frage des Objektschutzes. Hinzu kamen Sicherungs- und Festigungsmaßnahmen, vor allem an Gemälden und der Fassung von Skulpturen. Die gesamte Vorbereitung und Durchführung des Umzugs wurde wesentlich durch den Restaurator geleitet. Er wurde durch freiwillige Helfer aus den Reihen des Historischen Vereins unterstützt. Da ohnehin jedes Objekt in die Hand genommen werden musste, boten die Umzugsvorbereitungen auch die Gelegenheit, eine größere Fotoaktion zur Dokumentation der Objekte zu starten.

Das Einräumen bereitete viel Freude: Die Objekte in ihrer Vielzahl und Vielfältigkeit nahmen nach und nach »Ordnung« an. Es wurde praktisch erfahrbar, wie sehr sich ein Depot in seiner Funktion, seinen Ordnungsprinzipien, seinem Charakter und seiner Optik gegenüber den Schauräumen des Museums unterscheidet. Während man dort – zumindest in neueren Museen – gewöhnt ist, dass die Gegenstände eher sparsam verteilt gezeigt sind, präsentiert ein gut eingeräumtes Depot beeindruckende Bilder von der Wucht des

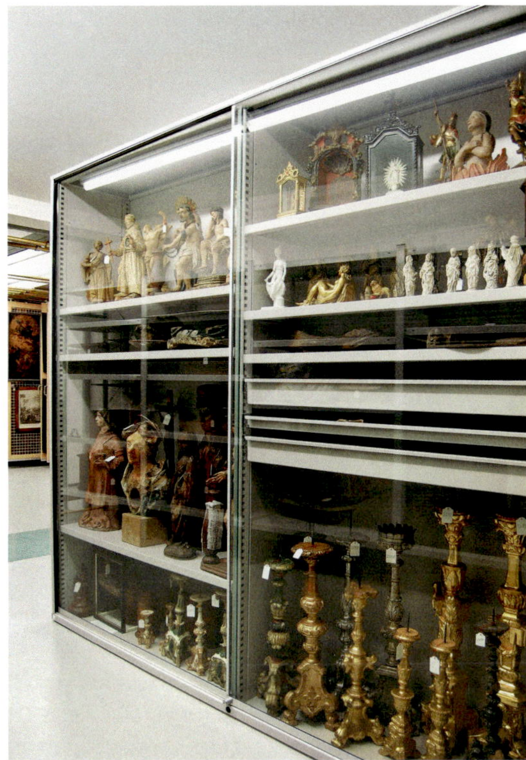

Abb. 4: Schrank mit Glasschiebetüren und variablem Innenleben

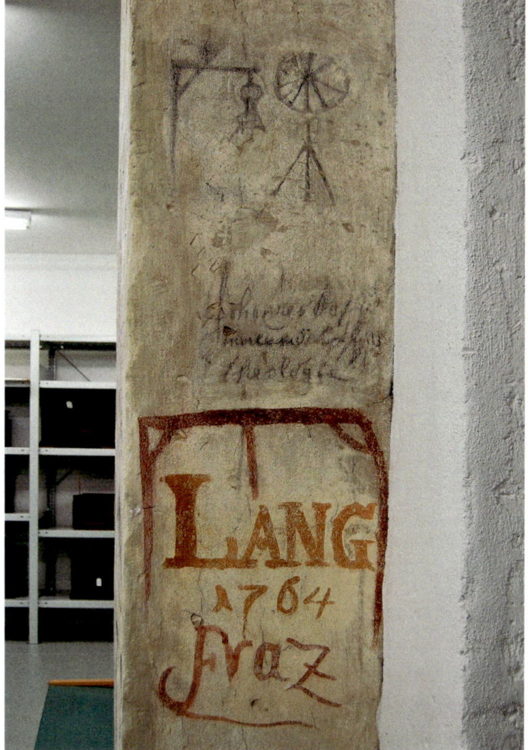

Abb. 5: Karzergraffiti aus dem 18. Jahrhundert im Museumsdepot

geballten Materials. Und während dies im alten und herkömmlichen Depot nicht selten mit dem Beigeschmack von Chaos und Beengung einherging, entstand hier nun vielmehr der Eindruck klarer, gut strukturierter Fülle. Durch die Sortierung von Sachgruppen nach Materialien ergaben sich etwa auch interessante farbliche Bildwirkungen: das graue Zinn, das gelbe Messing, das rote Kupfer.

Das Depot ist also auch ein Ort des Schauens und Genießens!

Auch aus diesem Grund lag es nahe, der Inbetriebnahme der Einrichtung im Mai 2000 in Verbindung mit dem Internationalen Museumstag eine eigene offizielle Eröffnungsveranstaltung zu widmen. Sie fand großen Zuspruch.

Bis heute ist das Depot, soweit möglich, ein Schaudepot, in dem – natürlich unter entsprechender Aufsicht – immer wieder Führungen stattfinden. Dieses punktuelle Einbeziehen der Öffentlichkeit erzeugt zugleich den heilsamen Druck, Unordnung und Schlendrian dort gar nicht erst aufkommen zu lassen.

Anmerkung

* Vgl. dazu auch U. Götz, Der Klassenprimus am Galgen. Graffiti im Karzer der alten Freisinger Hochschule, Schönere Heimat 90.2, 2001, 95–101.

Ein Zentraldepot vereinigt städtische Sammlungen

Das Museumsdepot in Dingolfing

Georg Rettenbeck

Die Stadt Dingolfing im Herzen Niederbayerns ist mit über 18 000 Einwohnern als Industriemetropole weltweit bekannt. Hier produziert die BMW Group in ihrer größten Produktionsstätte mit über 18 000 Beschäftigten Automobile der Premium-Klasse. Die Entwicklung zum bedeutendsten Industriestandort im ostbayerischen Raum begann mit der Übernahme der ehemaligen Glas-Automobilwerke im Jahr 1967. Dieser Entwicklung Rechnung tragend beschloss die Stadt Dingolfing 2004, ein Industriemuseum im bestehenden Museumsquartier aufzubauen. In über 10-jähriger Sammlungsarbeit, Konzeptionsentwicklung und Realisierung wurde das Museum zur Industriegeschichte 2008 eröffnet und im Jahr 2009 mit dem »Bayerischen Museumspreis« ausgezeichnet.

Die Sammlungsbewegung seit dem 19. Jahrhundert hatte auch in der Stadt Dingolfing schon 1905 zur Gründung eines städtischen Museums geführt. Seit dieser Zeit und mit seiner Neueröffnung 1959 in der Herzogsburg sind umfangreiche Sammlungen aufgebaut worden. Sammelten die Museumsgründer Objekte einer zu Ende gehenden traditionellen bäuerlichen und städtischen Kultur, so richtet sich heute das Interesse auf die

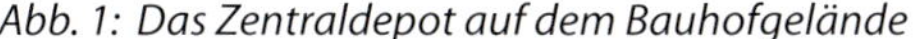

Abb. 1: Das Zentraldepot auf dem Bauhofgelände

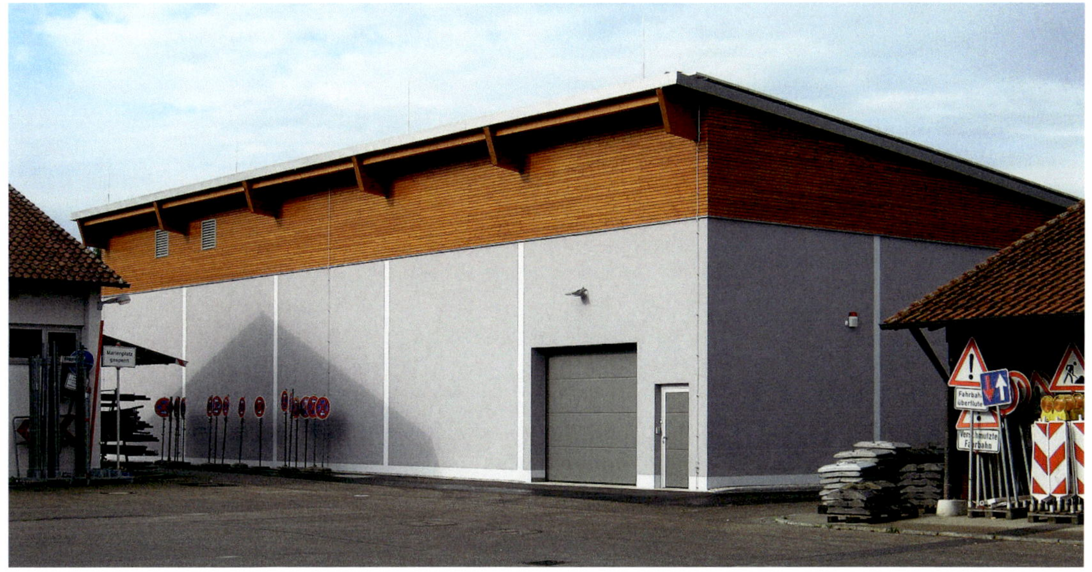

industriellen Umwälzungen in Handwerk, Gewerbe und Industrie. Der Umbau des Kastengebäudes zum Industriemuseum brachte automatisch mit sich, dass weiter gesammelt, restauriert und gelagert werden muss. Dieses Sammeln und der damit einhergehende Platzbedarf führten zusammen mit den klimatischen und sicherheitsrelevanten Erfordernissen zum Entschluss, ein zentrales Magazin zu errichten. Ziel war es, die teils klimatisch unzureichenden Depots der städtischen Sammlungen, die sich auf vier außerhalb des Museumsquartiers liegende Standorte verteilten, zu vereinen. Als Standort eines Neubaus bot sich das Gelände des städtischen Bauhofs an.

Gebäudehülle

Die Bodenplatte des neuen Magazingebäudes erfüllt mehrere Aufgaben gleichzeitig. Neben der tragenden Funktion als Gründung des Bauwerks nimmt sie die Heizleitungen auf. Durch sogenanntes »Glätten« der Betonoberfläche wurde eine fertige Oberfläche für die spätere Nutzung geschaffen. Die Materialwahl für die Gebäudehülle wurde vorwiegend vom geforderten Innenraumklima bestimmt. Die Vorgabe war hier ein Baukörper, der auf Temperaturschwankungen im Sommer und Winter eher langsam reagiert und die gewünschte Temperatur möglichst lange konstant halten kann. Somit fiel die Wahl für die Außenwände auf Hochlochziegel mit beidseitigem Putz. Die tragende Funktion übernehmen Stahlbeton-Aussteifungsstützen, welche die Lasten aus dem Pultdach sicher über die massive Bodenplatte in den Baugrund ableiten. Im Innenbereich wurde Kalkputz aufgebracht, auf der Außenseite ein zweilagiger Wärmedämmputz. Um die Dachfläche möglichst großflächig für Photovoltaik nutzbar zu machen, wurde ein Dachtragwerk mit einer Dachneigung von 6° als Pultdach gewählt. Die Leimbinder als Hauptdachträger in Verbindung mit den Leimholzpfetten sowie einer Dachschalung als aussteifende Scheibe aus OSB-Platten bilden die Grundkonstruktion für das Dach. Die Wärmedämmung aus ökologischer Steinwolle, durchgehend verlegt auf der Dachschalung, schließt die Gebäudehülle nach oben ab. Die Dachdeckung besteht aus einem Metalldachsystem aus Aluminiumdachbahnen mit anthrazitfarbener Beschichtung. Die Befestigung erfolgte ohne Dachdurchdringungen nur mit Dach-Clips auf der Wärmedämmung; somit war keine Durchlöcherung der Dachhaut erforderlich. Die Einfahrt in die Halle ermöglichen Sektionaltore sowie zwei Außentüren, welche ebenfalls wärmegedämmt ausgeführt wurden.

Temperierung

Der gewählte Standort im südwestlichen Bereich des städtischen Bauhofgeländes bot ideale Voraussetzungen zur Anbindung des Heizsystems des Neubaus an die vorhandene Hackschnitzelanlage. Diese befindet sich in unmittelbarer Nähe auf dem Bauhofgelände und die Wärmeleitungen verliefen direkt im Bereich des Baufeldes. Ein kleiner Technikraum im Erdgeschoss des Depotgebäudes beinhaltet lediglich einen Heizkreisverteiler, der die Betonkernaktivierung in der Bodenplatte mit Warmwasser über PE-Leitungen in der Bodenplatte versorgt. Als technisches Großgerät wurde ein Lüftungsgerät eingebaut, sodass sich ein angenehmes Klima in der Halle erzielen lässt. In den Wintermonaten soll die Temperatur nicht unter 12 °C sinken. Im Sommer sind 25 °C die angestrebte Maximaltemperatur.

Einrichtung und Ablaufplanung

Als Grundlage der Mengenplanung wurde die Besichtigung und Erfassung aller bisherigen Depotstandorte vorgenommen, die im Rahmen der Standortreduktion von der Stadt Dingolfing aufgegeben werden sollten und für die dann ein Ersatz zu finden war. Das vorhandene Mobiliar wurde berücksichtigt, Zuwachsschätzungen wurden vorgenommen, benötigte Zusatzflächen festgelegt. Daraufhin wurde von einer Grundfläche von rund 600 m² auf zwei Geschossen ausgegangen. Die Infrastruktur des Bauhofs wie Fahrzeugpark und Werkstätten (Schreinerei, Schlosserei, Malerei etc.) sollten auch für die Logistik des

Museumsdepots genutzt werden. Für die Restaurierung bzw. Konservierung der Objekte steht dem Museum eine eigene Werkstätte im Museumsquartier zur Verfügung. Die Betriebsabläufe sollten auf kurzen Wegen zu vollziehen sein. Neue Objekte durchlaufen zur Erfassung und zur weiteren Klärung des Handlungsbedarfs zuerst grundsätzlich die Museumswerkstatt. Erst nachher werden sie – falls nötig – in das Zentraldepot verbracht. Für die wissenschaftliche Inventarisation mithilfe des Programms MuseumPlus wurde ein Arbeitsplatz eingerichtet.

Anforderungen und technische Ausstattung

Das Museum Dingolfing hat mit seinen Schwerpunktsammlungen Stadt- und Industriegeschichte zwei recht unterschiedliche Sammlungsbereiche. Da die Bestände zur Industriegeschichte in Maß und Gewicht andere Dimensionen besitzen als die stadtgeschichtlichen Sammlungen, war eine entsprechende Öffnung im Gebäude für Großobjekte vorzusehen, die ebenerdig und ohne Schwellen ins Depot zu verbringen sind. Das Gebäude sollte unter klimastabilisierenden Gesichtspunkten errichtet werden. Eine Volltemperierung erschien nicht nötig, doch sollten hohe Temperaturschwankungen vermieden werden.

Belegung

Im Oktober 2010 konnte mit der Inneneinrichtung begonnen werden. Hochregale und fahrbare Registeranlagen mit unterschiedlicher Nutzungsmöglichkeit ermöglichen nun in einer alarmgesicherten Umgebung die langfristige Unterbringung der städtischen Sammlungen. Mittels der EDV-gestützten Inventarisation sind derzeit 9 425 eingelagerte museale Objekte textlich und bildlich erfasst. Nicht alle Objekte werden im Zentralmagazin untergebracht. Bücher, Grafiksammlung, Andachtsbilder und Kleinobjekte sind im Depot in der Herzogsburg eingelagert. Auch die Bestände des Stadtarchivs verbleiben im Wesentlichen in den Depots des Rathauses. Allerdings wurden die neueren Zeitungsbestände in das Zentralmagazin überführt. Durch die online-Verfügbarkeit des

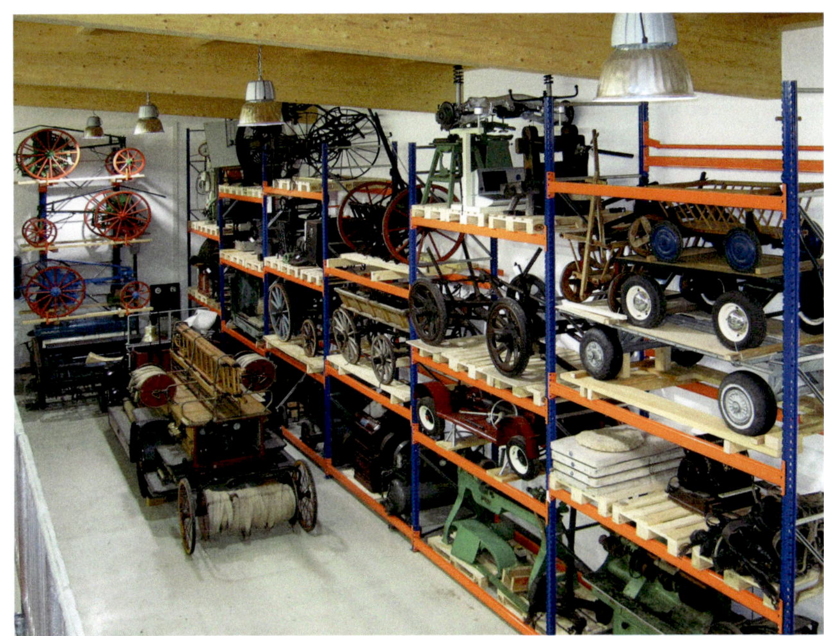

Abb. 2: Blick in den Depotraum mit Hochregal

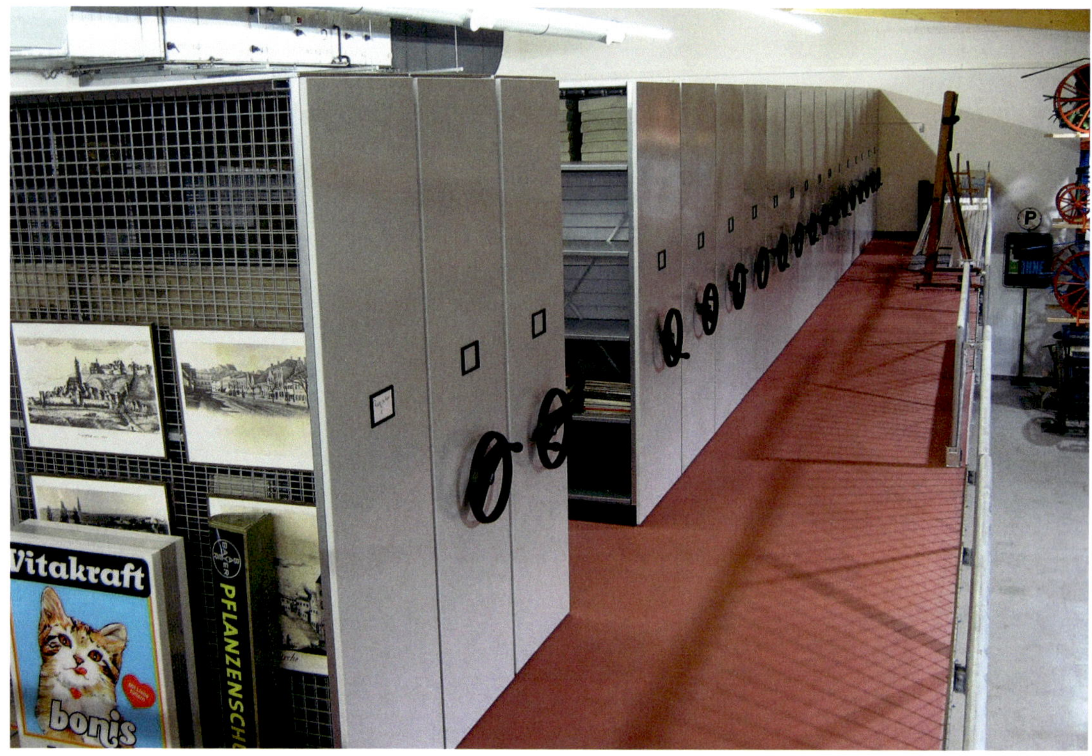

Abb. 3: Ein Rollregal für kleinere Objekte

Dingolfinger Anzeigers und der Landauer Neuen Presse können die gedruckten Originale verpackt deponiert werden.

Die Belegung des Depots war bei Bezug zu etwa 60 % verplant. Zuwachs war vorgesehen, denn die Sammlung wächst weiter: So ging im Januar 2011 der Bestand des aufgelösten Handwerker-Kranken-Gesellen-Unterstützungsvereins in städtisches Eigentum über. Eingelagert sind zudem Objekte des Rennvereins, der Krieger- und Soldatenkameradschaft sowie eine Bierkrug- und Gläsersammlung. Die Überlassung des künstlerischen Nachlasses des gebürtigen Dingolfinger Bildhauers Gottfried Lederer hatte bereits 1991 zu einem beträchtlichen Anwachsen der städtischen Sammlungen geführt. Mit der laufenden Aktualisierung des Raums 3 im Industriemuseum »BMW heute« erhält das Depot einen weiteren permanenten Zuwachs an hochwertigen Objekten.

Das Zentralmagazin soll visuell als Lager von allerlei Museums- und Archivobjekten erfahrbar werden. Es wird sich außerdem die Gelegenheit bieten, in ein transparent gemachtes Depot zu blicken, das Informationen über Einzelobjekte und auch Einblicke in größere kulturgeschichtliche Zusammenhänge liefert. Im Rahmen von Stadtführungen wird das Depot künftig auch der interessierten Öffentlichkeit zugänglich gemacht.

Initiative und Ausdauer

Vierzehn Jahre Praxis im Depot des Freilichtmuseums Massing

Martin Ortmeier

Das Depot des Freilichtmuseums Massing ist zu klein. Der Bauherr wusste, dass der Raum nicht annähernd für all das reichen würde, was sich seit den Gründungsjahren des Museums, das 1969 mit seinem ersten Bauernhof eröffnet wurde, in den Dachböden, Schuppen und Stadel angesammelt hatte. Aber immerhin! Das, was der kommunale Träger des Museums zu finanzieren in der Lage war, hat er realisiert. Es ist in den Jahren 2000 und 2001 ein Depot entstanden, in dem nun bereits im vierzehnten Jahr mit Ausdauer gereinigt, konserviert, inventarisiert und sorgfältig eingelagert wird.[1]

Vier Vorgaben prägten den Bau des Depots:

1. Die Serviceräume Anlieferung (und Reinigung), Quarantäne (und Begasung), Objekterfassung (mit Werk- und Fotografierbereich) und Büro (EDV und Inventarisierung) sind in einem Funktionskopfbau untergebracht.
2. Dahinter erstreckt sich das Kerndepot, das nach Bedarf und finanzieller Möglichkeit erweitert, stets aber von denselben Serviceräumen aus versorgt werden kann.
3. Sammlungsstücke mittlerer Größe werden auf Euro-Normpaletten der Maße 80 × 120 cm in Hochregalen gelagert. Für breite Schränke und manche Handwerksgeräte werden nach Bedarf Paletten mit Überlänge angefertigt.
4. Es gibt nur einen einzigen Ein- und Ausgang für das Inventar; dieser ist vom Büro des Depotleiters aus zu überblicken.

Diese Prämissen, gegründet auf Erfahrungen im Depot des Freilichtmuseums Finsterau[2], bewähren sich noch immer und haben entsprechend bis heute Gültigkeit. Für Gefäße, Hand-Werkzeuge, Gegenstände der Volkskunst, Textilien und andere kleinere Dinge besteht in einem zum Kerndepot offenen Raum über den Serviceräumen ein Lager mit Stahlregalen, -schränken und -schubladenkommoden. (Abb. 1–2)

Enge Verhältnisse

Das Kerndepot sollte eigentlich längst erweitert werden. Aber das anliegende Grundstück befindet sich nicht im Eigentum des Museumsträgers und es mangelt an Finanzmitteln. Es fehlen quer verschiebbare Lagerböden für landwirtschaftliches Gerät wie Pflüge, Eggen, Roder und dergleichen, also Gegenstände, deren Länge über 120 cm deutlich hinausragt. Die dafür erforderliche freie Fläche steht im Depot derzeit nicht zur Verfügung. Auch Scher-Gitterwände zum Hängen von Gemälden, gerahmten Lichtbildern, Uhren, Vogelbauern und Korrespondenzkörbchen sind ein dringendes Desiderat. Zudem mangelt es an trockenem, staubfreiem Einstellraum für große Maschinen wie Traktoren, Mäh- und Mähdreschmaschinen, Leiter-, Schrannen-, Fass- und Truhenwägen sowie Kutschen und Schlitten. Eine externe (nicht klimatisierte, aber ungezieferdichte) Lagerhalle wurde 2010 angemietet, sie ist bereits jetzt vollständig gefüllt. Weiteres Sammlungsgut befindet sich in ungünstigen Lagerungsverhältnissen seit 1983 in einem Stadel. Die Neuaufnahme von Sammlungs-

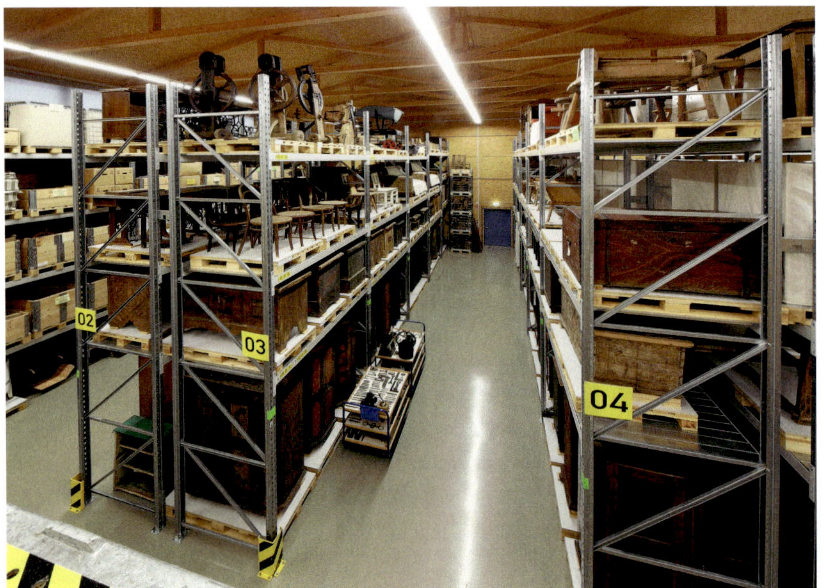

Abb. 1: Das Hochregallager des Massinger Depots ist weitgehend gefüllt. Jedes Ding (bzw. jedes Konvolut), das dort lagert, ist im analogen Eingangsbuch und im digitalen Inventar erfasst.

gut ist wegen der geschilderten Verhältnisse nur sehr eingeschränkt möglich. Derzeit muss das Museum Angebote ausschlagen, die wichtig wären für die Ergänzung und Erweiterung der Sammlung. Dennoch wurde kürzlich eine wertvolle Sammlung von Imkereigerät neu aufgenommen.

Fortschritt in Kampagnen

Mit der Identifizierung besonders gefährdeten bzw. wertvollen Inventars wurde die Depotarbeit 2002 begonnen; sie bestimmt bis dato den Alltag des Depotbetriebs. Keramik- und Glasgefäße, Tex-

Abb. 2: Über die mittige Rampe können mit einem Stapler Lagermöbel und Gegenstände in das Kleinobjektelager im Obergeschoss über dem Funktionskopfbau des Depots eingebracht werden.

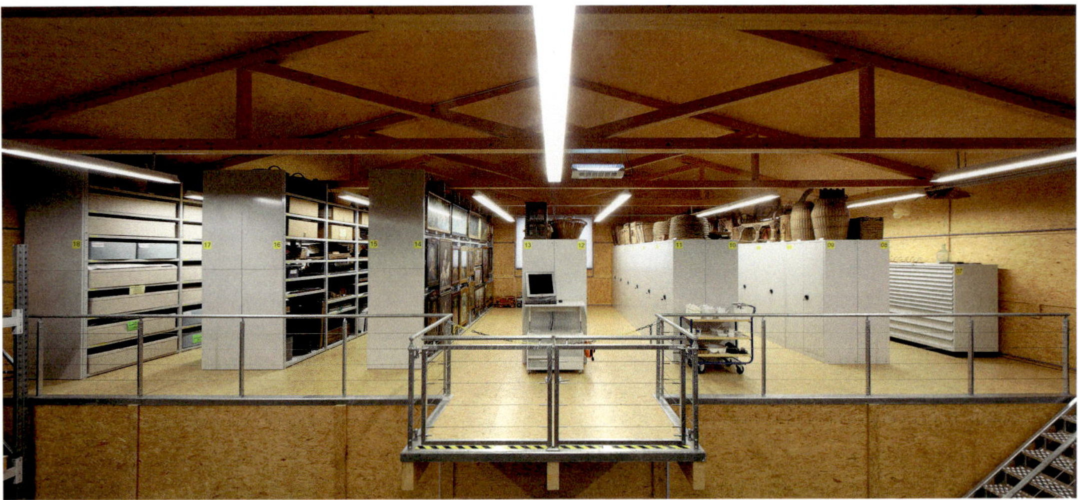

tilien und Möbel wurden, soweit sie nicht zur Ausstattung der Museumshöfe Verwendung fanden, inzwischen vollständig geborgen. In mehreren Kampagnen, die teils Jahre in Anspruch nahmen, wurden diverse Sachgruppen bearbeitet, die im Folgenden kurz aufgelistet seien.[3]

Zuggeschirre und andere Gegenstände, bei denen Naturleder verarbeitet ist:

Sie wurden durch Ernst Höntze wissenschaftlich bearbeitet, zur fachkundlichen Beratung wurde Franz Unterberger beigezogen. Hans Eichinger hat für die übersichtliche, sachgerechte und staubfreie Einlagerung Paletten-Aufsätze mit textilen Hauben entworfen und anfertigen lassen. Mit der Konservierung und Restaurierung war Ulrich Jahr betraut. (Abb. 3 und 4)

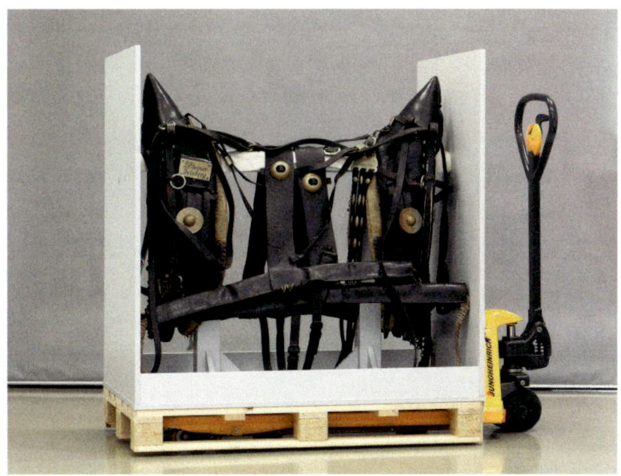

Abb. 3: Zuggeschirre werden hängend gelagert, also in der Haltung, für die sie hergestellt wurden. Im Freilichtmuseum Massing wurden dafür Lagerpaletten hergestellt, in denen zusammengehörige Geschirre paarweise aufbewahrt werden können. Die Auflagerflächen werden mit Wollflies gedämpft.

Seilergeräte und -produkte und der Bestand eines zugehörigen Warenlagers:

Im Jahr 2009 hat das Freilichtmuseum in Pfarrkirchen im Rottal eine ruhende Seilerei aufgelöst und das Inventar geborgen. 2009–2011 kam die vollständige Verbringung der Seilerhütte ins Museum zustande.[4] Die Pflege der Stahlbauteile leistete Ulrich Jahr, zur Rekonstruktion von Holzbauteilen leitete der Depotverwalter einen regionalen Schreiner an.

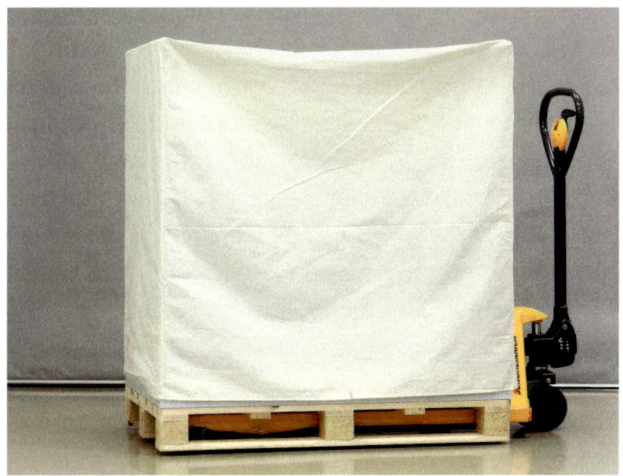

Abb. 4: Diffusionsoffene Staubhüllen aus ungebleichtem Baumwollnessel decken die Lagerpaletten ab.

Körbe und Korbmachergerät:

Der Bestand des Freilichtmuseums Massing setzt sich aus Altinventarstücken, einem umfangreichen Neuzugang im Jahr 2010 aus dem Nachlass der Unternehmerfamilie Mosler in Winzer (Lkr. Deggendorf) und aus wenigen, 2007 sowie 2011 und 2012 neu gefertigten Stücken des Winzerer Korbmachers Josef Eder zusammen.[5] Aus dem Altbestand wurden 2010–2012 einige Körbe, die unter der langen Lagerung in ungeeigneten Räumen gelitten hatten, von Josef Eder behutsam instandgesetzt oder gesichert. Die wissenschaftliche Bearbeitung lag in den Händen von Sandra Gabert.

Imkereigerät und sogenannte Feierabendziegel:

Mehrmals wurden die eng gestellten, teils sogar aufeinandergestapelten Alt-Lagerbestände gesichtet und nach Dingen durchforstet, die zu Sachgruppen gehören, die in Bearbeitung waren. Besonders bei den Körben waren wegen der Jahrzehnte währenden unsachgemäßen Lagerung Schäden festzustellen, die nicht mehr voll zu beheben waren; vereinzelt mussten Stücke sogar ausgesondert werden.[6] Es kamen aber auch rare Gegenstände zu Tage, wie 2011 eine besonders gut erhaltene Ferkelsteige. Neben vielen Einzelstücken sind aktuell ein umfangreicher Bestand an Imkereigeräten und eine kleine Sammlung von Mauerziegeln mit Akkordmarken, Inschriften und Abdrucken in Bearbeitung. Von diesen »Feierabendziegeln« werden anschließend einige Stücke in eine bestehende Dauerausstellung über Baukeramik eingehen.

Hilfreich: Inventarisierungsleitfäden

Für die Inventarisierung größerer Sachbestände, wie sie die Praxis in den Freilichtmuseen stets fordert, wird nach Möglichkeit auf publizierte Anleitungen zurückgegriffen. Zur Gefäßkeramik haben Ingolf Bauer und Werner Endres 1987 einen »Leitfaden zur Keramikbeschreibung« vorgelegt.[7] Nach diesem Vorbild hat Winfried Helm 1991 für den internen Gebrauch des Freilichtmuseums Finsterau einen Leitfaden für die Inventarisierung von Schmiede- und Schlosserwerkzeug erarbeitet, Christine Lorenz 2005 dann ein Pendant zum Schusterhandwerk. Für das Freilichtmuseum Massing hat Marie-Luise Segl, begleitend zur Translozierung eines Hopfenbauernhofs aus der Hallertau nach Massing, 1993 einen Leitfaden für Geräte der Hopfenwirtschaft erstellt. Die Inventarisierung der Seilergeräte im Freilichtmuseum Massing hat Ernst Hönzte begleitet und 2006 mit einem Leitfaden zu dieser Sachgruppe abgeschlossen. Zu den Korbwaren hat der Verfasser 2012 ein entsprechendes Werk vorgelegt. Alle diese Publikationen[8] sind ausdrücklich »Pragmatische Leitfäden«. Sie sollen nicht mehr bieten als eine Hilfe zur Inventarisierung, sie ersetzen nicht Fachpublikationen, die vertieft auf Geschichte, Variation, Werkstoffe, Technik und Technologie eingehen. Aber sie bieten Grundlagen und einen Überblick, vor allem aber eine Nomenklatur für die Kommunikation mit anderen Sammlungen und für die eingehende wissenschaftliche Ergründung und Beschreibung wertvoller Einzelstücke.

Öffentliche Würdigung

Die Praxistauglichkeit des Massinger Depots und die Bereitschaft des kommunalen Trägers, die Erfahrung der Mitarbeiter des Museums im Rahmen von Schulungen und bei Besichtigungen weiterzugeben, haben im Jahr 2007 zur Würdigung des Freilichtmuseums Massing durch einen Sonderpreis des Bayerischen Museumspreises beigetragen. In der Laudatio wurde hervorgehoben, dass das Freilichtmuseum Massing mit der Organisationsstruktur und dem beispielhaften Betrieb seines Depots neue Maßstäbe im Kreis der bayerischen Museen gesetzt hat. Durch diese öffentliche Würdigung wird das Museum freilich noch stärker in die Pflicht genommen, seine Altbestände zügig aus den Behelfslagern zu bergen und auf den Bau eines Depots für Großgeräte bzw. die Erweiterung des Bestehenden hinzuwirken. Das Freilichtmuseum Massing ist nun beispielgebend und deshalb verpflichtet, den kleineren Museen seines Umfeldes beratend zu dienen.[9] Unverändert ist der Bezirk Niederbayern[10] als übergreifende kommunale Einrichtung gefordert, die Beratung für die kommunalen Museen zu koordinieren, einen Museumsentwicklungsplan für die Region zu erstellen und die zahlreichen öffentlichen Sammlungen zu sichten, zu gliedern und zu deren Erhaltung und Fortentwicklung beizutragen.

Literatur

M. Ortmeier, Das temperierte Zentraldepot im Freilichtmuseum Finsterau, museum heute 5, 1993, 12–17.

Ders., Lernen vom Gebauten. Das Zentraldepot Finsterau als Wegweiser für das geplante Depot des Freilichtmuseums Massing, in: Landesstelle für die nichtstaatlichen Museen in Bayern (Hrsg.), Das Museumsdepot. Grundlagen – Erfahrungen – Beispiele, MuseumsBausteine 4 (München 1998) 197–204.

Ders., Das temperierte Zentraldepot im Freilichtmuseum Massing. Eine Grundausstattung 33 Jahre nach der Museumsgründung, museum heute 24, 2002, 23–29.

Ders., Freilichtmuseum und Magazinierung, in: Landesstelle für die nichtstaatlichen Museen in Bayern (Hrsg.), Freilichtmuseen. Geschichte – Konzepte – Positionen (München 2006) 115–124.

Anmerkungen

1 Depotleiter ist Hans Eichinger, der u. a. zur Praxiserprobung des gewerblichen Inventarisierungsprogramms MuseumPlus und zur Erweiterung der sog. Oberbegriffsdatei der Landesstelle beiträgt. Mit der Objekterfassung sind Roswitha Klingshirn und Andrea Sommer betraut, wissenschaftliche Zuarbeit haben u. a. Ernst Höntze M. A., Sandra Gabert M. A. und Angela Burghardt M. A. geleistet.

2 Das Freilichtmuseum Finsterau hat denselben Träger (Zweckverband Niederbayerische Freilichtmuseen) wie seit 1979 das Freilichtmuseum Massing und seit 1984 eine gemeinsame Leitung. 1989 wurde in Finsterau das Depot in Betrieb genommen.

3 Alle Kampagnen geschahen unter der Leitung von Hans Eichinger mit Unterstützung von Roswitha Klingshirn.

4 Dokumentation 2003 (Aufmaß: Dipl.-Ing. (FH) Walter Kuhn; Fotografie: Josef Lang; Archiv- und Feldforschung: Inge Hitzenberger M. A.); Bauleitung: Dipl.-Ing (FH) Hermann Lichtnecker; Ausstattung: Hans Eichinger; Konzept und Medien: Verf.

5 Winzerer Waschkörbe waren jahrzehntelang ein Qualitätsbegriff in ganz Niederbayern und darüber hinaus. Zur fotografischen Dokumentation der Arbeitsschritte hat Josef Eder, der in der Korbwarenfabrik Mosler in Winzer an der Donau den Korbmacherberuf erlernt hat, Körbe dieser Art neu hergestellt.

6 Das Prozedere der Aussonderung (des »Entsammelns«) gehorcht in Entscheidungsfindung und Dokumentation den gültigen Richtlinien.

7 I. Bauer (u. a.), Leitfaden zur Keramikbeschreibung. Terminologie, Typologie, Technologie (Kallmünz / Opf. 1987).

8 Diese Veröffentlichungen sind seit 2006 in einer Reihe »Inventarisierungsleitfaden der Freilichtmuseen Finsterau und Massing« (Hrsg. M. Ortmeier) zusammengefasst. Erschienen sind sechs Bände einschließlich eines Bandes zu Textilien, dessen Abbildungen zur Edition aufbereitet werden sollten. Die älteren Bände (Typoskriptdrucke) sind vergriffen.

9 2011 haben sich Museen und Sammlungen im Kulturraum Rottal im Verein Rottaler Museumsstraße zusammengeschlossen. Gemeinsam unternahmen sie bspw. eine Wanderausstellung unter dem Titel »Mei liabstes Stück« (M. Ortmeier / C. Schlosser, Mei liabstes Stück [Landshut 2012]), die wegen der vielen Transporte und der sehr unterschiedlichen Ausstellungsorte hohe konservatorische Anforderungen stellte.

10 Der Bezirk Niederbayern ist gemeinsam mit weiteren niederbayerischen Kommunen (u. a. Landkreis Rottal-Inn und Marktgemeinde Massing) in die Trägerschaft des Freilichtmuseums Massing eingebunden.

Depot für Handwerks- und Industriekultur der Museen und Galerien der Stadt Schweinfurt

Jürgen Benini

Die Museen und Galerien der Stadt Schweinfurt benötigten dringend zusätzliche Depotflächen. Es wurde beschlossen, einen Neubau zu errichten. Mit den Planungen wurde bereits 2006 begonnen; sie hatten Einfluss auf die Lagerung sämtlicher Sammlungsbestände.

Planungen

Anfänglich wurden bestehende Gebäude auf ihre Eignung als Depot geprüft, jedoch ohne positives Resultat – es musste ein Neubau geplant werden. Dafür waren der Raum- und Flächenbedarf zu ermitteln, ferner die Lagermittel und die Anforderungen an das Gebäude. Schließlich war ein neues Gesamtkonzept für die zukünftige Lagerung und Aufteilung aller Sammlungsbestände der Museen und Galerien der Stadt zu erstellen.

Ausführung

Die Bauausführung begann 2009, die Baukosten betrugen ca. 640 000 €. Das Bauwerk wurde auf städtischem Grund, in Nachbarschaft zur Feuerwehr, errichtet. Erschlossen wird es über eine ebene Straße, die mit Fahrzeugen von ca. 30 Tonnen Gewicht befahren werden kann, was für den Einsatz von Transportfahrzeugen und ggf. Kränen als ausreichend anzusehen ist. Der Umzug aller Exponate aus den knapp zehn Einzeldepots in das neue Gebäude fand im Jahr 2010 statt. Dabei wurden für die Dauer des Umzugs studentische Hilfskräfte zur Erfassung der neuen Lagerorte und zum Bestandsabgleich im Programm MuseumPlus eingesetzt. Durch diese Zusammenführung der auf das Stadtgebiet verteilten Einzeldepots konnte die Betreuung erheblich optimiert werden.

Beschreibung

Die Außenmaße der Halle betragen 41 × 18,65 m, die Höhe 5,60 m. Bei einer inneren Grundfläche von 765 m^2 und einer mittleren Raumhöhe von 4,85 m ergibt sich als beheiztes Volumen 3 710 m^3. Die Gebäudehülle wurde in Stahlskelettbauweise errichtet und mit Sandwich-Elementen verkleidet (Abb. 1), die im Hauptraum (Depot) über einem innen gedämmten Betonsockel von 85 cm Höhe beginnen.

Die Elemente aus verzinktem und lackiertem Stahlblech sind acht Zentimeter stark und haben einen Kern aus PUR-Hartschaum. An den aufrechten Längskanten sind die Platten mit Steckprofilen verbunden, Gummidichtungen dichten die Plattenfugen ab. Das Dach wurde als flachgeneigtes Foliendach auf Stahltrapezblech ausgeführt. Leider ließ sich nicht verhindern, dass aufgrund der Lage des Kanalisationsanschlusses die Entwässerungsleitung des Daches durch den Innenraum des Depots geführt werden musste, was die Gefahr von Wasserschäden birgt.

Die Fenster sind alle mit UV-Schutzfolien versehen; im Depotraum wurden sie nachträglich mit Verdunklungen ausgestattet, um Tageslicht abzuhalten. Das Rolltor (Breite 4 m, Höhe 4,125 m) bietet zwar einen optimalen Zugang zum Gebäude, die Dichtigkeit muss aber noch verbessert wer-

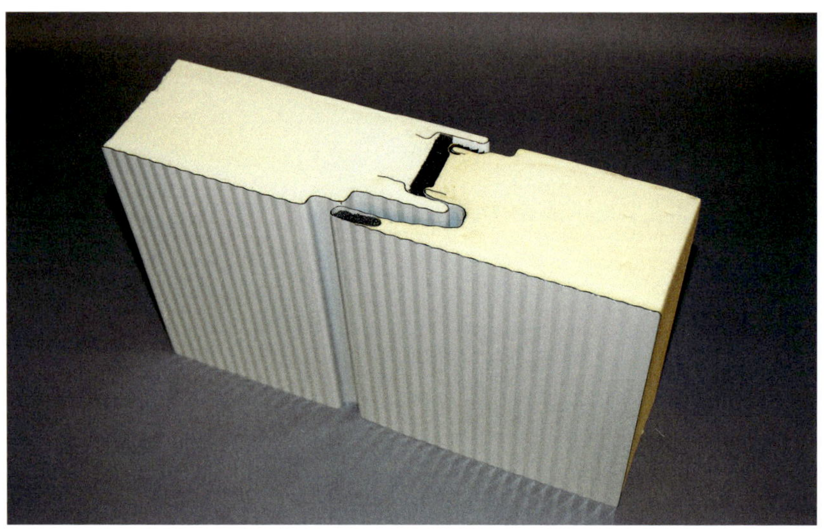

Abb. 1: Sandwichpanel zur Verkleidung der Gebäudehülle in Stahlskelettbauweise

den. Die Tragfähigkeit der ungedämmten Stahlbetonbodenplatte (5 Tonnen pro m^2) trägt den Exponaten und der Wirtschaftlichkeit bei den Baukosten Rechnung: Eine Bodenplatte mit höherer Traglast hätte den Kostenrahmen erheblich überschritten und hätte nicht im Verhältnis zu den wenigen Exponaten gestanden, die dieses Gewicht überschreiten. Ein konservatorisch unbedenkliches Einzelexponat mit erheblich höherem Gewicht wurde deshalb im unmittelbaren Außenbereich des Gebäudes aufgestellt und dient nun als markanter Hinweis auf dessen Nutzung. (Abb. 2)

Um einen Abrieb von der hellen Bodenplatte und damit das Verstauben der Sammlungsgegen-

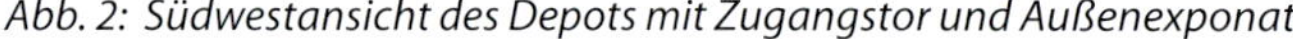

Abb. 2: Südwestansicht des Depots mit Zugangstor und Außenexponat

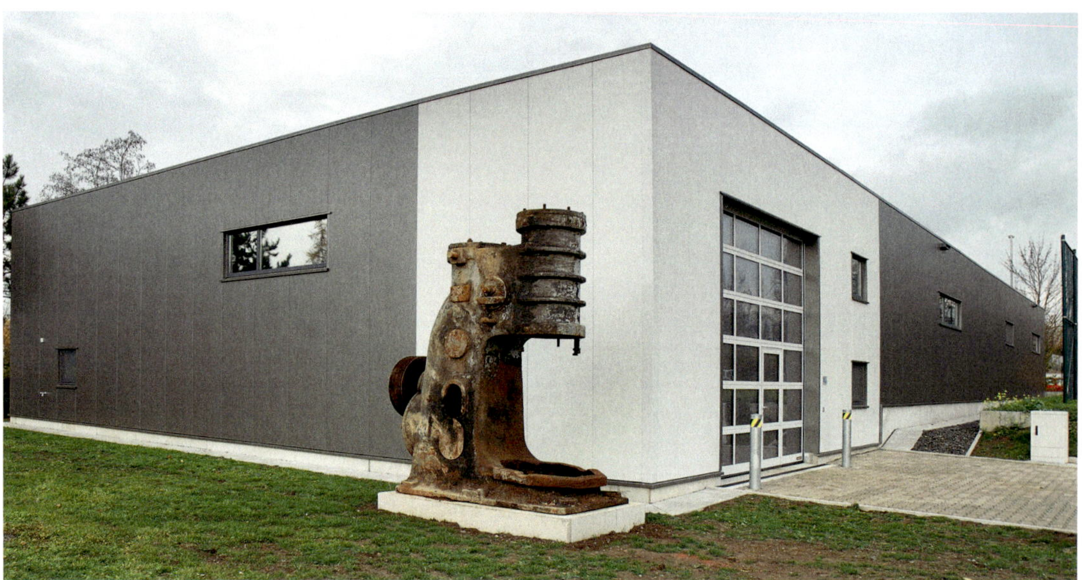

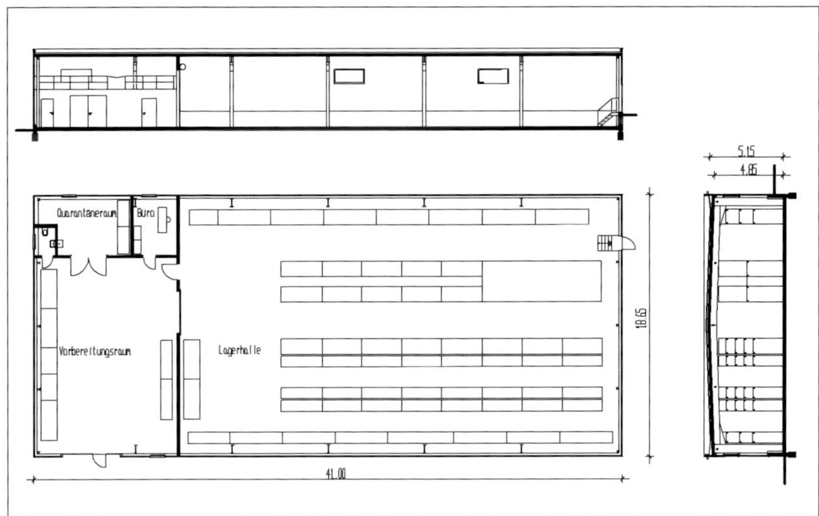

Abb. 3: Schemazeichnung des Depots

stände zu verhindern, wurde sie abriebfest mit Kunstharz imprägniert. Dadurch ist es auch möglich, sie bei Bedarf feucht zu reinigen. Auf dem hellen Beton sind z. B. Schmutz, auslaufende Flüssigkeiten oder Schädlinge leicht zu erkennen.

Lagerbereiche (Abb. 3)

Der Vorbereitungsraum mit ca. 135 m² dient als Schleuse vor der eigentlichen Lagerhalle. Dort ist es möglich, Exponate für das Einlagern vorzubereiten, z. B. durch Reinigung, Inventarisierung oder Palettierung. Bei Bedarf können Sammlungsgegenstände im Quarantäneraum unter Beobachtung gestellt werden. Daran schließt ein kleines Büro an. Der PC mit Anschluss an das städtische Datennetz erlaubt es, auf die Datensätze der deponierten Objekte im Programm MuseumPlus zuzugreifen oder direkt vor Ort neue zu erstellen.

Die Zwischendecke über WC, Quarantäneraum und Büro dient im ersten Drittel als Standort für die Temperierungstechnik, der Rest ist Lagerfläche. Wegen der geringeren Tragfähigkeit der Decke werden dort nur Verpackungsmaterialien und leichte Exponate deponiert. Durch ein weiteres Rolltor gelangt man in den eigentlichen Depotraum mit einer Grundfläche von 550 m², der im Plan als Lagerhalle bezeichnet ist. Der Vorbereitungsraum hat eine Windfangfunktion für den Depotraum. Das Gewicht der einzulagernden Gegenstände aus Industrie und Handwerk, besonders von ehemaligen Produktionsmaschinen aus den Schweinfurter Industriebetrieben, beeinflussten maßgeblich die Planung für das Gebäude und dessen Ausstattung.

Ausstattung

Bei der Ausstattung wurde handelsübliche Lagertechnik eingesetzt. Pulverbeschichtete Palettenregale machen den Großteil der Lagermittel aus. (Abb. 4) Mit einem mitgängergeführten Elektrostapler lassen sich diese Regale leicht mit palettierten Exponaten beschicken, was aber angesichts hoher Einzelgewichte von zum Teil mehreren hundert Kilogramm, 4 m hohen Regalen und engen Rangierflächen von den Mitarbeitern Geschick und Achtsamkeit erfordert. Ergänzt wurden die Palettenregale durch Ausführungen geringerer Traglast für leichtere, kleinteilige Exponate. Für leichte, großvolumige Exponate wie z. B. Schränke wurden zwei dicht beieinander stehende Regale mit durchgehenden Platten überdeckt, sodass eine Art Plattform entstand. Auf diese Weise konnte Stellplatz am Boden für schwergewichtigere Exponate erhalten bleiben.

Die Bauteile nach dem Baukastenprinzip können leicht und werkzeuglos ausgetauscht werden.

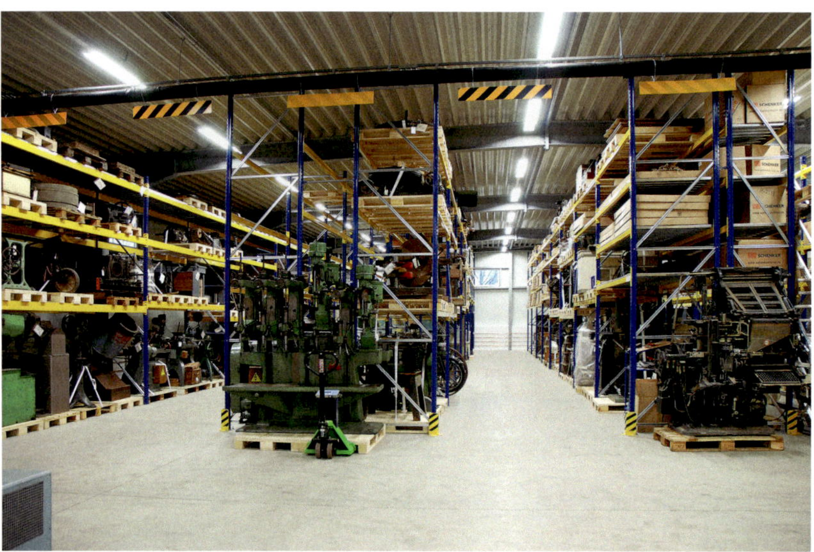

Abb. 4: Lagerhalle mit Plattenregalen

Bei der Einlagerung der Objekte wurde auf eine sachgruppenbezogene Struktur zugunsten einer effizienten Raumauslastung verzichtet. Aufgrund dessen sind z. B. die einzelnen Exponate eines Konvolutes an mehreren Lagerorten im Depot zu »suchen«, was aber seit der Einführung von MuseumPlus einen vernachlässigbaren Aufwand bedeutet. Ein Palettenhubwagen mit Wiegeeinrichtung wurde beschafft, um zuverlässige Gewichtsangaben zu erhalten. Beim Großteil der Sammlungsgegenstände wurde die Gewichtsangabe gut sichtbar angebracht, um bei immer wieder notwendigen Umlagerungerungen durch Neuzugänge die Feldlasten der Regale optimal ausnutzen bzw. um sie schnell bestücken zu können.

Temperierung

Das Gebäude wird mittels einer Temperierungsanlage nach den Empfehlungen der Landesstelle erwärmt. Als Wärmeerzeuger dient eine modulierende Erdgas-Brennwerttherme (9,6–42,5 kW). Bei 3 710 m³ umbautem Raum bedeutet dies eine max. spezifische Leistung von 11,45 W/m³, mit der in Vorbereitungs- und Depoträumen (insgesamt 3 321 m³) eine Mindesttemperatur von 14 °C gehalten werden konnte. Die Wärmeübertragung an die Gebäudehülle geschieht durch 4 Rohre pro laufendem Meter Außenwandsockel, die zur besseren Wärmeabstrahlung mit Klarlack gestrichen sind. Von drei Verteilern (1 im Vorbereitungsraum, 2 im Depot) gehen je zwei Temperierungsschleifen aus (insgesamt 6 Kreise) und erzeugen den Warmluftauftrieb für die 4,85 m hohen Wandflächen der Großräume. Dadurch war es möglich, den Raum optimal auszunutzen, also die Regale und Sammlungsobjekte nahe an die Wände zu stellen. Bei der Temperierung der Gebäudehülle entfällt der Zwang, einen größeren Wandabstand zur Vermeidung von Mikroklima und Kondensation einzuhalten, wie es bei den üblichen, durch Raumluftzirkulation arbeitenden Heizsystemen oder raumlufttechnischen Anlagen der Fall ist.

Anfängliche Bedenken in Hinblick auf die Materialeigenschaften der Gebäudehülle wie die Befürchtung, dass sich Kondensat auf deren metallischer Oberfläche bildet, haben sich nach zwei Jahren Betrieb nicht bestätigt, was sicher der alternativen Art der Wärmeverteilung der Temperierung zu verdanken ist. Durch den stetigen, ganzflächigen Warmluftauftrieb sind die Außenwände taupunktgeschützt und werden selbst zu wärmeabstrahlenden Flächen. Die Geschwindigkeit der aufsteigenden Luft ist so gering, dass kein

Staub transportiert wird. Obwohl die Temperierschleifen nicht optimal verbaut wurden (auf 1 cm Abstand statt in Wandkontakt) und fast keines der eingesetzten Baumaterialien Luftfeuchtigkeit aufnehmen oder abgeben kann, ist das Raumklima stabil, das gesamte Gebäude gleichmäßig erwärmt und frei von Kondensat. Eine im Sommer leicht erhöhte Luftfeuchtigkeit wurde bisher ohne Aufwand mit mobilen Entfeuchtern aufgefangen. Da aber die Temperatur-Obergrenze von 26 °C bisher kaum erreicht wurde, werden wir im Sommer die Leistung der Temperierung geringfügig erhöhen, um das Ziel »max. 65 % relative Feuchte« ohne die energetisch und konservatorisch weniger günstige Luftentfeuchtung – sie war bislang nicht nötig – zu erreichen.

Insgesamt hat sich durch die Temperierung »wie von selbst« ein im Tagesverlauf und saisonal gleitendes Klima eingestellt, das als optimal angesehen werden kann. In Büro und Quarantäneraum ermöglichen Kompaktheizkörper, deren Luft durch eine Blende zwischen Unterkante der vorderen Fläche und Sockelleiste in die Wandebene umgelenkt wird, bei Bedarf das schnelle Erhöhen der Temperatur ohne starke Absenkung der Luftfeuchte. Der durchschnittliche Jahresenergiebedarf der ersten drei Jahre lag bei 9,8 kWh pro m^3 umbauten Raums.

Der Betreuungsaufwand für die Temperierung ist extrem gering: Bis auf die regelmäßigen Wartungen der Gastherme sind keine weiteren Arbeiten angefallen.

Was lange währt ...

Auf dem Weg zu einem Depot für das Sudetendeutsche Museum

Klaus Mohr

Den Ausgangspunkt der heutigen Sammlung von Museumsstücken für das geplante Sudetendeutsche Museum bildeten das Mobiliar und der Hausrat einer Arbeiterfamilie aus dem Teßtal bei Mährisch-Schönberg. Sie waren 1946 im Rahmen eines Antifa-Transportes zunächst nach Rosenheim gebracht worden. Um 1980 wurde dieser Bestand als Schenkung an das damalige Sudetendeutsche Archiv gegeben. Bis 1998 hatte man ihn als Leihgabe in der Heimatstube der Sudetendeutschen auf der Burg Tittmoning ausgestellt, bevor er nach München gebracht wurde. Ein Sudetendeutsches Museum bestand damals wie heute nicht. Man brauchte also einen geeigneten Lagerraum für das zeitgeschichtlich aussagekräftige Ensemble.

Es ist das Verdienst eines damaligen Mitarbeiters des Sudetendeutschen Archivs, dass zu diesem Kernbestand rasch weitere, für ein Museum geeignete Gegenstände hinzukamen, zumeist als Schenkungen, Nachlässe oder Dauerleihgaben.

Dieser für ein »Archiv« eher ungewöhnliche Aufgabenbereich entwickelte sich rasch weiter. Das Sudetendeutsche Archiv füllte eine organisatorische Lücke, die aus dem Fehlen einer zentralen musealen Einrichtung der Sudetendeutschen resultierte. Es wurde so zum Ansprechpartner für die Sicherung musealer Güter, die in den

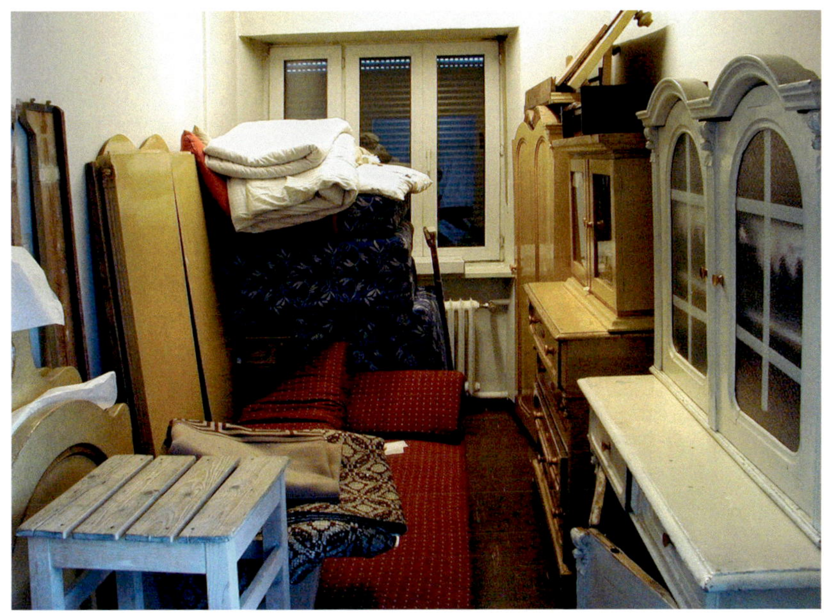

Arbeiterküche aus einem Antifa-Transport, der erste »Kristallisationspunkt« für das Depot

zahlreichen sudetendeutschen Heimatmuseen aus verschiedensten Gründen nicht aufgenommen werden konnten. Auch im Rahmen des archivischen »Kerngeschäftes« kamen immer wieder museal relevante Dinge zum Sudetendeutschen Archiv, indem sie bei der Übergabe von schriftlichen Nachlässen und Sammlungen mangels alternativer Abnehmer eben dorthin mitgenommen wurden.

Die Sudetendeutsche Stiftung förderte diesen Arbeitsbereich von Anfang an. Nur durch ihre finanzielle Unterstützung konnte schließlich für die genannten Einrichtungsstücke eines Arbeiterhaushaltes ein geeignetes Domizil angemietet werden. Es handelte sich dabei um zwei Etagen eines Verwaltungsgebäudes der ehemaligen McGraw-Kaserne im Münchner Süden.

Wie groß der Bedarf an einer solchen zentralen Sammelstätte für die dinglichen Kulturgüter war und ist, zeigt sich daran, dass die damals für unermesslich groß gehaltenen 270 m^2 Lagerfläche in der ehemaligen Kaserne schon nach wenigen Jahren dermaßen überfüllt waren, dass dort kein sinnvolles Arbeiten und keine konservatorisch vertretbare weitere Einlagerung mehr möglich waren. 2005 konnte durch die Sudetendeutsche Stiftung ein größeres und vor allem weit besser geeignetes Depot in München-Trudering zur Verfügung gestellt werden, dessen Einrichtung aber auch noch immer nicht abgeschlossen ist.*

Der Verfasser wurde 1999 mit der Inventarisierung der in der McGraw-Kaserne eingelagerten Museumsbestände beauftragt. Obwohl mit den Zuständen in Depots von personell und finanziell schlecht ausgestatteten Museen durchaus vertraut, war der erste Eindruck doch sehr ernüchternd:

Die – zumindest auf dem Papier – recht stattlichen 270 m^2 verteilten sich über zwei Etagen in Hochparterre und Obergeschoss, waren also nur über Treppen zu erreichen. Die beiden Etagen wiederum waren in ehemalige Büroräume mit teils sehr geringen Flächen unterteilt, die kleinsten davon mit weniger als 5 m^2. Ein Teil der Räume war bereits damals mit Material von Sonder- und Wanderausstellungen belegt. Die Lagertechnik beschränkte sich auf gespendete Regale. Diese waren einfach, aber robust und konnten ihren Zweck mehr oder weniger gut erfüllen. In den engen Räumen konnten sie aber nicht effektiv aufgestellt werden, und durch ihre starre Fachhöhe wurde sehr viel Lagerplatz verschwendet. Ansonsten gab es noch zwei neu erstandene Planschränke, vor allem für Druckgrafiken, und einige ausrangierte Tische und Stühle. Positiv zu vermerken waren aber ein relativ stabiles Raumklima sowie eine vollständige Verdunkelungsmöglichkeit.

Rasch stellte sich heraus, dass es keinen Raum gab, der genügend Platz für eine ordentliche Inventarisierungsarbeit geboten hätte. Bestände mussten zur Bearbeitung auf dem Fußboden ausgelegt werden, Fotografieren war nur bei kleineren Objekten möglich. Die Sichtung der Sammlung ergab trotzdem sehr schnell, dass es sich um einen zwar kleinen, aber aussagekräftigen Bestand handelte. Wie untragbar die Depot-Verhältnisse waren, zeigte sich, als in den Räumen für Textilien und Möbel plötzlich ein Mottenbefall entdeckt wurde. Eine für die Betreuung der Textilien zuständige Mitarbeiterin legte, schlecht beraten, so große Mengen von handelsüblichen Mottentabletten aus, dass die Räume kaum noch betreten werden konnten. Die Motten selbst zeigten sich davon unbeeindruckt. Mit Unterstützung durch die Landesstelle wurde schließlich eine Begasung durchgeführt. Dazu wurden alle befallenen oder verdächtigen Stücke unter eine Plane gepackt und über mehrere Wochen mit Kohlendioxid behandelt. Auch hier stellte die räumliche Enge wieder ein sehr großes Problem dar. Nach dem Öffnen der Plane zeigte sich zudem leider, dass die Aktion fehlgeschlagen war, weil schon wieder neue Larven zu beobachten waren. Der zweite Versuch war dann allerdings von Erfolg gekrönt.

Die für die Begasung erforderlichen Umräumarbeiten hatten den Nebeneffekt, dass sichtbar wurde, wie es um die Sauberkeit im Depot stand. Zutage kamen Staub, liegengebliebenes Verpackungsmaterial und Ähnliches. Dies war nicht verwunderlich, denn geputzt wurde dort nie; es wäre wegen der Enge und der herumstehenden Kartons auch kaum möglich gewesen.

So wurde immer klarer, dass auf längere Sicht neue Räumlichkeiten mit besserer Ausstattung benötigt würden. Auch der Hauptfinanzier, die Sudetendeutsche Stiftung, verschloss sich dieser Einsicht nicht. Die Suche nach diesen neuen Räumlichkeiten war jedoch nicht ganz einfach, insbesondere wegen der in München üblichen Miethöhen. Zwar wurden etliche leerstehende Garagen, Lagerräume und dergleichen angeboten. Aber nach den Erfahrungen in der McGraw-Kaserne sollten zumindest einige Minimalanforderungen erfüllt werden: Es wurde eine in nicht zu kleine Einheiten aufgeteilte Fläche von 800 bis 1000 m^2 angestrebt. Zudem sollten gute Zugangsmöglichkeiten bestehen, die Räumlichkeiten sollten wasser-, wind- und lichtdicht, temperierbar und gut zu reinigen sein. Schließlich sollte das Depot mit öffentlichen Verkehrsmitteln zu erreichen sein. Nach langer Suche und einigen Besichtigungen wurde tatsächlich ein geeignetes Objekt gefunden und angemietet.

Die letzte Episode des Kapitels McGraw-Kaserne bestand in der Vorbereitung des Umzugs. Die schon damals mehrere Tausend Einzelstücke umfassende Sammlung teils sehr empfindlicher Stücke (Glas, Porzellan, Gemälde u. a.) musste für den Transport sicher verpackt und verladen werden. Diese mehrwöchige Arbeit war nur durch einen überaus engagierten Einsatz der damaligen Mitarbeiter des Sudetendeutschen Archivs möglich. Diese Aktion bot auch die Möglichkeit zu einfachen Reinigungsarbeiten und Entsorgung von angesammeltem Verpackungsmaterial, alten Regalen, Bürostühlen, Vitrinen usw.

Die Zustände im neuen Depot in München-Trudering sind im Vergleich zu den früheren geradezu paradiesisch, sowohl für die Museumsstücke als auch für die Mitarbeiter. Problemlos sind sie aber auch nicht. So richtete ein durch ein verstopftes Ablaufrohr auf dem Dach verursachter Wassereinbruch zwar keine irreparablen Schäden an, erforderte aber einen gewaltigen Arbeitseinsatz bei der Trockenlegung. Unbedingt erforderlich ist eine Optimierung der veralteten Lagertechnik, denn seit einigen Jahren ist ein verstärkter Zuwachs bei den Exponaten zu verzeichnen. Dies hängt mit dem Generationenwechsel innerhalb der Gruppe der Heimatvertriebenen und der Schließung von sudetendeutschen Heimatstuben und -museen zusammen. Beides wird auch in Zukunft von Bedeutung sein. Die Inventarisierung hinkt bei dieser Entwicklung natürlich ständig hinterher, zumal die personelle Ausstattung nur als minimal bezeichnet werden kann.

Eine wichtige Neuerung auf dem Wege zum Sudetendeutschen Museum stellt die 2013 eingeführte Inventarisierungssoftware VINO dar, die das bis vor kurzem genutzte, aber technisch veraltete Programm HIDA3 ablöst.

Anmerkung

* Vgl. dazu den folgenden Beitrag von I. Ziegler, S. 201 ff.

Sammlungsaufbau als Grundstock eines künftigen Museums: Das Beispiel der Sudetendeutschen Stiftung München

Inga Ziegler

Es herrscht Aufbruchstimmung bei der Sudetendeutschen Stiftung. Mit der Zusage von Bund und Land zur Finanzierung eines zentralen Museumsneubaus in München-Au wird der stetige Einsatz der Stiftung für den Erhalt des Sudetendeutschen Kulturguts belohnt.

Kulturelles Erbe durch Generationenwechsel

Durch den Generationenwechsel drohen die Privatsammlungen und Einrichtungen der Heimatstuben sudetendeutscher Vertriebener aufgelöst zu werden, ohne dass deren kulturelles Erbe geschätzt oder erhalten bliebe. Unermüdlich werden daher von der Stiftung seit Jahren neben zahlreichen Einzelstücken auch komplette Sammlungen aufgenommen und in einer Lagerhalle in München-Trudering deponiert.[1]

Das Repertoire der Sammlungsinhalte ist groß: Zum einen finden sich Güter des häuslichen Lebens wie Hausrat, Werkzeuge, Wäsche und Möbel. Auch architektonische Modelle gibt es – von detailgetreuen Nachbildungen verlassener Höfe bis hin zu einem großformatigen Landschaftsmodell, das anschaulich die historische Geografie vermittelt. Zum anderen sind kostbare Arbeiten und seltenes Kunsthandwerk vorhanden, wie feinst verarbeitete Trachten, individueller Schmuck, hochwertige Krippen, kunstvoll bemalte Gläser und Porzellan, Skulpturen, Gemälde, Literatur und Grafiken. Auch Schautafeln vergangener Ausstellungen liegen vor: Summa summarum ein sehr guter Grundstock für die Bestückung eines eigenen Museums.

Um der ständig neu eintreffenden Flut von Objekten Herr zu werden, war zunächst die Erarbeitung eines Depotkonzepts vonnöten. Effiziente Wege für Neuzugänge mussten geebnet werden, damit das Museum künftig bestückt werden kann. Dabei standen die zügige Inventarisierung der Objekte und ihr unmittelbar daran anschließendes Ablegen an dafür vorgesehenen Plätzen im Vordergrund, um Stauzonen zu vermeiden. Glücklicherweise verfügte das Depot schon über einen Dokumentationsraum, in dem bisher 12 000 Stücke inventarisiert werden konnten.[2] Nur ca. 20 % des Gesamtbestandes müssen noch erfasst werden. Zur fotografischen Dokumentation standen vor Ort bereits eine digitale Kamera, Tageslichtleuchten und ein Tischstativ für die kleineren Objekte zur Verfügung. Im Zuge der Neuerungen kam eine professionelle Fotowand mit verschiedenen Hintergründen für Großobjekte hinzu. Die Inventarnummern wurden an den Objekten angebracht[3] und am PC mit den nummerierten Lagerungsorten verknüpft.

Lagerung

Die Logistik der Lagerung hat oberste Priorität, weil ständig neue Eingänge zu verzeichnen sind. Nur so können Schäden, die teils durch wechselnde, teils durch provisorische Lagerflächen entstehen, vermieden und eine Platzoptimierung auf

Zuwachs erzielt werden. Der Eingang ist gegliedert in folgende Bereiche:

- Anfahrt über den Lastenaufzug;
- separate Lagerung der durch Schädlinge kontaminierten Objekte;
- Inventarisierung, Schadensaufnahme;
- Ablegen der Stücke auf Depotflächen für die verschiedenen Sachgruppen.

Bei der Anlieferung steht unmittelbar ein Dekontaminationsraum zur Verfügung. Schädlingsbefallene Objekte können hier bis zu einer externen Begasung zwischengelagert und beobachtet werden. Für kleinere Objekte steht eine Gefriertruhe bereit, die zur Bekämpfung von Schädlingen an Kleidung, Wäsche, Spielpuppen, Kissen etc. genutzt wird. Es folgen die Inventarisation und Beschriftung.

Bei der Aufteilung der Stücke in Sachgruppen stellte sich häufiger die Frage, ob Sammlungen eines Stifters in ihrer Gesamtheit aufzubewahren sind, oder ob an der Trennung nach Objektart festgehalten wird. Letztlich wurde zugunsten der Objektarten entschieden, weil es aus konservatorischer Sicht sinnvoll ist, materialähnliche Teile gemeinsam zu verwahren. Eine konsequent geführte Datenbank ermöglicht das Wiederfinden der Teile, falls sie z. B. für eine Ausstellung benötigt werden.

Bereinigung der Altlasten

Da zu Beginn der Sammlungsaufnahme – auch aus finanziellen Gründen – schnell und provisorisch gelagert werden musste, war die nachträgliche Optimierung einiger Bereiche unumgänglich. Viele Exponate wurden in Bananenkisten oder Umzugskartons geliefert. Der akute Mangel an Depotmöbeln konnte vorerst durch gespendete »Bundeswehrregale«[4] behoben werden. (Abb. 1)

Langfristig zeigen sich die Nachteile dieser Regale. Aus Mangel an Hängeflächen oder entsprechenden Möbeln mussten Gemälde ebenerdig aneinander gelehnt werden. Hier drohte im Falle eines Wasserschadens akute Gefahr. Außerdem gab es zu wenige Planschränke, in denen Grafiken und fragile Gemälde idealerweise abgelegt werden sollten. Für Glas und Porzellan konnten einige Stahlschränke angeschafft werden. Durch die

Das Depot in München-Trudering	
Bauart:	Lagerhalle, 1. OG, Flachdach
Fläche:	rund 600 m²
Höhe der Räume:	max. 2,90 m
Aufteilung:	1 Großraum, 5 kleinere Räume (à 32 m²)
Anlieferung:	Lastenaufzug mit Anfahrrampe
Transport im Depot:	Hubwagen, Rolltisch
Klimatisierung:	temperiert, abgeschattete Fenster (7 °–28 °C, 33–57 % rF), Kontrolle über Datenlogger
(geplantes) Mobiliar:	einbrenngefärbte Stahlregale, Planschränke, Flügeltürenschränke, Gittermattenzäune, Schwerlastregale
Verpackungsmaterialien:	säurefreie Stülpdeckelkartons, Seidenpapier, Tyvek-Vlies

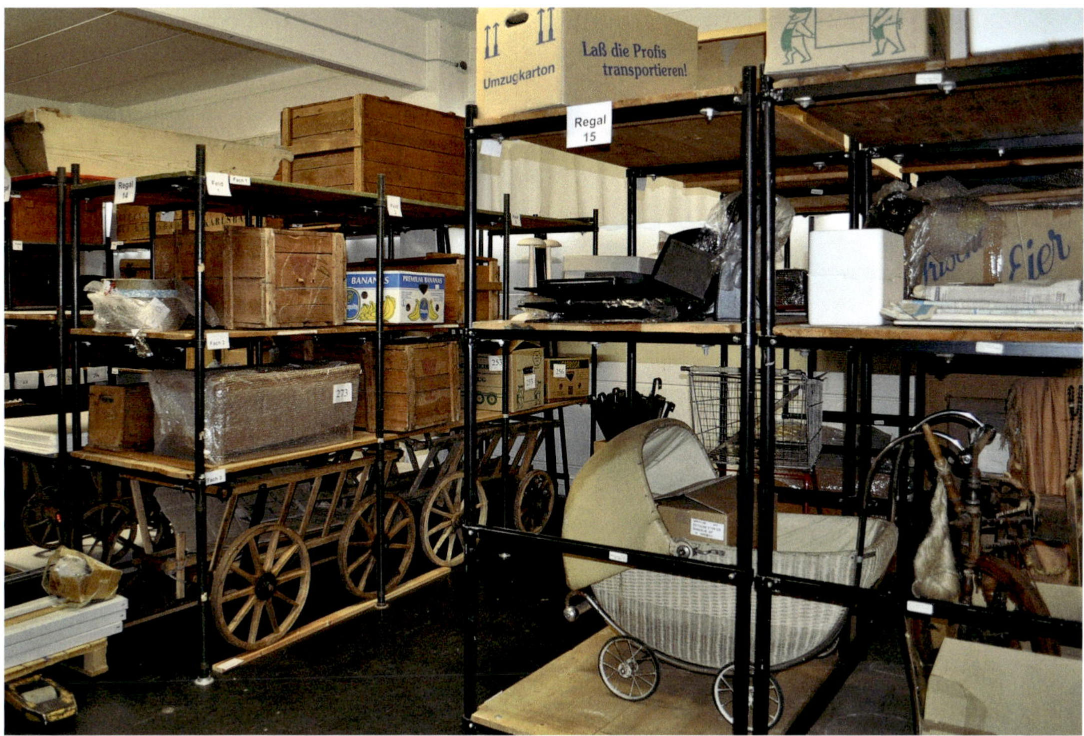

Abb. 1: Hausgeräte und Holzkisten werden vorübergehend in Bundeswehrregalen gelagert.

Kombination aus ständigem Eingang und fehlenden Stauräumen ließen sich Stauzonen nicht vermeiden.

Durch die Unterstützung der Landesstelle wurde sukzessive mit der Behebung dieser Mängel begonnen.

In einem ersten Schritt wurden die Räume aufgeteilt: (Abb. 2–3)

- Raum 1 (Großraum): Werkzeug, Geräte, Skulptur, Möbel, Architekturmodelle, Krippen, großformatige Gemälde, Ausstellungstafeln, Fotostation
- Raum 2: Dekontamination
- Raum 3: Dokumentation
- Raum 4: Textilien, Schuhe, Hüte / Helme, Stöcke, Degen
- Raum 5: Glas, Porzellan, Keramik, Schmuck
- Raum 6: Papier, Grafik

Weil das gesamte Depot aus Kosten- und Zeitgründen nicht in einem Zuge umorganisiert werden konnte, wurde die Reihenfolge der Umstrukturierung nach konservatorischen Gesichtspunkten festgelegt.

Papierobjekte, aneinander gelehnte, verschiedenformatige Gemälde oder Textilien litten am stärksten unter der bestehenden Situation, deshalb sollten sie vorrangig behandelt werden. Als erstes wurde deshalb der Grafikraum ausgestattet. Die vorhandenen Planschränke wurden umlaufend durch Weitere ergänzt, darauf wurden Stahlregale für kleine bis mittelformatige gerahmte Grafiken gestellt. Unter die Planschränke kamen 10 cm dicke Holzbohlen, um die Möbel im Falle eines Wasserschadens mittels Hubwagen ausfahren zu können. In die Mitte des Raumes wurde ein Arbeitstisch gestellt, damit Ein- oder Ausgänge

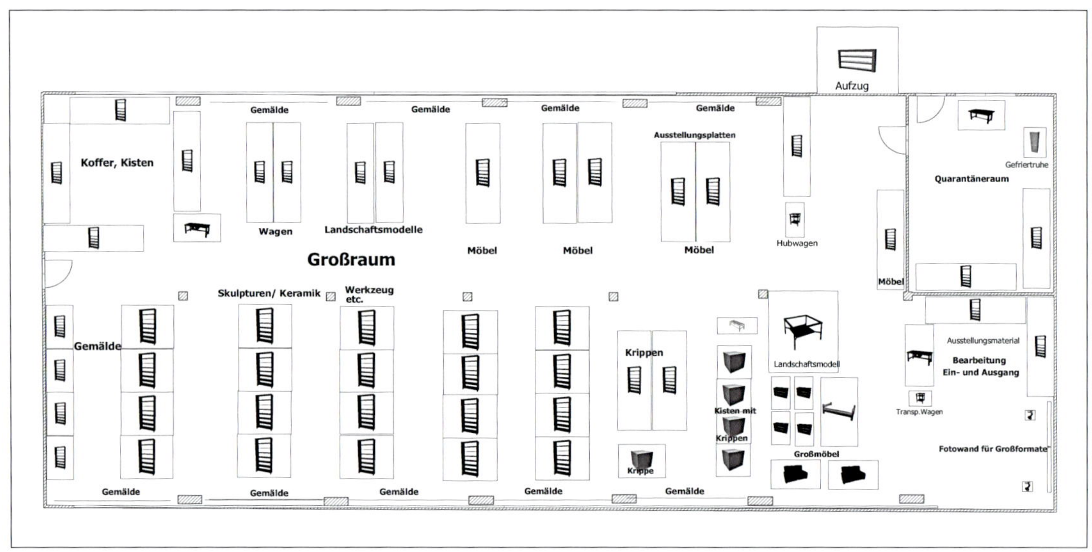

Abb. 2: Grundriss zu Raum 1 nach der Umstrukturierung (Großraum) und Raum 2 (Quarantäneraum).

vor Ort gesichtet und bearbeitet werden können. (Abb. 4)

Sowohl in den Planschränken als auch in den Regalen wurden Pufferzonen freigehalten, die für Objekte vorgesehen sind, die aus Zeitmangel nicht inventarisiert werden konnten. Außerdem blieben ca. 25 % der Fläche für Neuzugänge frei.

Ähnlich wurde mit dem angrenzenden Textilraum verfahren. Beidseitig wurden tiefe Stahlregale eingebaut. Die Fachböden wurden so ausgerichtet, dass bis zu vier passend angefertigte, säurefreie Stülpdeckelkartons darin Platz finden. Die Kartons sind relativ groß, damit Wäsche, Uniformen, Trachten etc. schonend darin abgelegt werden können.

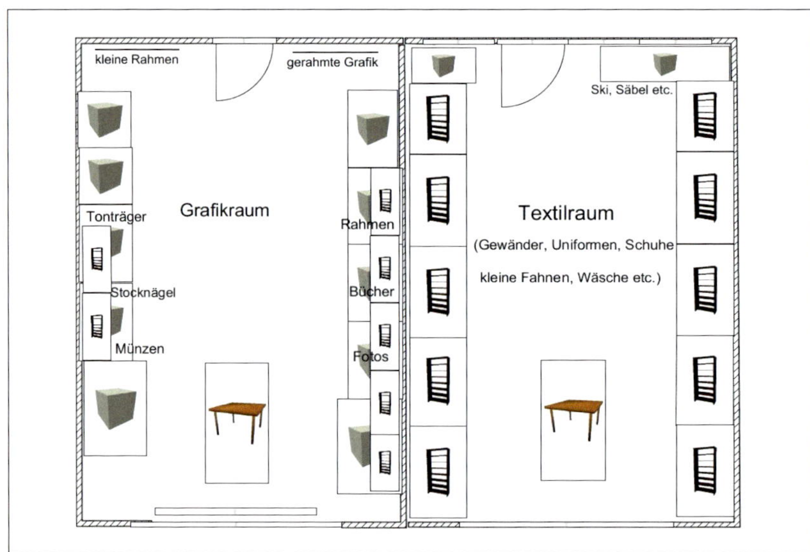

Abb. 3: Grundriss zu Raum 6 nach der Umstrukturierung (Grafikraum) und Raum 4 (Textilraum).

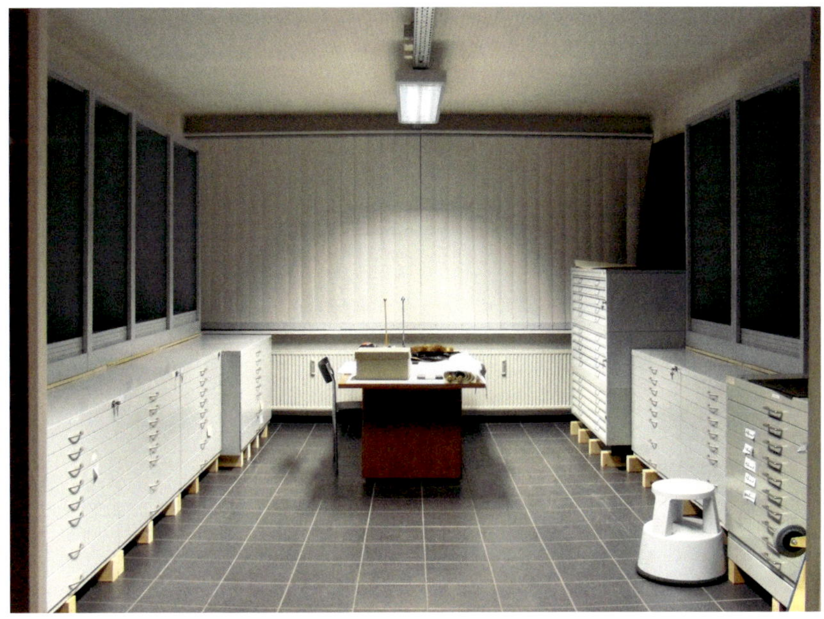

Abb. 4: Platzoptimierter Grafikraum nach der Umstrukturierung.

Auch befüllt lassen sich diese Kartons noch von einer Person bewegen. Für zahlreiche Hüte, Helme und Trachtenhauben wurden in bestehende, sehr großformatige (säurefreie) Kartons Trennwände aus Pappe eingesetzt. (Abb. 5)

Ebenso wurden Schuhe in solche Kartons gestellt, während für Stöcke, Degen etc. Lochbrettregale in zwei freie Ecken eingepasst wurden. Die Inhalte des Raumes wurden pro Karton als Liste aus der Datenbank ausgedruckt und in Sichtfenstern vorderseitig eingesteckt. Im Raum wurde mittig ein Bearbeitungstisch bereitgestellt und auch hier wurden ca. 40 % der Regalfläche für Neuzugänge freigehalten.

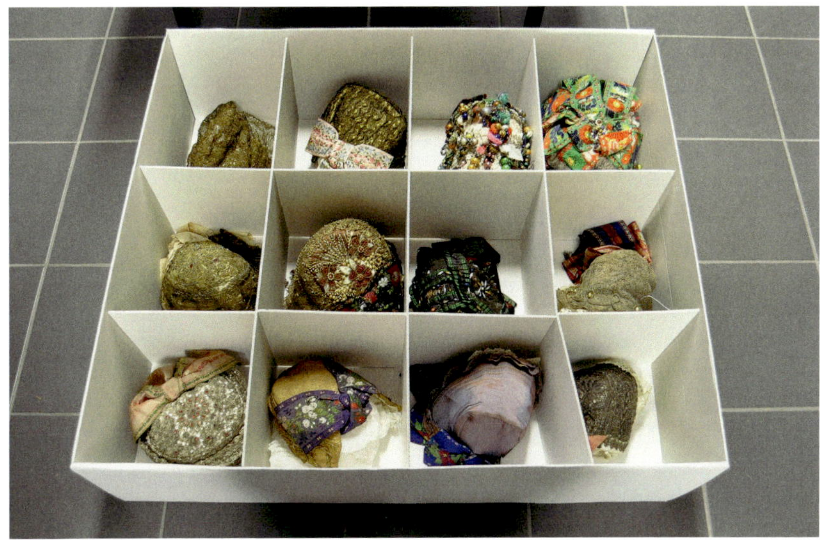

Abb. 5: Feinst verarbeitete Hauben wurden in säurefreie Kartons mit Zwischenstegen gelegt.

Ausblick

Zukünftig sollen die übrigen Bereiche kontinuierlich umstrukturiert werden. Aktuell steht das Optimieren des Raumes für Glas, Keramik und Porzellan an. Um den recht großen Raum besser auszunutzen, muss zunächst das 5 m^2 messende Landschaftsmodell in den Großraum gebracht werden. Weitere Stahlschränke mit zusätzlichen Fachböden sollen angeschafft werden, sodass die Teile übersichtlich und schonend eingestellt werden können. Die Schränke sollen rückseitig bündig abschließen, sodass Flure entstehen, die mit einem Rollwagen noch befahrbar sind.

Für die vielen mittelformatigen Leinwandgemälde sollen tiefe Steckregale mit Fädelstäben aufgebaut werden. Als günstigere Alternative zu professionellen Gitterwänden sollen beschichtete Gittermattenzäune montiert werden, an denen großformatige Gemälde mit empfindlichen Schmuckrahmen ohne Gegendruck aufgehängt werden können.

Langfristig sollen auch die Bundeswehrregale, in denen Kisten, Möbel, Modelle von Höfen, Krippen etc. stehen, gegen solide Stahlregale ausgetauscht werden. Kleinteile müssen in entsprechende Behältnisse umgeräumt werden. Großformatige Möbel, die glücklicherweise auf Paletten stehen und damit schonend zu bewegen sind, sollen langfristig auf einem Schwerlastregal deponiert werden. So kann auch hier bestehender Platz ökonomisch ausgenutzt und Fläche für Neues geschaffen werden. (Abb. 2)

Bestmöglich sollen – soweit nicht schon bei der Inventarisierung geschehen – während sämtlicher Umräumaktionen Schäden an den Objekten aufgenommen werden, sodass zukünftig eine solide Entscheidungsbasis bezüglich der Frage, ob und wo eine Restaurierung erforderlich ist, vorhanden ist.

Abschließend wären noch eine Einbruch- und eine Brandmeldeanlage sowie ein Internetanschluss für die Online-Datenbank wünschenswert.

Insgesamt befindet sich das Depot auf einem sehr guten Kurs. Durch das leidenschaftliche Engagement der Mitarbeiter der Sudetendeutschen Stiftung und die Unterstützung der Landesstelle wird langsam aber sicher der Weg geebnet, aus dem mannigfaltigen Schatz der zusammengetragenen Privatsammlungen einen soliden und koordinierbaren Grundstock für das entstehende Sudetendeutsche Museum zu bereiten. Das öffentliche Interesse hieran ist jedenfalls vorhanden.

Literatur

Landesstelle für die nichtstaatlichen Museen in Bayern (Hrsg.), Die Heimatsammlungen der Sudeten- und Ostdeutschen in Bayern (München 2009).

G. S. Hilbert, Sammlungsgut in Sicherheit (Berlin 2002).

J. Huber / K. von Lerber, Handhabung und Lagerung von mobilem Kulturgut (Bielefeld 2003).

M. Kobold / J. Moczarski, Bestandserhaltung. Ein Ratgeber für Verwaltungen, Archive und Bibliotheken (Frankfurt 2010).

Anmerkungen

1 Vgl. dazu den Beitrag von K. Mohr in diesem Band, S. 197 ff.

2 Bislang wurde dies mit der Datenbank HIDA3 vorgenommen, inzwischen ist der Wechsel zu VINO (Virtual Internet Object) erfolgt. Siehe auch www.vino-online.net/testlnm.

3 Je nach Objekt erfolgt dies mit Etiketten an Bindfäden oder alterungsbeständigen Stiften über einer Isolierschicht aus Schellack.

4 Dabei handelt es sich um verschraubte Seitenteile aus lackiertem Metall; die Fachböden bestehen aus massiven, recht tiefen Holzbrettern.

Von der Kaserne zum Depot

Stadtmuseum Landsberg am Lech

Sonia Fischer, Peter Huber

Ausgangslage

Die qualitätvolle und umfangreiche Sammlung des Stadtmuseums in Landsberg a. L. konnte in der Vergangenheit nicht objektgerecht gelagert werden. Platzprobleme führten zu Magazinflächen, die in den Ausstellungräumen abgetrennt bzw. außerhalb des Museums auf andere Gebäude verteilt wurden. Mit einem Depotgebäude sollten darum erstens eine objektgerechte, den konservatorischen Anforderungen genügende Lagerung, zweitens die räumliche Voraussetzung für eine Neukonzeption im Museumsgebäude und drittens die Inventarisierung und Verwaltung der Bestände an einem zentralen Ort ermöglicht werden. Weiterhin stand die Überlegung im Raum, Museumsdepot und Stadtarchiv, das ebenso Lagerflächen benötigte, zusammenzulegen.

Das Depotgebäude

Nachdem die Stadt Landsberg am Lech bereits seit vielen Jahren das Depotproblem im Neuen Stadtmuseum zu lösen versucht hatte, ergab sich im Zuge der weltpolitischen Umbrüche Ende der 1980er Jahre die Situation, dass der Truppenstandort Landsberg am Lech innerhalb von zwei Jahren drei Kasernen verlor. Im Raum stand mithin die Umnutzung der ehemals militärischen Anlagen für zivile Zwecke. Nachdem die Konversionsflächen der ehemaligen Lechrainkaserne in das Eigentum der Stadt übergegangen waren und der Stadtrat den Vorschlag befürwortet hatte, das Depot hier anzusiedeln, konnten die Depotüberlegungen ab Juli 2010 unter ganz neuen Aspekten angestellt werden.

Die leerstehenden Mannschaftsgebäude aus den 1960er Jahren erwiesen sich bei genauerer Untersuchung als geeignet. Das ehemalige Kompaniegebäude bietet mit drei Vollgeschossen à ca. 600 m² den notwendigen Raum, in einem Gebäude die Funktionsbereiche Museumsdepot, Archivdepot und Gebäudeservice zu bündeln. Die gute Bausubstanz mit statischer Tragfähigkeit und ausreichender Nutzlastauslegung und der baurechtlich vorteilhafte Raumzuschnitt sprachen ebenso für die Weiterführung des Bauvorhabens.

Die Sanierung des Gebäudes

Zur Beurteilung verschiedener Sanierungsvarianten wurde das Fraunhofer-Institut für Bauphysik eingeschaltet. Es sollte eine Sanierungslösung gefunden werden, die nach Stand der Technik eine minimale energetische Belastung, einen geringen anlagentechnischen Aufwand und hohen klimatischen Innenraumkomfort bietet. Im Rahmen des Umbaus wurden Baumaßnahmen geplant und ausgeführt, die das Innenraumklima innerhalb des vorgegebenen Klimakorridors möglichst konstant hielten. Hauptaugenmerk lag in erster Linie auf den kurzfristigen Feuchte- und Temperaturspitzen. Die gewünschten, vom Nutzer in einem Anforderungsprofil definierten Raumklimaverhältnisse wurden im Wesentlichen durch Nachbesserungen des Wärmespeichervermögens und im Bereich des Luftaustauschs erreicht. Mit Hilfe einer hygrothermischen Berechnung wurde eine Innenraumklimasimulation durchgeführt, die die

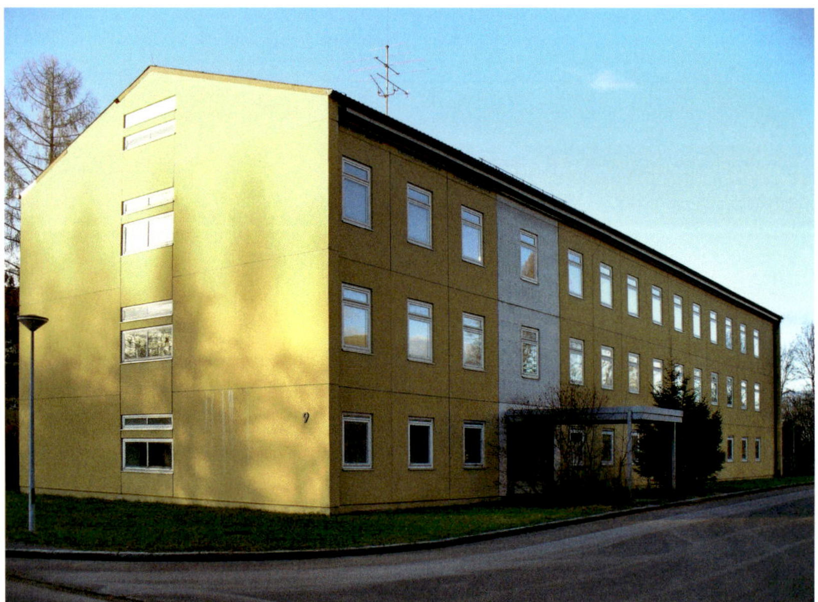

Abb. 1: Kompaniegebäude Nr. 9 der Lechrainkaserne in Landsberg vor der Sanierung, Aufnahme von Südosten

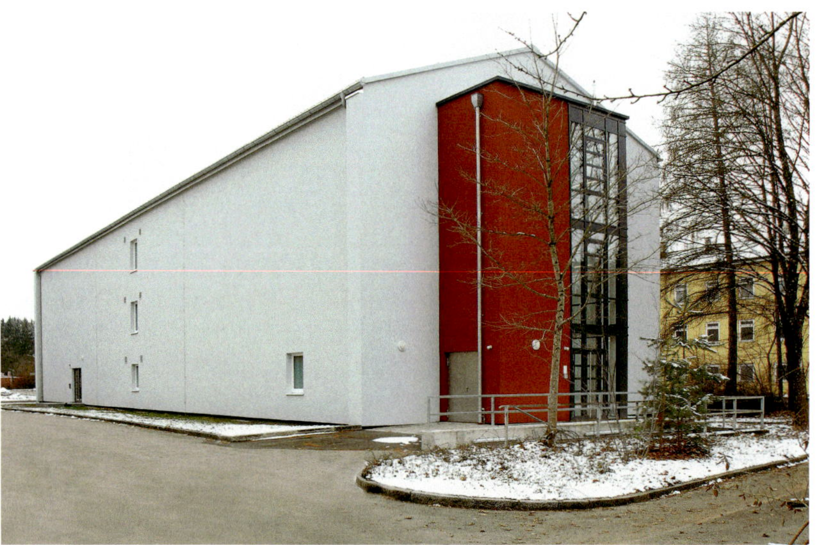

Abb. 2: Das fertiggestellte Depotgebäude mit angebautem Aufzug und Anlieferzone, Blick von Nordosten

verschiedenen Sanierungsvarianten berechnete und bezüglich ihrer Wirkung auf das Raumklima bewertete.

Im Wesentlichen kamen folgende Sanierungsvorgaben zur Ausführung:

Die Wände wurden außenseitig mit 14 cm Wärmedämmung (EPS 035 WDV) und einem mineralischen Außenputz versehen. Die Fenster wurden entfernt, verschlossen und ebenfalls außen überdämmt. Der Luftaustausch, von großer Bedeutung für das Innenraumklima, wird durch eine Zu- und Abluftanlage mit Wärmerückgewinnung sichergestellt. Das vorhandene Heizleitungssystem einschließlich der Heizkörper konnte wiederverwendet werden. Für die Wärmeerzeugung wurde eine neue Heizung als Ersatz für die ehemalige und

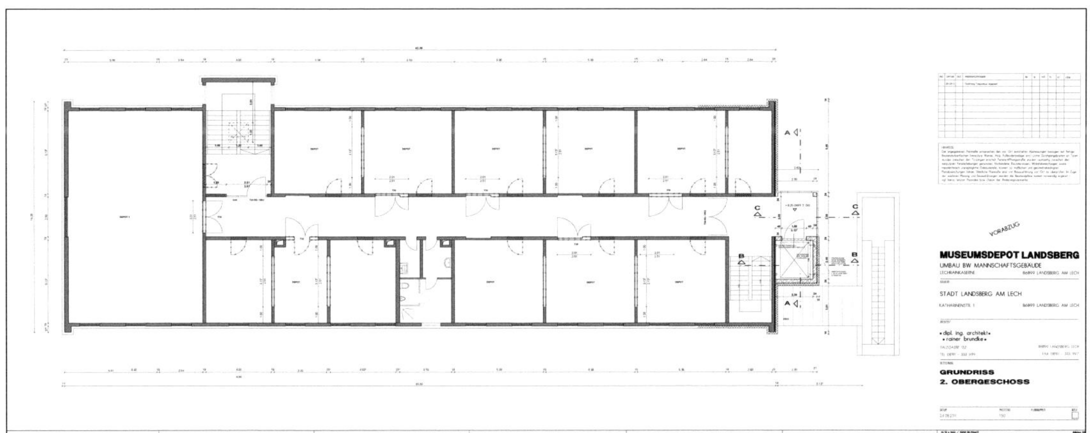

Abb. 3: Grundriss des 2. Obergeschosses des Depots. Lagerbereich mit Einzeichnung der neu geschaffenen Durchbrüche (gelb) und Schließung von Fenstern und Zugängen (rot), Maßstab 1 : 50 (Architekturbüro Brundke, Landsberg am Lech)

nicht mehr funktionsfähige Fernwärmeversorgung eingebaut. Um den Transport für das Depot- und Archivgut sicherzustellen, wurde ein Anbau mit einem Lastenaufzug realisiert.

Die eingebauten sicherheitstechnischen Einrichtungen zusammen mit dem Lagersystem ergänzen die Neuausstattung und stellen sicher, dass das Depot- und Archivgebäude insgesamt nach den modernen Erfordernissen der Präventiven Konservierung funktioniert.

Leitlinien des Planungsvorhabens

Das dem Bauamt vorgelegte Anforderungsprofil des Nutzers definierte die Leitlinien des Planungsvorhabens sowie zwei Klimazonen und deren konservatorische Anforderungen.* Im Wesentlichen formulierten die Planungsgrundsätze die Minimierung des Energieverbrauchs durch die Wahl geeigneter Materialien, Bauweisen und Technologien, effiziente Arbeitsabläufe insbesondere durch einen zentralen Standort, die platzsparende und verdichtete Lagerung unter Ausnutzung der Raumhöhen und -flächen, den Einsatz einer den Objekten angemessenen Lagertechnik, die übersichtliche Gruppierung und Zugänglichkeit der Bestände, ein ausgeglichenes träges Raumklima mit geringen Schwankungen von Temperatur und relativer Feuchte im Sinne der Präventiven Konservierung, die Sauberkeit und Schädlingsfreiheit des Depots sowie die Standortbewirtschaftung mit Anbindung an die Museumsdatenbank.

Planung von Funktionsbereichen und Lagertechnik

Die Depotplanungen erfolgten in enger Abstimmung mit der Landesstelle. Die fachliche Beratung, die Beurteilung des Gebäudes und die Empfehlungen hinsichtlich der Projektanten ermöglichten fachgerechte Planungen, die von der Landesstelle gefördert wurden. Ermittelt wurde das Mengengerüst im Oktober 2010 durch eine externe Firma, sodass bereits im Dezember 2010 ein erster Bericht zum Volumen des Lagerbestands und der erforderlichen Lagertechniksysteme als Grundlage für den Haushaltsbeschluss im Stadtrat vorlag.

Die Empfehlung des im Februar 2011 vorgestellten Abschlussberichts diente maßgeblich als Entscheidungsgrundlage, dem Museum als Nutzer des Gebäudes neben dem geplanten 2. Stock weitere Funktionsräume im Erdgeschoss zuzuweisen. Eine klare Trennung von Lager- und Arbeitsräumen konnte somit vollzogen werden: Das Erdgeschoss beherbergt Quarantäne- und Gemeinschaftsraum sowie Eingangsverwaltungs- bzw. Arbeitsraum, der 2. Stock ausschließlich Lagerflächen. Um eine optimale Flächenausnutzung zu erreichen, wurden mehrere Durchbrüche geschaffen. Vergrößerte Türdurchlässe gewährleisten das Rangieren mit Hubwagen.

Die Sammlung des Landsberger Stadtmuseums zeichnet sich wie die anderer kulturhistorischer Museen durch einen gewachsenen, ortsbezogenen, breiten und gemischten Sammelbestand aus. Die Einrichtung der Depoträume erfolgte sowohl nach thematischen Gesichtspunkten als auch nach Materialgruppen. Ein eigens erstelltes Raumbuch hält Funktion, spezifische Lagertechnik und Sammlungsbereiche der einzelnen Räume fest. Die größte Materialgruppe stellen die Gemälde dar, sodass der Gemäldezuganlage quasi als »Herzstück« der neuen Lagertechnik besondere Aufmerksamkeit zukam. Der Raumzuschnitt des 2. Obergeschosses lässt den großen, im Süden befindlichen Kopfraum erkennen, der ideale Voraussetzungen zur Aufnahme der Gemäldezuganlage bietet.

Aus den im Mengengerüst errechneten Materialvolumina wurde die Menge der vorzuhaltenden Lagertechnik abgeleitet, darunter Fachboden-, Weitspann-, Kragarm- und Palettenregale, Gemäldegefache, Gitterwände, Grafikschränke und Freistellflächen für raumgreifende Objekte.

Der Depotumzug

Die Planungen des Umzugs erforderten ein Projektmanagement, das die verschiedenen Arbeitspakete, die Zeit- und Personalkalkulation sowie Zuständigkeiten definierte. Das Terminieren von Arbeitspaketen und Meilensteinen verdeutlichte die notwendigen Arbeitsabläufe und den Projektumfang, der auf diese Weise verwaltungsintern sehr klar kommuniziert werden konnte.

Die wesentlichen Arbeitspakete waren die Transportvorbereitung der Objekte, die Transportorganisation, die Depotorganisation, der Transport bzw. Umzug sowie die Einlagerung.

(1) Transportvorbereitung Objekte:

Sichten und priorisieren, Verpackungstechnik planen und Material vorbereiten, Aussonderung gesondert zu behandelnder Objekte, Zeit kalkulieren, sichern, säubern, verpacken und auszeichnen, Transporteinheiten bilden (September 2011–April 2012).

Ab September 2011 wurde für das Verpacken der Objekte eine Teilzeitkraft mit langjährigen logistischen und organisatorischen Erfahrungen im Auktions- und Kunsthandel eingestellt. Darüber hinaus wurden spezifische Teilaufgaben einer Restauratorin übertragen. Der Zeitaufwand

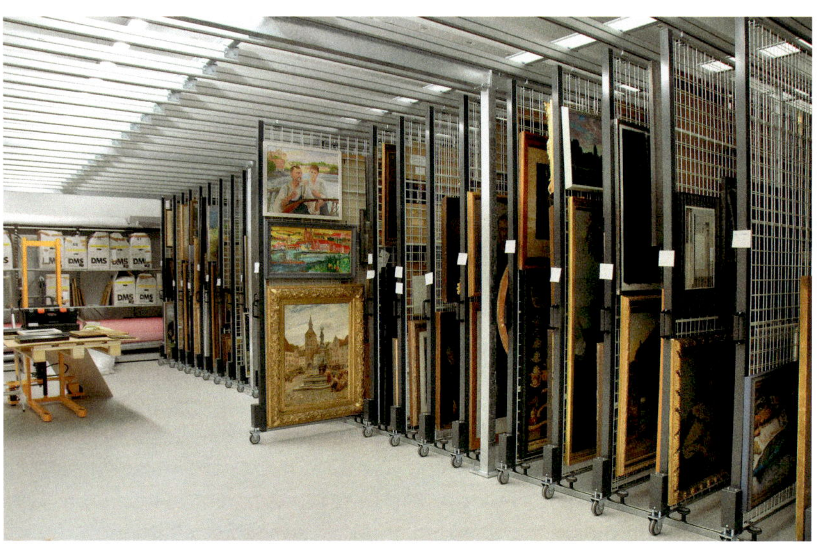

Abb. 4: Blick in die Gemäldezuganlage mit 28 doppelseitigen Schiebewänden und einer Aufhängfläche von 595 m^2

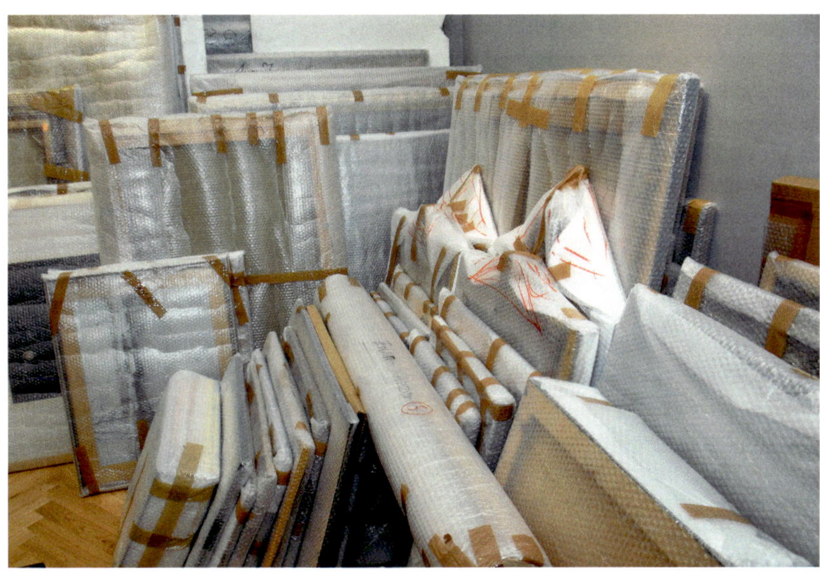

Abb. 5: Verpackungseinheit Gemälde vor der Sammlungsumlagerung

für die Sichtung der Objekte und die Priorisierung der Transporteinheiten inklusive Aussonderung der gesondert zu behandelnden Objekte war erheblich.

(2) Transportvorbereitung:

Rangierbereiche im Museum einrichten, spezifische Problemstellungen vor Ort erkennen, Transporttermine und -dauer planen, Transporteure beauftragen, interne Transporthelfer organisieren (Januar–April 2012).

Eine besondere Herausforderung bestand darin, die Mehrzahl der Objekte aus dem 4. Stock des Museums ohne Aufzug ins Erdgeschoss zu verbringen. Die durch Sichtung festgelegten Transporteinheiten wurden u.a. in Konvolute unterschieden, die durch die Transportfirma über einen temporären Außenaufzug verladen werden konnten, und solche, die vorab ins Erdgeschoss getragen werden mussten, um sie hier auf Palette zu binden.

(3) Depotorganisation am neuen Standort:

Depoteingang installieren, Rangierbereiche am Zielstandort einrichten, Auspack- und Kontrollstationen, Material- und Abfallsammelstelle ein-

Abb. 6: Temporär angebrachter Außenaufzug während der Umlagerung der Sammlung

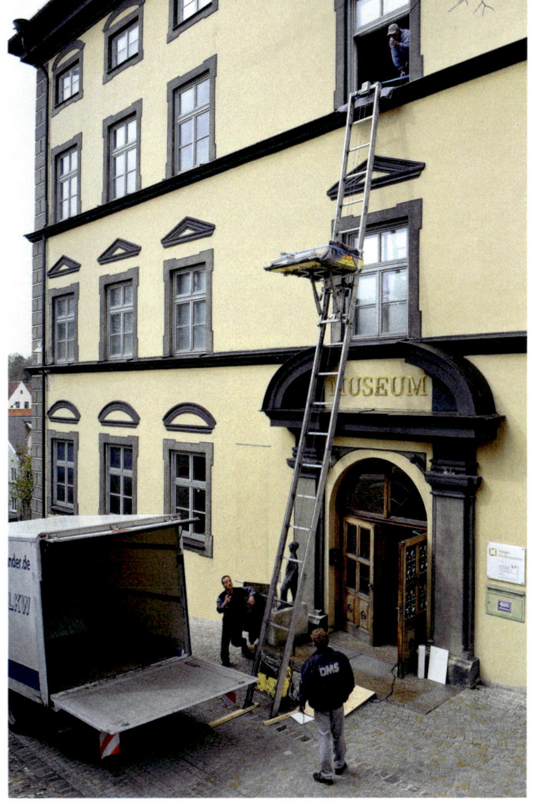

richten, Lagertechnik bedarfsspezifisch vorbereiten, Klima-Monitoring (ab April 2012).

(4) Transport und Einlagerung:

Transporte koordinieren, transportieren, rangieren am Ursprungsort und am Zielort, auspacken und Zustandskontrolle, Eingänge registrieren und Standorte zuweisen; einräumen (Abschluss der Maßnahme Ende 2013).

Während der Umzug selbst auf zwei Tage begrenzt war, ist die langfristige Aufgabe des Auspackens, Einräumens und Zuweisens des Standorts noch nicht abgeschlossen. Die Projektkoordination sollte dabei stets nicht nur auf die Verfügbarkeit benötigter Materialien und die Einhaltung von Zeit und Kosten achten, sondern im Sinne eines vorausschauenden risk managements auch Zeitpuffer für unvorhergesehene Problemfälle einplanen.

Literatur

DIN 4108: 1981 Wärmeschutz im Hochbau, Teil 5 Berechnungsverfahren.

G. S. Hilbert, Sammlungsgut in Sicherheit (Berlin [3]2002).

J. Huber / K. von Lerber, Handhabung und Lagerung von mobilem Kulturgut. Ein Handbuch für Museen, kirchliche Institutionen, Sammler und Archive (Bielefeld 2003).

R. Kilian (u. a.), Klimastabilität historischer Gebäude: Einflussfaktoren und Rückschlüsse für die präventive Konservierung am Beispiel von Schloss Linderhof, Restauro 118, 2012, 34–38.

Anmerkung

* Neben der Fachliteratur gab insbesondere die am 12. Mai 2011 in Benediktbeuren veranstaltete Fortbildung »Das modulare Nullenergie-Depot, Neue Wege für Depot- und Archivbauten« wertvolle Planungshilfe.
Vgl. dazu auch www.sammlungszentrum.de (22.2.2013).

Das Depot für archäologische Funde an den Museen der Stadt Aschaffenburg

Martin Höpfner

Die Gründung der städtischen Museen in Aschaffenburg im Jahr 1854 ist eng mit der damaligen archäologischen Grabungs- und Sammlungstätigkeit verbunden. Bis heute bildet die archäologische Sammlung einen Kernbestand innerhalb der Aschaffenburger Museumslandschaft.

Während die archäologische Sammlung im Stiftsmuseum als Stammhaus der Museen einen kontinuierlichen Ausstellungsort gefunden hat, waren die Bestände im Depot zahlreichen Umzügen an wechselnden Standorten unterworfen.[1]

Zuletzt waren sie ungünstigen Lagerbedingungen im Dachgeschoss des naturwissenschaftlichen Museums im Schönborner Hof ausgesetzt, die sich weder für die Erhaltung noch für die Nutzbarkeit der Funde auf Dauer als zuträglich erwiesen. Erhebliche Klimaschwankungen, prekäre Raumnot, Durchmischung mit anderen Sammlungsbereichen und schwere Erreichbarkeit über eine enge Wendeltreppe waren nur einige der Gründe, nach einem neuen Depotstandort zu suchen. Daneben waren die Funde oft mangelhaft verpackt und unzureichend archiviert, sodass das Wiederfinden eines einzelnen Fundes oftmals Stunden, wenn nicht Tage beanspruchte. Einzelne Fundkomplexe lagerten noch unangetastet in mittlerweile von Anobien befallenen Holzkisten, die im Zweiten Weltkrieg in Bunkern ausgelagert gewesen waren. Bei einer Generalinventur Anfang der 1990er Jahre stellte sich heraus, dass nicht wenige Funde durch die Lagerbedingungen und Verlagerungen schwer beschädigt oder sogar zerstört waren. Das betrifft vor allem Funde aus Metall und organischen Materialien.

Zudem kündigte sich 1995 eine große Stadtkerngrabung im Zentrum von Aschaffenburg an, die erwarten ließ, dass die archäologische Sammlung mit wesentlichem Zuwachs die Raumkapazitäten des bisherigen Depots bei weitem übersteigen würde.

Der Bergfried des Aschaffenburger Schlosses Johannisburg als sicherer Verwahrungsort für Wertgegenstände

Nach zahlreichen immer wieder verworfenen Planungsvarianten konnte im Jahr 1998 zusammen mit der Verlagerung und Erweiterung der zentralen Verwaltungsräume der städtischen Museen ein neues Depotkonzept für die archäologischen Funde im ersten Obergeschoss des Schlosses Johannisburg umgesetzt werden.[2] Der gotische Bergfried, der vor genau 400 Jahren als fünfter Turm in die Anlage des vierflügeligen Renaissanceschlosses einbezogen wurde, bot dafür geradezu ideale Ausgangsbedingungen (Abb.1):

Neben 2,5 m (!) dicken Mauern beträgt die Raumhöhe 4,62 m. Dies bot die Möglichkeit, eine zweite begehbare Ebene einzuziehen. Die quadratische Grundfläche misst 70 m^2 zuzüglich fünf Fenster- und Türnischen von jeweils knapp 4 m^2. Beim Wiederaufbau des kriegszerstörten Schlosses Johannisburg in den 1960er Jahren hatte man glücklicherweise auf eine sehr hohe statische Tragfähigkeit der Geschossdecken geachtet. Der noch im Rohbau befindliche Raum konnte in Zusammenarbeit mit den dafür zuständigen staat-

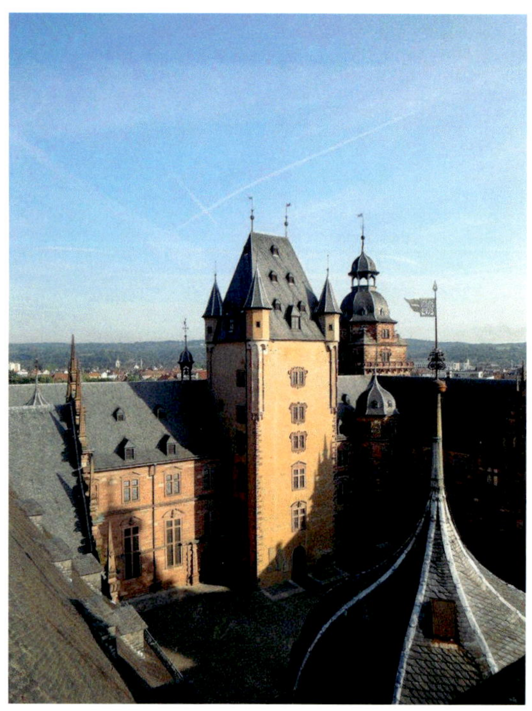

Abb. 1: *Das 1. Obergeschoss des Bergfrieds im Schloss Johannisburg beherbergt heute das Depot für archäologische Funde.*

lichen und städtischen Bauämtern nach musealen Anforderungen ertüchtigt und ausgestattet werden.

Während der Estrich mit einer befahrbaren Kunstharzschicht versiegelt wurde, fanden bei den Wänden und der Decke dampfdiffusionsoffene Baumaterialien Verwendung, um das große Puffer- und Speichervermögen des historischen Baukörpers nutzen zu können.

Regale und Hebezeug

Das gewählte modulare Regalsystem[3] besteht aus raumhohen C-Profil-Stützen, in die die Fachböden im Rasterabstand von 4 cm eingehängt sind. Verschiedene Bauteile wie auch die ins Regalsystem eingehängte zweite Ebene sind miteinander verschraubt.[4] (Abb. 2)

Anfängliche Bedenken, dass sich Erschütterungen durch das Begehen und Befahren der eingehängten Ebene auf die Fachbodenregale übertragen, haben sich dank der massiven Konstruktion und der eingebrachten Gewichte nicht bestätigt. Hingegen konnte auf diese Weise das Raumvolumen optimal ausgenutzt werden. Die Fensternischen sind in der begehbaren Ebene ausgespart, sodass sich trotz optimaler Nutzung und geringer Deckenhöhe der großzügige Raumeindruck des Bergfrieds teilweise erhalten ließ.

Die Breite und Tiefe der Fachbodenregale beträgt 95 × 48,5 cm. Die lichte Höhe zwischen zwei Fachböden misst i. d. R. 32 cm. Bei dieser Einrichtung der Fachböden und bei gleichmäßiger Lastverteilung wird die Höchstlast nicht überschritten. Die Maße des Fachbodenregals und des Verpackungsmaterials sind aufeinander abgestimmt.

Abb. 2: *Die zweite Depotebene besteht aus hochbelastbaren Siebdruckplatten, welche in die Regalkonstruktion eingelegt sind.*

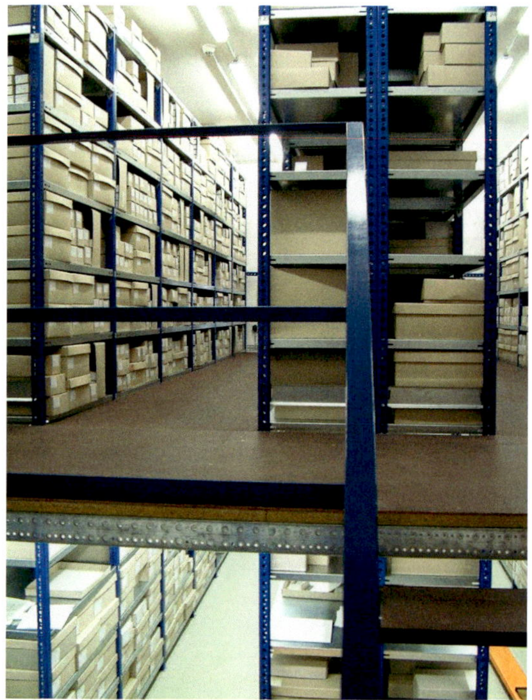

Letzteres besteht aus drei ineinanderpassenden Kartongrößen. Zwischen den Regalzeilen entsprechen die Verkehrswege gerade noch dem Mindestmaß von 80 cm. Dies gewährleistet zusammengenommen eine optimale Nutzung des Lagervolumens. In einer der großen Fensternischen lagern die benötigten Verpackungsmaterialien wie säurefreies Seidenpapier und Luftpolsterfolie in vorgefertigten Abschnitten sowie die erwähnten Kartons. Der Karton mit den größten Maßen wird aus Platzgründen als Flachware in ein externes Materiallager geliefert und dort bei Bedarf zusammengeheftet. Ein integrierter Arbeitstisch steht für das Verpacken und Etikettieren bereit. Für das Transportieren und Archivieren werden Etagen-Rollwagen genutzt.

Die obere Depotebene erreicht man über eine zweiläufige Treppe mit Zwischenpodest in einer der Raumnischen. Für den Transport von Lasten steht ein elektrischer Stapler zur Verfügung, der stationär mit einem Schutzgitter verbaut ist. (Abb. 3)

Über einen elektrischen Positionsschalter stoppt die mit einem Riffelblech belegte Gabel des Staplers automatisch an der oberen Bedienhöhe. Auf diese Weise können vor allem schwere Fundeinheiten und größere Fundmengen auf dem Rollwagen vom Museumseingang bis in den letzten Winkel des Depots transportiert werden. Als Transportverpackung stehen Alukisten und stapelbare Kunststoffcontainer bereit. Der herkömmliche handverfahrbare Stapler wurde nachträglich mit einer wartungsarmen Batterie ausgestattet, die beim Ladevorgang keine Säuredämpfe in den Raum abgibt.

Bei Bedarf kann der Stapler mit wenigen Handgriffen aus seiner Station gelöst und in den angrenzenden Räumen für zusätzliche Aufgaben genutzt werden.

Die Türnische am Eingang fungiert als Depotein- und -ausgang und ist aus Platzgründen beidseitig mit einer geringeren Fachbodentiefe von 30,5 cm ausgestattet. Eine weitere Regalzeile hat hingegen 78,5 cm tiefe Fachböden, um größere Verpackungseinheiten und Einzelobjekte wie Keramikgefäße aufnehmen zu können.

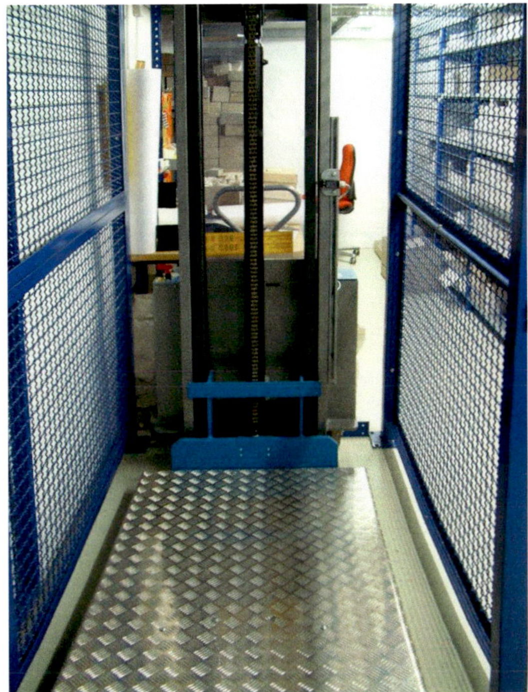

Abb. 3: Über eine kleine Rampe werden beladene Rollwagen auf die Riffelblechplatte gefahren und nach dem Heben in die zweite Ebene gezogen.

Raumklima und technische Ausstattung

Das schwerfällige Raumklima ist spürbar durch die baulichen Gegebenheiten geprägt. An den Fenstern sorgen Vorhänge für Licht- und Wärmeschutz, ein außen angebrachter Schutz ist an dem denkmalgeschützten Gebäude nicht möglich. Mit herkömmlichen Radiatoren in den drei Fensternischen wird die Temperatur auf minimal 16 °C gehalten, die jahreszeitlich gleitenden Werte unterliegen keinen kurzzeitigen Schwankungen. Gleiches gilt für die relative Luftfeuchtigkeit, die meist zwischen den geforderten 45–50 % liegt.

Der Raum ist mit einem Thermohygrographen und einem Luftbefeuchter ausgestattet, dessen am Treppenauge positionierter Ventilator ganzjährig die Luft leicht bewegt und über einen Aktivkohlefilter führt.

Schmutzfangmatten in den benachbarten Verwaltungsräumen reduzieren die Reinigungsintervalle. Alle Räume sind mit einer Brand- und Einbruchmeldeanlage ausgestattet; das Depot steht, wenn es nicht geöffnet ist, zusätzlich unter Tagalarm.

Als zusätzliche technische Einrichtungen sind ein Telefonanschluss und der WLAN-Zugang zu nennen.

In dem Depotraum befinden sich keine weiteren wasserführenden Rohre.

Transportwege

Sicher stellt das neue Depot eine wesentliche Verbesserung hinsichtlich der Lagerbedingungen für die archäologische Sammlung dar. Nicht zu unterschätzen sind jedoch die Gefahren, die mit dem Transport einer ganzen Sammlung einmal quer durch die Stadt und durch zwei Gebäude verbunden sind. Die oft mehrfach vorgeschädigten Funde reagieren empfindlich vor allem auf Erschütterungen. Besondere Sorge bereitete das großformatige Kopfsteinpflaster rund um das Schloss. Zeitweise wurde das Verlegen von dämpfenden Platten oder ein Luftkissen-Transport erörtert.

Da es ausnahmsweise keine zeitliche Dringlichkeit beim Umzug gab, wurde letztlich einfach die nächste geschlossene Schneedecke abgewartet.

Archivierung – separat und zusammen

Die angewendete Archivierungssystematik der Fundeinheiten richtet sich nach Fundorten, dem Funddatum und gegebenenfalls nach fortlaufenden Inventarnummern oder beispielsweise Nummern von Grabkomplexen. Von einem noch mehr Platz sparenden, chaotischen Ablagesystem wurde abgesehen, um die Gesamtbestände überschaubar zu halten und das vergleichende Arbeiten an zusammengehörenden Fundkomplexen zu erleichtern. Verschiedenfarbige beschriftete Magnetschilder kennzeichnen die Regalzeilen, -felder und Fachböden, die Fundorte sowie die Bereiche mit Sonderfunktionen und vereinfachen damit die Suche nach den jeweiligen Fundeinheiten.

In Depots mit archäologischen Funden gilt es in besonderer Weise, einen gangbaren Kompromiss zwischen den konservatorischen Belangen einerseits und den umfassenden Zugriffsmöglichkeiten auf die Fundkomplexe andererseits zu finden. So ist es aus konservatorischen Gründen sinnvoll, beispielsweise die archäologischen Eisenfunde eines Grabkomplexes separat unter besonders trockenen Bedingungen zu lagern.[5] Für die wissenschaftliche Erforschung oder die Vorbereitung einer Ausstellung ist es hingegen notwendig, den gesamten Komplex an einem Ort zu betrachten.

Für die Aschaffenburger Sammlung wurde ein System separater Aufbewahrung unter dem Aspekt der Materialempfindlichkeiten gewählt. Gerade im Fall von Grabkomplexen gewährleistet das System, mithilfe der Etikettierung die Zusammengehörigkeit der Fundeinheiten auch ohne die dahinterstehende Datenbank MuseumPlus im Depot schnell zu erkennen. Eine stringente Etikettierung zahlt sich erfahrungsgemäß auch dadurch aus, dass die Fundeinheiten weniger häufig bewegt und geöffnet werden. Weitere separate Fundaufbewahrungen ergeben sich aus Platzgründen, aufgrund ihres Gewichtes und aus den Arbeitsabläufen.

Mangels Platz sind mehrere Kubikmeter archivierte Knochen-, Geweih- und Hornfragmente aus der großen Stadtkerngrabung in einem externen Depot gelagert; die gesonderte Aufarbeitung durch einen Archäozoologen kann zunächst weitgehend ohne direkten Bezug zum übrigen Fundmaterial vorgenommen werden. Archäologische Steinartefakte lagern auf Paletten in einem Schwerlastregal.

Archäologische Funde aus Metall und insbesondere Eisenfunde stellen bekanntlich für die Zeit zwischen der Bergung und der Konservierung / Restaurierung, aber auch danach besonders hohe Anforderungen an die Aufbewahrung. Im Zuge der Stadtkerngrabung Theaterplatz wurde ein neues Verfahren, vor allem für die langfristige Aufbewahrung von grabungsfrischen Eisenfunden, entwickelt, mit dem es bis heute gelingt, die Funde vor den oft beschriebenen dramatischen Schadensbildern bis hin zum Totalverlust zu schützen, ehe sie konservatorisch behandelt werden.[6] Die zu konservierenden Metallfunde sind dazu in einem Depot untergebracht, das direkt dem Zentrum für Konservierung und Restaurierung im Nilkheimer Hof angegliedert ist.[7]

Viele Funde, die für ihre Erhaltung vom Raumklima abweichende Bedingungen erfordern, werden in unterschiedlichen Foliensystemen, mit oder ohne Sorbentien und Schutzgas an den Depotstandorten aufbewahrt. (Abb. 4)

Der genauen Rücksortierung der einmal entnommenen Fundeinheiten kommt wie in jedem anderen Archiv große Bedeutung zu. Nur auf diese Weise stehen die Funde jederzeit für die verschiedenen musealen Aufgaben zur Verfügung. Angesichts der Personalsituation an den städtischen Museen ist an einen eigenen Depotverwalter derzeit nicht zu denken. Alle Arbeiten rund um das Depot bleiben daher im Wesentlichen in den Händen des Archäologen, des Restaurators und des Museumstechnikers. Als vorteilhaft erweist es sich, dass das Depot in unmittelbarer Nähe der zentralen Verwaltung, der Büros der Sammlungsleiter, der Bibliothek und eines separaten Foto-Aufnahmeraumes liegt.

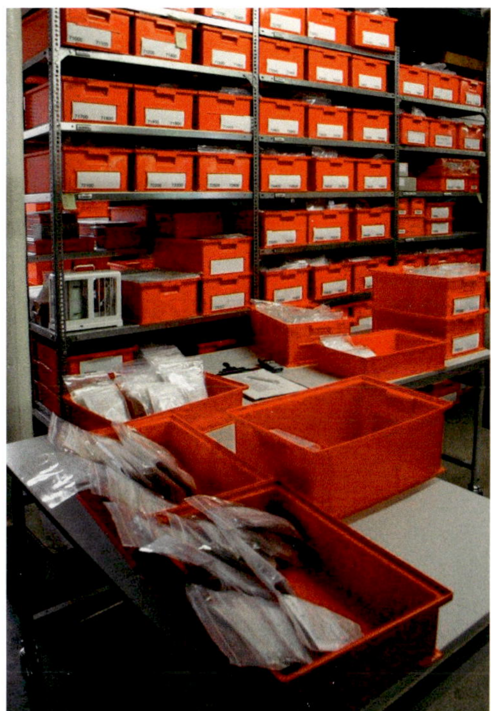

Abb. 4: In einem der Restaurierungswerkstatt angeschlossenen Depotbereich lagern u. a. die unbehandelten Eisenfunde in einer Spezialverpackung.

Depotplanung in der Archäologie – von der Bergung bis zum obersten Regalboden

Dass es sich bei den begrenzten Ressourcen eines städtischen Museums lohnt, alle Arbeitsvorgänge rund um das Depot vernetzt zu betrachten, wird nicht nur am einheitlichen Verpackungssystem und der Etikettierung deutlich, sondern beispielsweise auch an der frühzeitigen Planung für die Aufnahme großer Fundmengen einer Stadtkerngrabung. Das Beispiel der erwähnten Grabung auf dem Aschaffenburger Theaterplatz, die zeitgleich zur Planung und Einrichtung des neuen Depots durchgeführt wurde, mag dies verdeutlichen.[8] Nach einer Sondagegrabung im Jahr 1995 konnte die voraussichtlich zu erwartende Menge an neuen Funden abgeschätzt werden. Die Vermutung, dass sich die archäologischen Sammlungsbestände der Museen durch diese Grabung nahezu verdoppeln würden, fand später Bestätigung.

Auf dieser Grundlage konnte einerseits die beachtliche Menge an Transport- und Verpackungsmaterialien rechtzeitig im städtischen Haushalt beantragt und bereitgestellt werden. Andererseits wurde modellhaft erprobt, die Fundmassen während der Grabung von einem eigens angestellten Restaurator und angelernten Hilfskräften im Sinne der Präventiven Konservierung unmittelbar zu versorgen. Parallel zur Grabung gelang es dadurch, einzelne Materialgruppen wie Keramik und Knochen zu reinigen, zu verpacken und zu archivieren. Auf diese Weise standen große Teile des immensen Fundzuwachses – allein die Stadtkerngrabung Theaterplatz erbrachte über 10 000 Fundeinheiten – wenige Monate nach Abschluss der Grabungsarbeiten im Depot archiviert für die weitere wissenschaftliche Auswertung zur Verfügung. Unter anderem konnte damit vermieden werden, dass mit den ungewaschenen Scherben und Knochen Zentner von Staub und Erde in das Depot eingebracht wurden.

Vor allem bei der Archivierung der großen Mengen an Keramikscherben war zu berücksichtigen, dass restaurierte und wissenschaftlich ausgewertete Funde ein Vielfaches des Lagervolumens gegenüber dem ursprünglichen Zustand beanspruchen, falls sie nicht in die Dauerausstellung aufgenommen werden. Um sie weiterhin im Archivierungssystem aufnehmen zu können, wurden grundsätzlich die obersten Fachböden freigehalten. Die Lagerkapazität für weiteren Fundzuwachs ist allerdings stark begrenzt.

Zusammenfassung

In den vergangenen 20 Jahren hat sich gezeigt, dass der hohe Aufwand für die Errichtung und den Betrieb eines Depots für die archäologischen Funde unter konservatorischen, logistischen, ergonomischen, betriebswirtschaftlichen, musealen und sammlungsspezifischen Aspekten gerechtfertigt ist. Umzüge ganzer Depots sind mit hohen Gefahren für die archäologische Sammlung, beträchtlichem Personalaufwand und Kosten verbunden. Grenzen der Depot-Kapazität werden immer wieder erreicht. All dies spricht für eine zielgerichtete, langfristige und an den Ressourcen eines Museums orientierte Depotplanung und -bewirtschaftung.

Abgekürzt zitierte Literatur

Dapper (1997)
M. Dapper (u. a.), Aschaffenburg »Obere Stadt« – die Ausgrabungen auf dem Theaterplatz, in: Das archäologische Jahr in Bayern 1996 (Stuttgart 1997) 177–180.

Ermischer (1998)
G. Ermischer, Anspruch und Wirklichkeit: Ordnen, Suchen und Finden im Depot, in: Landesstelle für die nichtstaatlichen Museen (Hrsg.): Nicht ausgestellt! Das Depot – der andere Teil der Sammlung, Tagungsbericht des 9. Bayerischen Museumstags, Schweinfurt 9.–11. Juli 1997 (München 1998) 77–86.

Höpfner (1999)
M. Höpfner, Passive Konservierung großer Mengen archäologischer Eisenfunde, Arbeitsblätter für Restauratoren, 1999.2, 77–82.

Anmerkungen

1 Zur Geschichte der Museen der Stadt Aschaffenburg vgl. www.museen-aschaffenburg.de >Hintergrund >Museumsgeschichte (19.9.2014).

2 Die Depotsituation an den Museen der Stadt Aschaffenburg am Ende der 1990er Jahre ist ausführlich dargestellt in Ermischer (1998).

3 Die Wiederbeschaffung und der Ersatz von Regalteilen dieses Systems ist bislang gewährleistet.

4 Eine freitragende, jederzeit wieder zu entfernende Regalkonstruktion war eine Auflage des Staatlichen Bauamtes gegenüber den Museen der Stadt Aschaffenburg als Mieter der Räume im Schloss Johannisburg.

5 Für diese Lagerung steht unter anderem in einer der Nischen eine große Vitrine mit aktiver Klimatisierung / Konditionierung auf 35 % rF bereit.

6 Höpfner (1999).

7 Das Zentrum für Konservierung und Restaurierung liegt stadtauswärts 4 km von Schloss Johannisburg entfernt.

8 Dapper (1997).

Ein neues Textildepot im Bauernmuseum Bamberger Land

Meike Bianchi-Königstein, Birgit Jauernig, Sibylle Ruß

Textilien stellen eine besondere Herausforderung für Museen dar. Ihre Erfassung erfordert Spezialwissen und an die Lagerung dieser empfindlichen Objekte werden hohe Ansprüche gestellt. Im Bauernmuseum Bamberger Land wurde im Jahr 2011 das Textildepot neu eingerichtet und der gesamte Bestand erfasst. Die Erfahrungen, die dabei gemacht wurden, können anderen Museen als Beispiel für eigene Projekte dienen.

Raumsituation und Baumaßnahmen

Wie in den meisten vergleichbaren Museen war auch im Bauernmuseum Bamberger Land ein spezielles Textildepot weder bei der Gründung 1984 noch in der Anfangszeit vorgesehen. Die Textilien lagerten zunächst in den Spitzböden und waren dort Witterungseinflüssen und Schädlingsbefall ausgesetzt. Erst als 1999 die Gebäude saniert und

Abb. 1: Das Bauernmuseum Bamberger Land

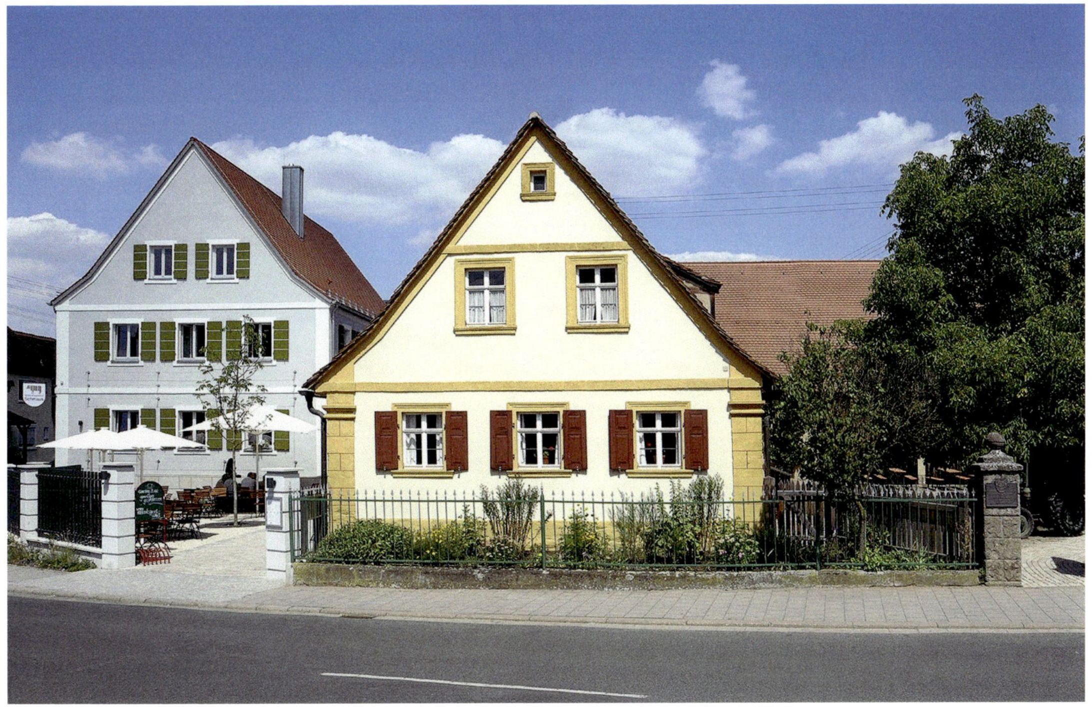

Grunddaten	
Größe des Textildepots:	Spitzboden von rd. 11 m Länge, 6,50 m Breite und max. Raumhöhe von 4,50 m; die Unterzüge auf der Höhe von 2,60 m bieten Bergeraum für weitere Kartons
Regale:	Fichtenholz; beidseitig unter den Dachschrägen, in drei Etagen für 3 mal 2 Kartons (L 1,53 m, B 0,75 m, H 0,22 m)
Quarantäneraum:	rd. 15 m^2
Fertigstellung:	2012
Anzahl der Objekte:	ca. 1 100 inventarisierte Objekte, ca. 500 noch nicht bearbeitete Objekte (Stand Februar 2013)
Kosten der Inventarisationsmaßnahme	
Gesamtkosten:	34 250 €
Personalkosten:	15 250 €
Kosten für Textilrestauratorin:	4 000 €
Kosten für Baumaßnahme:	15 000 €

Tabelle 1

nach den Empfehlungen der Landesstelle für die nichtstaatlichen Museen mit einer Temperierung versehen wurden und das Museum eine wissenschaftliche Leitung erhielt, verbesserte sich die Aufbewahrungssituation für die empfindlichen Objekte allmählich. Im Jahr 2002 zog die Trachtenberatung Oberfranken mit ihren Textilbeständen im Bauernmuseum ein. Von da an führte der thematische Schwerpunkt Tracht und Kleidungsgeschichte bei den Sonderausstellungen zu vermehrten Neuzugängen von Textilien aus privatem Besitz. Ein Sammlungskonzept definiert seitdem die Bestände der Trachtenberatung und des Museums. Ein Beratungstermin mit den Referenten der Landesstelle leitete ein umfassendes Projekt für 2011/12 ein, das die Schaffung eines qualifizierten Textildepots ebenso umfasste wie die wissenschaftliche Inventarisierung sowie konservatorische Maßnahmen am gesamten Textilbestand unter der Anleitung einer Textilrestauratorin. Die Berater, die Museumsleitung und die Vertreter des Landratsamts Bamberg arbeiteten effizient Hand in Hand zusammen. Die Ausführung der Maßnahme übernahmen die Textilrestauratorin Sibylle Ruß und die Volontärin des Bauernmuseums Meike Königstein unter der ständigen Betreuung

Abb. 2: Das Textildepot im Bauernmuseum Bamberger Land

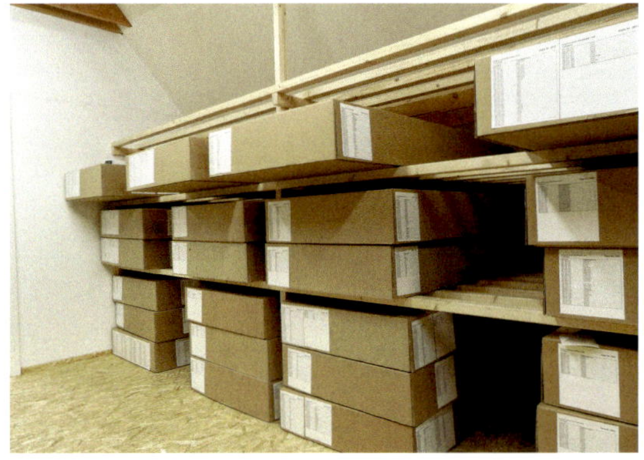

Anforderungen an einen geeigneten Depotraum und seine Ausstattung:
– Regale, abgestimmt auf die Größe der Kartons – Ausreichend Platz zwischen den Regalreihen zum Ein- und Ausräumen der Kartons – Gute Beleuchtung des gesamten Raumes, besonders bei den Arbeitstischen – Arbeitstische zum Abstellen und Öffnen der Kartons – Ordner mit Standortverzeichnis und Inventarblättern (zusätzlich zur virtuellen Variante in der Datenbank)

Tabelle 2

durch die Museumsleiterin Birgit Jauernig. Insgesamt vier Studierende der Europäischen Ethnologie an der Universität Bamberg nutzten im Rahmen eines Praktikums die Gelegenheit, praktische Erfahrungen zu sammeln.

Als einzig geeigneter Raum für das Depot erwies sich ein geräumiger, mit Temperierung und Dämmung ausgestatteter Spitzboden, der ursprünglich als Ausstellungsfläche vorgesehen war und deshalb über eine breite Treppe erschlossen ist. Zwei Zwischenwände mit durch Quellband abgedichteten Türen schufen aus ihm einen Quarantäne- und Arbeitsraum sowie ein mit Holzregalen entsprechend der Dachschrägen ausgestattetes Textildepot. (Abb. 2)

Ziel war die Schaffung eines vor Staub und Schädlingen gut geschützten Raumes, der möglichst viel Staumöglichkeit und gleichzeitig ausreichend Platz für den Umgang mit den großen Textilkartons bietet. Wände und Boden wurden mit großen OSB-Platten verkleidet, die Fugen und Zwischenräume zu den Dachbalken und den Heizungsrohren sorgfältig abgedichtet. Nach Absprache mit den Referenten der Landesstelle lagen Planung und Ausführung in den Händen des Baureferenten des Landratsamtes Bamberg und des als Schreiner ausgebildeten Museumswarts.

Die Inventarisation

Ziel der Maßnahme war, die Bestände des Bauernmuseums und der Trachtenberatung Oberfranken gründlich und fachgerecht zu erfassen und die Daten zusammen mit den Aufzeichnungen aus dem Eingangsbuch in eine Datenbank einzupflegen. Die Inventarisation selbst unterteilte sich in fünf verschiedene Arbeitsschritte, denen auch räumlich eine eigene Station zugewiesen wurde. (siehe Grafik)

Grafik: Räumliche Anordnung der Inventarisationsstationen

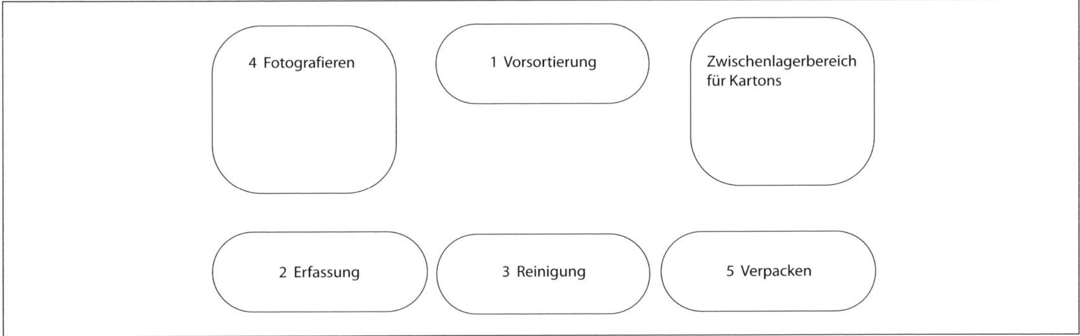

Station 1: Vorsortierung

Die Textilbestände wurden in folgende Gruppen vorsortiert:

- Hausrat: Bettwäsche, Hand- und Geschirrtücher, Tischdecken
- Damenkleidung: Mäntel und Jacken, Kleider, Oberteile, Röcke, Hosen, Unterwäsche
- Herrenkleidung: Mäntel und Jacken, Oberteile, Anzüge / Hosen, Unterwäsche
- Kinderkleidung: wie Damen- und Herrenkleidung
- Accessoires: Tücher, Kopfbedeckungen, Taschen, Schuhe etc.

Die Sortierung hatte verschiedene Vorteile: Zum einen verschaffte sie von Anfang an einen guten Überblick über den Bestand und ermöglichte es den Mitarbeitern, sich speziell auf eine Objektgruppe und ihre besonderen Anforderungen zu konzentrieren. Zum anderen erleichtert eine Sortierung den künftigen Umgang mit den Objekten. Die Textilgruppen lassen sich schnell finden, auch ohne die Datenbank befragen zu müssen. Außerdem wurde, wenn möglich, darauf geachtet, Textilien des gleichen Materials zusammenzuordnen, um künftig die Pflege und das Monitoring besonders empfindlicher Textilien zu vereinfachen. Objekte, die von demselben Vorbesitzer stammten, wurden nicht voneinander getrennt, sondern zusammen erfasst und gelagert, um den historischen und personenbezogenen Kontext der Kleidungsstücke zu wahren.

Station 2: Erfassung

Zur Inventarisierung von Textilien wird Spezialwissen vorausgesetzt, insbesondere für die Identifizierung von Materialien und Gewebearten, Schnittführung, Maßen und Be- bzw. Verarbeitungstechniken. Bei der Erfassung bewährte sich die kollegiale Zusammenarbeit. Zwei Mitarbeiter untersuchten gemeinsam die Objekte, nahmen Maß, brachten die Etiketten an und gaben die Daten in die Datenbank ein. Es war hilfreich, sich bei Unsicherheiten bezüglich der Materialbestimmung oder einer geeigneten Beschreibung besprechen zu können. Da die Objekte verschiedene Systeme von Inventar- und Eingangsnummern aufwiesen, sollte bei der Neuerfassung ein einheitliches System verwendet werden. Die Inventarnummern setzen sich nun aus dem Kürzel des jeweiligen Bestandes, dem Erfassungsjahr und einer fortlaufenden Nummer zusammen. Um die Einheitlichkeit der erhobenen Daten zu gewährleisten, wurde im Verlauf der Inventarisierung eine Schreibanweisung festgelegt, die die Wortwahl, das Abnehmen der Maße und die standardisierte Anbringung von Etiketten regelte. Zur Inventarisation haben wir uns für das Programm VINO entschieden. VINO ist eine browserbasierte Datenbanklösung und der Zugang findet über das Internet statt. Bei den Vorteilen von VINO ist die einfache Bedienbarkeit hervorzuheben: VINO ist zwar in seinen Anwendungen reduziert, dadurch aber übersichtlich und schnell zu erlernen. Besonders Textilien lassen sich sinnvoll mit dem Programm erfassen, weil es eine spezielle Maske für diese Objekte gibt. Da VINO über das Internet erreichbar ist, kann auch außerhalb des Depots damit gearbeitet werden, z. B. beim Foto-Upload. Dies kann sich aber auch als großer Nachteil erweisen: Nicht jedes Depot besitzt einen Internetanschluss und bei Internetstörungen werden die Datenblätter nicht zwischengespeichert und gehen verloren. Grundsätzlich aber hat sich VINO während der Arbeiten im Bauernmuseum bewährt.

Station 3: Reinigung

Vor dem Verpacken der Textilien in Magazinkartons und deren Verbringen ins Depot ist das Entfernen von losem Schmutz unbedingt zu empfehlen. Die genaue Begutachtung eines jeden Objekts bei der Vorsortierung und Beschreibung gibt bereits erste Hinweise auf Verschmutzungen, Flecken oder Schädlingsbefall. Die Objekte wurden mit weichen Pinseln oder Bürsten (Babybürste, Ziegenhaarbürste) vorsichtig entstaubt. Stärkere Verstaubungen – meist auf Oberbekleidung aus Wolle, auf Hüten, Schuhen und Taschen – wurden mit einem in der Stärke regelbaren Museumsstaubsauger gereinigt. Dabei kamen Vorsätze mit

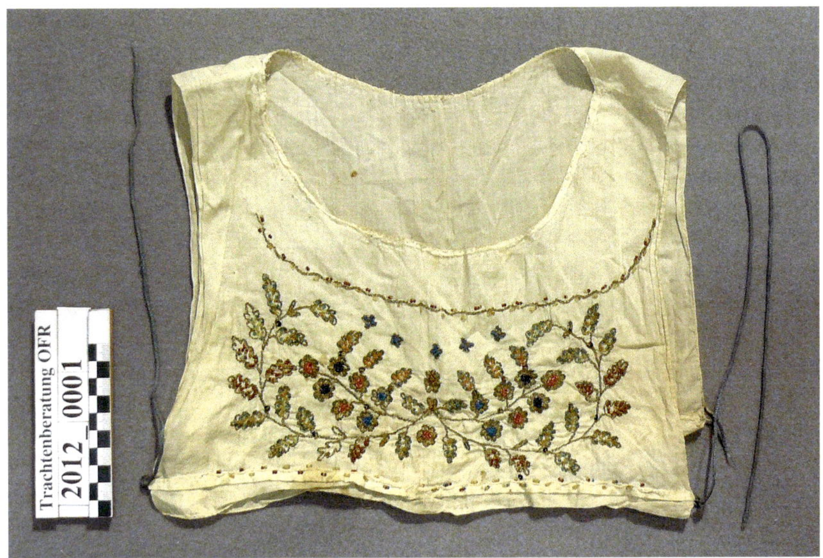

Abb. 3: Fotografische Erfassung eines textilen Objekts

unterschiedlich feinen Bürstchen zum Einsatz. Von weiteren Reinigungsmaßnahmen ist dringend abzuraten, da gutgemeinte »Hausmittel« eher schädigen als nützen.

Station 4: Fotografieren

Während der Maßnahme wurde eine Station zum Fotografieren der Objekte fest eingerichtet. Das Studio umfasste folgende Gegenstände:

- Digitale Fotokamera mit Stativ
- Fotorückwand mit textiler Bespannung in der Farbe Hellgrau, um Objekte jeder Farbigkeit in guter Qualität abzubilden. Besonders eignet sich ein Hintergrund aus einem angerauten Gewebe, da Objekte wie feine Seidentücher auch ohne Fixierung gut auf dem Material haften.
- Beleuchtung: Besonders bei dunkler Kleidung erwiesen sich normale Fotolampen als unzureichend. Hier hätte eine Blitzanlage bessere Ergebnisse erzielt.
- Figurinen und gepolsterte Kleiderbügel
- Inventarnummernschild für Fotoarbeiten: Dieses wurde von der Textilrestauratorin Sibylle Ruß und dem Museumswart Stefan Lechner entwickelt und aus Holz angefertigt. Am oberen und unteren Rand sind Etiketten mit dem Bestandskürzel sowie ein Zentimetermaß aufgeklebt und in der Mitte befindet sich ein Einschub für kleine Pappschilder mit aufgedruckten Zahlen. Auf diese Weise können die Inventarnummern variabel ausgetauscht werden. Auf der Rückseite des Schildes wurde ein Klettband angebracht, um das Schild auch am Kleiderbügel oder an der textilen Bespannung der Fotorückwand befestigen zu können.

Das Fotografieren geschah nach standardisierten Schreibanweisungen: Kleidungsstücke mit Vorder- und Rückseite, bei Bedarf zusätzlich das Futter, Detailaufnahmen bei besonderen Geweben, Mustern oder Verzierungen. Bei Flachwaren wurde möglichst das gesamte Objekt fotografiert. Bei Bettwäsche und Tischdecken war jedoch häufig nur eine Detailaufnahme möglich, bei Mustern wurde der Rapport berücksichtigt. (Abb. 3)

Station 5: Verpacken

Da die meisten Objekte für mehrere Jahre in den Magazinkartons lagern, sollte auf die Verpackung besonderer Wert gelegt werden. Generell ist der Einsatz von säurefreien Schachteln für Textilien zu empfehlen, was bei größeren Beständen meist an

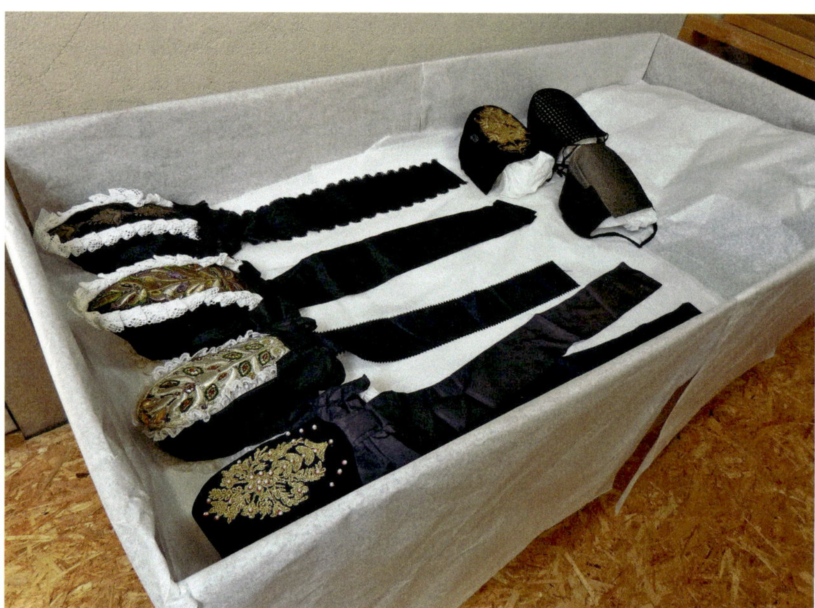

Abb. 4: Lagerung der Textilien

der Höhe der Kosten scheitert. Für die Frensdorfer Textilien kamen Stülpdeckel-Kartons aus Doppelwellkarton zum Einsatz. Sie wurden flach geliefert und bei Bedarf zusammengeklammert (auch Steckkartons sind möglich). Die Maße richten sich nach dem vorhandenen Sammlungsgut und können individuell angefertigt werden. Nach den Schachteln richten sich auch die Maße der Depotregale. Vor dem Bestücken wurden die Schachteln mit chlor- und säurefreiem Seidenpapier (»silversafe«) ausgelegt. Die einzelnen Bestandsgruppen erforderten unterschiedliche Lagerung: Zweidimensionale Textilen wurden, soweit möglich, flach ausgelegt, um Schäden an den Bruchkanten zu vermeiden. Übergroße Stücke erhielten eine Einlage aus einem Seidenpapierwulst. Dreidimensionale Textilen wurden innen abgepolstert oder mit Seidenpapierwülsten und -einlagen gestützt. Generell ist zu beachten, dass schwerere, voluminöse Textilien unten in den Schachteln liegen, leichtere oben. Zwischen die einzelnen Objekte wurde jeweils eine Lage Seidenpapier eingelegt, mit der sie schonender herausgehoben werden können; zudem vermeidet man dadurch ein Verhaken von Verzierungen, Knöpfen oder Schließen. Die Bestückungsmenge pro Schachtel hängt von Volumen, Gewicht und Zustand der jeweiligen Objekte ab. (Abb. 4)

Zur Schädlingsprophylaxe wurde auf die oberste Lage Seidenpapier ein Streifen Mottenpapier gelegt. Dieses sollte nicht nur gegen Motten, sondern auch gegen Pelz- und Teppichkäfer wirksam sein. Der direkte Kontakt mit den Textilien muss unbedingt vermieden werden (schädigende Reaktionen sind möglich, auf Arbeitshygiene ist zu achten). Ratsam ist es, die Mottenstreifen mit dem Einlegedatum zu beschriften, um die Routine-Kontrolle zu vereinfachen. Bei Verdacht auf Befall wurde eine Quarantänemaßnahme in Form von dichten Foliensäcken geschaffen, in die das Objekt – möglichst ohne Faltungen – eingelegt und mit ausreichend Mottenstreifen auf Seidenpapier mit Klebestreifen dicht verschlossen wurde. Nach ca. vier Wochen sollte eine Kontrolle erfolgen. Vor der weiteren Bearbeitung muss das Objekt unbedingt nur mit Seidenpapier abgedeckt »auslüften«. Die Schachteln wurden zunächst mit einer vorläufigen Nummerierung auf Boden und Deckel versehen, erst nach Abschluss eines Komplexes erfolgte die endgültige Beschriftung. Ausdrucke der Inventarnummern können in Einsteckhüllen aus Plastik eingeschoben und am

Karton angebracht werden (bei Änderungen leichter zu handhaben). Zweidimensionale Textilien (z. B. Tücher) wurden auch auf große Papprollen mit Zwischenlagen aus chlor- und säurefreiem Seidenpapier aufgerollt gelagert.

Regelmäßige Maßnahmen nach dem Projekt: Pflege- und Kontrollplan

Für den Bestand im Depot und die Depoträume selbst muss ein Kontroll- und Pflegeplan entwickelt werden. Zunächst ist das Klima (Temperatur und Luftfeuchtigkeit) in den Räumen regelmäßig zu kontrollieren. Professionell geschieht dies mit Thermohygrographen (Eichung und Regeneration notwendig) oder Datenloggern (einfachere Geräte erhältlich). Auch das Aufstellen von einfachen Kombigeräten an mehreren Stellen im Depot und das systematische Eintragen der Werte in Listen sind für einen generellen Überblick über die Veränderungen des Raumklimas geeignet.

Besonders wichtig ist die regelmäßige Schädlingskontrolle, d. h. die Durchsicht aller Räume, Regale und ggf. im Zuge von Reinigungsmaßnahmen (mindestens 2–3 Mal pro Jahr). Hierbei können Klebefallen eingesetzt werden. Es ist dringend darauf zu achten, dass Fenster, die zur Belüftung geöffnet werden, mit Fliegengittern versehen sind. Die Depotschachteln sind im Turnus von ca. 2–3 Jahren zu revidieren. Dabei sollte das Seiden- und Mottenpapier ausgetauscht und eine Schädlingskontrolle durchgeführt werden.

Fazit

Die Erfahrungen im Bauernmuseum Bamberger Land zeigen, dass für die Erfassung und Pflege von historischen Textilien sowie für die Einrichtung und Führung eines Depots Fachkräfte bzw. speziell eingearbeitetes Personal erforderlich sind. Ohne die entsprechenden Kenntnisse zu den speziellen Anforderungen dieser besonderen Objekte ist es kaum möglich, den Ansprüchen an ein fachgerechtes Textildepot zu genügen. Diese Voraussetzung ist besonders für kleinere Museen schwer zu erfüllen. Ein Wunsch für die Zukunft ist daher, mobiles Fachpersonal zur Verfügung gestellt zu bekommen, das in den Museen beratend und projektbezogen helfen kann.

Die Umlagerung der Portraitgrafiken im Deutschen Medizinhistorischen Museum Ingolstadt

Maria Sutor

Die Portraitgrafiken

Das Deutsche Medizinhistorische Museum Ingolstadt wurde 1973 gegründet und besitzt heute eine der umfangreichsten Sammlungen zur abendländischen Medizingeschichte in Deutschland. In den Beständen des Museums befindet sich auch eine über 2 000 Blätter umfassende Sammlung von Druckgrafiken und einigen Zeichnungen mit Porträts von Ärzten und Naturforschern. Die Grafische Portraitsammlung wurde sehr bald nach der Museumsgründung aufgebaut. Der Grundstock der Sammlung gelangte teils als Schenkung ins Museum, andere Teile wurden im Konvolut angekauft. Im Laufe der Jahre wurde die Sammlung durch Ankäufe gezielt erweitert und ergänzt.

Die Bedeutung der Portraitsammlung für die wissenschaftliche Arbeit im Museum einerseits und ihre Geschlossenheit und Überschaubarkeit andererseits waren Anlass, die Grafiken im Rahmen eines Projekts aus der seit 1978 bestehenden Lagerungsform nach konservatorisch bestmöglichen Aspekten umzulagern. Das von Februar 2011 bis April 2012 über insgesamt 15 Monate laufende Projekt wurde von der Landesstelle großzügig unterstützt. Diesem Umstand und dem Engagement der Museumsleitung ist es zu verdanken, dass das Projekt trotz geringer Eigenmittel und eines nur kleinen festen Mitarbeiterstamms durchgeführt werden konnte.[1]

Lagerung und Zugänglichkeit der Grafiken: Ausgangssituation

Da die Sammlung der Portraitgrafiken für Lehre und Vorträge beständig nutzbar sein musste, wurden die Grafiken bereits in den Anfangsjahren des Museums fotografiert und in einem Katalog aus Karteikarten erfasst. Seit dem Umzug der Grafiken von München nach Ingolstadt zum Zeitpunkt der Gründung des Museums lagerten sie in einem Planschrank. Sie waren nach den Namen der dargestellten Personen alphabetisch geordnet und in Stapeln zu je etwa 50 Blättern übereinander gelegt. Häufig vorkommende Anfangsbuchstaben nahmen dabei unter Umständen mehrere Stapel ein. Bei seltener vorkommenden Buchstaben und damit geringerer Anzahl an Grafiken wurden auch mehrere Buchstaben in einem Stapel zusammengeführt. Innerhalb eines Stapels waren die Blätter ihrer Größe nach von unten nach oben absteigend sortiert. Jeder Stapel war mit einer Fahne aus Pappe versehen, die den jeweiligen Anfangsbuchstaben trug. Auch die Schubladen des Planschranks waren mit den Anfangsbuchstaben der darin befindlichen Grafiken gekennzeichnet. Da sie eine Einteilung in unterschiedlich große Fächer besaßen, musste sich die Verteilung der Stapel nach diesen nicht verstellbaren Metallstegen richten. In manchen Fällen führte dies aus Platzmangel bei den Grafiken zu umgebogenen Blattkanten. Zum Auffinden eines Porträtblatts wurde zunächst die Kartei zu Rate gezogen. Bestätigte sich dabei die Existenz des gewünschten Porträts, musste der Stapel mit dem entsprechenden Anfangsbuchstaben händisch durchsucht werden.

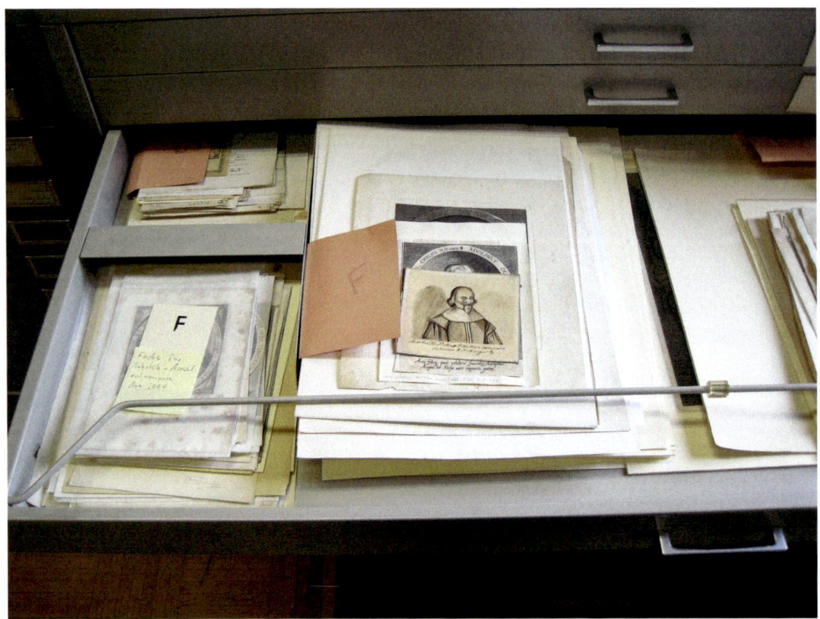

Abb. 1: Der Bestand der Portraitgrafiken lagerte von 1978 bis zu seiner Umlagerung 2012 in einem Planschrank. Die Grafiken wurden alphabetisch geordnet und in Stapeln von je etwa 50 Blättern platzsparend abgelegt. Die Verteilung der Stapel richtete sich dabei nach den nicht verstellbaren Metallstegen in den Schubladen des Planschranks.

Da die strenge alphabetische Reihenfolge durch die Sortierung nach Formaten unterbrochen wurde, konnte die Suche nicht systematisch sein. Neben der hohen mechanischen Belastung der gesuchten und aller weiteren Grafiken im Stapel bedeutete diese Art der Suche auch einen hohen Zeitaufwand für die Mitarbeiter. Ein Besuch von Vertretern der Landesstelle gab den Anstoß für die Neukonzeption der Lagersituation bzw. für eine Umlagerung der Grafiken.

Ziele der Umlagerung und Neuinventarisierung

Ziel der Umlagerung der Grafiken war nicht nur die Behebung der oben beschriebenen Schwächen der bisherigen Lagerung, sondern gleichzeitig die Verbesserung der Zugänglichkeit der Grafiken mittels einer breit angelegten Datenerfassung. Im Vorlauf des Projekts wurden die vorhandenen Grafiken mit den Karteikarten abgeglichen, ergänzt und korrigiert. Dadurch wurden gute Ausgangsbedingungen für die digitale Erfassung des Bestandes geschaffen. Sie sollte neben einem Eintrag der Objektdaten in die Museumsdatenbank MuseumPlus eine fotografische Abbildung in guter Bildqualität umfassen. Diese virtuelle Ablage soll künftig dafür sorgen, dass die empfindlichen Originale nur noch im Ausnahmefall zur Hand genommen werden müssen. Für die alltägliche museale Arbeit und die Forschung sollen (über eine geplante Einspeisung der Daten in überregionale Netzwerke auch weltweit) alle relevanten Objektinformationen in Bild und Text digital zur Verfügung stehen. Die Grafiken selbst sollen in alterungsbeständigen Hüllmaterialien und in einer klimatisch stabilen Umgebung aufbewahrt und dadurch langfristig erhalten werden. Die Zugänglichkeit zum Original, das freilich stets aussagekräftiger ist als das Digitalisat, sollte durch die Umlagerung jedoch nicht erschwert, sondern vereinfacht werden.

Umlagerung und Neuinventarisierung

Die Umlagerung und Inventarisierung der Grafiken selbst wurde in mehrere, eng miteinander verzahnte Arbeitsschritte geteilt:

- Fotografische Erfassung der Blätter
- Dateneingabe in MuseumPlus
- Erfassung des konservatorischen Zustandes der Blätter
- Umlagerung nach konservatorisch optimalen Gesichtpunkten

Sämtliche Informationen aus der Arbeit mit der Grafik und aus weiteren Recherchen wurden in das Datenbanksystem MuseumPlus eingegeben. Über die Datenbank sind nach der Erfassung alle relevanten Objektinformationen abrufbar: Name des Dargestellten, Lebensdaten und weitere auf dem Objekt vermerkte Informationen, Art der Portraitdarstellung, beteiligte Künstler, auf dem Objekt vorgefundene Nutzungsspuren wie Notizen, Stempel und spätere Zutaten, Drucktechnik und verwendete Materialien. Fotos der Grafiken wurden sowohl im JPEG- als auch im TIF-Format abgespeichert. Die Fotografien im JPEG-Format wurden in die Datenbank MuseumPlus eingebunden. Die hochauflösenden TIF-Dateien wurden auf einem Datenserver abgelegt. Auch Details wie bedruckte Rückseiten oder Stempel auf den Blättern wurden fotografiert. Als Grundlage für die Einschätzung des konservatorischen Zustandes einer Grafik und als Abschätzung ihres künftigen Restaurierungsbedarfs wurden drei Schadenskategorien festgelegt, in die die Grafiken eingeteilt wurden.

A: kein Restaurierungsbedarf
B: Restaurierungsbedarf nur für den Fall der Präsentation des Blattes, aber nicht für seine Lagerung, da keine Zunahme des Schadensbildes zu befürchten ist
C: Restaurierungsbedarf auch für die Lagerung des Blattes, da Zunahme des Schadensbildes zu befürchten ist

Die Schadenskategorie wurde ebenfalls in der Museumsdatenbank festgehalten.

Die sachgemäße Umlagerung der Grafiken stellte den abschließenden Arbeitsschritt dar und soll im Folgenden näher erläutert werden.

Technologische Beschreibung der Portraitgrafiken

Für die Materialauswahl zur Umlagerung ist es zunächst notwendig, die Beschaffenheit der Grafiken selbst zu kennen. Die Sammlung umfasst Grafiken aus dem Zeitraum vom 16. bis zum 20. Jahrhundert. Innerhalb des Bestandes sind Drucke in allen gängigen Techniken (Holzschnitt, Kupferstich, Mezzotinto, Radierung, Lithographie sowie Mischtechniken und Unterarten) und einige Handzeichnungen vertreten. Es finden sich zahlreiche Beispiele, die Merkmale eines früheren Buchzusammenhangs aufweisen.[2] Vor allem die auf festes Büttenpapier gedruckten Kupferstiche und Mezzotinti wurden häufig als Frontispiz der Titelseite des Buches gegenübergestellt. Andere Grafiken wurden auf Büttenpapier mit geringem Flächengewicht und deutlicher Siebstruktur gedruckt. Manche der Grafiken sind zudem verso bedruckt und weisen an den Blattkanten Farbspuren auf, die wahrscheinlich auf die für Bücher übliche Färbung der Buchschnitte zurückzuführen sind. Bis auf wenige Ausnahmen sind die Grafiken kleinformatig (max. ca. 25 × 35 cm). Für die in der Sammlung enthaltenen Lithographien wurde durchweg Velinpapier verwendet, ein glattes, unstrukturiertes und leicht holzhaltiges Papier. Die Lithographien besitzen oft ein größeres Format (max. ca. 30 × 40 cm) und häufig unbeschnittene Blattkanten. Lithographien wurden bereits als eigenständige grafische Werke gedruckt und besitzen deshalb nicht unbedingt den ehemaligen Buchkontext wie die Tiefdrucke. Auf vielen der Grafiken finden sich handschriftliche Notizen, die mit verschiedenen Schreibmaterialien vorgenommen wurden (Graphitstift, Tinte, Buntstift, Tusche, Kugelschreiber und Kopierstift). Gelegentlich wurden den Blättern auch Ausschnitte aus Druckwerken mit ergänzenden Informationen zur Abbildung beigefügt. Viele der Grafiken tragen Besitzstempel, die mit verschiedenen, großteils aber leicht wasserlöslichen Stempelfarben aufgetragen wurden. Andere Blätter wurden mit einer verso mit Bleistift aufgetragenen Inventarnummer versehen. Kupferstiche und Mezzotinti wurden oftmals auf Unterlagen montiert, die meist aus nicht

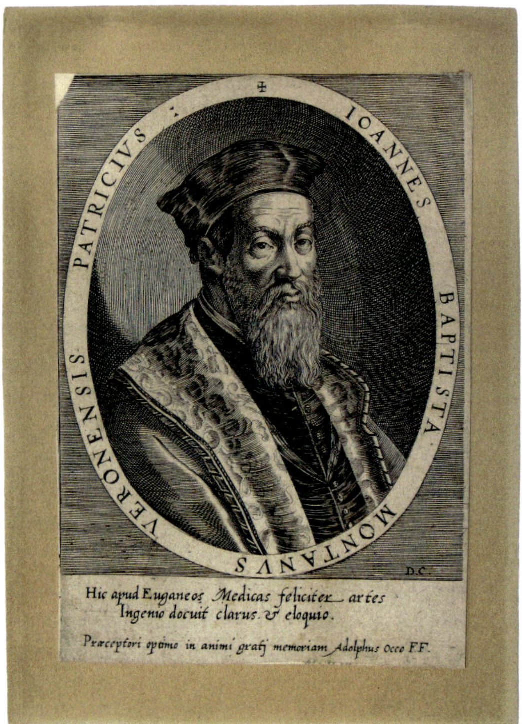

Abb. 2–3: Portrait des Arztes Johannes Baptista Montanus, Kupferstich, Inv.-Nr. 1158. Die Grafik wurde auf eine säurehaltige Unterlage montiert, die im Laufe der Zeit an den Rändern stark verbräunte. Die durch die Grafik abgedeckten und dadurch vor Licht geschützten Bereiche sind deutlich heller.

säurefreiem Papier oder Karton bestehen. Für die Montage selbst wurden sowohl flächige und punktuelle Kaschierungen als auch Falzverklebungen mit allen gängigen Montagematerialen – auch Selbstklebestreifen – verwendet. Die Lithographien besitzen meist keine zusätzlichen Trägerpapiere. Viele Grafiken wurden zudem – vermutlich im Zusammenhang mit einer Ausstellung im Museum – in Passepartouts montiert und in dieser montierten Form wieder zurück in die Sammlung gebracht. Wieder andere Grafiken lagern in Hüllen aus Pergaminpapier.

Konservatorischer Zustand der Grafiken

Insgesamt befindet sich das Trägermaterial Papier in stabilem Zustand. Nur wenige Grafiken wurden auf holzhaltiges Papier gedruckt. Die verwendeten Papiere sind großteils Büttenpapiere in unterschiedlichen Stärken und nur leicht holzhaltige Papiere. Eines der konservatorischen Probleme der ursprünglichen Lagerung stellen – wenn auch selten – mechanische Beschädigungen an den Grafiken dar, die einerseits auf den Platzmangel im Planschrank, andererseits auf die alle Grafiken in einem Stapel belastende Handhabung zurückzuführen sind. Das konservatorische Hauptproblem sind spätere Zutaten zu den Grafiken, die nicht mehr den heute geltenden musealen Standards entsprechen. Durch den direkten Kontakt der Grafiken mit ihren säurehaltigen Unterlagen sind bereits durch Ligninwanderung bedingte Verfärbungen im Material sichtbar. Zahlreiche Unterlagen sind stark verbräunt und weisen die charakteristischen Unterschiede in der Verbräunung zwischen abgedeckten und nicht abgedeckten Bereichen auf. (Abb. 2–3)

Verfärbungen durch den Kontakt der Grafiken mit Pergaminhüllen sind dagegen nicht eindeutig erkennbar.

Auswahl geeigneter Hüllmaterialien und Lagertechnik

Der Bestand ist in Bezug auf Materialien, Herstellungstechniken und spätere Zutaten heterogen. Hinsichtlich der Auswahl von Hüll- und Lagermaterialien stellen die Grafiken jedoch keine über die normalen musealen Ansprüche hinausreichenden Anforderungen. Die Grafiken werden auch in Zukunft liegend aufbewahrt. Diese Form der Lagerung hat einer stehenden gegenüber den Vorteil, dass das Gewicht der Grafik auf die Fläche verteilt

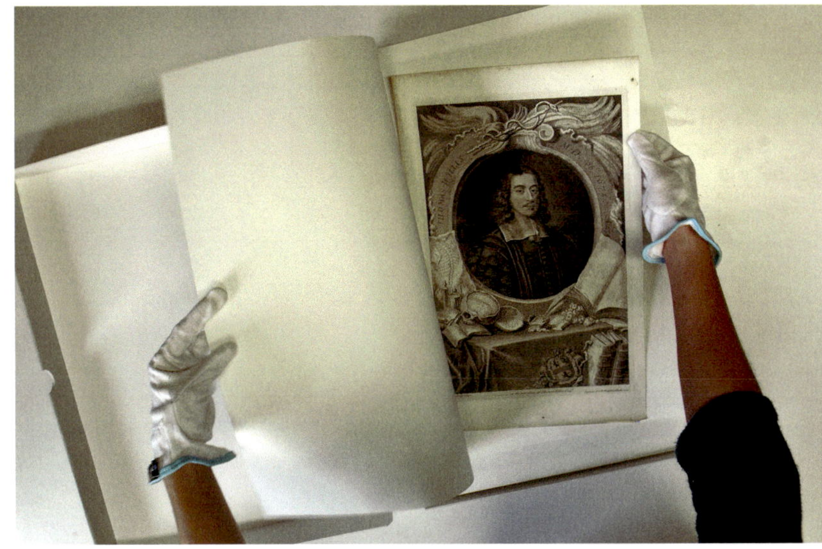

Abb. 4–5: Bei der Umlagerung wurde jede Grafik einzeln in einen Umschlag gelegt. Ein Stapel von ca. 40 Umschlägen wird liegend in einer Klappkassette aufbewahrt. Die Kassetten wiederum lagern in Metallschränken in einem temperierten Depot.

ist und nicht auf den Blattkanten liegt, die dadurch leicht umgebogen, geknickt oder anderweitig beschädigt werden. Jede einzelne Grafik erhält einen eigenen Umschlag aus alterungsbeständigem und säurefreiem Papier mit glatter Oberfläche und in einem größeren Format als dem des Blattes.[3] Der Umschlag schützt die Grafik vor mechanischer Belastung, vor Reibung / Abrieb der Papieroberflächen und vor der Übertragung saurer Abbauprodukte zwischen benachbart liegenden Blättern. Die Umschläge selbst entsprechen der Norm DIN ISO 9706 für Alterungsbeständigkeit und reagieren nicht mit der Grafik. Wenn möglich wurden alle säurehaltigen Zutaten, die nicht unmittelbar Teil des Objekts waren, beim Einlegen des Blattes in seine Mappe entfernt.[4] Die Maße der Umschläge ergeben das Innenmaß der Klappkassetten aus Wellpappe, die ebenfalls DIN ISO 9706 erfüllt.[5] Die Klappkassetten sollten dabei nicht höher sein als 4 cm, da sonst das Gewicht einer befüllten Kassette die Handhabung erschwert. Jede Kassette wurde mit maximal 40 Grafiken bestückt. Die Reihenfolge der darin untergebrachten Grafiken ist streng systematisch. Für die Unterbringung der Kassetten im Depot stehen stabile, einbrennlackierte Stahlschränke zur Verfügung. Der abschließbare Schrank bietet Schutz vor Brand und Wassereinbrüchen und puffert zudem Klimaschwankungen im Raum ab. Die

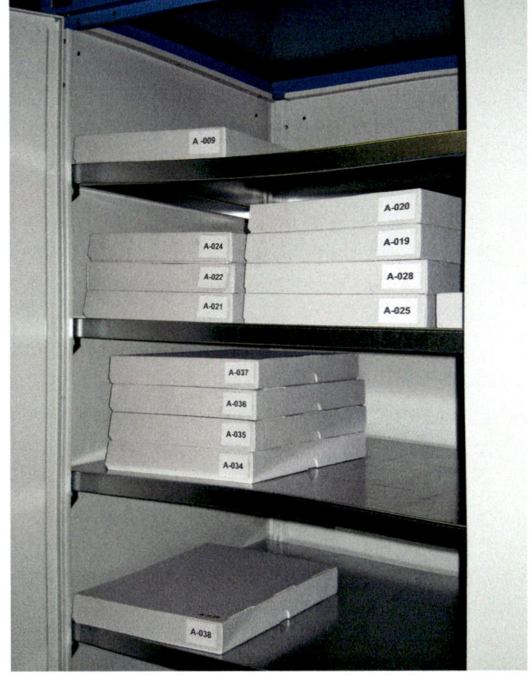

Stabilität des Klimas im Depot wird durch die Temperierung der Räume gewährleistet. Alle Komponenten zusammen ergeben einen optimalen Schutz der Grafiken und sorgen dafür, dass die Alterung und der Abbau des Papiers durch äußere Einflüsse zumindest nicht begünstigt werden.

Ergebnis der Umlagerung

Die Grafiken sind nach der Umlagerung unter konservatorischen Gesichtspunkten nun bestmöglich geschützt. Zudem erlaubt die digitale Erfassung der Blätter in Bild und Text die Beantwortung der meisten Forschungsfragen, ohne dass die Originale in die Hand genommen werden müssen.

Literatur

S. Papelitzky (u. a.), Säurefrei in die Zukunft. Umlagerung und Inventarisierung von Porträtgrafiken, Restauro 6.2012, 28–35.

A. Giovannini, De tutela librorum: La Conservation des livres et des documents d'archives / Die Erhaltung von Büchern und Archivalien (Baden 2010).

H. Korn, Archivboxen im Test. Zur Aufbewahrung von Urkunden und Siegeln, Arbeitsblätter des Arbeitskreises NRW-Papierrestauratoren (2006), 93–99.

Online erhältlich unter www.papierrestauratoren.de/wp-content/uploads/2012/03/Heft-10.pdf (19.2.2013).

Ch. Schneider / L. Herzog-Wodtke, Die Konservierung und Erfassung der Bestände des Deutschen Plakatmuseums. Umlagerung der größten Plakatsammlung Europas, Arbeitsblätter des Arbeitskreises NRW-Papierrestauratoren (2006), 59–65.

Online erhältlich unter www.papierrestauratoren.de/wp-content/uploads/2012/03/Heft-10.pdf (19.2.2013).

Fotografien handhaben und archivieren

Marjen Schmidt

Fotografien sind nicht nur Träger von Bildinformationen, sondern auch Kulturgut mit charakteristischen Materialeigenschaften, die wir sehen, fühlen und sogar riechen können.

Die Bewahrung der Authentizität dieser Objekte, ob Negativ oder Positiv, unter Berücksichtigung ihrer materiellen, inhaltlichen, gesellschaftsrelevanten und ästhetischen Natur sowie ihrer Geschichte erfordert planvolles Handeln. Die folgenden Empfehlungen geben Hinweise zum Erhalt durch sachgemäßen Umgang, geeignete Klimatisierung und die Auswahl der Archivmaterialien. So können Schäden, die Restaurierungen nötig machen, schon von vornherein minimiert werden.

Das fotografische Material

Die faszinierende Möglichkeit, den flüchtigen Augenblick auf Glas, Film oder Papier zu bannen, hat zu einer ganzen Reihe fotografischer Verfahren geführt, die unterschiedliche Materialeigenschaften aufweisen. Die Entwicklung der digitalen Fotografie und damit einhergehend neuer Speichermedien erweitert die Vielfalt beispielsweise um Inkjetdrucke mit unterschiedlichen Tinten und Trägermaterialien sowie CDs und DVDs. Durch Retuschen, Montagen und das Aufkaschieren auf Karton oder hinter Acrylglas entstehen neue Materialkombinationen, die sowohl die Ästhetik als auch die Haltbarkeit der Werke stark beeinflussen.

Je mehr Informationen zur Technik und Herstellung eines fotografischen Werkes existieren, desto besser können maßgeschneiderte Lösungen zur Erhaltung entwickelt werden.

Das Identifizieren

Eine Bestimmung des Materials erfolgt zunächst mit bloßem Auge, kleine Details können gut bei einer ca. 20- bis 30-fachen Vergrößerung betrachtet werden. Restauratoren setzen darüberhinaus verschiedene Untersuchungsmethoden ein, wie beispielsweise den Diphenylamintest, um Cellulosenitratmaterial sicher identifizieren zu können, oder die Infrarotspektroskopie, die Aufschluss über Bindemittel und Trägermaterialien geben kann.

Exkurs »Cellulosenitratfilm und Azetatfilm«

Durch die Einwirkung von Feuchtigkeit, Säuren und Wärme werden Cellulosenitratfilm und Azetatfilm zerstört und Schadstoffe freigesetzt.

Cellulosenitratfilm ist der erste flexible Träger, der für Kinofilme, Planfilme und Rollfilme verwendet wurde. Er war zwischen den späten 1880er Jahren bis ca. 1950 im Gebrauch. Nahezu alle Filme bis ca. 1925 wurden auf Cellulosenitratträger hergestellt. Ab Anfang der 1930er Jahre wurde die Herstellung und Verwendung dieses Materials stark eingeschränkt, weil seine Unbeständigkeit festgestellt worden war. Eine Reihe von Schäden wird durch die Zersetzung hervorgerufen:

- Die bilderzeugenden Silberpartikel verbleichen;
- die Gelatine, in der die lichtempfindlichen Partikel eingebettet sind, wird weich und klebrig;
- Filmdosen aus Metall rosten;
- Papierumschläge und -hüllen werden brüchig.

Die Zersetzung des Materials kann nicht aufgehalten, sondern nur durch kühle Lagerung verzögert werden. Hinzu kommt die Brand- und Explosionsgefahr bei höheren Temperaturen.[1] Die Identifizierung der Cellulosenitratfilme kann mittels eines Diphenylamintests chemisch oder auch spektralfotometrisch erfolgen.

Acetatmaterial (Cellulosedi- und -triacetat) wird seit den 1920er Jahren bis heute als Träger für Kleinbild- und Rollfilme, Planfilme sowie Mikro- und Kinofilme verwendet. Bei der Zersetzung entsteht freie Essigsäure – daher die Bezeichnung »Vinegarsyndrom«, die bewirkt, dass das Trägermaterial des Films brüchig wird und schrumpft. (Abb. 1)

Die fotografische Emulsion bildet dabei Blasen und Falten, weil sie nicht mitschrumpft. In diesem Stadium der Zersetzung ist die Bildinformation nicht mehr zugänglich und die Herstellung von Duplikaten unmöglich, weil die physischen Veränderungen störend auf dem Duplikat abgebildet werden würden. Die Zersetzung kann durch eine kühle und trockene Lagerung sowie durch Kodak-Molekularsiebe[2] verzögert werden.

Der Zersetzungsgrad von Acetatmaterialien kann mit Teststreifen, sogenannten A-D Strips[3], die Farbänderungen von Blau nach Gelb anzeigen, festgestellt werden.

Die sich zersetzenden Trägermaterialien stellen nicht nur eine Gefahr für andere Objekte dar, sie schädigen auch die Gesundheit der Mitarbeiter durch Atemwegs- und Hautirritationen, sodass sie separat gelagert und belüftet werden sollten.

Rat & Tat: Digitalisieren geschädigter Negative

Die Bildinformationen der beschriebenen, massiv geschädigten Materialien können nur durch die frühzeitige Digitalisierung erhalten werden.[4] Eine digitale Sicherung ist aber nicht nur für geschädigte Materialien sinnvoll, sondern auch als Mittel der Erschließung für alle Objekte anzuraten, möglicherweise zusätzlich zu einer bestehenden analogen Erschließung. Mit der Erstellung eines digitalen Arbeitsarchivs ist es möglich, die Originale in einem »schlafenden« Archiv bei konstanten Klimabedingungen zu bewahren.

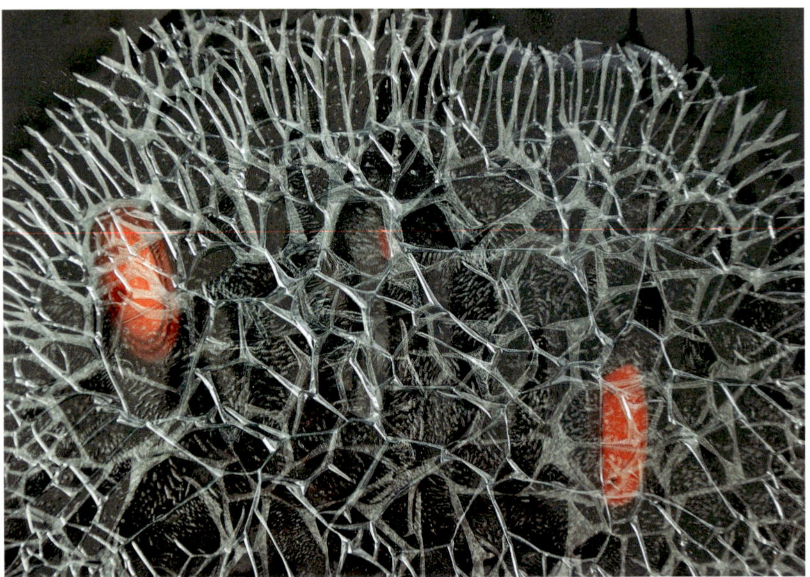

Abb. 1: Vinegarsyndrom. Durch die Schrumpfung des Trägermaterials entstehen Falten und Blasen in der Bildschicht.

Die Schadensbilder

Die Lebensdauer von Fotografien wird meist durch externe Faktoren beeinflusst. Es beginnt schon beim Verarbeitungsprozess, wenn Fixier- und Wässerungsbäder nicht den erforderlichen Standards entsprechen. Weiteren Einfluss auf die Haltbarkeit der Objekte nehmen schließlich der Umgang, die Aufbewahrungsbedingungen und die Präsentation. Zusammenfassend ergeben sich drei Gruppen von Schäden:

- alle physischen Veränderungen wie Verschmutzungen, Risse, Knicke, Brüche, Fehlstellen und Ablösung der fotografischen Schicht vom Trägermaterial;
- chemische Veränderungen wie Vergilben und Ausbleichen der schwarzweißen und farbigen Bildschicht sowie die Zersetzung des Trägermaterials;
- biologische Schäden wie Schimmelbefall und Insektenfraß.

Das Erhalten

Das Handhaben

Tragen Sie Handschuhe aus Baumwolle oder Kunststoff (Vinyl oder Nitril), wenn Sie mit Fotografien hantieren – so gelangen die den Händen anhaftenden Schmutzpartikel gar nicht erst auf die Fotografie. Tückisch sind Knicke im Abzug – verwenden Sie eine feste Unterlage aus Passepartoutkarton beim Hantieren. Die empfindlichen Glasplattennegative schützen Sie beim Transport vor Glasbruch, wenn Sie sie in Schachteln verpacken, die nicht zu schwer sind. Beschriften Sie die Objekte mit einem mittelweichen bis weichen Bleistift – am besten auf der Hülle. Verschonen Sie die Originale vor selbstklebenden Bändern und Etiketten – sie können zu Verbräunungen führen, wenn der Klebstoff in das Trägermaterial eindringt (siehe Tabelle »Rat & Tat« unten).

Das Archivieren

Das Klima

Als Faustregel gilt: Fotografien kühl und trocken aufbewahren. Jedes Grad weniger verlängert die Lebensdauer, weil damit der chemische Zerfall der Farbstoffe in den farbigen Negativen, Diapositiven und Abzügen verzögert wird. Dasselbe gilt auch für die Cellulosenitrat- und Acetatträger, deren Zersetzung durch eine Kaltlagerung verzögert werden kann. Zu hohe Feuchtigkeit kann darüber hinaus Schimmel und Insektenbefall verursachen – die Gelatineemulsion der Positive und Negative ist eine Delikatesse für Silberfischchen.

Da Fotografien je nach Materialität ein unterschiedliches Alterungsverhalten aufweisen, sind genauere Angaben nötig. In Tabelle 1 sind die Klimabereiche für unterschiedliche Materialien, die sich in vielen Sammlungen befinden, dargestellt.

Rat & Tat

Benutzen	Baumwollhandschuhe, Einmalhandschuhe aus Nitril oder Vinyl	nicht mit bloßen Händen
Bewegen	mit zwei Händen mit stabilisierender Unterlage in der Schachtel	nicht einhändig und freischwebend
Beschriften	Bleistift Prägestempel	kein Kugelschreiber kein Permanentstift
Bekleben	Montagestreifen aus Japanpapier Fotoecken	kein Tesafilm kein Filmoplast

Aufbewahrungsschema ISO 18934:2011

Aufbewahrungs-bedingungen 30–50% rel. Luftfeuchtigkeit	**Glasplatten**	**Nitratfilm** a	**Acetatfilm** a		**Polyesterfilm**		**Positive**		**Ink Jet Drucke Thermo Sublimation Elektrofoto**	**Magnetband**		**CDs DVDs**
			S/W	**Farbe**	**S/W**	**Farbe**	**S/W**	**Farbe**		**Azetat** a	**Poly-ester**	
Raum 16–23°C	FAIR	NEIN c	NEIN c	NEIN c, d	GUT g	NEIN d	GUT g	NEIN d	NEIN – GUT h	NEIN c, e	NEIN e	FAIR
Kühl 12°C	GUT	NEIN c	NEIN c, d	NEIN c	GUT	NEIN d	GUT	NEIN d	NEIN – GUT h	FAIR c	GUT	GUT
Kalt 4°C	SEHR GUT	GUT	GUT	GUT i	SEHR GUT	GUT i	SEHR GUT	GUT i	GUT	GUT	GUT	GUT
unter Null < 0°C	SEHR GUT b	SEHR GUT	SEHR GUT	SEHR GUT i	SEHR GUT	SEHR GUT i	SEHR GUT	SEHR GUT i	SEHR GUT	GUT	GUT	NEIN i

NEIN verursacht signifikante Schäden
FAIR entspricht nicht den ISO-Normen, ist für einen begrenzten Zeitraum zufriedenstellend
GUT entspricht den ISO-Normen
SEHR GUT sichert eine lange Lebensdauer

a Sollten unter Null gelagert werden, wenn Farbveränderungen, Ausgasen, rostende Metalldosen, brüchiger Filmträger und Bildschädigungen auftreten
b Versprödung oder Schichtablösung bei historischen Glasplatten möglich
c Diese Temperaturbedingungen können zur Zersetzung des Trägermaterials führen
d Ausbleichungen oder Farbverschiebungen können bei chromogenen Materialien, Thermosublimationsdrucken und einigen Inkjetdrucken auftreten. Raumtemperaturbedingungen sind für elektrofotografische Drucke, Pigmentdrucke, Dye Transfer, Ilfochrome / Cibachrome und Sofortbildverfahren gut geeignet.
e Zersetzung der Magnetschichtbindemittels nicht auszuschließen
h Fleckenbildung, Vergilbung und Farbstoffmigration möglich
i Schichtablösung möglich

marjen schmidt archivierung

Tabelle 1: Aufbewahrungsschema nach ISO 18934:2011

Darüberhinaus sollte das Klima möglichst konstant sein. Die Klimaschwankungen sollten zwischen ± 2°C und 5 % rF in 24 Stunden liegen. Längerfristige jahreszeitliche Schwankungen sind dabei weniger problematisch.

Schwarzweißfotografien, aber auch Farbaufnahmen reagieren sehr empfindlich auf Schadstoffe aus der Luft; die Folge sind Ausbleichungen und Verbräunungen. Daher wurden Grenzwerte für die Schadstoffemission in Archivräumen festgelegt

Tabelle 2: Grenzwerte für Schadstoffemissionen

Grenzwerte für Schadstoffemission

Schadstoffe	**Konzentration in µg/m3**
Schwefeldioxid (SO_2)	1 µg/m³
Stickoxid (NO_x)	5 µg/m³
Ozon (O_3)	2 µg/m³
Kohlendioxid (CO_2)	4,5 µg/m³
Chlorwasserstoff (HCl)	so gering wie möglich
Essigsäure (CH_3COOH)	so gering wie möglich
Formaldehyd (CH_2O)	so gering wie möglich
Schwebstoffe (Feinstpartikel)	75 µg/m³

Rat & Tat

Lassen Sie die Raumluft und die Filter der Klimaanlage untersuchen, um gegebenenfalls Maßnahmen einzuleiten.

Der Raum

Für ein Depot sind klimastabilisierte Räume geeignet, die der Aufbewahrung vorbehalten sein sollen. Kopiergeräte, die Ozon freisetzen können, und Datenserver, die die Temperatur erhöhen, gehören nicht dorthin. Wasserrohre und Sprinkleranlagen sind problematisch, denn Wasserschäden sind sehr häufig Totalschäden.

In der ISO-Norm 18902[5] werden Regale und Schränke aus eloxiertem Aluminium, Edelstahl oder pulverbeschichtetem Metall für die Aufbewahrung fotografischer Bestände empfohlen – im Gegensatz zu Holzwerkstoffen, da diese Schadstoffe an die Objekte abgeben können.

Bei der Neueinrichtung eines Depots sollte den Räumen eine ausreichende Trocknungs- und Lüftungszeit bei hohem Luftwechsel eingeräumt werden; nach der ISO-Norm 18918 sind drei Monate ausreichend.

Rat & Tat

Eine Kostenersparnis bietet eventuell gut erhaltenes, gebrauchtes Büromobiliar aus pulverbeschichtetem Metall, das für die Aufbewahrung fotografischer Materialien verwendet werden kann, beispielsweise Registraturschränke.

Das Archivmaterial

Geben Sie ihren Objekten ein eigenes Gewand – Papierhüllen, die den Photographic Activity Test (PAT) nach ISO-Norm 18916 bestanden haben, sind für die Archivierung bestens geeignet. Alternativ kommen Kunststoffe wie Polyester, Polypropylen und Polyethylen infrage. Papierhüllen haben gegenüber Kunststoff den Vorteil, dass sie bei Klimaschwankungen ausgleichend wirken, feuchtigkeitsdurchlässiger sind und somit kein schädigendes Mikroklima entstehen kann. Deshalb sollten beispielsweise Cellulosenitrat- und Acetatmaterialien in Papierhüllen aufbewahrt werden, damit die Gase, die bei der Zersetzung entstehen, entweichen können. Hüllen aus Papier lassen sich außerdem gut mit Bleistift beschriften.

Dies gilt allerdings nicht für Pergaminpapierhüllen, da sie bei feuchtem Raumklima wellig werden und die Gefahr der partiellen Haftung an der Oberfläche der Fotografien besteht – der restauratorische Super-GAU. Recyclingpapier ist aufgrund seiner unbekannten Zusammensetzung ebenfalls nicht geeignet.

Als Schachtelmaterial ist holz- und säurefreier gepufferter oder ungepufferter Karton geeignet, der den PAT bestanden hat und der ISO-Norm 9706 entspricht. Schachteln aus diesem Material sind in vielen verschiedenen Größen erhältlich oder können maßangefertigt werden. Die Schachteln dürfen nicht geklebt, sondern nur gefalzt und gesteckt werden; möglich ist auch eine außen angebrachte Heftung mit Edelstahldraht. (Abb. 2)

Also: Fotografie, sowohl Negativ als auch Positiv, in die ungepufferte Hülle, Hülle und Fotografie in die gepufferte Schachtel, Schachtel in

Abb. 2: Gesteckte Archivschachtel mit Papierhüllen für die Aufbewahrung von großformatigen Glasnegativen

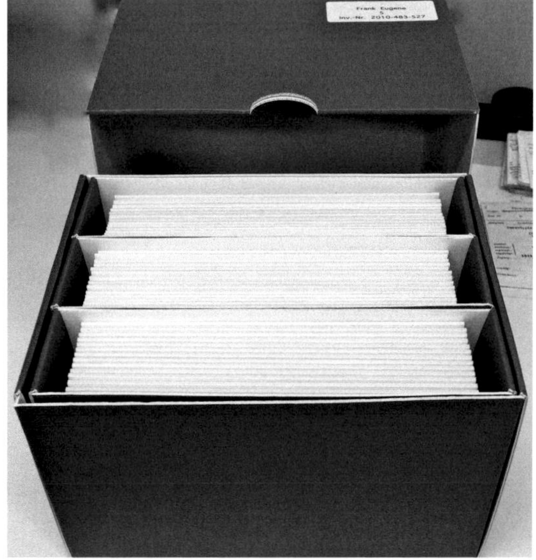

Rat & Tat: Hülle – Papier oder Kunststoff?

Hülle aus Polyester	NEIN	Celluloseazetat? Cellulosenitrat? Kollodium?	JA	Hülle aus Papier
Hülle aus Polyester	JA	Relative Luftfeuchtigkeit und Temperatur stabil?	NEIN	Hülle aus Papier
Hülle aus Polyester	JA	Häufige Benutzung? Keine Inventarnummer?	NEIN	Hülle aus Papier

Tabelle nach B. Lavedrine, A Guide to the Preventive Conservation of Photograph Collections, 55, Abb. 46.

den Schrank oder auf das Regal – so sind die Fotografien sicher verwahrt.

Eine Übersicht zur Aufbewahrung fotografischer Objekte bietet Tabelle 3.

Eine unterhaltsame Information zur Aufbewahrung von Sammlerobjekten findet sich unter www.climatenotebook.com/games/storedalive.html (in Englisch).

Tabelle 3: Sachgemäße Aufbewahrung fotografischer Objekte (vgl. auch Abb. 3)

Objekt	Art und Weise	Hülle	Schachtel	Schrank	Raum
Kleinobjekte (Daguerreotypien, Ambrotypien etc.)	liegend	Vierlaschenhülle	passende Falz -oder Steckschachtel	Planschrank oder Kompaktanlage	Keine Wasserrohre; keine sanitären Anlagen über den Archivräumen, denn Wasserschäden sind meist Totalschäden: Verklebte Gelatine, Schimmel, Hydrolyse von Magnetbändern, Delaminierung und Oxidation von CDs. Archivräume sind keine Arbeitsräume. Keine Kopierer: Bildung von Ozon. Keine Druckerzeugnisse: Lösungsmitteldämpfe, Feuchtigkeit.
Glasplattennegative	stehend	Vierlaschenhülle	Steckschachtel	Flügeltürenschrank	
Positive	liegend	Zwischenlagepapier, transparente Hülle	passende Falz- oder Steckschachtel, Ordnerkassette	Flügeltürenschrank	
Planfilme	stehend	Vierlaschenhülle, transparente Hülle	Ordnerkassette, Schachtel	Flügeltürenschrank	
Rollfilm / Kleinbildfilme	liegend	transparente Hülle	Ordnerkassette	Flügeltürenschrank	
Kleinbilddiapositive, gerahmt	liegend / stehend	Diajournal, transparente Hülle	Ordnerkassette	Diaschrank Flügeltürenschrank	
Magnetbänder	stehend, abgespielt	Kunststoffhülle	Schachtel	Flügeltürenschrank	
CDs & DVDs	stehend	Juwel Case, Slimline Case		Flügeltürenschrank	

Die Top Ten zur Erhaltung von Fotografien

- Raumklimakontrolle und -verbesserung
- Bestimmung der fotografischen Techniken
- Inspektion der Filmnegative, um Cellulosenitratfilm und Azetatfilm zu identifizieren und gegebenenfalls auszusondern
- Digitalisieren der geschädigten Negative
- Vorkehrungen für die Langzeitarchivierung von Farbmaterialien
- Umtaschen / Stabilisieren von Glasplattennegativen
- Umtaschen der frühen Abzüge, z. B. Salzpapierabzüge, Albuminpapierabzüge
- Umtaschen / Stabilisieren der Kleinobjekte wie Daguerreotypien, Ambrotypien, Ferrotypien
- Anfertigung von Schachteln für Alben etc.
- Erstellung von Benutzerordnung und Katastrophenplan

Literatur

R. Knodt / K. Pollmeier, Fotografische Verfahren (Essen 1999).

M. Kobold / J. Moczarski, Bestandserhaltung. Ein Ratgeber für Verwaltungen, Archive und Bibliotheken (Frankfurt 2010).

B. Lavedrine, Photographs of the Past. Process and Preservation, J. Paul Getty Trust (Los Angeles 2009).

MEMORIAV, www.memoriav.ch

Rundbrief Fotografie
Herausgeber: Deutsches Dokumentationszentrum für Fotografie – Foto Marburg erhältlich über Verlag und Redaktionsbüro Dr. Wolfgang Seidel, Schlosserstraße 28, 70180 Stuttgart, Tel. 0711/65226362, contact@seidelpublishers.de

T. Starl, Bildbestimmung, Identifizierung und Datierung von Fotografien 1839 bis 1945 (Marburg 2009).

Abb 3: Liegende Aufbewahrung

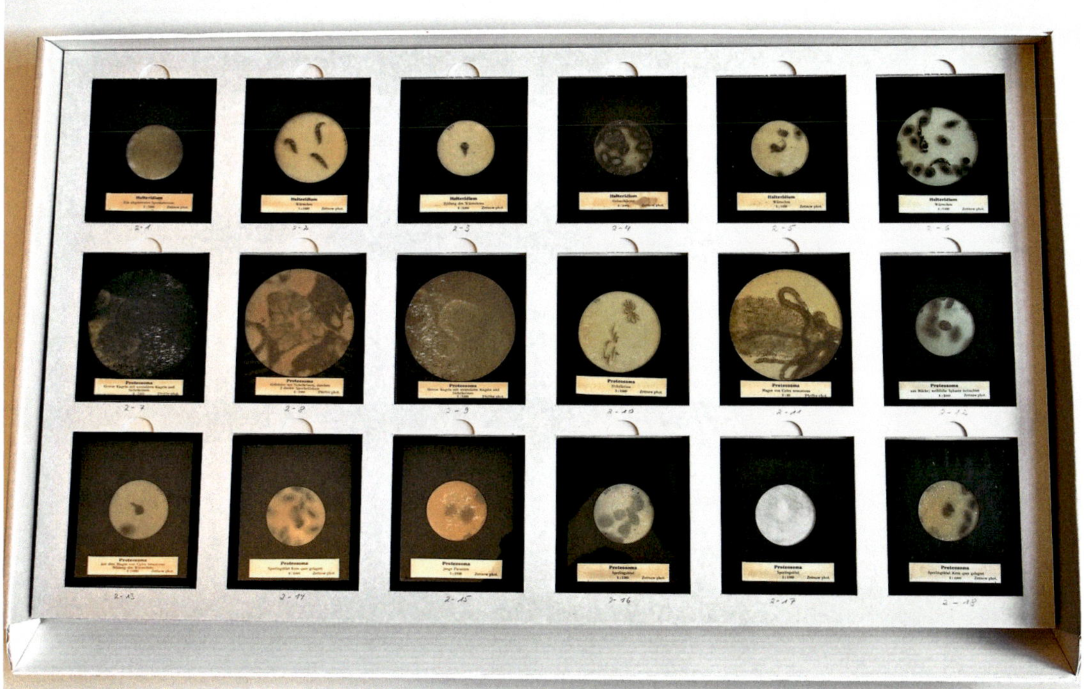

Im Internet finden Sie hier weitere Informationen:

www.fotoerbe-sachsen.de/handreichungen
www.photobibliothek.ch
www.graphicsatlas.org
www.dp3project.org

Lieferanten für Archivmaterial:

Anton Glaser: www.anton-glaser.de
GSA-Produkte, Thomas Becker-Kaiser: www.gsa-produkte.de
Karthäuser-Breuer GmbH: www.karthaeuser-breuer.de
Klug Conservation: www.klug-conservation.com
Mono-C Archivierungs- und Photoprodukte GmbH: www.monochrom.com
REGIS GmbH: www.regis.de
Schempp Dienstleistungen für die Bestandserhaltung: www.schempp.de
Hans Schröder GmbH: www.archiv-box.de

Anmerkungen

1 R. Brühl, Spiel mit dem Feuer, Rundbrief Fotografie 12.3, 2005, 5–10; P. Hanschke, Explosive Fotografen-Nachlässe?, Rundbrief Fotografie 16.1, 2009, 9–12.

2 Kodak-Molekularsiebe können Schadstoffe absorbieren und damit die Lebensdauer fotografischer Materialien verlängern. Sie sind erhältlich bei Monochrom: www.monochrom.com

3 Sie sind erhältlich bei Long Life for Art: www.cwaller.de

4 S. Rohde-Enslin, Nicht von Dauer. Kleiner Ratgeber für die Bewahrung digitaler Daten in Museen, nestor-ratgeber 1, Website des imaging & media lab: www.abmt.unibas.ch, www.peviar.ch

5 D. W. Nishimura, Update – ISO-Normen zum Umgang mit fotografischen Materialien, Rundbrief Fotografie 16.2, 2009, 5–8.

»Und man siehet die im Lichte...«

Strukturverbesserungen im Museum als öffentliches Interesse herausstellen

Thomas Richter

Museen sind heute mehr denn je von einer funktionierenden Infrastruktur abhängig. Leistungsfähige Depots und Werkstätten garantieren, dass das kulturelle Erbe sachgerecht und der Forschung zugänglich gelagert wird. Angesichts der wirtschaftlichen Situation sind die meisten Museen aufgefordert, stärker mit den eigenen Sammlungen zu arbeiten. Ein aktives Sammlungsmanagement ermöglicht es, Potentiale zu erkennen und Schwerpunkte zu definieren, sei es für Ausstellungen, beim gezielten Zuerwerb oder für planvolle Restaurierungen. Museen, die sich zielgerichtet und offen mit dem eigenen Erbe aber auch mit den damit verbundenen Problemen und Lösungen beschäftigen, können mit diesem Thema bei ihren Trägern wie auch bei ihrem Publikum punkten und so Strukturverbesserungen in Bereichen einleiten, die normalerweise im Schatten der Ausstellungstätigkeit stehen.

Die Situation in Aschaffenburg war in den vergangenen Jahren durch das Bestreben gekennzeichnet, auf Grundlage des Museumsentwicklungsplans (2003) als Kerngeschäft die Errichtung des Christian Schad-Museums zu verfolgen. Die Stadt verwaltet den aus mehr als 3 000 Werken aller Schaffensperioden bestehenden Nachlass des international bekannten Künstlers der »Neuen Sachlichkeit« seit 2002. Das neue Museum wird nun bis 2016 in baulicher Erweiterung der Kunsthalle Jesuitenkirche als erster Schritt auf dem Weg zum »Aschaffenburger Museumsquartier« entstehen. Zuvor war mit allem Nachdruck für die Sache zu werben und Vertrauen in diese Zielsetzung zu schaffen. Naturgemäß traten dabei innerhalb eines Verbundes von sieben kommunalen Museen mit insgesamt 15 Liegenschaften und 12–14 Ausstellungen pro Jahr wichtige Strukturmaßnahmen in den Hintergrund der allgemeinen Aufmerksamkeit, etwa die seit Jahrzehnten schwierige Depotsituation. Hier wird das zukünftige »Museumsquartier« mit einem Zentraldepot langfristig zwar eine Lösung bieten, doch sollten aus Sicht der Museen schon jetzt grundlegende Verbesserungen entwickelt und umgesetzt werden, um von den eingangs skizzierten Vorteilen einer funktionierenden Struktur in dieser wichtigen Phase der Entscheidungen zu profitieren und damit die Museumsstrategie als Ganzes zu stärken.

Um am Ende Mehrheiten in der Politik und Unterstützung innerhalb der Verwaltung wie in Presse und Öffentlichkeit zu gewinnen sowie die Aufmerksamkeit öffentlicher Förderer zu wecken, wurden im Vorgriff öffentlich wirksame Projekte lanciert. Sie sollten die schlummernden Potentiale der Sammlungen verdeutlichten und so über die Jahre eine Sensibilität für die zukünftigen Möglichkeiten schaffen, die aus einem zeitgemäßen Sammlungsmanagement erwachsen. Ziel war es dabei jedoch nicht, allein mit »Highlights« zu glänzen, sondern Sinn und Zweck fundierter Museumsarbeit transparent zu machen und diese als selbstverständlichen und für alle nützlichen »öffentlichen Dienst« in der Stadtgesellschaft herauszustellen. Sämtliche Maßnahmen wurden innerhalb der Stadtverwaltung begründet, vorbereitet und abgestimmt, im Stadtrat diskutiert und verabschiedet, was jeweils auch Presseberichterstattung zur Folge hatte und so mit der Zeit und Schritt für Schritt ein begleitendes, öffentliches Bewusstsein für die Ziele der Museen erzeugte.

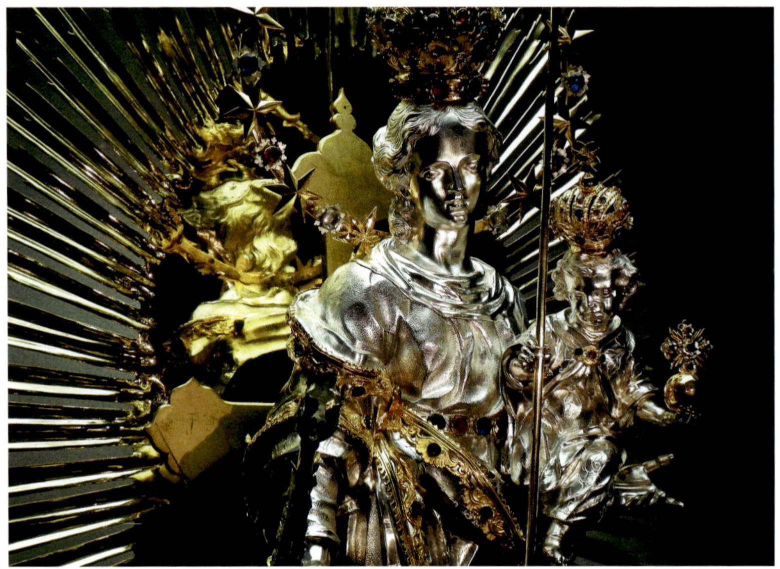

Joseph Ignaz Saler, Silbermadonna, Augsburg 1750, Dauerleihgabe der Marianischen Männersodalität Aschaffenburg. Stiftsmuseum Aschaffenburg, Inv.-Nr. MSA Dep. MS 2/2007, Restaurierungsprojekt 2008

Strukturelle Grundlagen

2003	Museumsentwicklungsplan
2007	Sammlungsrichtlinie mit den Schwerpunkten Christian Schad, Archäologie, Stadtgeschichte und (aktuelle) Kunst der Region
2008	Umwidmung in der Personalstruktur, neu: Stadtgeschichte, Öffentlichkeitsarbeit
2010	Konzeption Museumsquartier Aschaffenburg
2009–2011	Einführung der Museumsdatenbank MuseumPlus und Revision des Altinventars

Öffentlich wahrgenommene Maßnahmen im Bereich Sammlungen (Auswahl)

seit 2007	Restaurierung und Neupräsentation von Schlüsselwerken
seit 2007	Erwerbungen, u. a. 42 Werke Christian Schads, unter dem Motto »Lückenschluss« und »Stärkung der Stärken«
seit 2007	Darstellung und Begründung aller Maßnahmen in Form ausführlicher Jahresberichte
2009	Erwerbungsausstellung »geschenkt, gekauft, gestiftet« (mit Kinderausstellung)
2009	Bedeutende Leihgaben »Stiftsschatz St. Peter und Alexander« und »Cranach-Altar«
seit 2009	Stadtweite »Tage der Offenen Tür«: Besucher im Depot, Blick hinter die Kulissen, »Kuriositäten«
2013	Ausstellung »deponiert – inspiriert« (s. auch den Beitrag von J. Hasenstab in diesem Band, S. 245 ff.)

Museumsdepot »auf Raten«

2012	langfristige Anmietung und Bezug eines neuen Museumsdepots in Form einer baulich, sicherheitstechnisch und klimatisch geeigneten ehemaligen Industriemontagehalle (1 000 m^2) mit guter Infrastruktur. Schrittweise Ausstattung zum Museumsdepot nach allgemeinen Standards.

Drei baulich ungeeignete, weit verstreut liegende und überbelegte Depots wurden im Zuge dieser Maßnahme inzwischen aufgegeben. Durch eine moderne Einrichtungstechnik konnten diese und weitere Bestände geordnet und sachgerecht aufgenommen werden, ohne dass die Fortentwicklung des neuen Depots damit bereits ausgereizt wäre. Die Depotsituation hat sich somit auch mit Blick auf die fernere Zukunft ganz wesentlich verbessert. Jüngst profitierten die Vorbereitungen zum 400. Jubiläum von Schloss Johannisburg (1614–2014) von der neuen Situation: In der Vorbereitung der Ausstellung über den Renaissancebildhauer Hans Juncker (1582–1624) wurden zentrale Werke innerhalb der Masse der nach dem 2. Weltkrieg abgetragenen, vielfach fragmentierten Denkmäler identifiziert, erforscht und mit Unterstützung der Sparkasse Aschaffenburg-Alzenau restauriert.

Auf den Anstoß folgte somit Hilfe. Neben den Mitgliedern des Aschaffenburger Stadtrats mit Oberbürgermeister Klaus Herzog an der Spitze ist dabei insbesondere auch der Kulturstiftung des Bezirks Unterfranken für die stete Unterstützung zu danken. Wichtige Grundlage bot die seinerzeit in den Museumsentwicklungsplan der Stadt Aschaffenburg eingeflossene Beratung durch die Landesstelle für die nichtstaatlichen Museen in Bayern. Ohne die Vielzahl privater Mäzene aber, Firmen, Vereine wie Privatpersonen gleichermaßen, wären insbesondere die Ankäufe und Restaurierungen nicht möglich gewesen.*

Anmerkung

* Sie alle hier aufzuführen ist leider nicht möglich; es sei hier daher auf die seit 2007 erscheinenden Jahresberichte der Aschaffenburger Museen sowie auf deren Internetseite (www.museen-aschaffenburg.de) verwiesen.

Vitalisierung von musealen Depotbeständen – Ideen für öffentliche Teilhabe

Julia Hasenstab

Bei den Museen der Stadt Aschaffenburg wird den Besuchern seit einigen Jahren regelmäßig im Rahmen des »Tags der offenen Tür« der Stadtverwaltung, der im zweijährigen Turnus stattfindet, Einblick in ausgewählte Depoträume und Restaurierungswerkstätten gewährt. Diese Gelegenheit wird beispielsweise dazu genutzt, wichtige »Depotfunde« erstmals der Öffentlichkeit vorzustellen und somit ein Bewusstsein dafür zu schaffen, von welch entscheidender Bedeutung übersichtliche und gut zu bewirtschaftende Depoträume für die Museumsarbeit sind. Denn wie in anderen über Jahrzehnte, wenn nicht in Jahrhunderten gewachsenen Museumsbeständen werden auch in Aschaffenburg immer wieder bedeutende Werke der Sammlungen aus den eigenen Depotbeständen »geborgen«, wo sie mit der Zeit in Vergessenheit geraten sind.

So konnte beispielsweise im Rahmen des »Tags der offenen Tür« im Jahr 2009 eine kleine Tafel mit der Darstellung der »Maria lactans« aus der Sammlung Anton Gentil vorgestellt werden. (Abb. 1)

Damals noch unter dem Vorbehalt gezeigt, dass es sich um eine Fälschung von hoher Qualität handeln könnte, haben inzwischen stilgeschichtliche und technologische Untersuchungen von externer Seite belegt, dass es sich um das Original eines um 1490 tätigen Meisters aus den südlichen Niederlanden in der Nachfolge Dieric Bouts' handelt.

Natürlich sind diese Depotführungen Veranstaltungen, die aus organisatorischen und vor allem

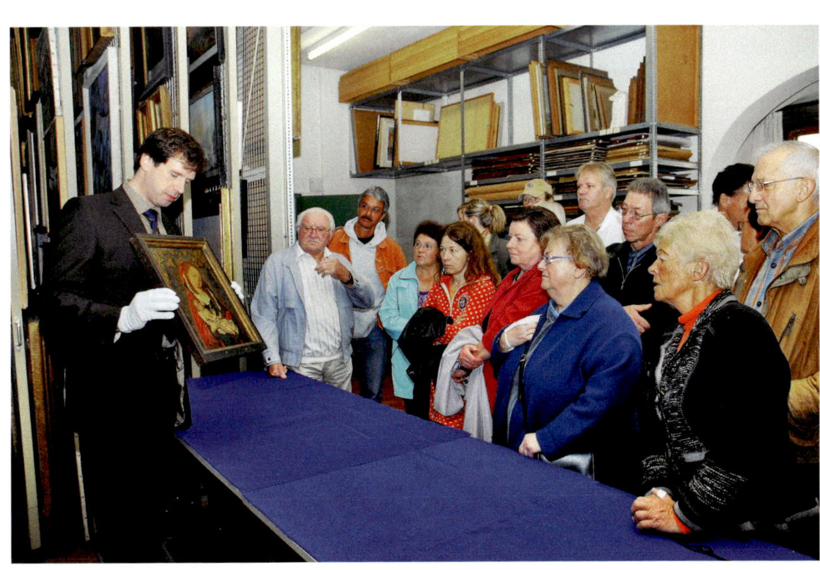

Abb. 1: Beim »Tag der offenen Tür« 2009 zeigte Direktor Dr. Thomas Richter im Depot des Schlossmuseums erstmals die Tafel der »Maria Lactans«, entstanden vor 1495, in der Nachfolge Dieric Bouts' aus der Sammlung Anton Gentil.

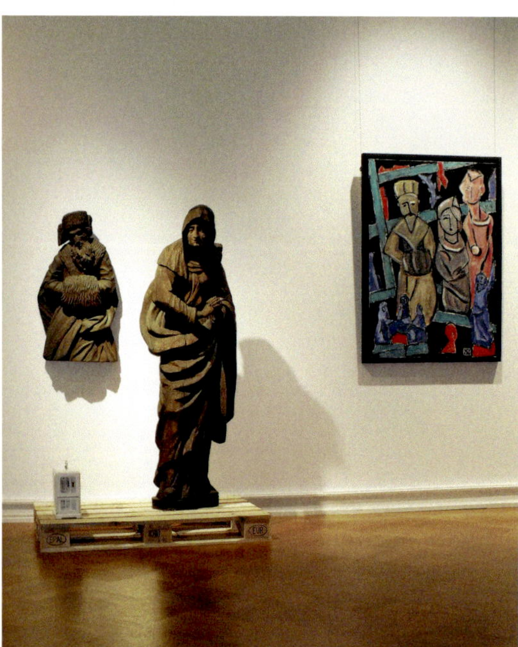

Abb. 2: Die Sonderausstellung »deponiert – inspiriert« zeigte Depotstücke und aktuelle Kunst aus der Region im Dialog.

aus konservatorischen Gründen vergleichsweise selten angeboten werden können und nur einem relativ kleinen Publikum zugänglich sind. Das kontingentierte Freikartenangebot, das im Vorfeld an Interessierte ausgegeben wird, lässt pro Tag 120 Besucher in acht bis zehn Gruppen zu.

Die Sonderausstellung »deponiert – inspiriert« (2013)

Einen anderen Ansatz, das Museumsdepot in den Blick der Öffentlichkeit zu rücken, bot die Sonderausstellung »deponiert – inspiriert. Aschaffenburger Künstler interpretieren verborgene Museumsstücke«, die vom 2. März bis zum 21. April 2013 im Schlossmuseum der Stadt Aschaffenburg gezeigt wurde. Mit dieser Sonderausstellung konnte freilich ein wesentlich größeres Publikum erreicht werden als mit den Veranstaltungen zum »Tag der offenen Tür«.

Die Idee

Das Konzept der Ausstellung war gemeinsam mit Aschaffenburger Künstlern im Berufsverband Bildender Künstler (BBK) entwickelt worden, die regelmäßig bei den Museen der Stadt ausstellen. Kurz zusammengefasst sah es vor, dass sich die Kunstschaffenden in freier Wahl Depotstücke aussuchten, zu denen sie neue Werke schufen. In der Sonderausstellung wurden diese »Paare« dann im Dialog ausgestellt. (Abb. 2)

Was sich hier kurz und bündig zusammenfassen lässt, gestaltete sich in der Umsetzung natürlich wesentlich aufwändiger.

Die Vorbereitung

Zunächst wurden die am Projekt interessierten Künstler von Fachwissenschaftlern und Restauratoren durch die Depoträume geführt. Da das neu angemietete, großzügigere Depot* zu dem Zeitpunkt noch nicht bezogen war, wurden für diese Begehungen die Depots im Schloss Johannisburg gewählt. Auf insgesamt vier Etagen sind hier Kunst- und Kulturgüter verschiedenster Art eingelagert, von Gemälden und Grafiken bis zu historischem Arbeitsgerät, von Stühlen und Schränken bis hin zu Militaria. So konnte den Künstlern eine große Auswahl an Inspirationsquellen zur Verfügung gestellt werden. Diese Fülle an Objekten verursacht natürlich eine deutliche räumliche Enge, sodass die Führungen nur in kleinen Gruppen stattfinden konnten.

Die Teilnehmer fertigten Fotos von für sie interessanten Objekten und Raumsituationen an und holten bei den Mitarbeitern der Museen weitere Hintergrundinformationen ein. Auch bei diesen Führungen wurde wieder deutlich, wie groß das Interesse Außenstehender an der Einrichtung »Museumsdepot« und den darin verwahrten, für die Museumsbesucher »unsichtbaren« Objekten ist.

Anhand der angefertigten Fotos und Notizen entstanden in den Ateliers und Werkstätten in den folgenden Wochen Entwürfe und Skizzen. Beim ersten Arbeitstreffen, bei dem die 21 teilnehmenden Künstler ihre Projektideen vorstellten, wurde schnell klar, dass diese Sonderausstellung den »üblichen« Rahmen – insbesondere die Räumlichkeiten betreffend – sprengen würde. Einige der Teilnehmer planten, sich mit ihren Arbeiten auf Objekte aus der städtischen Dauerausstellung zu beziehen, die nur mit großem Aufwand hätten umplatziert werden können. So wurde beschlossen, die Sonderausstellung auf den gesamten Bereich des städtischen Schlossmuseums (ca. 1 600 m^2) auszudehnen – ein glücklicher Entschluss, wie sich herausstellen sollte. Denn so konnten die Besucher auch der ihnen bereits bekannten Dauerausstellung neue Facetten abgewinnen und nahezu jeder der 21 Teilnehmer bespielte einen eigenen Raum, was auch im Besucherbuch immer wieder positiv hervorgehoben wurde.

Eine Herausforderung stellte die Öffentlichkeitsarbeit für die Sonderausstellung dar und hier besonders die Gestaltung der Werbemittel. Zum Zeitpunkt der Produktion der Plakate hatten nur die wenigsten Künstler ihre Projekte abgeschlossen. Um außerdem alle Beteiligten gleichwertig präsentieren zu können und zusätzlich das Konzept der Ausstellung zu visualisieren, fiel die Wahl für das Plakatmotiv auf ein Gruppenfoto im Museumsdepot. (Abb. 3)

Das Team der Aschaffenburger Museen stand zunächst für einen »Testlauf« im inzwischen neu bezogenen, großzügigeren Depot Modell, um die Umsetzbarkeit der Idee zu prüfen. Als eine geeignete Kulisse aus Transportkisten, Paletten und einzelnen prägnanten Museumsstücken gefunden war, wurden die Künstler zum Fototermin geladen. Mitarbeiter der Museen begleiteten sie innerhalb der Kulisse, um die Sicherheit der Künstler und der Objekte zu gewährleisten.

Die Ausstellung

Bei der Präsentation der Museumsobjekte wurde Wert darauf gelegt, den »Depot-Charakter« zu erhalten, einerseits, um eine deutliche Abgrenzung von den neuen Werken der Künstler zu erreichen, andererseits, um den Besuchern auch optisch einen Eindruck von der Arbeit in den Depoträumen zu geben. So wurden Skulpturen und Möbelstücke weitgehend ungereinigt auf Paletten präsentiert und Figuren aus Dämmer Steingut in mit Seidenpapier ausgeschlagenen Kartons. Schadstellen wurden nur dort gesichert, wo es für die Sicherheit der Objekte in der Ausstellung unerlässlich war. Schließlich sollte den Besuchern ein möglichst »echtes Bild« des Museumsdepots vermittelt werden.

In den Objekttexten erklärten die Fachwissenschaftler der Museen dann nicht nur das Museumsstück als solches, sondern auch die Beweggründe, die es vom Ausstellungs- zum Depotstück hatten werden lassen und welchen Wert dieses dennoch für die Sammlung darstellt. Die Gründe hierfür sind so vielfältig wie die Objekte selbst: restaurierungsbedürftiger Zustand, Unklarheiten bei Herkunft, Datierung oder Echtheit oder ein eher dokumentarischer denn wirklich repräsentativ-ausstellbarer Charakter. So konnte den Besuchern ein umfassender Einblick in die inhaltliche

Abb. 3 : Plakat der Sonderausstellung »deponiert – inspiriert« im Schlossmuseum Aschaffenburg 2013

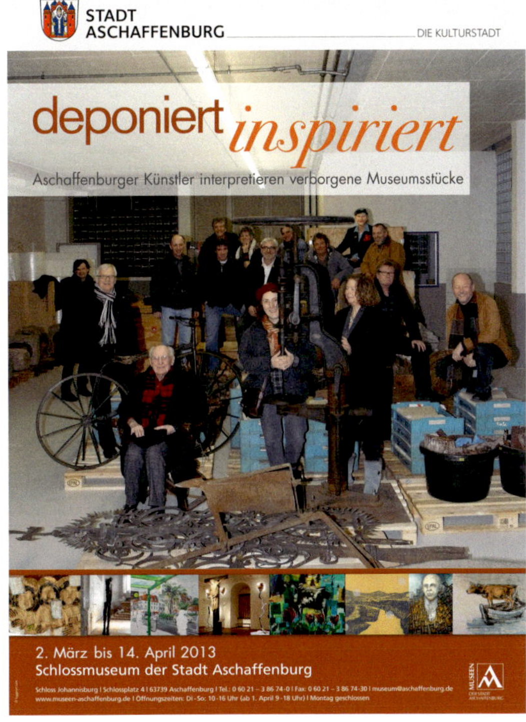

Zusammensetzung der Museumsdepots gegeben werden.

In einem zweiten, völlig unabhängigen Objekttext äußerten sich die Künstler zu den von ihnen gewählten Museumsstücken und den neu dazu entstandenen Werken. An einigen Stellen überraschte die inhaltliche Nähe der unabhängig voneinander entstandenen, jedoch zusammengehörigen Texte. In anderen Fällen wurde durch den Blick der Künstler auch den Museumsfachleuten eine neue Sichtweise auf die eigenen Objekte ermöglicht. Von diesem »Dialog« profitierte der Besucher, der mitunter eine dritte Sichtweise einbrachte.

Die Effekte

Bereits zu Beginn der Sonderausstellung entstand der Eindruck, mit der Kombination aktueller Kunst aus der Region und »verborgenen Schätzen« aus den Museumsdepots einen Nerv getroffen zu haben: Über 650 Gäste nahmen an der offiziellen Eröffnung am 1. März 2013 teil und machten eine Videoübertragung notwendig. Auch die Einträge im Besucherbuch bestätigen diesen Eindruck. Meist wurde gerade die Kombination aus »Alt und Neu« als besonders gelungen und interessant hervorgehoben. Insgesamt besuchten 3 832 Interessierte die Ausstellung während der siebenwöchigen Laufzeit.

Abschließend bleibt festzuhalten, dass es sich bei der Sonderausstellung »deponiert – inspiriert« um ein Projekt handelte, von dem alle Beteiligten profitierten: Den bildenden Künstlern der Region wurde im Schlossmuseum eine Plattform geboten, das eigene Werk einer großen Öffentlichkeit zu präsentieren. Für die Museen der Stadt Aschaffenburg bot die Ausstellung zum einen die Möglichkeit, den eigenen Bestand aus einem neuen Blickwinkel zu betrachten und durch die Anregungen der Künstler neue Ansätze für zukünftige Präsentationen zu erhalten. Zum anderen konnte durch dieses Ausstellungsprojekt in der Öffentlichkeit das Verständnis für die Bedeutung musealer Infrastruktur und für den Hintergrund der Museumsarbeit gestärkt werden – ein wichtiger Baustein für den vor uns liegenden Weg zum »Aschaffenburger Museumsquartier«.

Anmerkung

* S. dazu den Beitrag Th. Richter in diesem Band, S. 241 ff.

Auswahl
von der Landesstelle geförderter Depots

Augsburg, Römisches Museum

Michaela Hermann

Kurzcharakteristik des Depots	Altbausubstanz; im hinteren Teil der Shedhallen der ehemaligen Kammgarnspinnerei
Sammlungsschwerpunkte	Altbestand des Römischen Museums (sog. Studiensammlung); Lapidarium; Funde aus archäologischen Ausgrabungen
Jahr der Inbetriebnahme	voraussichtlich 2017
Grundfläche der Lagerräume	1800 m^2 (Fundmagazine und Studiensammlungen); 700 m^2 (Lapidarium)
Funktionsräume	ca. 500 m^2 ferner Verwaltungsräume, Ausstellungsbereich und Bibliothek auf ca. 400 m^2
Lagergut	archäologische Funde (vorwiegend Keramik, Knochen, Metallfunde, Glas; wenig organisches Material)
Gesamtzahl der eingelagerten Objekte	ca. 22 000 Kisten mit archäologischen Funden; Studiensammlungen geplant; 400–500 Objekte im Lapidarium
Lagertechnik	Regalierung, teilweise zweigeschossig; Details derzeit in Planung
Klimastabilisierung oder -technik	passive Klimatisierung; konditioniertes Klima nur in bestimmten Sondermagazinen (z. B. Metall)
Personelle Betreuung	Noch nicht bezifferbar; dem Depot werden die Arbeitsräume der Stadtarchäologie direkt angegliedert, sodass effiziente Arbeitsabläufe möglich sind. Betreuung des Magazins durch Restaurator ist vorgesehen.
Literatur	M. Yoshida / M. Hermann, Keine Spinnerei! – Die Planung eines archäologischen Sammlungszentrums in der ehemaligen Augsburger Kammgarnspinnerei, in: Archäologische Funde – Neue Methoden? 4. Tagung der Fachgruppe Archäologische Objekte 18.–20. Oktober 2012 (Stuttgart 2012) 18 f.

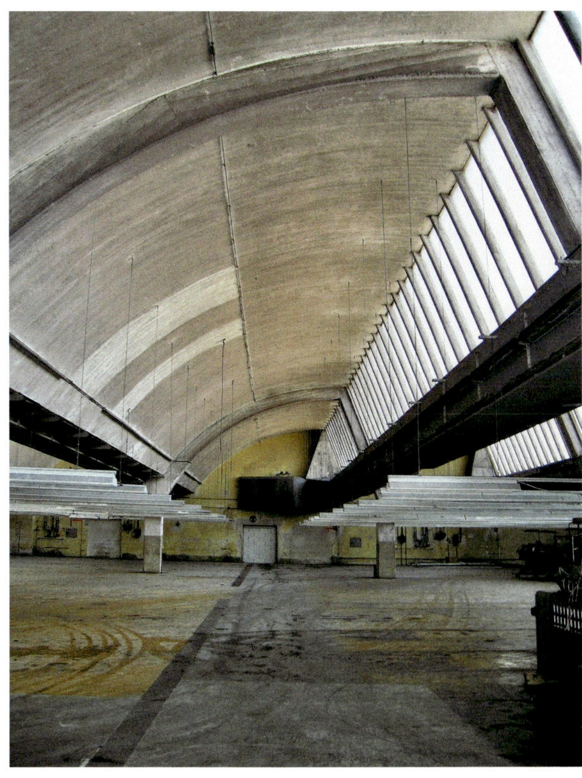

Abb. 1: Blick in die leergeräumten Shedhallen der Augsburger Kammgarnspinnerei (AKS) im Jahr 2003.
In dieser Halle ist eine zweistöckige Regalanlage geplant, die einen großen Teil der Ausgrabungsfunde aufnehmen wird.

Abb. 2: Entwurfsplanung für die Archäologische Sammlung in der ehemaligen Augsburger Kammgarnspinnerei (AKS)

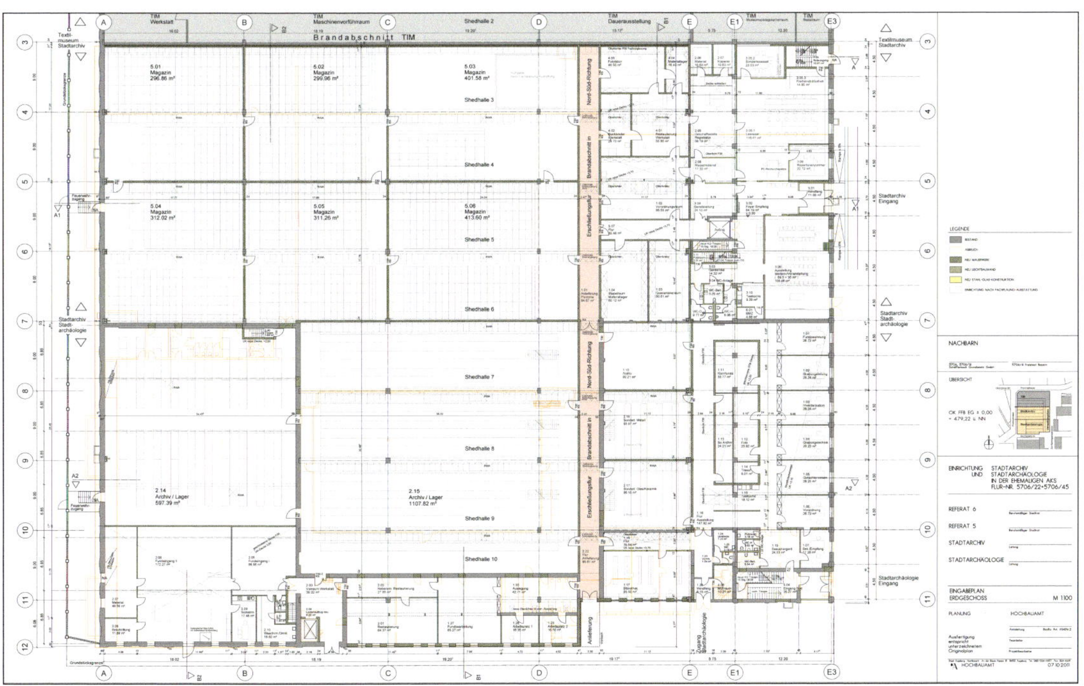

Bad Windsheim, Fränkisches Freilandmuseum des Bezirks Mittelfranken

Thomas Schindler

Sammlungsschwerpunkte	Sachzeugnisse der kleinstädtischen und ländlichen Alltagskultur in Franken
Jahr der Inbetriebnahme	2006
Grundfläche der Lagerräume	1651 m^2
Funktionsräume	Schmutzschleuse / Reinigungsbereich: 15 m^2 Fotobereich: 15 m^2 Quarantänebereich: 15 m^2
Lagergut	Apothekenausstattung; Keramik; Möbel; sakrale Gegenstände; Werkzeuge; Militaria; Öfen und Ofenteile; Sondersammlungen
Gesamtzahl der eingelagerten Objekte	ca. 15 000
Lagertechnik	Unterschiedliche (offene) Regalsysteme, z. B. Kragarmregale, Schwerlastregale, Bügel-Podest-System; Rollwagen
Klimastabilisierung oder -technik	Temperierungsanlange
Personelle Betreuung	Depotverwalterstelle mit 39 Wochenstunden

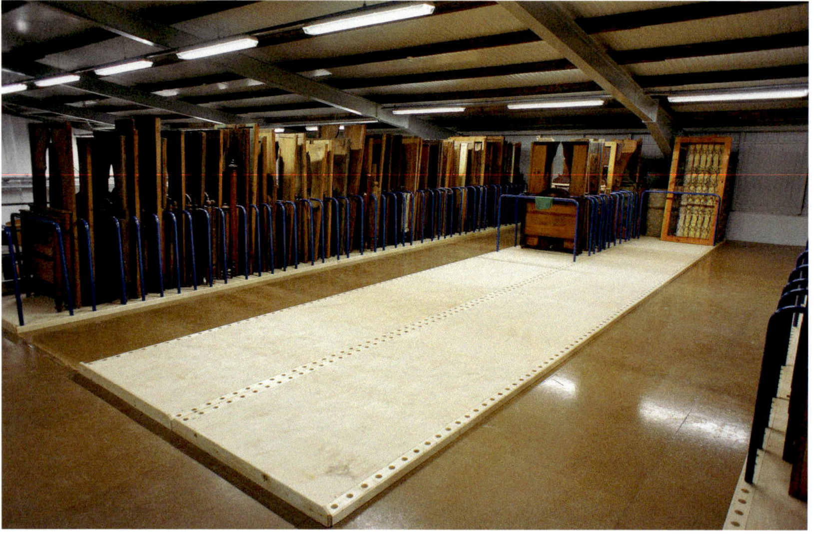

Abb. 1–3: Unterschiedliche Typen der Lagertechnik, die im Freilichtmuseum Bad Windsheim der Verwahrung von Betten, Schränken und Polstermöbeln dienen

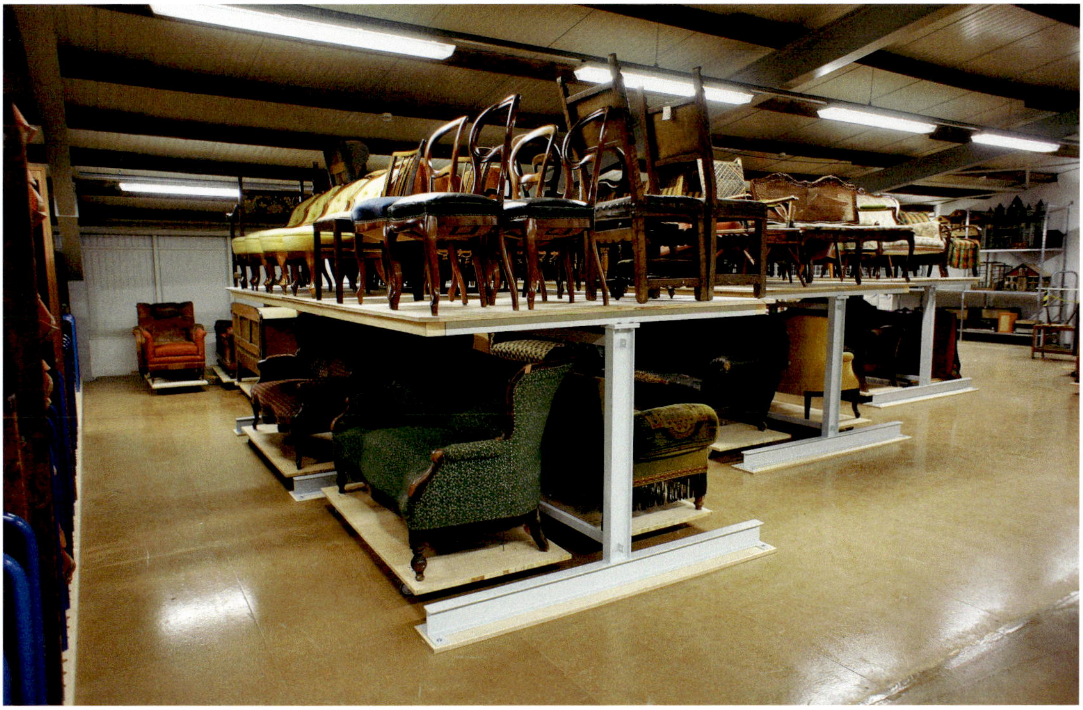

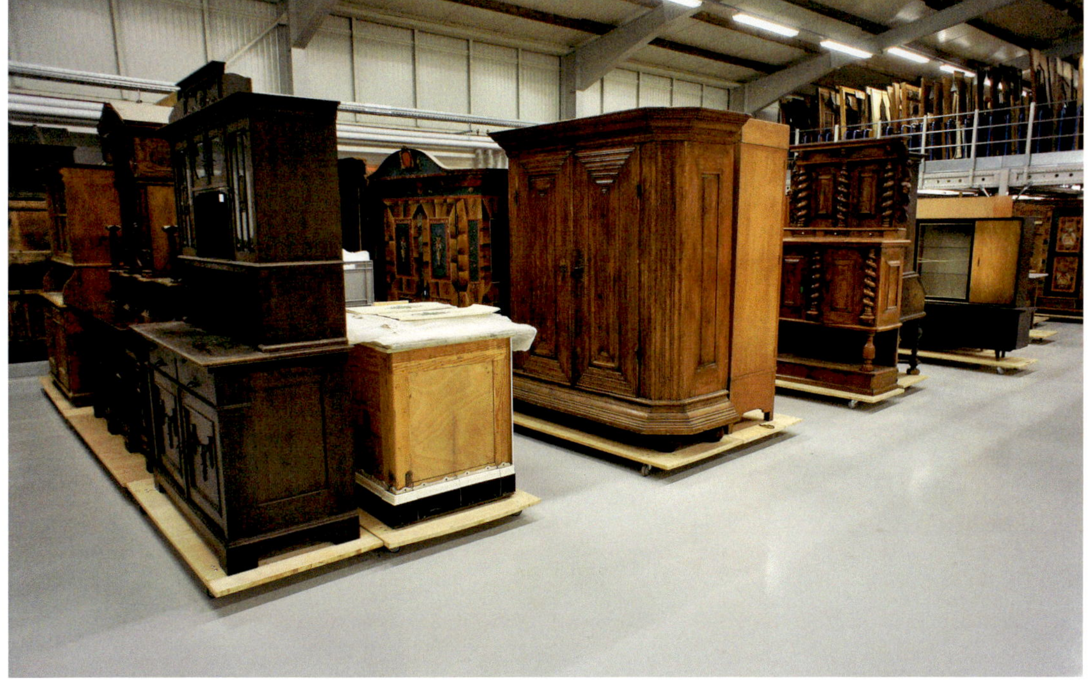

Bamberg, Museen der Stadt

Regina Hanemann, Eva Schurr

Kurzcharakteristik	Das Depot ist im Keller und Erdgeschoss der ehemaligen BayWa-Halle in Bamberg untergebracht. Dieser Altbau wurde entsprechend einer sinnvollen Zweitverwendung zugeführt.
Sammlungsschwerpunkte	Kunst; Kultur; Archäologie
Jahr der Inbetriebnahme	2003
Grundfläche der Lagerräume	1 400 m^2
Funktionsräume	Quarantäneraum: 8 m^2; Werkstatt: 30 m^2
Lagergut	Archäologische Objekte; Gemälde; Skulpturen; Waffen; Ostasiatika; Möbel; Uhren und astronomische Geräte; Keramik; Hausgerät
Gesamtzahl der eingelagerten Objekte	ca. 13 000
Klimastabilisierung oder -technik	Klimastabilisierende Luftheizung
Personelle Betreuung mit Wochenstundenzahl	Reinigung: 3 Wochenstunden; Kontrolle: 2 Wochenstunden

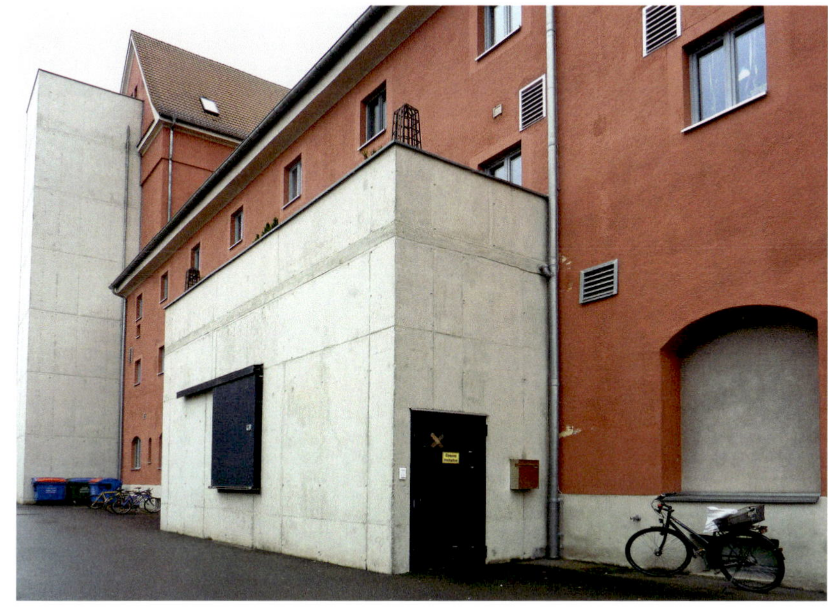

Abb. 1: Das Depot von außen

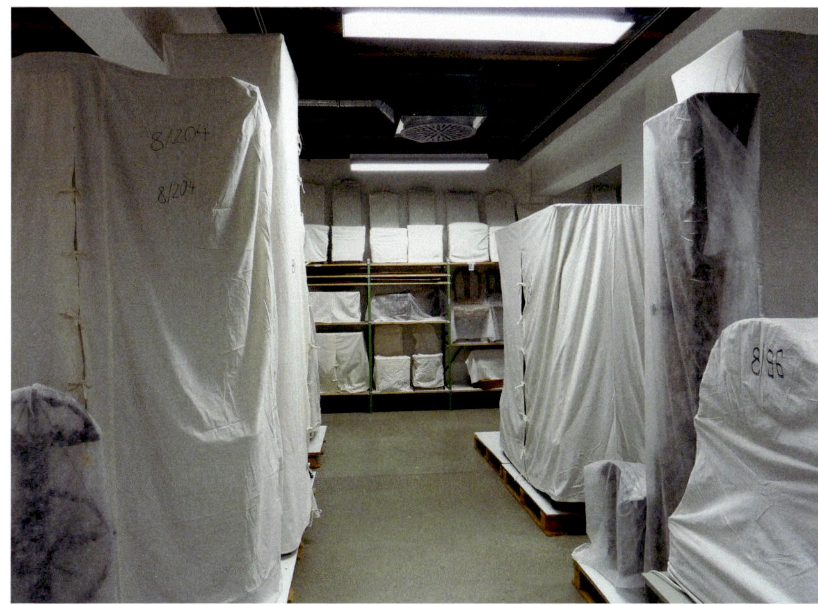

Abb. 2: Die Abteilung »Möbel«

Bogen, Kreismuseum Bogenberg

Barbara Michal

Kurzcharakteristik	Depot im Dachgeschoss des Museumsgebäudes
Sammlungsschwerpunkte	Kulturgeschichtliches der Region Straubing-Bogen (klassische Sammlung eines älteren Heimatmuseums); Wallfahrt Bogenberg; Bayerische Rauten; Fotografie
Jahr der Inbetriebnahme	In den 1990er Jahren der Ausbau des Dachgeschosses zum Museumsdepot
Grundfläche der Lagerräume	645 m², verteilt auf 2 Depoträume im Dachgeschoss des Kreismuseums, einen Depotraum im Keller eines Gebäudes in Bogen und ein weiteres in einem landwirtschaftlichen Stadel
Funktionsräume	Keine ausgewiesenen Funktionsräume Fotografier-Wand im Museumsbüro; Quarantänedepot ist 2011 im Zuge von Umbaumaßnahmen am Bogenberg weggefallen; in einem Raum des Dachgeschosses des Museumsgebäudes befinden sich eine Werkbank und Werkzeug
Lagergut	Textil; Holzplastiken; Steinplastiken; Wachswaren; Porzellan-, Keramik- und Metallobjekte; Papierobjekte und Bücher (alte Landkreisbibliothek); Bilder; Arbeitsgerät
Gesamtzahl der eingelagerten Objekte	ca. 10–12 000 Objekte (Inventarisierung läuft derzeit)
Lagertechnik	Im Dachgeschoss des Museumsgebäudes in einem Depotraum massive hölzerne Regaleinbauten, Schiebewände für Aufhängung der Bilder sowie mehrere kleinere bewegliche Holzregale Im Museumsdepot in Bogen befinden sich Metallregale
Klimastabilisierung oder -technik	Temperierung, regelmäßige Klimakontrolle (Bogenberg) Heizung (Depot Bogen)

Personelle Betreuung	1 Stunde wöchentlich Klimakontrolle durch den Hausmeister 2 x jährlich Kontrolle auf Schädlingsbefall (2 Tage)
Literatur	H. Neueder, 100 Jahre Kreismuseum Bogenberg (1909–2009), Geschichte des Kreismuseums Bogenberg, Museumsheft 4 (Bogen 2009).

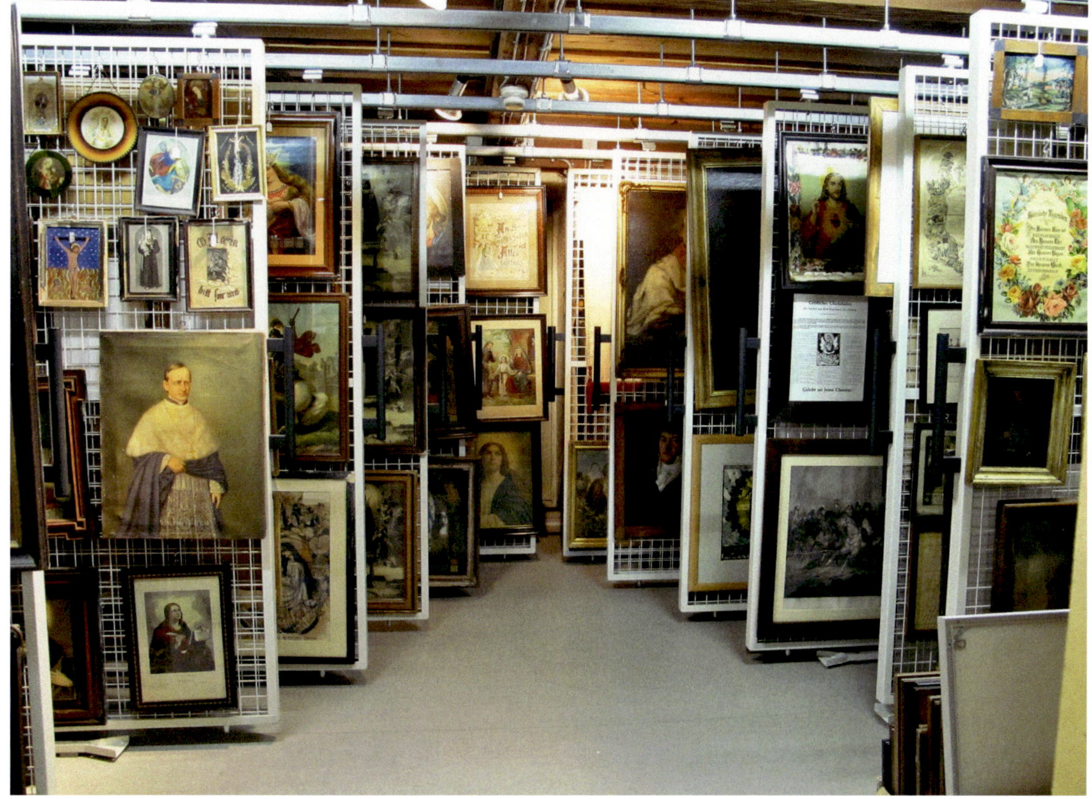

Nutzt den vorhandenen Raum optimal aus: die Gemäldezuganlage

Erlangen, Stadtmuseum

Werner Heunoske

Sammlungsschwerpunkte	Stadtgeschichte; hugenottisches Handwerk und Gewerbe; Industrie; Kunst; Alltagskultur
Jahr der Inbetriebnahme	2011
Grundfläche der Lagerräume	ca. 1250 m²
Funktionsräume	Büro: 17 m² Eingangslager mit Reinigungsstation sowie Fotobereich: 50 m² Quarantäneraum: 12 m²
Lagergut	Gemälde und Plastiken; Möbel; Handwerksgegenstände und Werkzeug; Industrieprodukte sowie Halbfertigprodukte und Maschinen; Hausrat; Apotheken-Ausstattung; Medizintechnik; Bodenfunde
Gesamtzahl der eingelagerten Objekte Lagertechnik	ca. 7 000 Metallregale und -Schränke; Schwerlastregale; Kunststoffpaletten; Rollbretter; Hubwagen; Hubhochwagen; kleiner Werkstattkran
Klimastabilisierung oder -technik	Lichtschutzfolie vor Fenstern; Heizkörper
Personelle Betreuung	2 Personen, durchschnittlich ca. 2 Stunden pro Woche

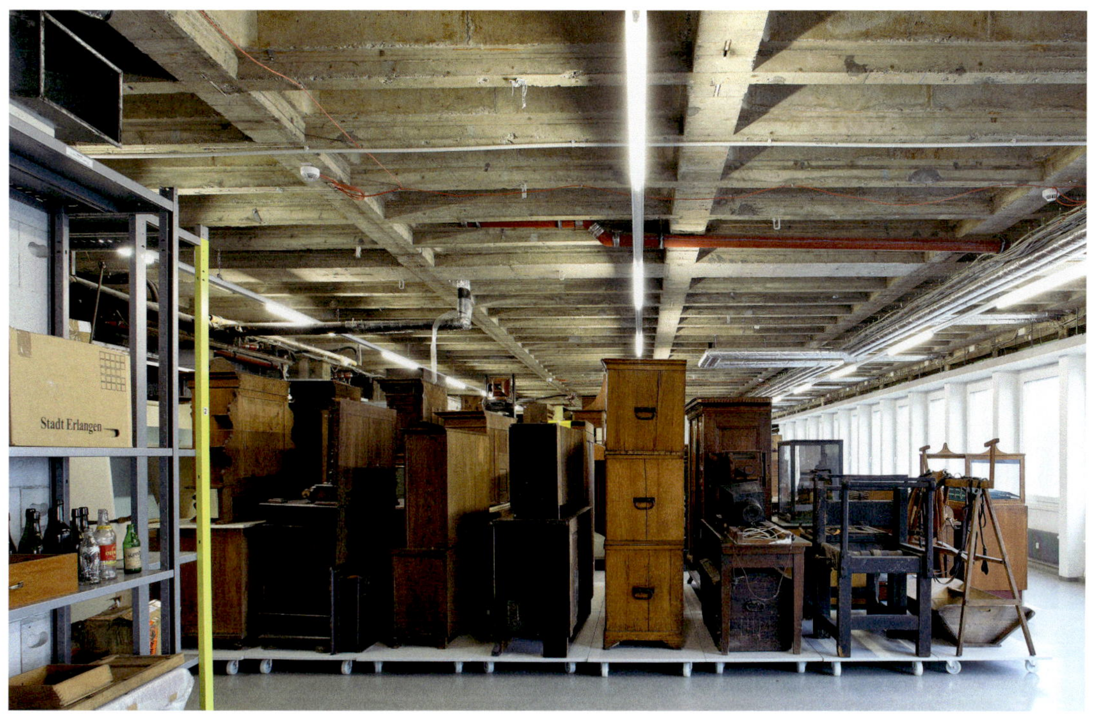

Blick ins Innere des Depots des Erlanger Stadtmuseums

Fladungen, Fränkisches Freilandmuseum

Sabine Fechter

Kurzcharakteristik	Ergänzend zum Altbaubestand Erweiterungsbau als Neubau auf dem Depotareal des Freilichtmuseums
Sammlungsschwerpunkte	Sachzeugnisse ländlicher Kultur: Objekte der Wohnkultur, des Wirtschaftens, Kleidungs- und Ernährungsverhaltens und der Bereiche ländliche Arbeit, Landwirtschaft, Handwerk, Handel und Gewerbe Neu: u. a. repräsentativer Hausrat aus dem ländlichen Wohnbereich der 1960er und 1970er Jahre
Jahr der Inbetriebnahme des Neubaus	2013
Grundfläche der Lagerräume	ca. 530 m²
Funktionsräume	Bezogen auf den Neubau: Überdachte Anlieferung: ca. 26 m² Anlieferung Schmutzschleuse: ca. 43 m² Eingangsdepot: ca. 26 m² Arbeitsraum / Inventarisation: ca. 125 m² Technik: ca. 6 m² WC: ca. 6 m² Nebenraum / Teeküche: ca. 6 m² Büro: ca. 6 m²
Lagergut	Möbel; Kleinteile; Textilien; landwirtschaftliche Geräte (keine Großgeräte)
Gesamtzahl der eingelagerten Objekte	ca. 1 600 Objekte
Lagertechnik	Gitterwände aus Doppelstabzaunelementen; Schieberegalanlage mit Regalen und Plattformen; Flügeltürschränke; Planschränke
Klimastabilisierung oder -technik	Temperierungssystem
Personelle Betreuung	Regelmäßige Betreuung durch den wissenschaftlichen Mitarbeiter, der noch andere Aufgaben im Freilandmuseum übernimmt. Temporäre Mithilfe durch eine Fachkraft per Werkvertrag (für eine bestimmte Aufgabe bzw. Materialgruppe)

Literatur	S. Fechter, Das neue Zentraldepot im Fränkischen Freilandmuseum Fladungen, Franken unter einem Dach, 36 (2014), 159–164

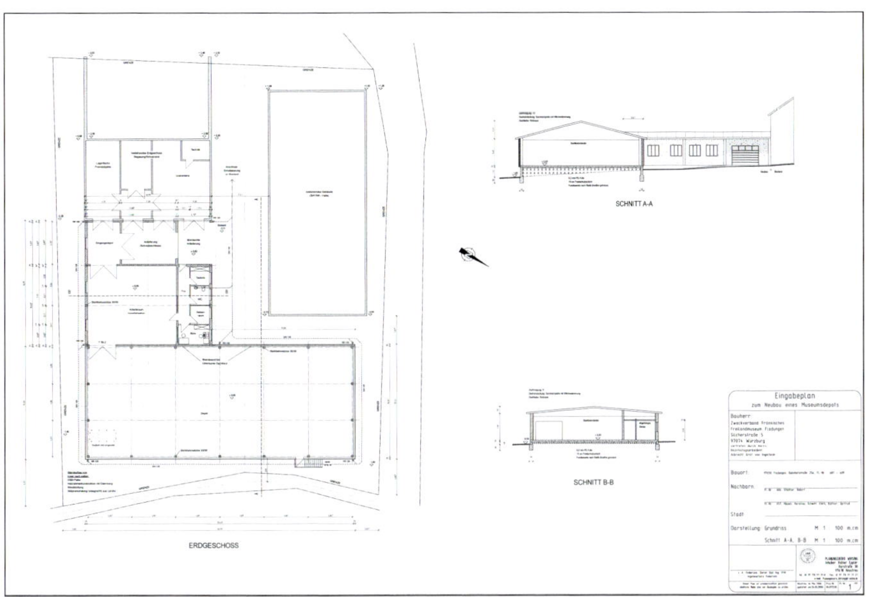

Abb. 1: Grundriss des Depots

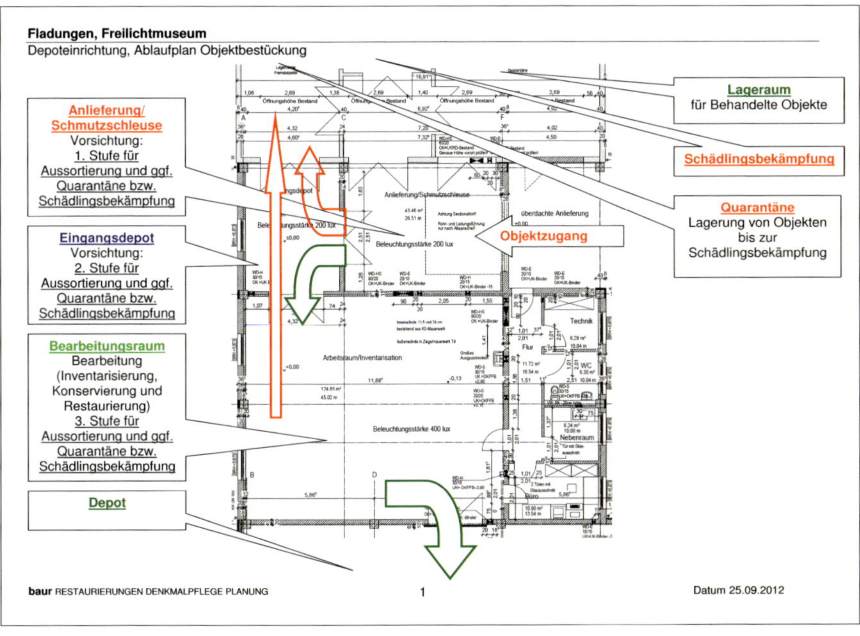

Abb. 2: Ablaufplan Objektbestückung

Holzhausen b. Geisenhausen, Trachtenkulturmuseum

Wolfgang Gensberger

Sammlungsschwerpunkt	Arbeits- u. Wirkensweise der Trachtenvereine und -verbände
Jahr der Inbetriebnahme	2011
Grundfläche der Lagerräume	224 m^2
Funktionsräume	Quarantäneraum = 13 m^2 Lager / Werkstatt = 12 m^2 Büro / Foto = 26 m^2 Verpackungslager = 13 m^2
Lagergut	Behältnisse; Datenträger; Beleuchtung; Bildwerke; Druck- u. Schriftwesen; Gefäße; Grafik; Fotografie; Kleidung; Materialbilder; Model; Formen; Münzen; Medaillen; Musikinstrumente; Puppen; Schmuck; Spiele; Stempel; Siegel; Textilien; Zunftgegenstände
Gesamtzahl der eingelagerten Objekte	ca. 60 000
Lagertechnik	Fahrregal; Planschränke; geschlossene Stahlschränke; geschlossene Stahlaufsatzschränke; Spezialschrank für Fahnenlagerung
Klimastabilisierung oder -technik	Bauteiltemperierung und mechanische Kleinlüftung
Personelle Betreuung	Sämtliche Tätigkeiten werden ehrenamtlich ausgeführt. Bis Ende 2013 mit 4–5 Mitarbeitern, durchschnittl. 20–30 Std. / Woche

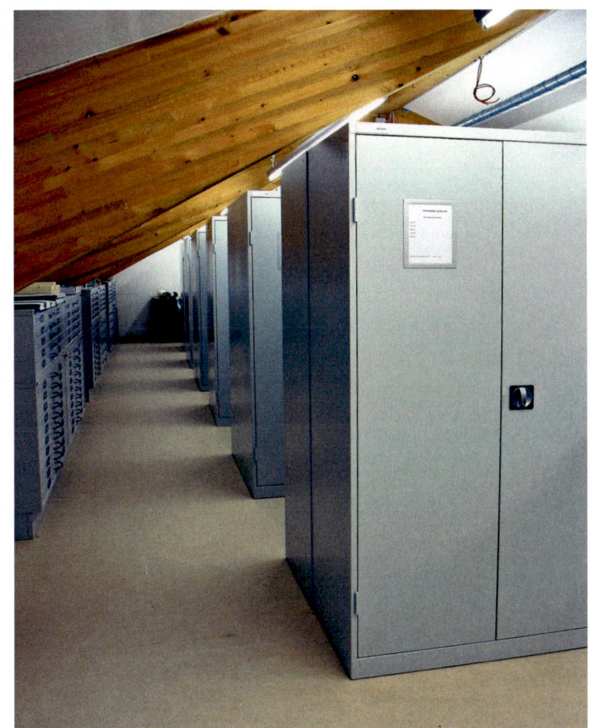

Abb. 1: Geschlossene Stahl- und Planschränke

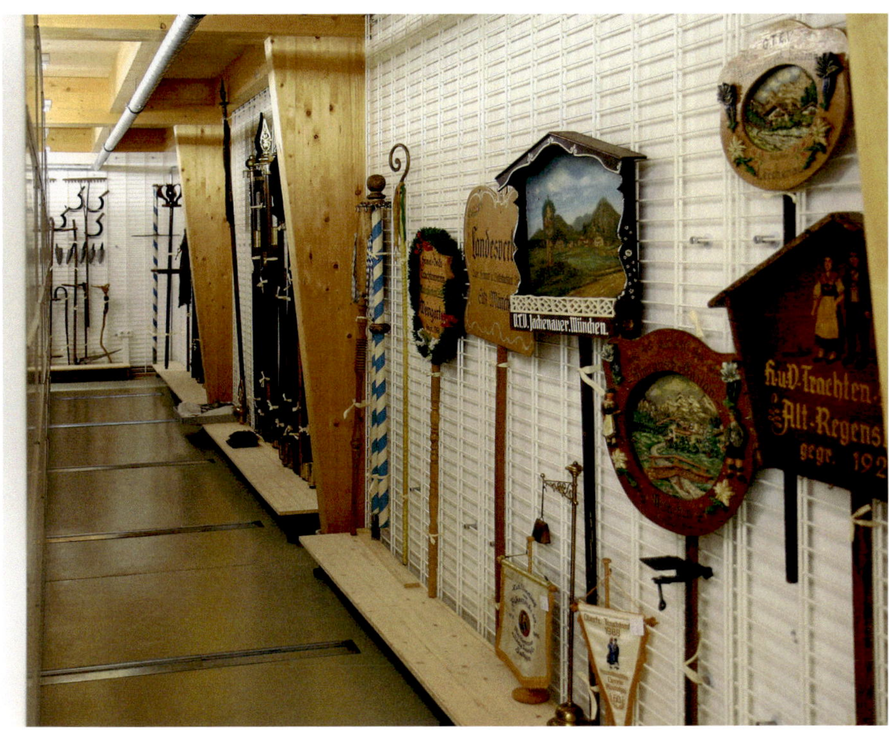

Abb. 2: Gitterwände

Kempten, Museen der Stadt

Roger Mayrock

Kurzcharakteristik	Zentraldepot als Neubau im Gewerbegebiet von Kempten
Sammlungsschwerpunkte	Gemälde, Skulpturen, Grafiken, (mit Kunst im Allgäu und zeitgenössisch); Stadtgeschichte; Milchwirtschaft; Alpin- und Tourismusgeschichte; Volksfrömmigkeit; Textilien; Möbel; Zünfte; Uhren
Jahr der Inbetriebnahme	1995
Grundfläche der Lagerräume	Grundfläche der Lagerräume: ca. 960 m^2 (Erdgeschoss mit Bühnenüberbauten); Nutzfläche gesamt: ca. 3 200 m^2 (einschließlich der Hänge- und Regalflächen); Aufbewahrungsfläche ausschließlich für Exponate: ca. 2 800 m^2
Funktionsräume	Klimaschleuse / Anlieferung: ca. 16 m^2; Quarantäne- bzw. Begasungsraum: ca. 9 m^2; Materiallager: ca. 9 m^2; Werkstatt: ca. 19 m^2; Büro: ca. 12 m^2
Lagergut	Gemälde; Skulpturen; Grafiken; Textilien; Möbel; landwirtschaftliches Gerät; ausgebaute Stubenteile; historische Balken- und Kassettendecken; Schlitten; Turmuhren; Maschinen; Hieb- und Stichwaffen; Objekte der Volksfrömmigkeit; Keramik; Zinn; Münzen u. a.
Gesamtzahl der eingelagerten Objekte	ca. 35–40 000
Lagertechnik	Gemäldezuganlage; Schwerlastregale; Paletten; unterschiedliche Regalsysteme; Tresor; Grafikschränke; Fahnenschränke; Vitrinenschränke; säurefreie Archivierungssysteme und Textilkartons

Klimastabilisierung oder -technik	Temperierung; Luftentfeuchter; Lüftungsanlage (bei Bedarf)
Personelle Betreuung	Hausmeister (2 bis 4 Stunden), Restauratorin 19,5 Stunden (Gesamtarbeitszeit)
Literatur	Rainhard Riepertinger, Vom Chaos zur Ordnung. Der Aufbau des Zentraldepots in Kempten (Allgäu), in: Landesstelle für die nichtstaatlichen Museen in Bayern (Hrsg.), Nicht ausgestellt! Das Depot – der andere Teil der Sammlung, 9. Bayerischer Museumstag Scheinfurt, 9.–11. Juli 1997, Tagungsbericht (München 1998) 93–96

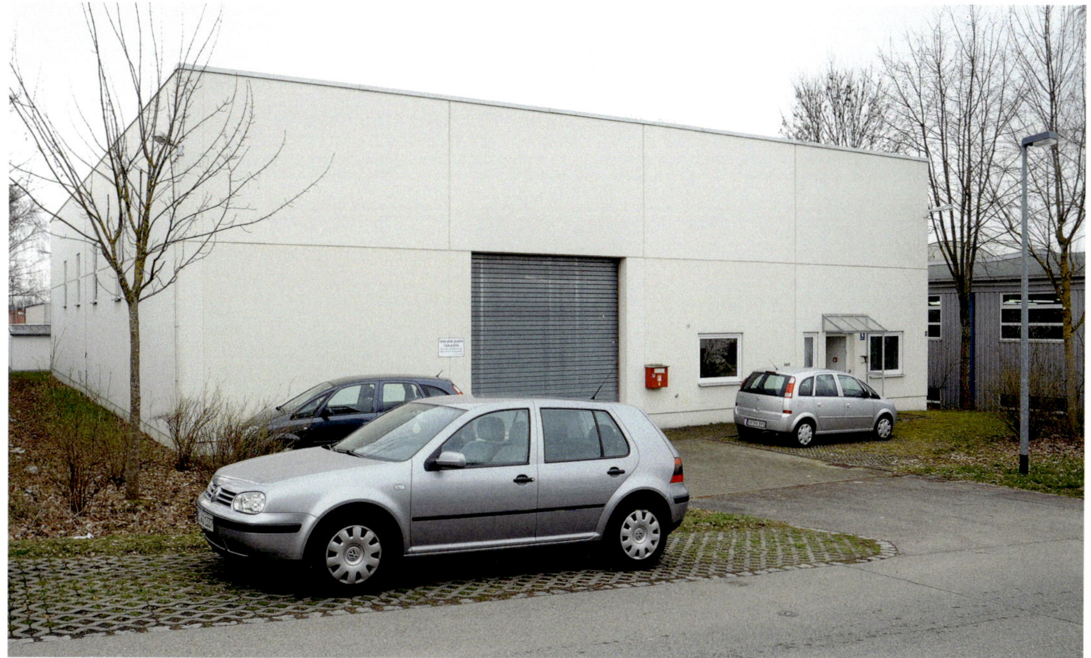

Außenaufnahme des Kemptener Depots

Neukirchen b. Hl. Blut, Wallfahrtsmuseum

Günther Bauernfeind

Kurzcharakteristik	Depot im Dachgeschoss des Museumsgebäudes
Sammlungsschwerpunkt	Religiöse Volkskunst
Jahr der Inbetriebnahme	1992
Grundfläche der Lagerräume	75 m^2
Lagergut	Skulpturen; Gemälde; Andachtsbildchen
Gesamtzahl der eingelagerten Objekte	ca. 800
Lagertechnik	Regale; Grafikschrank; Zugregal
Klimastabilisierung oder -technik	Temperierung
Personelle Betreuung	ca. 1 Stunde pro Woche
Literatur	A. Wießmann, Präventive Konservierung durch Museumsdepots, in: Landesstelle für die nichtstaatlichen Museen in Bayern (Hrsg.), Das Museumsdepot. Grundlagen – Erfahrungen – Beispiele (München 1998) 44–46

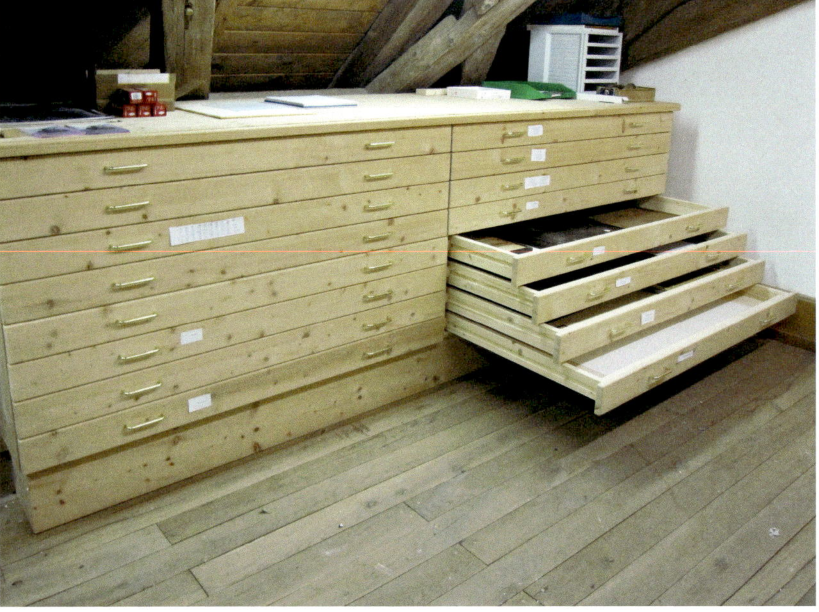

Abb. 1: Grafikschrank

Rechte Seite
Abb. 2: Depotzugregal

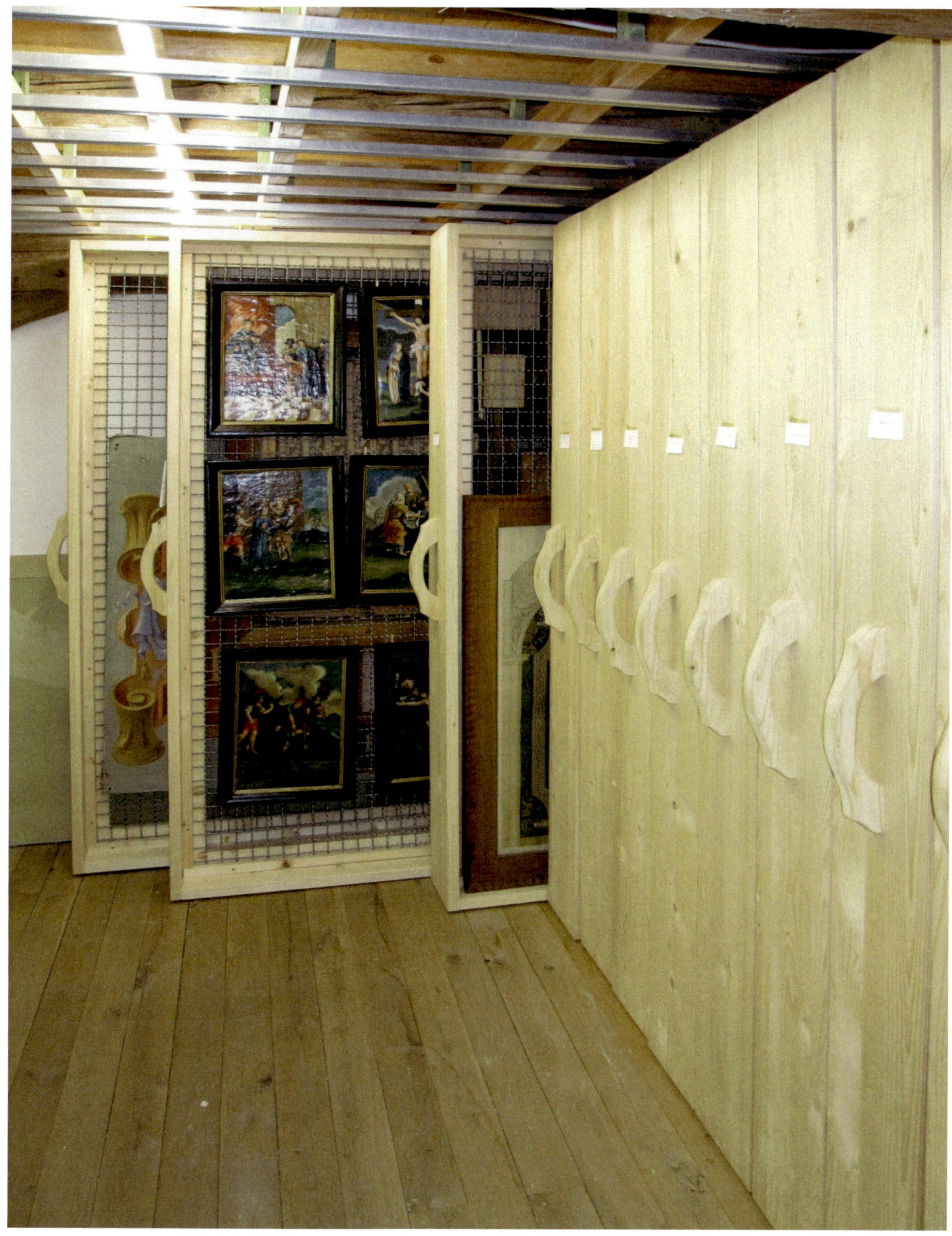

Neusath-Perschen, Oberpfälzer Freilandmuseum

Johanna Ullmann-Süß

Kurzcharakteristik	Zentraldepot als Neubau in der Baugruppe der Werkstatt- und Verwaltungsgebäude auf dem Gelände des Freilichtmuseums
Sammlungsschwerpunkt	Objekte des ländlich-bäuerlichen Lebens in der Oberpfalz bis 1965
Jahr der Inbetriebnahme	2012
Grundfläche der Lagerräume	Schaudepot 180 m^2; Depot Erdgeschoss: 800 m^2; Untergeschoss: 1 300 m^2
Funktionsräume	Gesamtquadratmeter Depot mit Werkstätten ca. 3 000 m^2: Anlieferung: ca. 56 m^2; Quarantäne- und Stickstoffkammer: ca. 20 m^2; Inventarisierung mit Fotobereich: ca. 50 m^2; Werkstätte Holz : ca. 125 m^2; Werkstätte Metall: ca. 50 m^2; Lagerräume: ca. 40 m^2; Informationsraum mit Objektterminals und Großraumvitrine: ca. 90 m^2
Lagergut	Objekte aus den Bereichen Wohnen und Hauswirtschaft, Hof- und Landwirtschaft, Handwerk und Gewerbe
Gesamtzahl der eingelagerten Objekte	ca. 30 000
Lagertechnik	Schwerlastregale; Fahrregalanlage; Vitrinenschränke; Planschränke
Klimastabilisierung oder -technik	Beton-Sandwich-Elemente mit Kerndämmung; Bauteiltemperierung; Gebäudeleittechnik; manuelle Lüftung; mobile Entfeuchtungsgeräte
Personelle Betreuung	2 Depotwart-Vollzeitstellen, auf 3 Personen (Depotwarte / Restaurator) gesplittet 1 Wissenschaftler (Teilzeit)

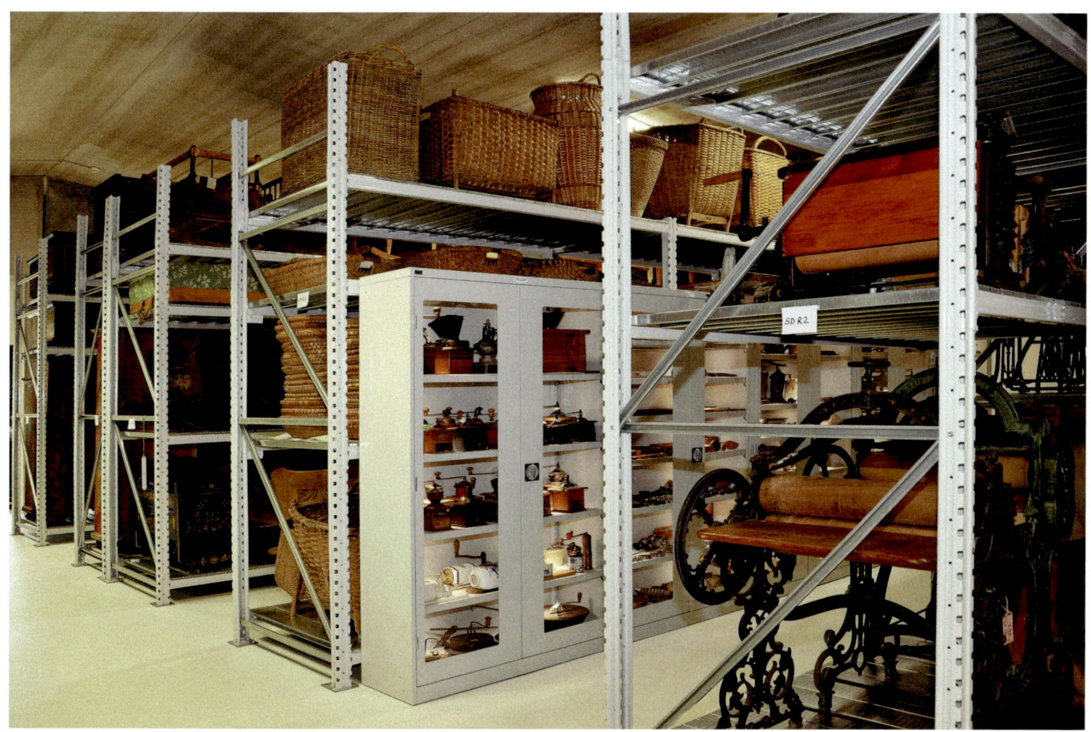

Blick ins Schaudepot des Freilandmuseums Neusath-Perschen

Anhang

Auswahlbibliografie

* Bei den mit einem Asterisk versehenen Werken handelt es sich aus Sicht der Landesstelle um Standardwerke.

Allgemeines

Canadian Conservation Institute, CCI Notes (Ottawa, seit 1983) Loseblattsammlung zu Fragen der Erhaltung, Lagerung und Ausstellung von Kulturgut; bislang über 110 Themen, wird aktualisiert, revidiert und fortgesetzt. www.cci-icc.gc.ca/resources-resources/ccinotesicc/index-eng/aspx (14.9.2014).

Deutscher Museumsbund / Konferenz der Museumsberatung in den Ländern (Hrsg.), Leitfaden zur Erstellung eines Museumskonzepts, Checkliste zum Thema Bewahren, Berlin 2011, 24 f. www.museumsbund.at/uploads/standards/DMB_Museumskonzept_2011.pdf (14.9.2014)

M. Griesser-Stermscheg, Die ungeschriebene Geschichte des Museumsdepots. Vom Wunderkammer-Schrank zur gezielten Depotplanung, Restauro 6.2012, 39–45.

Dies., Tabu Depot. Das Museumsdepot in Geschichte und Gegenwart (Wien 2013).

J. Huber, Gute Depots planen ist nicht schwer, schlechte zu verbessern jedoch sehr, Referat, Fachtagung der Arbeitsgruppe Textil des VDR und des SKR, Affoltern am Albis 28.–29.10.2010.

Ders., Asynchron – Warum Kuratoren, Konservatoren-Restauratoren, Betriebswirtschaftler und Planer selten gleiche Ziele in der Depotplanung haben … aber sicher doch dasselbe wünschen, Asynchron Grundsatzreferat, Tagung »Das modulare Nullenergie-Depot. Neue Wege für Depot- und Archivbauten«, Europäisches Kompetenzzentrum für energetische Altbausanierung und Denkmalpflege, Kloster Benediktbeuern, 12.5.2011.

Ders., Relocation of XXL Collections, Presentation, Oslo Conference Planning to move? Processes and consequences for collections, objects and society, 15.–17.10.2012. www.prevart.ch/download/file/49-relocation (14.9.2014).

Landesstelle für die nichtstaatlichen Museen in Bayern (Hrsg.), Nicht ausgestellt! Das Depot – der andere Teil der Sammlung. Tagungsbericht zum 9. Bayerischen Museumstag, Schweinfurt, 9.–11. Juli 1997 (München 1998).

S. Michalski, Care and preservation of collections, in: ICOM (Hrsg.), Running a museum. A practical handbook (Paris 2004) 51–89.

J. Miersch-Süß, Herausforderung »Projekt Sammlungsdepot«. Eine Einführung, Restauro 4.2012, 55–60.

F. M. Müller (et al.) (Hrsg.), Museumsdepots und Depoteinrichtung. Tagungsband zum ICOM Österreich-Symposium, Innsbruck, 4.–5.3.2011 (Innsbruck 2012).

Diverse Projekte

Die Schweizer Museumszeitschrift, Brennpunktthema: Depot, 09/2014, Verband der Museen der Schweiz, Zürich 2014.

E. Herrmann, Neues Zentraldepot des Kunsthistorischen Museums. Das etwas andere Kunstdepot, in: HLK – Fachzeitschrift für Heizung, Lüftung, Klimatechnik 11, 2011, 26–31.

T. Kimmel (et al.), Zwei Jahre neues Zentraldepot Himberg des Kunsthistorischen Museums Wien, Museum Aktuell 194, 2012, 16–22.

Kunsthistorisches Museum Wien (Hrsg.), Technologische Studien. Kunsthistorisches Museum. Konservierung – Restaurierung – Forschung – Technologie. Sonderband Depots 9/10, 2012/2013 (Bad Vöslau 2013).

M. Leuthard, Eine Vision wird Realität. Planung und Realisierung des Sammlungszentrums des Schweizerischen Nationalmuseums in Affoltern am Albis, Restauro 3.2011, 36–41.

Museumsdepots und Depoteinrichtung, Tagungsband zum ICOM – Österreich-Symposium vom 4.–5. März 2011 in Innsbruck, SPECTANDA, Schriften des Archäologischen Museums Innsbruck 2 (Innsbruck 2012).

Restauro 3.2011 – Titelthema: »Im Fokus: Depot und Umzug«

Restauro 5.2014 – Titelthema: »Depot«
Besonders die folgenden Beiträge:

K. Lengsfeld (et al.), Prima Klima in Depots? Beurteilung verschiedener Sanierungs- und Erweiterungsbaumaßnahmen, 14.
U. Rothenhäusler (et al.), Erst notkonserviert, dann umgelagert. Ein neues Zuhause für archäologische Textilien, 20–25.
T. Kimmel (et al.), Eine erste Evaluierung. Drei Jahre neues Zentraldepot des Kunsthistorischen Museums Wien, 34–41.
U. Baier, Der Trend geht zur Schatz-Konzentration, 42 f.
M. Koller, Endlich: Enttabuisierung des Depotthemas, Buchbesprechung von Griesser-Stermscheg, Tabu Depot, Das Museumsdepot in Geschichte und Gegenwart, 44 f.

C. Stuzka, Neues Zentraldepot für Österreichs Kunstschätze, in: Zement + Beton 2.2012, 44–47.

Bau und Einrichtung

L. D. Christoffersen, Zephyr: passive climate controlled repositories: storage facilities for museum, archive and library purposes. Department of Building Physics of the Lund University Sweden (Lund 1995). www.byfy.lth.se/fileadmin/byfy/files/TVBH-3000pdf/TVBH-3028.pdf (14.9.2014).

S. Fleck (et al.), Das kostenoptimierte Kunstdepot unter Einhaltung zeitgemäßer Standards. Das Beispiel des neuen Zentraldepots KHM Wien, Teil 1: »Das Gebäude«, Restauro 4.2012, 61–63.

J. Huber, Nachhaltige Depotplanung, Die Verantwortung des Nutzers, Restauro 3.2011, 27–30.

M. Krus (et al.), Entwicklung des Modularen Nullenergiedepots. Hygrothermische Berechnungen zum Einfluss auf das Depotklima, Museumskunde 77, 1/2012, 95–114.

Pflege, Transport und Umlagerung der Sammlungsobjekte

Art Handling Spedition GmbH, Mit modernen Materialien verpacken und schützen, Restauro 1.2010, 28.

P. Axer / I. Pelludat, Kunst und Antiquitäten. Empfehlungen zur Handhabung, Reinigung und Aufbewahrung (Regensburg 2004).

P.-B. Eipper, Materialien für den Versand – Kisten- und Vitrinenbau, Der Präparator 42, 1996, 9–12.

R. Fröhlich / A. Funk, Sichere Transportverpackung von Kunst- und Kulturgut, Restauro 8.2011, 40–47.

* G. S. Hilbert, Sammlungsgut in Sicherheit. Beleuchtung und Lichtschutz, Klimatisierung, Schadstoffprävention, Schädlingsbekämpfung, Sicherungstechnik, Brandschutz, Gefahrenmanagement (Berlin [3]2002).

J. Huber, Mengengerüste für die Lagerplanung, Referat, Fachtagung der Arbeitsgruppen Textil des VDR und des SKR, Affoltern am Albis 28.–29.10.2010.

J. Huber / K. von Lerber, Handhabung und Lagerung von mobilem Kulturgut: Ein Handbuch für Museen, kirchliche Institutionen, Sammler und Archive (Bielefeld 2003).

Dies., Unbezahlbare Depots für Kulturgut? Ein langfristig angelegtes Kostenbewusstsein in Museen, Museum Aktuell 149, Juli 2008, 8 f.

H. John / S. Kopp-Sievers (Hrsg.), Sicherheit für Kulturgut! Innovative Entwicklungen und Verfahren, neue Konzepte und Strategien. Tagungsband, Brauweiler 30.9.–1.10.1999 (Bielefeld 2001).

D. Kötter, Die Kunst des Planens. Sammlungsumzüge effizient vorbereiten, Restauro 3.2011, 31–35.

* H. Kühn, Erhaltung und Pflege von Kunstwerken (München [3]2001).

* Landesstelle für die nichtstaatlichen Museen in Bayern (Hrsg.), Sammlungsdokumentation. Geschichte – Wege – Beispiele, MuseumsBausteine 6 (München / Berlin 2001).

* Landesstelle für die nichtstaatlichen Museen in Bayern (Hrsg.), Archäologische Funde im Museum. Erfassen – Restaurieren – Präsentieren, MuseumsBausteine 12 (München / Berlin 2007).

* Landesstelle für die nichtstaatlichen Museen in Bayern (Hrsg.), Inventarisation als Grundlage der Museumsarbeit, MuseumsBausteine 13 (Berlin / München 2013).

H. Sandwith / S. Stainton (Hrsg.). The National Trust. Manual of Housekeeping (London [5]2006).

Ch. Schaaf-Fundneider / T. Kimmel, Das kostenoptimierte Kunstdepot unter Einhaltung zeitgemäßer Standards. Das Beispiel des neuen Zentraldepots KHM Wien, Teil 2: »Die Übersiedelung, Planung und Umsetzung«, Restauro 5.2014, 56–63.

Technologische Studien / Kunsthistorisches Museum, Wien, Band 7 – Sonderband »Präventive Konservierung« (Wien 2010).

Sicherheit

A. E. Bülow / J. Ahmon, Preparing Collections for Digitization (London 2011).

A. E. Bülow, Collection management using preservation risk assessment, Journal of the Institute of Conservation 33.1, 2010, 65–78.

Collections Australia Network, Be prepared – Guidelines for small museums for writing a disaster preparedness plan (Sydney 2000). www.collectionsaustralia.net/sector_info_item/2 (14.9.2014).

V. Dorge / S. Jones, Building an Emergency Plan. A Guide for Museums and Other Cultural Institutions (Los Angeles 1999). www.getty.edu/conservation/publications_resources/pdf_publications/pdf/emergency_plan.pdf (14.9.2014)

W. Hekmann (Hrsg.), Handbook on Emergency Procedures (2010). icom.museum/uploads/tx_hpoindexbdd/ICMS_Handbook_eng.pdf (14.9.2014).

M. Herdin, Risikoabschätzung als ein Werkzeug der Präventiven Konservierung dargestellt am Beispiel der Schack-Galerie, München. Diplomarbeit im Studiengang Restaurierung, Kunsttechnologie und Konservierungswissenschaft der TU München (März 2002), in Auszügen nachlesbar in Restauro 6.2003, 400–407. www.rkk.ar.tum.de/index.php?id=60&L=1 (14.9.2014).

ICOM Österreich – Diözesanmuseum Graz (Hrsg.), Sicherheit und Katastrophenschutz im Museum (Graz 2003).

ICOM Österreich (Hrsg.), Bedrohte Museen: Naturkatastrophen – Diebstahl – Terror (Wien 2004).

Konferenz nationaler Kultureinrichtungen, Sicherheit und Katastrophenschutz für Museen, Archive und Bibliotheken (Dresden 2007).

kultur!gut!schützen! Sicherheit und Katastrophenschutz für Museen, Archive und Bibliotheken. Tagungsband zur Konferenz nationaler Kultureinrichtungen, Berlin, 23.–24.10.2012. www.konferenz-kultur.de/SLF/tagungen/Tagungsband_KULTURGUTSCHUETZEN_2012.pdf (14.9.2014)
Darin besonders der Beitrag von K.-H. Holling, Sicherheitskonzepte für Kunstwerke – ein Planungsansatz.

S. Mader (Hrsg.), Proceedings of the International Congress Catastrophes and Catastrophe Management in Museums, Sarajevo, 17.–21.4.2001 (Innsbruck 2005).

J. G. Wellheiser / N. E. Gwinn (Hrsg.), Emergency management. Preparing for the Worst, Planning for the Best: Protecting our Cultural Heritage from Disaster (München 2005).

* Ch. Wenzel, Notfallprävention und -planung für Museen, in: A. Jeberien / M. Knaut (Hrsg.), Preventive Conservation. Beiträge des Workshops »Preventive Conservation« am 1. März 2007 an der Fachhochschule für Technik und Wirtschaft Berlin (München 2007) 53–63.

Heizung, Klimatisierung

C. Arendt, Raumklima in großen historischen Räumen. Heizungsart – Heizungsweise – Schadensentwicklung – Schadensverhinderung (Köln 1993).

K. Atkinson, Environmental Conditions for the Safeguarding of Collections: A Background to the Current Debate on the Control of Relative Humidity and Temperature, Studies in Conservation 59, 2014, 205–212.
S. dort auch die Beiträge von S. Stanforth und J. Bickersteth.

Bayerische Ingenieurekammer-Bau, Baudenkmal und Energie (München 2014). www.bayika.de

Bayerisches Landesamt für Denkmalpflege (Hrsg.), Die Temperierung. Beiträge zum aktuellen Forschungsstand. Tagungsband zum internationalen Kolloquium, Benediktbeuern, 12.11.2012 (München 2014).
Darin enthalten ein ausführliches Literaturverzeichnis zum Thema Klimastabilisierung.

A. Burmester / M. Eibl, Klima und Kulturgut. Die Münchner Position zu den Interim Guidelines der Bizot Gruppe, Restauro 3.2013, 53–58.

M. Cassar, Environmental Management. Guidelines for Museums and Galleries (London 1995).

M. Eibl / A. Burmester, Learning from History: Historic Indoor Climate Conditions and Climate Control Strategies, in: J. Ashley-Smith (et al.) (Hrsg.), Climate for Collections: Standards and Uncertainties (London 2013) 218–233.

D. Erhardt / M. Mecklenburg, Relative humidity re-examined, in: A. Roy / P. Smith (Hrsg.), Preventive Conservation. Practice, Theory and Research. Preprints of the Contributions to the Ottawa Congress, 12.–16. 9.1994 (London 1994) 32–38.

M. Grießer (et al.), Erfahrungen zur Verbesserung der Aufbewahrung historischer Objekte in nicht klimatisierten Museumsdepots durch Verpackung in Kunststofffolien unter kontrollierten Bedingungen, Technologische Studien Kunsthistorisches Museum. Konservierung – Restaurierung – Forschung – Technologie 2.2005, 85–115.

H. Großeschmidt, Stabilisierung des Raumklimas als Grundlage sachgerechter Bewahrung oder: Das temperierte Haus, sanierte Architektur und Großvitrine, in: Landesstelle für die nichtstaatlichen Museen in Bayern (Hrsg.) Das Museumsdepot. Grundlagen – Erfahrungen – Beispiele, MuseumsBausteine 4 (München 1998) 58–61.

I. Haag, »Wir diskutieren über ± 1°C, übersehen aber das Gesamte«. Das Modell eines modularen Nullenergiedepots, Restauro 5.2011, 10.

M. Herdin, Von Vermutungen, Wissen, Nachlässigkeit und Verantwortung. Gedanken zu Klimavorgaben und Energieeinsparungen in Museen, Restauro 7.2012, 61–69.

M. Kotterer (et al.) (Hrsg.), Klima in Museen und historischen Gebäuden: Die Temperierung. Wissenschaftliche Reihe Schönbrunn 9 (Schönbrunn 2004).

* M. Kotterer, Standardklimawerte für Museen. Ergebnisse eines Projekts, Restauro 2.2004, 106–116.

H.-P. Leimer / J. Bode, Klimastabilität in Archiven, Bibliotheken und Museen, BIT (Bibliothek, Information, Technologie) online 4.2005. www.b-i-t-online.de/archiv/2005-04/ fach2.htm (14.9.2014).

S. Michalski, Museum climate and global change. Doing the right thing for both, in: Reflections on Conservation 2011, Canadian Conservation Institute, 9–11. cci-icc-gc.academia.edu/StefanMichalski/ Papers (14.9.2014).

Ch. Müller-Straten, Geisterstunde: Oder was hinter dem Richtwert von 55 % rF steckt, Museum Aktuell 117, Juli/August 2005, 8f.

* T. Padfield, Low Energy Climate Control in Museum Stores: A Postscript, in: ICOM / CC (Hrsg.), 11th Triennal Meeting, Edinburgh, 1.–6.9.1996 (London / Paris 1996) 68–71.

* T. Padfield / K. Borchersen (Hrsg.), Museum microclimates. Contributions to the Copenhagen conference, 19.–23.11.2007 (Kopenhagen 2007).

* T. Padfield, Simple Climate Control in Archives is hindered by too strict standards, in: C. Rode (Hrsg.), Proceedings of the 8th Symposium of Building Physics in the Nordic Countries (Lyngby 2008) 1429–1436.

M. R. Sagstetter, Klimatisierungskonzepte in jüngeren Archivgebäuden in Deutschland, Archivalische Zeitschrift 86.2004, 323–356.

* G. Thomson, The Museum Environment (Oxford 1986).

B. Wischhöfer, Natürliche Klimatisierung in Archivmagazinen – 10 Jahre Kassler Modell (Kassel 2007).

Schadstoffe

M. Eibl, Die Reinigung musealer Räume als Maßnahme der Präventiven Konservierung, Teil 1 – Grundlagen der Verschmutzungen und Reinigung, Zeitschrift für Konservierung und Kunsttechnologie 23.1.2009, 79–114.

* P. Hatchfield, Pollundants in the Museum, Practical Strategies for Problem Solving in Design, Exhibition and Storage (London 2002).

Th. Krebs / L. Lang, Sicherer Umgang mit belastetem Sammlungsgut am Beispiel der Uniformensammlung des Braunschweigischen Landesmuseums, VDR Beiträge 2, 2012, 40–48.

A. Schieweck / T. Salthammer, Schadstoffe in Museen, Bibliotheken und Archiven (Braunschweig 2006).

E. Spiegel, Emissionen im Museum: Ein Gütezeichen für emissionsarme Ausstellungsmaterialien und Vitrinen als mögliches Instrument zur Schadstoffbegrenzung (Köln 2012).

J. Tetrault, Airborne Pollutants in Museums, Galleries and Archives: Risk Assessment, Control Strategies and Preservation Management (Ottawa 2004).

Ch. Waller, Reduzierung von Luftschadstoffen in Museen und Archiven. www.cwaller.de/teil4.htm (14.9.2014).

P. Zalewski (Hrsg.), Biozidbelastete Kulturgüter. Grundsätzliche Hinweise und Texte zur Einführung in die Thematik (Frankfurt / Oder 2014).

Schädlingsproblematik

M.-L. Florian, Fungal Facts. Solving Fungal Problems in Heritage Collections (London 2002).

N. Hertwig, Holzwurm, Hausbock & Co: Ansätze eines integrierten Schädlings-Managements im Bauernhausmuseum Ammera, Jahrbuch für die oberbayerischen Freilichtmuseen 9, 2014, 153–166.

B. Krumpas, Schimmelpilzbildung in Archiven und Depots: prophylaktische, konservatorische und restauratorische Maßnahmen sowie Schutz für MitarbeiterInnen und BenützerInnen, Diplomarbeit im Fach Informations- und Wissensmanagement der FH Eisenstadt (Eisenstadt 2006). eprints.rclis.org/7727/1/AC05369844.pdf (14.9.2014).

C. A. Pack, A Fungus Among Us: Mold Growth in Museum Environments (2011). Museumbulletin.files.wordpress.com/2012/04/crista-pack-research-paper.pdf (14.9.2014)

L. E. Petrini / O. Petrini, Schimmelpilze und deren Bestimmung (Stuttgart 2010).

* D. Pinniger, Pest Management in Museums, Archives and Historic Houses (London 2002).

P. Querner / M. Morelli, Schädlingsbekämpfung in Museen – ein Status Quo, Restauro 4.2012, 14 f.

P. Querner / S. Simon, Developing and Implementing an Integrated Pest Management concept in the large collections of the National Museums in Berlin, in: P. Winsor (et al.) (Hrsg.), Integrated Pest Management for Collections. Proceedings of 2011: A Pest Odyssey, 10 Years Later (Swindon 2011) 38–45.

Restauro 1.2013 – Themenschwerpunkt: »Nützlinge zur Schädlingsbekämpfung«
Darin insbesondere P. Querner (et al.), Nützlingseinsatz im Museum. Zum Einsatz von Lagerwespen im Rahmen eines Integrierten Schädlingsmanagements (IPM) im Kunsthistorischen Museum Wien, 42–45.

Restauro 7.2013 – Themenschwerpunkt: »Biozide«

Restauro 2.2014 – Titelthema: »Schimmel / mikrobieller Befall«

M. Wimmer-Mörner, Motten, Monitoring, Bearbeitung der Sammlung »Zugtiergeschirre«, Jahrbuch für die oberbayerischen Freilichtmuseen 7, 2012, 151–166.

Materialien

Allgemein

V. Koesling, Vom Feuerstein zum Bakelit. Historische Werkstoffe verstehen, AdR aktuell. Schriftenreihe zur Restaurierung und Grabungstechnik 5/6 (Stuttgart 1999).

H. Kühn, Erhaltung und Pflege von Kunstwerken, Material und Technik, Konservierung und Restaurierung (München 2001).

Papier, Grafik, Bücher, Schriftgut

G. Bartenschlager, Neue Depoträume für Schriftgut und die Sammlung kleinformatiger Bilder, Jahrbuch für die oberbayerischen Freilichtmuseen 6, 2011, 139–151.

G. Dessauer, Die endogenen und exogenen Alterungsursachen beim Papier und Möglichkeiten des Papiermachers, alterungsbeständige Papiere zu erzeugen, Das Papier 34, 1980, 249–255.

DIN ISO 11799: Information und Dokumentation – Anforderungen an die Aufbewahrung von Archiv- und Bibliotheksgut (Berlin 2005).

A. Haberditzl, Kleine Mühen – Große Wirkung. Maßnahmen der passiven Konservierung bei der Lagerung, Verpackung und Nutzung von Archiv- und Bibliotheksgut, in: H. Weber (Hrsg.), Bestandserhaltung in Archiven und Bibliotheken (Stuttgart 1992) 71–89.

J. H. Hofenk de Graaff, Browning. Research into the Cause of Browning of Paper Mounted in Mats, in: Contributions of the Central Research Laboratory to the field of conservation and restoration (Amsterdam 1994) 21–42.

S. Papelitzky (et al.), Säurefrei in die Zukunft. Die Umlagerung und Inventarisierung der Portraitgrafiken des Deutschen Medizinhistorischen Museums Ingolstadt, Restauro 6.2012, 28–35.

N. Reimann (Hrsg.), Praktische Archivkunde. Ein Leitfaden für Fachangestellte für Medien- und Informationsdienste, Fachrichtung Archiv (Münster [2]2008).

M. Strebel, Konservierung und Bestandserhaltung von Schriftgut und Grafik. Ein Leitfaden für Archive, Bibliotheken, Museen und Sammlungen (Urdorf 1995). www.atelierstrebel.ch

Fotografie

S. Dobrusskin (et al.), Faustregeln für die Fotoarchivierung, Rundbrief Fototografie Sonderheft 1, 2001.

* M. Schmidt, Fotografien in Museen, Archiven und Sammlungen. Konservieren – Archivieren – Präsentieren, MuseumsBausteine 2 (München [2]1995).

M. Wimmer, Das »fotografische Gedächtnis« der Glentleiten. Die Digitalisierung und neue Lagerung des Diaarchivs, Jahrbuch für die oberbayerischen Freilichtmuseen 5, 2010, 179–189.

Textilien

B. Breuer, Überlegungen zur Deponierung textiler Objekte am Beispiel der Sammlung des Kölner Stadtmuseums, Diplomarbeit FH Köln (Köln 1994).

K. Finch / G. Putnam, The Care and Preservation of Textiles (Berkeley [2]1991).

A. Hischberger, Hinweise zur Aufbewahrung textiler Objekte, in: Museum Aktuell 74, 2001, 3076–3081.

E. Jägers, Präventive Konservierung. Schutz und Pflege von textilen Kunstwerken durch vorbeugende Maßnahmen in: M. Braunsteiner / H. Kaindl (Hrsg.), Historische Textilien aus dem Sakralbereich. Bedeutung und Nutzung. Erforschung und Konservierung (Graz 1998) 62–68.

R. Lemberg, Aufbewahrung und museale Präsentation historischer Textilien. Klimatisierung, Beleuchtung, Lagerung, in: M. Braunsteiner / H. Kaindl (Hrsg.), Historische Textilien aus dem Sakralbereich. Bedeutung und Nutzung. Erforschung und Konservierung (Graz 1998) 69–77.

K. Mohr, Hinweise zum Umgang mit historischen Textilien, Sudetendeutsches Archiv, in: Kulturbrief der SL 2/200. www.sudetendeutsches-archiv.de/web/manusmohr/textil.pdf (14.9.2014)

E. Mürau / I. Seekamp, Die Umlagerung der Objektbestände am Beispiel der Textilsammlung, in: Bundesamt für Bauten und Logistik – Schweizerische Landesmuseen Zürich (Hrsg.), Sammlungszentrum Schweizerische Landesmuseen (Zürich 2007) 67–74. www.nationalmuseum.ch/sharedObjects/04_Affoltern/UeberUns/2014/Sammlungszentrum.pdf (23.10.2014)

U. Reichert, Handhabung von Textilien im Museum, in: Landesstelle für die nichtstaatlichen Museen in Bayern (Hrsg.), Umgang mit Dingen. 6. Bayerischer Museumstag, Regensburg 4.–6.9.1991 (München 1992) 22–26.

T. Rupp, Beispiele vermeidbarer Fehler bei Lagerung und Aufbewahrung von Textilien, in: Verbund Oberösterreichischer Museen (Hrsg.), Restaurierung und Konservierung – Ein kleiner Praxisleitfaden (Leonding 2004) 19 f.

I. Seekamp, Der Fahnenumzug – Ein Erfahrungsbericht, Restauro 5.2014, 26–29.

Naturkundliche Objekte

D. Carter / A. Walker, Care and Conservation of Natural History Collections (Oxford 1998).

Ch. Collins, Care and Conservation of Palaeontological Collections (Oxford 1995).

C. L. Rose (et al.) (Hrsg.), Storage of Natural History Collections: A Preventive Conservation Approach (Pittsburgh 1995).

Webseiten

* www.cwaller.de (Long Life for Art).

www.das-gruene-museum.de (Vortragsreihe u. a. zu Präventiver Konservierung)

www.depotwijzer.be

www.getty.edu/conservation/publications_resources (Download-Plattform)

www.iccrom.org (Download-Plattform)

* www.prevart.ch

Tagungen, Symposien u. a.

Ars Industria, Tag der Offenen Tür im Industriedepot Schweinfurt, 28.5.2011.

Depots heute: Rückgrat der Museumsarbeit, Tagung des Museumsverbands Baden-Württemberg, Freiburg, 15.–16.11.2013.

Temperierung – Zum aktuellen Forschungsstand. Tagung der Landesstelle für die nichtstaatlichen Museen in Bayern und des Fraunhofer-Zentrums Benediktbeuern, 12.11.2012.

ÖRV (Österreichischer Restauratorenverband), Symposium: Das NÖ Kulturdepot – Planung, Übersiedlung und Betrieb, St. Pölten, 16.6.2011.

Schnittpunkt-Veranstaltungsreihe »Gegen den Stand der Dinge. Wo die Dinge stehen: Das Museumsdepot als Archiv«, Schnittpunkt Veranstaltungstheorie und Praxis, Wien, 16.1.2011.

Tagung »Das modulare Nullenergie-Depot. Neue Wege für Depot- und Archivbauten«, Europäisches Kompetenzzentrum für energetische Altbausanierung und Denkmalpflege, Fraunhofer-Zentrum Benediktbeuern, 12.5.2011.

Volontärsakademie des Museumsverbandes Baden-Württemberg, KUTUR.GUT.SAMMELN. KULTUR.GUT.ERHALTEN. Chancen und Risiken, Esslingen am Neckar, 2.–3.7.2014.

Autorenverzeichnis

Thilo Angermann
Staatliches Bauamt München I
Peter-Auzinger-Straße 10
81547 München
thilo.angermann@stbam1.bayern.de
www.stbam1.bayern.de

Dipl.-Ing. Peter Bachmeier
Landeshauptstadt München, Branddirektion
Branddirektor
An der Hauptfeuerwache 8
80331 München
peter.bachmeier@muenchen.de
www.muenchen.de

Günther Bauernfeind M. A.
Neukirchen b. Hl. Blut, Wallfahrtsmuseum
Landratsamt Cham, Kulturreferat
Rachelstraße 6
93413 Cham
guenther.bauernfeind@lra.landkreis.cham.de
www.landkreis-cham.de

Jürgen Benini
Stadt Schweinfurt
Museen und Galerien
Kunsthalle Schweinfurt
Leitung Technik, Ausstellungen
Markt 1
97421 Schweinfurt
juergen.benini@Schweinfurt.de
www.schweinfurt.de

Robert Berberich
Kulturreferent der Stadt Rosenheim
Innsbrucker Straße 3
83022 Rosenheim
robert.berberich@rosenheim.de
www.rosenheim.de

Meike Bianchi-Königstein M. A.
Bauernmuseum Bamberger Land
Wissenschaftliche Mitarbeiterin
Hauptstraße 3 und 5
96158 Frensdorf
meike.bianchi-koenigstein@lra-ba.bayern.de
www.bauernmuseum-frensdorf.de

Tina Buttenberg
Stadtarchiv Rosenheim
Archivarin
Reichenbachstraße 1a
83022 Rosenheim
www.stadtarchiv.de

Dr. Sabine Fechter
Leiterin des Fränkischen Freilandmuseums
Fladungen
Bahnhofstraße 19
97650 Fladungen
s.fechter.fladungen@bezirk-unterfranken.de
www.freilandmuseum-fladungen.de

Sonia Fischer
Stadt Landsberg am Lech
Leiterin der Städtischen Museen: Neues Stadtmuseum, Herkomer Museum, Weißegger
Anwesen
86899 Landsberg am Lech
s_fischer@landsberg.de
www.landsberg.de

Dr. Christof Flügel
Landesstelle für die nichtstaatlichen Museen
in Bayern
Referent für archäologische und naturwissenschaftliche Museen
Alter Hof 2
80331 München
christof.fluegel@blfd.bayern.de
www.museen-in-bayern.de

Prof. Dr. Robert Fuchs
Institut für Restaurierungs- und Konservierungswissenschaft der Fachhochschule Köln
Restaurierung und Konservierung von Schriftgut, Graphik und Buchmalerei
Ubierring 40
50678 Köln
robert.fuchs@fh-koeln.de
db.re.fh-koeln.de/icsfh/

Dipl.-Rest. Stephanie Gasteiger
Bayerisches Landesamt für Denkmalpflege
Praktische Denkmalpflege: Bodendenkmäler
Referat B V – Restaurierung Archäologie und Dendrolabor
Diplom-Restauratorin und stellvertretende Referatsleiterin
Hofgraben 4
80539 München
stephanie.gasteiger@blfd.bayern.de
www.blfd.bayern.de

Wolfgang Gensberger
Trachtenkulturmuseum Holzhausen
Förderverein »Haus der bayerischen Trachtenkultur und Trachtengeschichte e. V.«
Holzhausen 1
84144 Geisenhausen
gensberger@kabelmail.de
www.trachtenkulturmuseum.de

Dr. Ulrike Götz
Leiterin des Stadtmuseums
Asamgebäude
Marienplatz 7
85354 Freising
stadtmuseum@freising.de
www.stadtmuseum.freising.de

Henning Großeschmidt
Büro für Thermische Bauphysik
Ehemaliger leitender Restaurator bei der Landesstelle für die nichtstaatlichen Museen in Bayern
Tratstraße 11
82347 Bernried
h.grosseschmidt@fitec.de

Dr. Regina Hanemann
Direktorin der Museen der Stadt Bamberg
Alte Hofhaltung
Domplatz 7
96049 Bamberg
museum@stadt.bamberg.de
www.bamberg.de

Julia Hasenstab M. A.
Universität Würzburg
Lehrstuhl für Europäische Ethnologie / Volkskunde
Wissenschaftliche Mitarbeiterin
Am Hubland
97074 Würzburg
julia.hasenstab@uni-wuerzburg.de

Monika Hauser-Mair
Leiterin der Städtischen Galerie der Stadt Rosenheim
Max-Bram-Platz 2
83022 Rosenheim
monika.hauser@rosenheim.de
www.rosenheim.de

Michaela Hermann M. A.
Kunstsammlungen und Museen Augsburg – Römisches Museum / Stadtarchäologie
Wissenschaftliche Mitarbeiterin, Fund- und Dokumentationsarchiv
Gögginger Straße 59
86159 Augsburg
michaela.hermann@augsburg.de
www.kunstsammlungen-museen.augsburg.de

Dr. Werner Heunoske
Stadtmuseum Erlangen
Wissenschaftlicher Mitarbeiter
Martin-Luther-Platz 9
91054 Erlangen
werner.heunoske@stadt.erlangen.de
www.erlangen.de

Martin Höpfner
Museen der Stadt Aschaffenburg
Zentrum für Konservierung und Restaurierung
Nilkheimer Hof
Abteilung Archäologisches Kulturgut und Präventive Konservierung
Restaurator
Großostheimer Straße 201
63741 Aschaffenburg
martin.hoepfner@museen-aschaffenburg.de
www.aschaffenburg.de

Joachim Huber
Prevart GmbH – Museumsplaner – Konzepte für Kulturgütererhaltung
Co-Geschäftsführer
Oberseenerstrasse 93
8405 Winterthur
Schweiz
joachim.huber@prevart.ch
www.prevart.ch

Peter Huber
Stadt Landsberg am Lech
Stadtbauamt – Kommunaler Hochbau
Referatsleiter
86899 Landsberg am Lech
p_huber@landsberg.de

Dr. Birgit Jauernig
Bauernmuseum Bamberger Land
Leiterin des Museums; Trachtenberaterin für den Bezirk Oberfranken
Hauptstraße 3 und 5
96158 Frensdorf
birgit.jauernig@lra-ba.bayern.de
www.bauernmuseum-frensdorf.de

Friederike Kaiser
Deutscher Alpenverein
Geschäftsbereichsleiterin Kultur
Ressorts Archiv, Bibliothek, Museum
Alpines Museum / Haus des Alpinismus
Praterinsel 5
80538 München
friederike.kaiser@alpenverein.de
www.alpenverein.de

Dipl.-Rest. Lars Klemm
Fraunhofer-Institut für Bauphysik IBP
Standort Holzkirchen
Präventive Konservierung und Denkmalpflege
Abteilung Raumklima
Fraunhoferstraße 10
83626 Valley
lars.klemm@ibp-extern.fraunhofer.de
www.ibp.fraunhofer.de

Michael Kotterer M. A.
Stiftung Kunstforum Ostdeutsche Galerie
Papierrestaurator
Dr.-Johann-Maier-Straße 5
93049 Regensburg
m.kotterer@kog-regensburg.de
www.kog-regensburg.de

Dipl.-Rest. Joachim Kreutner
Bayerisches Nationalmuseum
Diplom-Restaurator für Metall und Kunsthandwerk
Prinzregentenstraße 3
80538 München
joachim.kreutner@bnm.mwn.de
www.bayerisches-nationalmuseum.de

Dipl.-Ing. Stefania Kuszlik
Landeshauptstadt München
Baureferat – Hochbau HS 2
Medien- und Öffentlichkeitsarbeit
Friedenstraße 40
81660 München
stefania.kuszlik@muenchen.de
www.muenchen.de

Marianne Landvoigt M. A.
Bayerisches Landesamt für Denkmalpflege
Referat B V – Restaurierung Archäologie und Dendrolabor
Restauratorin
Klosterberg 8
86672 Thierhaupten
marianne.landvoigt@blfd.bayern.de
www.blfd.bayern.de

Walter Leicht M. A.
Leiter des Städtischen Museums
der Stadt Rosenheim
Ludwigsplatz 26
83022 Rosenheim
walter.leicht@rosenheim.de
www.rosenheim.de

Dipl.-Ing. Katharina Matzig
Bayerische Architektenkammer
Referentin für Presse- und Öffentlichkeitsarbeit
Waisenhausstraße 4
80637 München
matzig@bayak.de
www.byak.de

Roger Mayrock
Museumsverwaltung Stadt Kempten (Allgäu)
Memminger Straße 5
87439 Kempten (Allgäu)
roger.mayrock@kempten.de
www.allgaeu-museum.de

Barbara Michal M. A.
Leiterin des Kreismuseums Bogenberg
Bogenberg 12
94327 Bogen
kreismuseum@landkreis-straubing-bogen.de
www.landkreis-straubing-bogen.de

Dr. Eckhard Mönnig
Naturkunde-Museum Coburg
Diplom-Geologe, Kustos (Geologie)
Park 6
96450 Coburg
e.moennig@naturkunde-museum-coburg.de
www.naturkunde-museum-coburg.de

Klaus Mohr M. A.
Sudetendeutsche Stiftung
Sammlungsleiter
Hochstraße 8
81669 München
klaus.mohr@sudetendeutsche-stiftung.de
www.sudetendeutsche-stiftung.de

Dr. Martin Ortmeier
Freilichtmuseen Massing und Finsterau
Museumsleiter
Museumsstraße 51
94151 Finsterau
ortmeier@freilichtmuseum.de
www.freilichtmuseum.de

Dr. Astrid Pellengahr
Leiterin der Landesstelle für die nichtstaatlichen
Museen in Bayern
Alter Hof 2
80331 München
astrid.pellengahr@blfd.bayern.de
www.museen-in-bayern.de

David Pinniger
83 Westwood Green Cookham
Berkshire SL 6 9DE
United Kingdom
d.pinniger@btinternet.com

Dr. Isabel Reindl
Landesstelle für die nichtstaatlichen Museen
in Bayern
Referentin für kunst- und kulturhistorische
Museen (Oberbayern West und Oberfranken)
Alter Hof 2
80331 München
isabel.reindl@blfd.bayern.de
www.museen-in-bayern.de

Georg Rettenbeck M. A.
Stadtarchivar, Museumsleiter
Dr.-Josef-Hasreiter-Straße 2
84130 Dingolfing
archiv@dingolfing.de
www.dingolfing.de

Dr. Thomas Richter
Direktor der Museen der Stadt Aschaffenburg
Schloss Johannisburg
Schlossplatz 4
63739 Aschaffenburg
thomas.richter@museen-aschaffenburg.de
www.museen-aschaffenburg.de

Dipl.-Rest. Sibylle Ruß
Textilrestauratorin
Schützenstr. 1
96047 Bamberg
sibylle.russ.textil@gmx.de

Dr. Thomas Schindler
Fränkisches Freilichtmuseum
Ausstellungen und Sammlung
Eisweiherweg 1
91438 Bad Windsheim
thomas.schindler@freilandmuseum.de
www.freilandmuseum.de

Dipl.-Ing. Marjen Schmidt
Diplom-Photoingenieurin
Alpenblickstraße 37
82386 Oberhausen
marjen.schmidt@web.de

Dr. Eva Schurr
Museen der Stadt Bamberg
Wissenschaftliche Mitarbeiterin
Alte Hofhaltung
Domplatz 7
96049 Bamberg
eva.schurr@stadt.bamberg.de
www.bamberg.de

Dipl.-Rest. Maria Sutor
Zur Bergwiese 3
82152 Planegg
restaurierung@konservierung.org
www.maria-sutor.de

Johanna Ullmann-Süß M. A.
Oberpfälzer Freilandmuseum Neusath-Perschen
Stellvertrendende Museumsleitung,
Leitung Ausstellungs- und Sammlungswesen
Neusath 200
92507 Nabburg
johanna.ullmann-suess@bezirk-oberpfalz.de
www.freilandmuseum.org

Georg Waldemer
Stellvertretender Leiter der Landesstelle
für die nichtstaatlichen Museen in Bayern
Referent für Freilichtmuseen, Industrie-
und technikgeschichtliche Museen
Alter Hof 2
80331 München
georg.waldemer@blfd.bayern.de
www.museen-in-bayern.de

Dipl.-Rest. Christoph Wenzel M. A.
Historisches Museum Frankfurt
Restaurator für Möbel und Holz
Solmsstraße 18
60486 Frankfurt am Main
christoph.wenzel@stadt-frankfurt.de
www.historisches-museum.frankfurt.de

Dr. Alexander Wießmann
Landesstelle für die nichtstaatlichen Museen
in Bayern
Referent für Konservierung, Restaurierung
und Klimastabilisierung
Alter Hof 2
80331 München
alexander.wiessmann@blfd.bayern.de
www.museen-in-bayern.de

Dipl.-Rest. Inga Ziegler
Diplom-Restauratorin
Orleansstraße 53
81667 München
inga.ziegler@gemaelde-restaurierung.de
www.gemaelde-restaurierung.de

Abbildungsnachweis

Beitrag Isabel Reindl, Alexander Wießmann (S. 15 ff.):
Abb. 1: Georg Waldemer; Abb. 2: Lars Klemm; Abb. 3, 4: Sandra Bali M. A., Thurnau; Abb. 5, 6: Elisabeth Hinterstocker M. A.; Abb. 7, 8: Isabel Reindl; Abb. 9: Richard Loibl; Abb. 10: Hans-Joachim Becker

Beitrag Georg Waldemer (S. 33 ff.)
Abb. 1: P. Jesberg, Das Museum der Zukunft – Aufgabe, Bau, Einrichtung, Betrieb, in: G. Bott (Hrsg.), Das Museum der Zukunft. 43 Beiträge zur Diskussion über die Zukunft des Museums (= Das Museum der Zukunft, Bd. 1) (Köln 1983) 143; Abb. 2: Alsford 1989 (wie im Lit. Verz.), Cover; Abb. 3, 5, 7, 8: Georg Waldemer; Abb. 4: Museum für Naturkunde Berlin; Abb. 6: Historisches Museum Luzern; Abb. 9: Klaus Pichler, Jüdisches Museum Wien

Beitrag Christof Flügel (S. 45 ff.):
Abb. 1: Museum Germering; Abb. 2: Anja Pütz, Aschheim

Beitrag Stephanie Gasteiger, Marianne Landvoigt (S. 49 ff.)
Abb. 1, 3, 4: Marianne Landvoigt; Abb. 2: Marianne Landvoigt nach AS/NZS 4360: 2004

Beitrag Joachim Huber (S. 57 ff.)
Grafik: Joachim Huber

Beitrag Joachim Kreutner (S. 69 ff.)
Abb. 1, 2: Joachim Kreutner; Abb. 3, 4: ArchiBALD Regalanlagen GmbH & Co. KG

Beitrag Henning Großeschmidt, Michael Kotterer (S. 87 ff.)
Abb. 1, 2, 6: Henning Großeschmidt; Abb. 3: Erich Hackl nach Zeichnung Henning Großeschmidt; Abb. 4: Wolfgang Maier (KOG) nach Grafik Michael Kotterer; Abb. 5: Hans Stölzl (Bayerisches Landesamt für Denkmalpflege) nach Zeichnung Großeschmidt; Abb. 7, 8: Michael Kotterer

Beitrag David Pinniger (S. 101 ff.)
Abb. 1–12: DBP Entomology / Collections Trust

Beitrag Robert Fuchs (S. 115 ff.)
Abb. 1–21: Robert Fuchs

Beitrag Peter Bachmeier (S. 135 ff.)
Abb. 1, 3, 4: Branddirektion München; Abb. 2: Peter Bachmeier

Beitrag Christoph Wenzel (S. 141 ff.)
Abb. 1–3: Christoph Wenzel

Beitrag Eckhard Mönning (S. 153 ff.)
Abb. 1, 3, 4: Eckhard Mönnig; Abb. 2: Archiv Naturkunde-Museum Coburg

Beitrag Stefania Kuszlik, Katharina Matzig (S. 159 ff.)
Abb. 1, 2: Florian Holzherr; Abb. 3: Architekten Schmidt-Schicketanz & Partner GmbH

Beitrag Robert Berberich, Tina Buttenberg, Monika Hauser-Mair, Walter Leicht (S. 163 ff.)
Abb. 1, 2: Stadtarchiv Rosenheim; Abb. 3: Städtische Galerie Rosenheim; Abb. 4: Städtisches Museum Rosenheim

Beitrag Friederike Kaiser (S. 169 ff.)
Abb. 1: Maruchi Yoshida, k3-artservices; Abb. 2–4: Sabine Wimmer, Alpines Museum München

Beitrag Ulrike Götz (S. 175 ff.)
Abb. 1: Fernando Gándara; Abb. 2–5: Eva Fritz

Beitrag Georg Rettenbeck (S. 181 ff.)
Abb. 1–3: Stadt Dingolfing

Beitrag Martin Ortmeier (S. 185 ff.)
Abb. 1–4: Gerhard Nixdorf

Beitrag Jürgen Benini (S. 191 ff.)
Abb. 1: Jürgen Benini; Abb. 2, 4: Matthias Langer, Stadt Schweinfurt; Abb. 3: Martin Knoblauch, Stadt- und Wohnbau GmbH Schweinfurt

Beitrag Klaus Mohr (S. 197 ff.)
Klaus Mohr

Beitrag Inga Ziegler (S. 201 ff.)
Abb. 1–5: Inga Ziegler

Beitrag Sonia Fischer, Peter Huber (S. 207 ff.)
Abb. 1, 2, 4, 5: Stephanie Irlen, Neues Stadtmuseum; Abb. 3: Architektur- und Sachverständigenbüro Dipl.-Ing. Rainer Brundke, Landsberg am Lech; Abb. 6: Thorsten Jordan.

Beitrag Martin Höpfner (S. 213 ff.)
Abb. 1: Anja Lippert (Museen der Stadt Aschaffenburg); Abb. 2–4: Martin Höpfner (Museen der Stadt Aschaffenburg)

Beitrag Meike Bianchi-Königstein, Birgit Jauernig, Sibylle Ruß (S. 219 ff.)
Abb. 1: Silke Kossmann, Bauernmuseum Bamberger Land; Abb. 2–4: Meike Bianchi-Königstein, Bauernmuseum Bamberger Land

Beitrag Maria Sutor (S. 227 ff.)
Abb. 1–5: Maria Sutor

Beitrag Marjen Schmidt (S. 233 ff.)
Abb. 1–3: Marjen Schmidt

Beitrag Thomas Richter (S. 241 ff.)
Museen der Stadt Aschaffenburg

Beitrag Julia Hasenstab (S. 245 ff.)
Abb. 1, 3: Ines Otschik (Museen der Stadt Aschaffenburg); Abb. 2: Julia Hasenstab

Augsburg, Römisches Museum (S. 250 f.)
Abb. 1: Stadtarchäologie Augsburg; Abb. 2: Hochbauamt der Stadt Augsburg

Bad Windsheim, Fränkisches Freilandmuseum des Bezirks Mittelfranken (S. 252 f.)
Abb. 1–3: Fränkisches Freilandmuseum Bad Windsheim

Bamberg, Museen der Stadt (S. 254 f.)
Abb. 1, 2: Eva Schurr, Museen der Stadt Bamberg

Bogen, Kreismuseum Bogenberg (S. 256 f.)
Barbara Michal, Kreismuseum Bogenberg

Erlangen, Stadtmuseum (S. 258 f.)
Erich Malter, Erlangen

Fladungen, Fränkisches Freilandmuseum (S. 260 f.)
Abb. 1: Planungsbüro Wirsing, heute Architekturbüro Volker Eppler; Abb. 2: baur Restaurierungen, Denkmalpflege Planung

Holzhausen b. Geisenhausen, Trachtenkulturmuseum (S. 262 f.)
Abb. 1, 2: Wolfgang Gensberger

Kempten, Museen der Stadt (S. 264 f.)
Museumsverwaltung Kempten

Neukirchen b. Hl. Blut, Wallfahrtsmuseum (S. 266 f.)
Abb. 1, 2: Günther Bauernfeind, Wallfahrtsmuseum Neukirchen b. Hl. Blut

Neusath-Perschen, Oberpfälzer Freilandmuseum (S. 268 f.)
Oberpfälzer Freilandmuseum Neusath-Perschen

Publikationen der
Landesstelle für die nichtstaatlichen Museen in Bayern
im Deutschen Kunstverlag

Museen in Bayern

Das Bayerische Museumshandbuch

5., überarbeitete und aktualisierte Ausgabe
(Neubearbeitung in Vorbereitung)

MuseumsBausteine

Band 2: Marjen Schmidt**, Fotografien in Museen, Archiven und Sammlungen. Konservieren – Archivieren – Präsentieren**. Herausgegeben in Zusammenarbeit mit dem Münchner Stadtmuseum

Band 3: Werner Endres, **Gefäße und Formen. Eine Typologie für Museen und Sammlungen**

Band 4: **Das Museumsdepot. Grundlagen – Erfahrungen – Beispiele**

Band 5: **Aspekte der Museumsarbeit in Bayern. Erfahrungen – Entwicklungen – Tendenzen**

Band 6: **Sammlungsdokumentation. Geschichte – Wege – Beispiele**

Band 7: **Technisches Kulturgut. Der Bahnpostwagen von 1888 im Museum für Kommunikation Nürnberg**

Band 8: Gitta Böth, Manfred Hartmann u.a., **Möbel. Eine Typologie für Museen und Sammlungen**

Band 9: Hannelore Kunz-Ott (Hg.), **Museum und Schule. Wege zu einer erfolgreichen Partnerschaft**

Band 10: **Kulturgutverluste, Provenienzforschung, Restitution. Sammlungsgut mit belasteter Herkunft in Museen, Bibliotheken und Archiven**

Band 11: **Freilichtmuseen. Geschichte – Konzepte – Positionen**

Band 12: **Archäologische Funde im Museum. Erfassen – Restaurieren – Präsentieren**

Band 13: **Inventarisation als Grundlage der Museumsarbeit**

Band 14: Hannelore Kunz-Ott (Hg.), **Mit den Ohren sehen. Audioguides und Hörstationen in Museen und Ausstellungen**

Band 15: Gitta Böth, Viktor Pröstler, Manfred Hartmann u.a., **Kopfbeckungen. Eine Typologie für Museen und Sammlungen**

Band 16: Wolfgang Stäbler, Alexander Wießmann (Hg.), **Gut aufgehoben. Museumsdepots planen und betreiben**

Bestimmungsbuch Archäologie

Band 1: Ronald Heynowski
Fibeln. Erkennen – Bestimmen – Beschreiben
Herausgegeben in Zusammenarbeit mit dem Archäologischen Landesmuseum Baden-Württemberg, dem LVR-LandesMuseum Bonn und der Stiftung Historische Museen Hamburg – Archäologisches Museum Hamburg

Band 2: Ulrike Weller
Äxte und Beile. Erkennen – Bestimmen – Beschreiben
Herausgegeben in Zusammenarbeit mit dem LVR-LandesMuseum Bonn, dem Archäologischen Museum Hamburg und dem Landesamt für Archäologie Sachsen

Band 3: Ronald Heynowski
Nadeln. Erkennen – Bestimmen – Beschreiben
Herausgegeben in Zusammenarbeit mit dem LVR-LandesMuseum Bonn, dem Archäologischen Museum Hamburg und dem Landesamt für Archäologie Sachsen

Bayerische Studien zur Museumsgeschichte

Band 1: Gesa Büchert, **Schauräume der Stadtgeschichte. Städtische Heimatmuseen in Franken von ihren Anfängen bis zum Ende des Zweiten Weltkriegs**